普通高等教育"十二五"规划教材

U0657866

检测与转换技术

（第二版）

主　编　董爱华
副主编　李　良
编　写　余琼芳　苏　波　吕　辉
　　　　曾志辉　仝兆景　杨　艺
主　审　马宏忠

中国电力出版社
CHINA ELECTRIC POWER PRESS

内 容 提 要

本书为普通高等教育"十二五"规划教材。

全书共分 13 章，主要内容包括检测技术基础、参数检测、检测信号的处理、传感器的特性、电阻式传感器、压电式传感器、电感式传感器、电容式传感器、磁电式传感器、热电式传感器、光电式传感器、新型传感器、现代检测系统。本书内容突出教材的基础性、实用性和先进性；内容丰富全面，涵盖了检测技术与系统必要的知识与应用，以及现代传感器技术的最新进展。

本书主要作为普通高等学校自动化类、电气类、电子信息类、机械类、仪器仪表类等相关专业的教学用书，也可作为有关工程技术人员的参考书。

图书在版编目(CIP)数据

检测与转换技术/董爱华主编. —2 版. —北京：中国电力出版社，2014.12（2020.7重印）

普通高等教育"十二五"规划教材

ISBN 978-7-5123-6319-9

Ⅰ.①检⋯ Ⅱ.①董⋯ Ⅲ.①自动检测-高等学校-教材 ②传感器-高等学校-教材 Ⅳ.①TP274 ②TP212

中国版本图书馆 CIP 数据核字(2014)第 187636 号

中国电力出版社出版、发行

（北京市东城区北京站西街 19 号　100005　http://www.cepp.sgcc.com.cn）

三河市百盛印装有限公司印刷

各地新华书店经售

*

2007 年 12 月第一版

2014 年 12 月第二版　　2020 年 7 月北京第七次印刷

787 毫米×1092 毫米　16 开本　20.5 印张　502 千字

定价 41.00 元

前　言

　　检测与转换技术已成为普通高等院校工科学生的必修的科学基础课和工程基础课。为适应高等工科学校检测技术类课程教学的需要，2007 年我们编写出版了普通高等教育"十一五"规划教材《检测与转换技术》，该书不仅适用于自动化、电气类、电子信息类等专业，也适用于机械类、仪器仪表类等非电气信息类专业。由于新材料、检测方法的出现，需要对本书内容进行更新和充实；同时经过近几年的使用，发现本教材中有些内容需要进行修改、完善。为此，在第一版教材的基础上经过优化整合、修订成了第二版。

　　本教材分为基础知识、基本传感器和新型传感器与现代检测系统三个部分。其中，基础知识部分对测量误差分析进行了补充或充实，增加了例题及习题；基本传感器部分改动较多，首先根据内容的难易程度，将磁电式传感器与光电式传感器进行了顺序调换，为增强教材内容的系统性，将光栅传感器和 CCD 图像传感器的内容调整到新型传感器中，各章中充实或更新了应用实例，部分章节增加了例题和习题；新型传感器与现代检测系统部分也进行了相应充实和更新。同时，本次修订还对原教材中重复性内容进行修改和整合；为了增强实用性，附录中增加了常用热电阻、常用热电偶的分度表。

　　本教材由河南理工大学的老师担任修订工作。董爱华教授为主编，李良老师为副主编。其中，绪论部分和第 1 章、第 6 章由董爱华执笔；第 2 章和第 4 章由李良执笔；第 3 章和第 8 章由苏波执笔；第 5 章、第 9 章由余琼芳执笔；第 7 章和第 12 章由吕辉执笔；第 10 章由曾志辉执笔；第 11 章由杨艺执笔；第 13 章由全兆景执笔。

　　在本书的编写中参考了一些文献，在此对有关文献的作者致以谢意！

　　限于编者水平，书中疏漏之处在所难免，恳求读者指正。

编　者

2014 年 8 月

第一版前言

为贯彻落实教育部《关于进一步加强高等学校本科教学工作的若干意见》和《教育部关于以就业为导向深化高等职业教育改革的若干意见》的精神,加强教材建设,确保教材质量,中国电力教育协会组织制订了普通高等教育"十一五"教材规划。该规划强调适应不同层次、不同类型院校,满足学科发展和人才培养的需求,坚持专业基础课教材与教学急需的专业教材并重、新编与修订相结合。本书为新编教材。

检测与转换技术作为信息科学的重要分支,与计算机技术、自动控制技术和通信技术等一起构成了信息技术的完整学科。由检测与转换技术支撑的现代检测系统、科学仪器和测量仪表在我国的信息产业中发挥着越来越重要的作用。检测与转换技术也已成为高等工科学生必要的科学基础和工程基础。为适应高等工科学校检测技术类课程教学的需要,我们对现有教材进行了分析总结,在借鉴和汲取同类教材优点的基础上,编写完成了这本《检测与转换技术》教材。

本书分为基础知识、基本传感器、新型传感器与现代检测系统三个部分。在编写过程中,我们力求突出教材的基础性、实用性和先进性。其目的是让工科大学生既掌握检测技术与系统必要的知识与应用,又了解现代传感器技术的新进展。

本书由河南理工大学电气工程与自动化学院教师担任编写工作,董爱华教授为主编,李良老师为副主编。书中绪论部分和第 1 章由董爱华编写;第 2 章和第 4 章由李良编写;第 7 章和第 8 章由苏波编写;第 5 章和第 9 章由余琼芳编写;第 6 章由曾志辉和郑煤集团谢东力共同编写;第 3 章和第 12 章由吕辉编写;第 10 章由刘群坡编写;第 11 章由曾志辉编写;第 13 章由全兆景编写。

本书由河海大学的马宏忠教授主审。在本书的编写过程中还参考了一些文献。在此对马宏忠教授和有关文献的作者一并致谢。

由于编者的水平有限,书中不妥、错漏之处在所难免,恳切希望广大读者指正。

编　者

2007 年 3 月

目　录

前言
第一版前言
绪论 ······ 1
第1章　检测技术基础 ······ 4
1.1　检测的基本概念及方法 ······ 4
1.2　检测误差及分类 ······ 6
1.3　检测系统的组成 ······ 12
　思考题与习题 ······ 15
第2章　参数检测 ······ 16
2.1　概述 ······ 16
2.2　温度的检测 ······ 18
2.3　压力的检测 ······ 26
2.4　流量的检测 ······ 29
2.5　物位的检测 ······ 33
2.6　机械量的检测 ······ 35
2.7　物质成分的分析与检测 ······ 40
　思考题与习题 ······ 43
第3章　检测信号的处理 ······ 44
3.1　电桥 ······ 45
3.2　放大器 ······ 53
3.3　滤波器 ······ 59
3.4　信号转换电路 ······ 66
3.5　非线性特性的线性化 ······ 68
　思考题与习题 ······ 72
第4章　传感器的特性 ······ 74
4.1　传感器的定义、组成与分类 ······ 74
4.2　传感器的静态特性 ······ 75
4.3　传感器的动态特性 ······ 79
　思考题与习题 ······ 86
第5章　电阻式传感器 ······ 87
5.1　电位器式电阻传感器 ······ 87
5.2　应变片式电阻传感器 ······ 95
5.3　电阻应变传感器的应用 ······ 109
　思考题与习题 ······ 118

第 6 章　压电式传感器 ··· 120

　6.1　压电效应 ··· 120

　6.2　压电材料 ··· 124

　6.3　等效电路 ··· 127

　6.4　测量电路 ··· 128

　6.5　压电式传感器的应用 ································· 131

　思考题与习题 ··· 134

第 7 章　电感式传感器 ··· 136

　7.1　自感式传感器 ··· 136

　7.2　变压器式传感器 ··· 142

　7.3　涡流式传感器 ··· 146

　7.4　感应同步器 ··· 150

　7.5　电感式传感器的应用 ································· 152

　思考题与习题 ··· 160

第 8 章　电容式传感器 ··· 161

　8.1　电容式传感器的工作原理及类型 ··············· 161

　8.2　电容式传感器的等效电路 ························· 164

　8.3　电容式传感器的信号转换电路 ·················· 165

　8.4　电容式传感器的应用 ································· 168

　思考题与习题 ··· 171

第 9 章　磁电式传感器 ··· 172

　9.1　磁电感应式传感器 ···································· 172

　9.2　霍尔式传感器 ··· 176

　9.3　磁电式传感器的应用 ································· 186

　思考题与习题 ··· 189

第 10 章　热电式传感器 ··· 190

　10.1　热电阻传感器 ··· 190

　10.2　热电偶传感器 ··· 200

　10.3　热电式传感器的应用 ······························ 211

　思考题与习题 ··· 217

第 11 章　光电式传感器 ··· 218

　11.1　光电效应 ··· 218

　11.2　主要光电器件及其特点 ···························· 220

　11.3　光栅式传感器 ··· 227

　11.4　光电编码器 ··· 232

　11.5　光电式传感器的应用 ······························ 236

　思考题与习题 ··· 241

第 12 章　新型传感器 ··· 242

　12.1　生物传感器 ··· 242

12.2 微波传感器 ·· 249

12.3 超声波传感器 ·· 254

12.4 光纤传感器 ·· 261

12.5 CCD 图像传感器 ··· 269

12.6 机器人传感器 ·· 276

12.7 智能传感器 ·· 283

思考题与习题 ·· 287

第 13 章　现代检测系统 ··· 288

13.1 现代检测系统的基本组成 ·· 288

13.2 现代检测系统的设计 ·· 290

13.3 总线技术 ·· 296

13.4 虚拟仪器 ·· 299

13.5 计算机检测系统设计实例 ·· 304

思考题与习题 ·· 307

附录 ·· 309

附录 1　常用热电阻分度表 ··· 309

附录 2　常用热电偶分度表 ··· 311

参考文献 ·· 319

绪　　论

1. 检测与转换技术的基本概念

检测与测量含义基本相同，国家标准中对测量一词的定义为："测量是指以确定被测对象属性和量值为目的的全部操作，以电子技术、计算机技术为基础对各种电量和非电量的检测，是人们从事工农业生产、科学实验和科学发明的重要手段。"

转换是利用敏感器件或电路将被测参数由一种量变换为另一种量的过程。它可以将被测参数的非电量变换为电量，以便于测量；也可以将被测量的大小进行变换，以提高测量精度；也还可以将一种物理量变换为另一种物理量，以满足测量或控制的要求。

检测与转换技术包括自动检测技术和自动转换技术，是科学地认知客观事物的手段，也是信息技术的重要组成部分。只有通过检测人们才能够定量地表述某个生产过程或运动对象，才能进行比较和判断，进而对生产过程或运动对象进行有效的管理和控制。检测与转换技术是以研究自动检测系统中的信息提取、信息转换以及信息处理的理论和技术为主要内容的一门应用技术学科。信息提取是检测与转换的基础，指从自然界、社会、生产过程中或科学实验中获取人们需要信息的过程。信息处理是检测与转换中的重要环节，它借助专门的设备、仪器和系统，将获得的物理量进行显示、输出，或者将得到的信息进行加工、运算、分析或综合，以便进行故障诊断、报警、检测、计量、保护、控制、调度和管理等，以达到预防自然灾害、防止事故发生、改善产品质量、提高生产的自动化水平、降低劳动强度、顺利完成科学实验、进行文明生产和科学管理等目的。

2. 检测与转换技术的应用

检测与转换技术已成为一些发达国家最重要的热门技术之一，其主要原因是它可以给人们带来巨大的经济效益和社会效益。可以说，一个国家的现代化水平是用自动化水平来衡量的，而自动化水平是用检测与转换仪表以及传感器的种类和数量多少来衡量的。一个完整的检测与转换过程一般包括信息的提取、信号的分析与转换、数据的存储与传输、显示或打印。

检测与转换技术应用领域十分广泛，在工农业生产、科学研究、医疗卫生、交通运输和经济贸易等方面起着重要作用。就是在日常生活中，检测与转换技术也在不知不觉中发挥着作用。例如：电冰箱的温度调节离不开对温度的检测；家庭用电、用水和用气的多少，则要通过电表、水表和煤气表对电量、水流量和气流量进行检测；医生对病人进行诊断时，常常要测量病人的体温和血压等。这些简单实例中都渗透着检测与转换技术。

在科学技术与社会生产高度发达的今天，要求与之适应的检测与转换仪器或系统虽然错综复杂，被测对象的跨度既广泛又具多样性，但是归纳起来主要是：

(1) 能够测量多种参量，既有电量，又有非电量；

(2) 具有多个输入通道，既可进行定点测量，又可进行多点测量；

(3) 能够进行快速动态在线实时测量，因为绝大多数的被测信号是随时间变化的动态信号；

(4) 能够实时快速进行信号分析处理，排除噪声干扰、消除偶然误差、修正系统误差，从而实现测量结果的精度以及具有对被测信号的高分辨能力。

据有关资料统计,在现代工程装备中,检测环节的投入已达到装备系统总成本的60%左右。检测技术已成为保证装备实际性能指标和正常工作的重要手段,科学上的重大发现,往往是通过新的检测手段来完成的。在科学技术迅速发展的今天,对检测与转换仪器或系统有着更高层次的要求。可以说,大到天体观测、遥感遥测、气象预报、地质探测、找矿,小到物质成分分析、晶体结构测定、原子核结构研究等都离不开检测技术。从军事用途的电子侦查、雷达等到民用的工业过程参数测控和医用断层扫描(CT),无一不是现代检测与转换技术手段的体现。随着微电子技术和计算机技术的不断发展,检测与转换技术将在各个领域发挥越来越重要的作用。

3. 检测与转换仪表的发展

检测与转换技术的发展伴随着仪器仪表(或系统)的发展,而仪器仪表(或系统)的发展可归纳为以下阶段。

第一代检测与转换测试仪表。它是以电磁感应基本定律为基础的模拟指针式仪表,主要特点是结构简单,功能单一,检测精度低,读数不方便,且体积大,响应速度慢,开放性差。典型的模拟式仪表包括指针式电压表、电流表、功率表和一些通用的磁电式测试仪表等。

第二代检测与转换测试仪表。它是以电子管或晶体管为基础的分立元件式仪表或系统。当20世纪50年代出现了电子管、60年代出现晶体管时,检测与转换仪器也进入了电子时代,其主要特点是功能较完善,但精度低,响应速度慢。

第三代检测与转换仪表。它是以集成电路芯片为基础的数字式仪表或系统。20世纪70年代集成电路的出现,推动了检测与转换技术的前进与发展,使检测与转换仪表具有A/D转换电路,能将被测的模拟信号转换成数字信号,检测结果以数字形式输出显示。其主要特点是检测精度高,速度快,读数与显示清晰、直观,结果可打印,同时数字信号便于远距离传输。

第四代检测与转换仪表。它是智能式仪表或系统。20世纪80年代,随着微电子技术的发展、微处理器的普及和智能控制理论的出现,使检测与转换技术又向前推进了一大步。其主要特点是具有数据存储、运算、逻辑判断、自选量程、自动校正、自动补偿、自寻故障等功能以及检测精度高、操作使用方便等优点。智能式仪表或系统是以自动化和智能化为标志的,近几十年以来,现代空间技术、导航、卫星通信、计算机技术、集成电路等科学技术的新领域和新发展对电子测量技术提出了很多新要求:精度高、速度快;能自动进行数据处理、显示、存储、传输;能多点综合测量;能自动控制测量过程等;信息论、控制论、误差理论、电子技术、计算机技术、传感器技术、信号处理技术和集成电路技术的普及、应用和各学科相互渗透也为现代检测技术奠定了基础。计算技术的发展和广泛应用,适合测量技术的语言和标准接口与通信技术的进步,特别是大规模集成电路,尤其是微机的出现,大大促进了现代检测技术的发展。随着微电子技术与计算机技术的飞速发展,测试技术与计算机深层次的结合又引起了测试仪器领域的一场新的革命。一种全新的仪器结构概念导致新一代仪器或系统——虚拟仪器的出现,进而产生集成仪器和系统,由单台仪器子系统向多台仪器组成的大的测试系统方向发展。

目前,检测与转换仪表正朝着以下方向发展。

（1）微型化。由于微电子技术、微机械技术、信息技术综合应用，使智能仪器的体积大大减小，而功能更全。

（2）多功能化。单个检测仪表（仪器）具有两个以上或更多的功能，实现一表多用，一表多能，为检测仪表（仪器）的应用带来极大的方便。

（3）高智能化。智能化是计算机应用的一个崭新领域，检测技术利用计算机模拟人的智力，用于机器人、医疗诊断、专家系统等方面。高智能化仪器可代替人的一部分脑力劳动，在视觉（图形及色彩辨识）、听觉（语音识别及语言领悟）、思维（推理、判定、学习与联想）等方面具有一定的能力。

（4）网络化。网络化是指利用通信技术和计算机技术，把分布在不同地点的计算机、各类电子终端设备、检测系统互联起来，按照一定的网络协议相互通信，以达到资源（软件、硬件和数据）共享的目的。最典型的应用是物联网（Internet of Things），它是互联网的延伸或扩展，主要由感知层、网络层、系统层、应用层组成。它将传感器、移动终端、工业系统、楼控系统、家庭智能设施、视频监控系统等末端设备（Devices）和设施（Facilities）通过无线或有线、长距离或短距离通信网络方式实现互联互通，在互联网（Internet）或专网（Extranet）环境下，采用必要的信息安全保障机制，提供安全、可靠的实时在线监测、定位追踪、报警联动、调度指挥、预案管理、远程控制、安全防范、在线升级、统计报表、决策支持等管理和服务功能，实现对"万物"的"高效、安全、环保"的"管、控、营"一体化。

4. 本课程的目的、任务和学习方法

检测与转换技术应用的领域广，覆盖的知识范围宽，涉及物理学、电工学、电子学和计算机技术等诸多学科。因此检测与转换技术是高等学校电类各专业的一门综合性和实用性都很强的专业基础课（或专业课），对培养学生的创新思维能力和实际动手能力具有重要的作用。本课程的任务在于使学生掌握检测与转换技术的基本概念、基本理论和常用电工仪表及传感器的工作原理、结构、应用及现代测试技术的一般概念，为今后从事工程技术工作和科学研究工作打下必要的基础。

为了学好这门课程，首先要具有正确的学习目的和态度，还要有刻苦学习的精神和正确的学习方法。现就学习本课程的几个教学环节提出应注意的事项，以供参考。

（1）学习时要抓住物理概念、检测与转换电路的基本结构和原理、各种传感器的应用场合和选用方法；在此基础上，还要注意各部分内容之间的联系，前后是如何呼应的，重在理解，积极思考，在教师的指导下，培养自学能力。

（2）重视实验环节，通过实验巩固所学基本知识、培养和训练实验技能、培养科学作风。实验是学习本课程的一个重要环节，实验前最好要认真准备，实验时要积极思考，实验后要认真总结，力求掌握规律性的东西。

（3）联系实际，多看参考书，力求做到举一反三。

设立本课程的目的在于培养学生具有以下能力：

（1）具有选择测量仪表及传感器的能力；

（2）具有正确设计、组建一般测试系统的能力；

（3）对一般测试系统中的技术问题具有一定的分析和处理能力。

由于本课程具有综合性的技术基础课性质，老师在考虑修课的同时，应尽量围绕上述任务和目的进行讲授；也希望学生在学习时注意对自己上述能力的培养。

第1章 检测技术基础

1.1 检测的基本概念及方法

1.1.1 检测的基本概念

检测是人们借助于专门设备，通过一定的技术手段和方法，对被测对象收集信息、取得数量概念的过程。它是一个比较过程，即将被检测对象与它同性质的标准量进行比较，获得被检测量为标准量的若干倍的数量概念。

检测是一个过程，包括比较、平衡、误差和读数，这一过程的核心是比较。此外，检测还必须进行一定的变换。因为人们的感官能直接给出定量概念的被检测量不多，绝大多数的被检测量都要变换为某一个中间变量，然后才能给出定量的概念。例如，人的感官对温度只能给出定性的冷与暖的感觉，而要想得出定量的温度，则需要利用物质热胀冷缩的原理，把温度变换为中间变量（如长度），然后进行比较和测量。因此，变换是实现检测的必要手段和有效途径。再如，在自动检测控制系统中，多数被检测量是模拟量，通常需要将其转换成数字量，才能送到计算机中进行数据处理。因此，必须用传感器将模拟量变换成为标准电量（如电压或电流），再经 A/D 转换器送入计算机中进行分析处理。

检测的目的就是求取被检测量的真值。所谓真值是指在一定的客观条件下，某物理量确切存在的真实值。但是，真值是永远无法获得的，因为在检测中会不可避免地产生各种误差，这些误差是由于测量设备、测量方法和手段以及检测者本身因素的影响且是无法克服的影响造成的。

例如，在检测温度时，热量可以通过温度传感器从被测物体上传导出来，这将导致温度的下降。因此，检测结果并未反映出被测对象的真实面貌，而仅仅是一种近似值。

1.1.2 检测方法

检测方法是实施检测所采用的具体手段。检测方法不仅对完成检测任务非常重要，而且还影响到检测的数据精度，甚至还影响到检测结果的可信度。因此，需要针对不同的检测任务，进行认真而具体地分析，采取切实可行的检测方法并选择适当的检测仪器设备。如果检测方法不当，即使选择再先进的检测仪器设备，也不能得到满意的检测结果。

检测方法很多，可按不同的方法分类。

1. 按检测过程分类

根据检测过程，检测方法可分为直接法、间接法和联立法。

（1）直接法。在使用仪表进行检测时，对仪表的读数不需要经过任何运算，就能得到所需要的检测结果，这种方法称为直接法。例如，用磁电式电流表检测电路中的电流，用弹簧管式压力表检测流体压力等。直接法的特点是操作简单、检测方便，但检测精度不易达到很高。目前，这种方法被广泛应用于工程检测上。

（2）间接法。在使用仪表进行检测时，首先对与被测量有确定关系的几个量进行检测，然后将检测量的值代入已知的函数关系式中，经过计算得到所需要的结果，这种方法称为间接法。间接法需要的检测手续较多，花费的检测时间较长，但往往能得到较高的检测精度。

这种方法多用于科学实验中的实验室检测，工程检测中也有应用。

（3）联立法。在应用仪表进行检测时，先检测出若干个中间量，再经过联立方程组求解后才能得到所需要的结果，这种方法称为联立法，又称组合法。在进行联立测量时，一般需要改变测试条件，才能得到联立方程组所需要的数据。联立法的操作过程复杂、花费时间较长，但它是一种特殊的精密检测方法，多用于某些科学试验或某些特殊的场合。

2. 按检测方式分类

根据获取数据的方式，检测可分为偏差式、零位式和微差式。

（1）偏差式。在检测过程中，用仪表指针的位移（即偏差）确定被测物理量数值的方法称为偏差式检测法。这种检测方法的标准量具不在仪表内，而是事先用标准量具对仪表刻度进行校准。当对被测量进行检测时，按照仪表指针在刻度上的示值来确定被测量的数值。它是以直接方式实现被测量与标准量的比较，检测过程比较简单、迅速，但检测结果的精度比较低。这种方法在工程检测中应用较为广泛。

（2）零位式。在检测过程中，用指零仪表的零位指示检测系统的平衡状态，当检测系统达到平衡时，用已知的基准量确定被测未知量的方法，称为零位式检测法又称补偿式检测法或平衡式检测法。应用这种方法进行检测时，标准量具放在仪表内，在测量过程中，标准量与被测量进行比较；调整标准量直到被测量与标准量相等，使指针仪表回零。例如，用平衡电桥测量电阻、电容、电感等就是典型的应用实例。零位式检测法的特点是检测精度高，但检测过程比较复杂，需要进行平衡操作，花费时间较长；采用自动平衡操作，可加快检测过程，但由于受工作原理的限制，反应速度不会很高。因此这种方法适用于缓慢变化信号的检测。

（3）微差式。这种方法是综合了偏差式与零位式的优点而提出的检测方法。它将被测量与已知的标准量进行比较，并取得差值后，用偏差法测得此差值。应用这种方法进行检测时，标准量具放在仪表内，并且在检测过程中，标准量直接与被测量进行比较，由于二者的值很接近，因此，检测过程不需要调整标准量，而只需要检测二者的差值。

设 N 为标准量，x 为被测量，Δ 为二者之差，则 $x=N+\Delta$，即被测量为标准量与偏差值之和。由于 N 是标准量，其误差很小，即 $\Delta \ll N$，因此，可选用高灵敏度的偏差式仪表测量差值 Δ，即使检测 Δ 的精度很低，但由于 $\Delta \ll x$，故总的检测精度较高。

微差式检测法具有反应速度快且检测精度高的特点，特别适用于在线控制参数的检测。

3. 按接触关系分类

根据检测敏感元件与被测介质的接触关系，检测方法可分为接触式和非接触式两种。

（1）接触式。接触式检测法是将仪表的敏感元件与被测对象相接触。敏感元件从被测对象得到能量或被带动产生运动，使得敏感元件产生转换作用。如用热电偶、电感式测厚仪进行检测都是接触式检测。接触式检测法可用于静态或运动速度缓慢的物质参数检测。

（2）非接触式。非接触式检测法的敏感元件与被测对象之间无机械接触，当被测参数（如 X 射线测厚仪中 X 射线强度随厚度衰减）变化或被测物体的能量变化（如红外测温仪中仪表接收的红外线随被测温度变化）时，检测仪表辐射能量随之变化，根据仪表辐射能量变化的大小检测出被测物理量的值。这种方法适用于高速运动或环境恶劣场合的检测。

4. 按被测量的变化快慢分类

根据被测量的变化快慢,可分为静态检测和动态检测两类。

(1) 静态检测。被测信号相对于仪表的动态特性变化缓慢,这种检测称为静态检测。静态检测系统的输入输出关系可用代数方程描述,其输出的检测结果是一个稳定值(或恒定值)。这种检测系统的相应速度远快于被测信号的变化速度。它适用于被测值不变化(如成品的尺寸)或变化缓慢(如室内温度)信号的检测。

(2) 动态检测。对于变化速度快或需要观察变化过程的被测信号,为了保证结果真实可靠,需要检测系统具有足够的快速反应能力。被测信号和检测系统的输入输出关系一般都需要用含时间变量的微分方程描述;为保证被测量具有足够的精度(在允许的误差范围内),采样周期必然很短,即需要快速采样。只有满足这种要求的检测系统,才能实时地检测出被测信号的变化情况,这种检测称为动态检测。为了实现动态检测,除了敏感元件具有快速转换功能外,信号变换电路的动态响应也要好,同时还应有快速记录、记忆器件。

5. 按检测系统是否施加能量分类

根据检测系统是否需要向被测对象施加能量,检测系统可分为主动式和被动式两类。

(1) 主动式。在检测过程中,主动式检测需要外加辅助能源。因为检测系统的输出信号的强弱(大小),除了反映被测量的大小以外,还依赖于辅助能源的大小;检测系统施加的能量会影响信号大小,故称其为主动式。例如:用霍尔元件检测磁场强度 B,需要外加一个稳定的电流 I;霍尔电动势 $E_H = KBI$,其中,K 为霍尔元件灵敏度,E_H 除了正比于被测量 B 以外,还与辅助电流 I 有关。

(2) 被动式。在检测过程中,检测系统的输出只与被测量有关,即只从被测对象中获取能量,不需要加入辅助能源,故称其为被动式检测。如用热电偶检测温度,热电偶只从被测温度场中获取热能,并通过热电效应转换为热电动势,热电动势是温度的单值函数,而没有其他辅助能量成分。

1.2 检测误差及分类

检测结果偏离真值的大小可用检测误差来衡量。检测误差的大小反映了检测结果的好坏,即检测精度的高低。讨论检测误差的目的就是要研究误差产生的原因,认识误差的性质和特点,以便制定合理的检测方案,科学组织实验,正确选择检测方法和测量仪器设备,采取有效措施减小误差,提高检测的精度,保证产品或研究课题的质量。

1.2.1 测量误差的来源

显然,误差是各种因素综合作用的结果。测量误差的来源主要有四个方面。

1. 理论误差与方法误差

由于测量时依据的理论不严密或使用了不适当的简化,用近似公式或以近似值计算测量结果时所引起的误差,称为理论误差。由于测量方法不合适所造成的误差,称为方法误差。例如,用普通万用表测量高内阻回路的电压,由万用表输入电阻所引起的误差。有时也将理论误差和方法误差合称为理论误差或方法误差。

2. 仪器误差

由于仪器本身及其附件的电气、机械性能等不完善所造成的误差,称为仪器误差。例如，由于刻度不准确、调节机构不完善等原因所造成的读数误差，内部噪声引起的误差，由于元件老化、环境改变等原因造成的稳定性误差都属于仪器误差。在测量中，仪器的误差往往是主要误差。

3. 影响误差

由于各种环境因素与要求的条件不一致所造成的误差称为影响误差，也称为环境误差。例如，测量过程中，由于温度、湿度、电源电压、电磁场、大气压强等因素所引起的误差都是影响误差。

4. 人为误差

由于测量者的分辨能力、视觉疲劳、反应速度等生理因素，以及固有习惯和缺乏责任心等心理因素引起的误差称为人为误差。例如，看错刻度、读错数据、使用或操作不当所造成的误差都是人为误差。

任何测量都是与环境条件相关的，这些环境条件包括环境温度、相对湿度、电源电压和安装方式等。应用仪表按规定的环境条件（即参比工作条件）进行测量，此时产生的误差称为基本误差。如果在非参比工作条件下进行测量，测量误差除包含基本误差外，还包含附加误差。因此误差通常由基本误差和附加误差两部分组成。

1.2.2 检测误差的表示方法

造成检测误差的原因是多方面的，误差的表示方法也有多种。误差常用绝对误差和相对误差来表示。

1. 绝对误差

仪表指示装置所显示的被测量的值称为示值，它是被测真值的反映。严格地说，真值只是一个理论值，无论采用何种仪表测到的值都有误差。实际中常用适当精度的仪表测出的或用特定的方法确定的约定真值代替真值。所谓约定真值，是由国际计量委员会定义的、用当今最先进科学技术复现的、并被公认为国际或国家基准的值。例如，使用国家标准计量机构标定过的标准仪表进行测量，其检测值即可作为约定真值。

绝对误差 Δx 就是示值 x 与公认的约定真值 A_0 之差，即

$$\Delta x = x - A_0 \tag{1-1}$$

绝对误差通常可简称为误差。当误差为正时表示仪表的示值偏大，反之偏小。

2. 相对误差

有时绝对误差不足以反映检测值偏离真值的程度，为了说明检测精确度的高低，通常引入相对误差这一概念。

检测仪表测量值（即示值）的绝对误差 Δx 与被检测实际值（即真值）A_0 的比值，称为检测仪表的相对误差，用百分数表示，即

$$\delta = \frac{\Delta x}{A_0} \times 100\% = \frac{x - A_0}{A_0} \times 100\% \tag{1-2}$$

这里的真值可以是约定真值或相对真值。用高一级检测仪表测量同一被测量，所得到的结果误差较小，则把高一级检测仪表的测量值称为相对真值。

通常用相对误差比用绝对误差更能说明检测结果的精确程度，一般来说，相对误差小，则检测精度高，反之，检测精度低。

3. 引用误差

检测仪表示值的绝对误差 Δx 与仪表量程 L 的比值，称为检测仪表的引用误差，用百分数表示，即

$$\lambda = \frac{\Delta x}{L} \times 100\% \qquad (1\text{-}3)$$

在检测仪器仪表的量程范围内，各示值的绝对误差也各不相同。通常把检测仪器仪表在其量程内的最大绝对误差 Δx_{max} 与仪器仪表量程之比称为最大引用误差，即

$$\lambda_m = \frac{\Delta x_{max}}{L} \times 100\% \qquad (1\text{-}4)$$

检测仪器仪表在出厂检验时，规定其示值的最大引用误差 λ_m 和不超过其允许误差 Q，即

$$\lambda_m = \frac{\Delta x_{max}}{L} \leqslant Q \qquad (1\text{-}5)$$

通常以允许误差 Q 作为衡量检测仪器仪表精度等级的尺度。检测仪器仪表精度等级用符号 G 表示，它与允许误差 Q 之间的关系为

$$G = Q \times 100 \qquad (1\text{-}6)$$

我国电工仪表的精度等级共分七级，根据 GB 776—1976《电测量指示仪表通用技术条件》规定，电测仪表的精度等级见表 1-1。

表 1-1　　　　　　　　　　　　　　　　电测仪表精度等级

精度等级 G	0.1	0.2	0.5	1.0	1.5	2.0	2.5	5.0
允许误差 Q	0.1%	0.2%	0.5%	1.0%	1.5%	2.0%	2.5%	5.0%

精度等级为 G 的检测仪器仪表在规定条件下正常使用时，它的绝对误差的最大值的范围是

$$\Delta x_{max} = \pm G\% \times L \qquad (1\text{-}7)$$

例如，精度等级为 1.0 的仪表，其允许误差 $Q = \pm 1\%$，即允许误差的变化范围为 $-1\% \sim +1\%$。它的绝对误差的最大值 $\Delta x_{max} = \pm 1\% \times L$，当测量量程为 100V 时，$\Delta x_{max} = \pm 1\% \times 100 = \pm 1V$；当测量量程为 750V 时，$\Delta x_{max} = \pm 1\% \times 750 = \pm 7.5V$。即在仪表的精度等级一定的情况下，绝对误差的最大值与测量量程有关。

【例 1-1】　一个满度值为 750V 的 1.0 级电压表，若在 200V 刻度处的绝对误差最大，其值为 +10V，试判别该电压表的精度是否合格。

解　(1) 方法一，根据最大引用误差判别。由式 (1-5) 可求得电压表的最大引用误差为

$$\lambda_m = \frac{\Delta x_{max}}{L} \times 100\% = \frac{10}{750} \times 100\% = 1.33\%$$

测量时的最大引用误差 1.33% 大于该电压表的允许误差 1.0%，不合格。

(2) 方法二，根据绝对误差的最大值的范围判别。由式 (1-7) 可求得电压表的绝对误差的最大值的范围是

$$\Delta x_{max} = \pm G\% \times L = \pm 1\% \times 750 = \pm 7.5(V)$$

测量时的绝对误差 +10V 超过该电压表绝对误差的最大值的范围 $\pm 7.5V$，因此不合格。

【例 1-2】   如果需要测量约为 200V 的电压，现有电压量程为 300V、1.0 级和电压量程为 750V、0.5 级电压表两块，试分析这两块电压表的测量精度。

解   使用量程为 300V、1.0 级的电压表，根据式（1-2）可计算出其示值的相对误差为

$$\delta \leqslant \frac{300 \times 1.0\%}{200} \times 100\% = 1.5\%$$

使用量程为 750V、0.5 级的电压表，根据式（1-3）可计算出其示值的相对误差为

$$\delta \leqslant \frac{750 \times 0.5\%}{200} \times 100\% = 1.875\%$$

通过计算可知，量程为 300V、1.0 级的电压表测量的相对误差小，测量精度高，量程为 750V、0.5 级相对误差大，测量精度低。可见，由于仪表量程的不同，选用高等级仪表的测量精度并不一定高，关键的是要选择合适的仪表量程。

1.2.3 检测误差的分类

根据检测误差的性质和特点，可将误差分为系统误差、随机误差和粗大误差三大类。

1. 系统误差

相同的条件下，多次测量同一量值时，误差的绝对值和符号保持不变，或测量条件改变时按一定规律变化的误差，称为系统误差。系统误差产生的原因很多，在实际应用中，可以归结为误差来源的各种因素中。

系统误差的特点是：它遵循一定的规律。检测条件一经确定，误差为一确定的量值，使用多次求平均值的方法并不能改变系统误差的大小。

系统误差按其遵循的规律的不同，可分为恒值系统误差和变值系统误差。不因检测条件的变化而改变的系统误差为恒值系统误差；随检测条件的变化而变化的系统误差为变值系统误差。

如果对某被测量进行等精度独立检测结果为：x_1，x_2，$\cdots$，x_n，则检测结果的算术平均值为

$$\bar{x} = \frac{x_1 + x_2 + \cdots + x_n}{n} = \frac{1}{n} \sum_{i=1}^{n} x_i \tag{1-8}$$

式中，$\bar{x}$ 又称为取样平均值。

当检测次数 n 趋向于无穷大（$n \rightarrow \infty$）时，取样平均值的极限称为检测值的总体平均值，通常用符号 A 表示，即

$$A = \lim_{n \to \infty} \bar{x} = \lim_{n \to \infty} \frac{1}{n} \sum_{i=1}^{n} x_i \tag{1-9}$$

我国制定的计量技术规范《通用计量术语及定义》（JJF 1001—2011）中，给出的系统误差定义是：在相同检测条件下，对同一类被检测进行无限多次重复检测所得结果的总体平均值 A 与被测量真值 A_0 之差被定义为系统误差，用符号 ε 表示，即

$$\varepsilon = A - A_0 \tag{1-10}$$

系统误差表示了检测结果偏离真值或实际值的程度，可反映检测结果准确度的高低。系统误差越小，检测值越接近真值，检测结果越准确。

2. 随机误差

相同的条件下，多次检测同一量值时，绝对值和符号均以不可预定的方式变化的误差称为随机误差，又称为偶然误差。

随机误差的特点是：随机误差没有规律，不可预定，不能控制，也不能用实验的方法加以消除。在多次检测中随机误差具有抵偿性，即它在多次检测中可以相互抵消。具有抵偿性的误差，一般可按随机误差来处理。

我国制定的计量技术规范《通用计量术语及定义》（JJF 1001—2011）中，给出的随机误差定义是：随机误差 δ_i 是检测值 x_i 与重复条件下对同一被测量进行无限多次重复检测所得结果的总体平均值 A 之差，即

$$\delta_i = x_i - A \tag{1-11}$$

随机误差实质上是检测结果与数学期望之差，它表明了检测值的分散性，分散性越小则检测精度越高。

3. 粗大误差

在检测条件一定的情况下，检测值明显偏离实际值所形成的误差称为粗大误差，也称为疏失误差、差错或粗差。产生粗大误差主要原因是读数错误、检测方法错误、检测仪器有缺陷以及检测条件的突然变化等。凡是含有粗大误差的检测数据称为坏值，应剔除不用。

实际上，将检测误差划分为随机误差、系统误差和粗大误差并不是绝对的，三类误差可在一定的条件下互相转换。较大的随机误差或系统误差可以按粗大误差来处理。即使是同一种影响因素所造成的误差，也可以按不同性质的误差来处理。例如，干扰对检测结果的影响，在模拟式电子电压表中通常将干扰视为随机误差；而在数字电压表中，干扰引起的误差一般是按系统误差来处理，并通过接地、屏蔽、浮置等技术措施来削弱其影响。有些幅度较大的干扰（如雷电的干扰）不仅影响检测结果，产生粗大误差，甚至还会损坏仪器设备。

掌握了各种误差的特性后，我们可以根据不同性质的误差采取不同的处理方法来提高检测的精度。对系统误差，检测前尽量消除产生系统误差的原因、检测过程中采取必要的技术措施、数据处理时采取修正的方法；对随机误差，则主要是采取算术平均值的方法；对粗大误差，则应采取剔除不用的方法。

1.2.4　检测误差的估计和处理

检测误差包括系统误差和随机误差。它们的特性不同，对检测的结果的影响不同，处理方法也不同。

1. 随机误差的处理

由随机误差的性质可知，随机误差服从统计规律，它对检测结果的影响通常用标准误差（即均方根误差）表示。

n 次检测的标准误差 δ 为

$$\delta = \sqrt{\frac{\sum_{i=1}^{n} \Delta x_i^2}{n}} \tag{1-12}$$

式中：$\Delta x_i = x_i - A_0$，x_i 为第 i 次检测值，A_0 为真值。

在实际检测中，检测次数 n 是有限的，真值 A_0 无法得到，通常用 n 次检测的算术平均值 $\bar{x}$ 代替真值。则第 i 次检测误差 $\Delta x_i = x_i - \bar{x}$，这时的标准误差为

$$\delta_s = \sqrt{\frac{\sum_{i=1}^{n} (x_i - \bar{x}_i)^2}{n-1}} \tag{1-13}$$

用 $\bar{x}$ 代替 A_0 产生的算术平均值的标准误差 $\bar{\delta}$ 为

$$\bar{\delta} = \frac{\delta_s}{\sqrt{n}} \tag{1-14}$$

因此，检测结果可表示为

$$x = \bar{x} \pm \bar{\delta}$$

根据统计规律可知，在检测结果中，随机误差出现在 $-\delta \sim +\delta$ 范围内的概率是 68.3%，出现在 $-2\delta \sim +2\delta$ 范围内的概率是 95.45%，出现在 $-3\delta \sim +3\delta$ 范围内的概率是 99.7%。3δ 称为置信度，大于 3δ 的随机误差被认为是粗大误差，则检测结果无效，该数据应剔除。

2. 系统误差的判别与处理

(1) 系统误差的判别。

由于系统误差对检测精度的影响较大，为了提高检测精度，必须消除系统误差。常用系统误差的判别方法有实验对比法、剩余误差观察法、标准误差比较法和计算数据比较法四种。

1) 实验对比法。是通过改变产生系统误差的条件，即进行不同条件下的检测，经过实验对比进而判别是否出现系统误差。这种方法适用于发现恒值系统误差。当一台测量仪表本身存在固定的系统误差，经过多次检测不能发现时，可采用精度更高一级的检测仪表测量，以发现该仪表的系统误差。

2) 剩余误差为某测量值与测量平均值之差，即 $p_i = x_i - \bar{x}$。根据测量数据的各个剩余误差的大小和符号的变化规律，可以直接由误差数据或误差曲线图形判别有无系统误差出现。如果剩余误差大体上正负相间，且无显著变化规律，则不存在系统误差；如果剩余误差有规律地递增或递减，且在检测开始与结束时误差相反，则存在线性系统误差；如果剩余误差的符号有规律地逐渐由负变正，再由正变负，且循环交替重复变化，则存在周期性系统误差。

3) 标准误差比较法。对等精度检测，可用不同公式计算标准误差，通过比较可以发现系统误差。常采用的计算公式为贝塞尔公式和佩捷斯公式。

贝塞尔公式为

$$\delta_1 = \sqrt{\frac{\sum_{i=1}^{n} p_i^2}{n-1}} \tag{1-15}$$

佩捷斯公式为

$$\delta_2 = \sqrt{\frac{\pi}{2}} \cdot \frac{\sum_{i=1}^{n} |p_i|}{\sqrt{n(n-1)}} \tag{1-16}$$

令 $\frac{\delta_2}{\delta_1} = 1 + u$

如果 $|u| < \frac{2}{\sqrt{n-1}}$，则不存在系统误差，否则存在系统误差。

4) 计算数据比较法。对同一量进行检测得到多组数据，通过计算数据比较、判别是否存在系统误差。例如，对同一量独立检测 m 组数据，通过计算求得算术平均值和均方根误差为：$\bar{x}_1$，δ_1；$\bar{x}_2$，δ_2；$\cdots \bar{x}_m$，δ_m。任意两数据的 $(\bar{x}_i, \bar{x}_j)$ 的均方根误差为 $\sqrt{\delta_i^2 + \delta_j^2}$。如果任意两组数据 $\bar{x}_i$ 和 $\bar{x}_j$ 满足下列条件时

$$|\overline{x}_i - \overline{x}_j| < 2\sqrt{\delta_i^2 + \delta_j^2}$$

则不存在系统误差,否则,存在系统误差。

(2) 系统误差的处理。

为了取得可靠的检测效果,在检测前或检测过程中,必须尽力消除产生系统误差的来源。首先应检查测量仪器本身的性能是否符合要求;其次,应仔细检查仪表是否处于正常工作条件,如环境条件及安装位置是否符合技术要求的规定,经过正确的调节、指针的零位是否正确等。此外,还应检查检测系统和检测方法是否正确。

在检测过程中如果出现系统误差,就要采取适当方法进行减小或消除。下面是减小和消除系统误差的一些常用方法。

1) 交换法。

在检测过程中,将引起系统误差的某些条件(如被检测对象的位置)相互交换,而保持其他条件不变,使产生误差的因素对检测结果起相反的作用,从而抵消系统误差。

2) 上、下读数法。

仪表测量机构的间隙等因素的影响会造成误差,取上行读数和下行读数的平均值可以消除系统误差。

3) 校准法。

如果检测仪器本身存在恒定系统误差,一般用标准仪表或准确等级高的仪表进行现场检验,也可通过送检的办法进行解决。经过校验的仪表可以得到不同示值下的修正曲线或数表。对恒定的系统误差进行检验即可,而对于累计系统误差,需要经常进行标定,以减少误差的累积。

4) 补偿法。

检测过程中,由于某个条件的变化或仪器的某个环节的非线性特性等会引入变化的系统误差。此时,常在检测系统中采取补偿措施,以便在检测过程中自动消除系统误差。如用热电偶检测温度时,其参比端温度的变化会引起系统误差的变化,在检测时加冷端补偿器可起到自动补偿的作用,以减小或消除系统误差。

3. 粗大误差的处理过程

粗大误差是一种明显与实际值不符的误差,经常由于人为的粗心大意或未达到检测条件引起的,含有粗大误差的检测值又称为坏值,对粗大误差的处理就是剔除坏值。粗大误差的处理过程通常为

(1) 首先对已检测数据应用式 (1-8) 求其平均值 $\overline{x}$;

(2) 求各检测值的剩余误差,$p_i = x_i - \overline{x}$;

(3) 根据式 (1-13) 求标准误差 δ_s;

(4) 判别粗大误差,当 $|p_i| > 3\delta_s$,则检测值 x_i 为坏值,剔除掉,否则,x_i 保留。

1.3　检测系统的组成

检测系统需要完成的工作是:从被测对象中获得代表其特征的信号(或信息),对已获得的信号进行转换和放大;对已获得的足够大的信号按需要进行变换,使其成为所需要的表现形式,并与标准量进行比较;把检测结果以数字或刻度的形式显示、记录或输出。要完

成这些工作，一般用简单敏感转换元件是不够的，需要用多个环节或部件构成一个检测系统来实现。检测系统主要由敏感元件、信号的转换与处理电路、显示电路和信号传输组成，如图1-1所示。

1.3.1 敏感元件

敏感元件是检测系统从被测对象获取特征信号的首要环节。它是按照物理定律（如热电、光电、压电等）和某种转换规

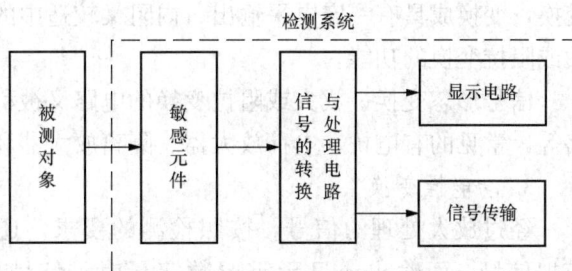

图 1-1　检测系统结构示意图

律将被测量转换成为易于变换和处理的信号形式（如电、光等）。敏感元件是一个广义的概念，可以是一个简单的器件，也可以是结构复杂的传感器、变换器，它的主要功能是变换。从能量变换角度分析，可将变换功能分为单形态能量变换和双形态能量变换。

1. 单形态能量变换

这种变换形式是将 A 形态能量（反映被测量）作用于物体，遵照一定物理定律转换成 B 形态的能量（反映变换后的物理量）。这种变换的特点是变换时所需的能量取自于被测介质，不需要从外界补充能量。因此，这种变换的前提条件是从被测介质中取出变换所需的能量后，不影响被测介质的物理状态。这种变换的结构与形式都比较简单，但要求变换器中消耗的能量应尽量少。

2. 双形态能量变换

这种变换形式是将 A 形态的能量（反映被测量）和 B 形态的能量（参比量）同时作用于被测对象，按照一定的物理定律变换成 B 形态或 C 形态的能量（反映变换后的物理量）。例如：用霍尔效应检测磁场，要将霍尔元件置于被测磁场中，并在霍尔元件中通入电流，这时霍尔元件上有霍尔电动势 E_H 产生，也就是说将磁场能量和电能同时作用于霍尔元件上，通过霍尔效应转换成电能输出。

这种变换形式的特点是变换过程所需要的能量不从被测对象（磁场）取得，而是从附加的能量（参比电流源）取得。其优点是附加电源的电平高，从而使变换后的信号较强。由于不从被测介质吸取能量，这种变换不破坏被测介质的物理状态。这种变换器的结构一般比较复杂。

1.3.2 信号的转换与处理电路

信号的转换与处理电路完成的功能是将敏感元件所获得的代表被测量特征的信号变换成能进行显示或输出的信号，主要有以下几方面的变换。

1. 信号形态的变换

敏感元件不一定将被测对象直接转换成电流或电压形态。如电感式位移传感器是将铁芯的位移变化转换为电感量的变化，半导体压力传感器是将被测压力转换为电阻的变化。信号处理电路的功能，首先是将电感、电阻等不易变换、处理、传输的信号形态变换成易于传输和处理的电流、电压形态。

2. 放大或阻抗变换

敏感元件或传感器将被测对象一次转换成电压或电流信号，但此信号通常还很微弱（如毫伏级或微伏级）并兼有高内阻（如高达 $10^7\Omega$）。这时需要对这种微弱信号进行放大或阻抗

变换，变换成具有一定电平输出、内阻又较适中的形式。此时，信号处理电路将承担信号放大或阻抗变换的功能。

信号形态变换、放大或阻抗变换的电路又被称为前置放大电路、接口电路、信号调理电路等，常见的有电桥、电荷放大器、隔离放大器和程控增益放大器等。

3. 功能性变换

经过放大处理的信号，按照检测的要求，还要进行一定的变换处理。若被测信号为模拟信号，而输出或显示需要数字量时，信号处理电路则完成模拟到数字的信号转换（即 A/D 转换）；若放大输出与被测对象存在非线性关系，而又需要显示或输出与被测对象为线性关系，这就需要加入线性化电路。通常要根据检测系统的功能来确定相应的信号处理电路。

1.3.3　显示电路

显示电路的作用是将被测对象以人能感知的形式表现出来。显示的形式通常有模拟式和数字式两大类。

1. 模拟式

模拟显示是将被测对象变换成为表针的线位移或角位移，其值从刻度盘上表针对应的位置读出。刻度盘的形状有条形和圆盘形，其刻度有均匀（线性）和非均匀（非线性）两种。显示电路的作用是把被测对象的量值变换成驱动表针运动的电流值，这种电路一般比较简单。

2. 数字式

数字式显示是将被测量变换成为数字的形式显示出来，使人一目了然，并且便于读取。随着微电子技术的发展，数字式显示还可实现图形显示、数据存储和数据显示等。

1.3.4　信号传输

检测系统的输出，一是以数字的形式显示出来，二是为上位系统或自动控制系统提供数据。这时往往需要将信号（数据）传输一定距离，这就需要对信号进行传输。按信号的类型可将信号传输分为模拟型和数字型，按传输介质类型可将信号传输分为有线型和无线型。

1. 模拟型与数字型传输

模拟型传输的信号可以是电压信号，也可以是电流信号；一般电流信号传输比电压信号传输的效果好，这是因为电流信号比电压信号的抗干扰能力强。数字型传输的信号可以是脉冲序列，也可以是某种形式的编码信号。通常数字型传输系统比模拟型传输系统的抗干扰能力强。

2. 有线型与无线型传输

有线型传输是用导线传输信号，其传输效果与传输导线类型有关，应根据实际需要选择合适的导线类型。如果传输距离近且要求不高时，一般选用普通导线即可；如果传输距离较远且需要有一定的抗电磁干扰能力，需要用双绞线；对于信号频率高或信号较弱，抗干扰性能要求高时，需选用屏蔽电缆或同轴电缆。

信号的无线传输是通过高频信号作为载波、被传输的信号作为调制信号，将调制后的信号以无线电波的形式进行信号的传输。这种信号的传输方式用于信号传输距离远或不宜使用导线的场合。

思考题与习题

1-1 检测的概念是什么?

1-2 检测有哪些分类方法?

1-3 什么是误差? 误差产生的原因是什么?

1-4 检测系统由哪几部分组成? 各部分的作用是什么?

第2章 参 数 检 测

在很多工业领域的生产、输送和储存等过程中，人们为了了解各过程的运行情况，需要借助检测手段对有关的参数进行测量，获得这些参数的数量信息。随着科学技术的不断发展，需要检测的参数越来越多，对参数检测的精度要求也越来越高。

2.1 概 述

2.1.1 参数检测的意义

检测是意义更为广泛的测量。测量是以确定量值为目的的一组操作。这种"操作"就是测量中的比较过程——将被测参数的量值与作为单位的标准量进行比较，得出的倍数为测量结果。

检测可以指对产品的手动检测，也可以指对生产过程或运动目标的自动检测。现代化的生产过程是高效、连续的生产过程，为了确保生产安全，保证产品的产量和质量，减少能源消耗和降低成本，必须对反映生产过程进行情况的各参数（如温度、压力、流量、物体成分量、机械量等）进行检测和控制。

参数检测是把反映生产过程状态的参数定量化，并提供出对控制生产有效而适当的信息。它的目的是通过这个系统对生产过程参数的检测，尽可能地使生产管理、质量管理、原材料和能源消耗等处于最佳化。因此，在现代化工业生产过程中，检测过程参数是必不可少的，而且，必须随着生产的发展而提高其精度。

实现参数的检测，必须是在确切地掌握生产的目的、生产过程的状态和被测对象的特性的基础上，正确地选用检测技术和检测手段（检测设备或装置）才能实现。

2.1.2 参数检测的一般方法

参数检测以自然规律为基础，利用某些敏感元件特有的物理、化学和生物等效应，把被测变量的变化转换为敏感元件某一物理（化学）量的变化。根据敏感元件的不同，参数检测法一般可分为以下几种：

（1）光学法。利用光的发射、透射、折射和反射定律或性质进行检测的方法，称为光学法。用光强度（通常是光波波长的函数）等光学参数来表示被测变量的大小，通过光电元件接收光信号。辐射式温度计就是应用光学方法进行温度检测的例子。

（2）力学法。也称机械法。它一般利用敏感元件把被测变量转换成机械位移、变形等。例如，利用弹性元件可以把压力或力转换为弹性元件的位移。

（3）热学法。根据被测介质的热物理量（参数）的差异以及热平衡原理进行参数检测的方法，称为热学法。例如，热线风速仪是根据流体流速的大小与热线在流体中被带走的热量有关这一原理制成的，从而只要测出为保证热线温度恒定需提供的热量（加热电流量）或测出热线的温度（假定热线的供电电流恒定）就可获得流体的流速。

（4）电学法。一般利用敏感元件把被测变量转换成电压、电阻、电容等电学量进行参数检测的方法，称为电学法。例如，用热敏电阻的阻值变化检测温度。

（5）声学法。大多利用超声波在介质中的传播以及在介质间界面处的反射等性质进行参数检测的方法，称为声学法。常见的超声波流量计利用了超声波在流体中沿顺流和逆流方向传递的速度差来检测流体的流速。

（6）磁学法。利用被测介质有关磁性参数的差异及被测介质或敏感元件在磁场中表现出的特性，检测被测参数的方法，称为磁学法。例如，通电流体流经磁场时，由于切割磁力线使流体两端面产生感应电动势，其大小与流体的流速成正比，电磁流量计就是根据这一原理工作的。

（7）射线法。利用放射线（如 γ 射线）穿过介质时部分能量会被物质吸收，吸收程度与射线所穿过的物质层厚度、物质的密度等性质有关的原理进行参数检测的方法，称为射线法。利用射线法可实现物位检测，也可以用来检测混合物中某一成分的浓度。

对于同一参数的检测，从原理上讲可以用几种不同的方法，用不同的敏感元件来实现，但由于被测对象千差万别，敏感元件的特性也不一样，因此在选择敏感元件时要考虑以下因素：

1）敏感元件的适用范围。一个敏感元件要保证能正常的工作和信息的转换，一般对它使用的环境温度、压力、外加电源电压（电流）等都有要求，实际使用时不能超过规定的范围。例如，用压阻元件测量压力一般要求被测介质的温度不超过 150℃。

2）敏感元件的参数测量范围。要使敏感元件进行正常的信息转换，除了要保证它工作在其适用范围之内以外，还要求被测变量不超过敏感元件规定的测量范围，否则，敏感元件的输出不能与被测变量的变化相对应，甚至会损坏敏感元件。例如，对于弹性元件，当外力作用超过其极限值后，弹性元件将产生永久性变形而失去弹性；当外力继续增加，弹性元件将产生断裂或破损。

3）敏感元件的输出特性。在自然界许多材料都具有对某个（些）参数敏感的功能，但作为用于参数测量的敏感元件，一般要求其输出与被测变量之间有明确的单调上升或下降的关系，最好是线性关系，而且要求该函数关系受其他参数（因素）的影响小、重复性要好。

除此之外，在满足静态和动态精度的要求下，还要考虑敏感元件的价格、易复制性以及使用时的易安装性等因素。

2.1.3 常见的检测参数

常见的检测参数有很多，通常可以分为以下几种。

（1）热工量，如温度（热量、比热容、热分布）、压力（压差、真空度）、流量（流速、风速）、物位（液位、料位、界面）。

（2）机械量，如尺寸（长度、厚度、角度）、位移、形状、力（应力、力矩）、质量、转速（线速度）、振动（振幅、振动速度、振动加速度、频率）、加速度、噪声。

（3）物性和成分量，如酸碱度、盐度、浓度、黏度、密度、粒度、纯度、离子浓度、湿度、水分等。

（4）状态量，如颜色、透明度、磨损量、裂纹、缺陷、泄漏、表面质量（粗糙度、白度、灰度等）。

2.2　温　度　的　检　测

2.2.1　概述

1. 温度的概念

温度是一个重要的物理参数，许多重要的物理、化学过程都要求在一定的温度条件下才能正常进行。温度的测量方法和仪表在科学研究和工农业生产中得到了广泛的应用，在电力、化工、机械、冶金、农业、医学等领域以及人们的日常生活中，温度检测与控制是十分重要的。在国防现代化及科学技术现代化中，温度的精确检测及控制更是必不可少的。

温度是表征物体或系统的冷热程度的物理量。温度单位是国际单位制中七个基本单位之一。从能量角度来看，温度是描述系统不同自由度间能量分配状况的物理量；从热平衡观点来看，温度是描述热平衡系统冷热程度的物理量；从分子物理学角度来看，温度反映了系统内部分子无规则运动的剧烈程度。

2. 温标的概念

为了保证温度量值的准确和统一，应该建立一个用来衡量温度的标准尺度（温度标尺），简称为温标。因为温度是一个特殊的物理量，不能像长度或质量那样，建立一个比较简单的单位量就可与被测量进行比较，只能借助于某个物理量来间接表示，因此温标的建立曾经历了一个漫长的过程。

温度的高低必须用数字来说明。温标是用数值表示温度的一整套规程。建立现代化的温标必须具备以下三个条件：

（1）固定温度点。物质是由分子组成的，在不同温度下会呈现固、液、气三相，利用物质的相平衡点可以作为温标的固定温度点，也称为基准点，它具有确定的温度值。如水的液相和固相平衡点称为冰点，就具有固定的冰点温度值。

（2）测温仪器。确定测温仪器的实质是确定测温质和测温量。如铂电阻温度传感器的测温质是铂金属丝，而测温量是电阻值。

（3）温标方程。用来确定各固定点之间任意温度值的数学关系式称为温标方程，也称为内插公式。

下面对常用温标作一简介。

（1）经验温标。借助于某一种物质的物理量与温度变化的关系，用实验的方法或经验公式所确定的温标称为经验温标。常用的有摄氏温标和华氏温标，这两种温标都是根据液体（水银）受热后体积膨胀的性质建立起来的。

1）摄氏温标：是指把在标准大气压下水的冰点定为0℃，把水的沸点定为100℃的一种温标。在0~100℃之间划分100等份，每一等份为1℃。摄氏温标虽不是国际统一规定的温标，但我国目前还可继续使用。

2）华氏温标：规定在标准大气压下水的冰点为32℉，水的沸点为212℉，中间划分为180等份，每一等份为1℉。华氏温标在我国已不再使用。

经验温标是借助于一些物质的物理量与温度之间的关系，用实验方法得到的经验公式来确定温度值的标尺，因此它具有局限性和任意性。例如，温度在冰点和沸点之外时，就无法进行标定了，具有局限性。即使在冰点和沸点之内，经验温标选择水银的纯度不同，其膨胀性质也不同，具有任意性。因此这种与特殊物质相联系的经验温标不能满足测温技术发展的要求。

（2）热力学温标。热力学温标又称"绝对温标"或"开尔文温标"，单位为 K。热力学温标是以热力学第二定律为基础的一种理论温标，已被国际计量大会采纳作为国际统一的基本温标。它有一个绝对零度，低于零度的温度不可能存在。其特点是不与某一特定的温度计相联系，且与测温物质无关，是由卡诺定理推导出来的，所以热力学温标是一种纯理论的理想温标，无法直接实现。在热力学中从理论上证明，热力学温标与理想气体温标完全一致。所以通常借助于气体温度计经示值修正后来复现热力学温标，但设备复杂、价格昂贵，不适于实际应用。

（3）国际实用温标。为了使用方便，国际上协商确定，建立一种既使用方便、容易实现，又能体现热力学温度（即具有较高准确度）的温标，这就是国际实用温标，又称国际温标。

第一个国际实用温标自 1927 年开始采用，随着科学技术的发展，对国际实用温标不断地进行改进和修订，使之更符合热力学温标，有更好的复现性以及能够更方便地使用。目前推行的是 1990 年 ITS—1990《1990 年国际温标》，目前我国已开始采用这一温标。

ITS—1990《1990 年国际温标》由三部分组成，它们是定义固定点、内插标准仪器和内插公式。其基本内容为：

1）重申国际实用温标单位仍为 K，1K 等于水的三相点时温度值的 1/273.16。

2）把水的三相点时温度值定义为 0.01℃，同时相应地把绝对零度修订为 -273.15℃，这样国际摄氏温度 t_{90}（℃）和国际实用温度 T_{90}（K）关系为

$$t_{90} = T_{90} - 273.15 \tag{2-1}$$

在实际应用中，为书写方便，通常直接用 t 和 T 分别代表 t_{90} 和 T_{90}。

3）规定把整个温标分成 4 个温区，其相应的标准仪器如下：

① 0.65～5.0K，用 ^{3}He 和 ^{4}He 蒸气温度计；

② 3.0～24.5561K，用 ^{3}He 和 ^{4}He 定容气体温度计；

③ 13.803～1234.93K（961.78℃），用铂电阻温度计；

④ 1234.93K（961.78℃）以上，用光学或光电高温计。

4）新确认和规定 17 个固定点温度值（如表 2-1 所示）以及借助依据这些固定点和规定的内插公式分度的标准仪器来复现整个热力学温标。

表 2-1　　　　　　　　ITS—1990 温标 17 个固定点温度

序 号	定 义 固 定 点	国际实用温标的规定值	
		T_{90}(K)	t_{90}(℃)
1	氦蒸气压点	3～5	-270.15～-268.15
2	平衡氢三相点	13.8033	-259.3467
3	平衡氢（或氦）蒸气压点	≈17	≈-256.15
4	平衡氢（或氦）蒸气压点	≈20.3	≈-252.85
5	氖三相点	24.5561	-248.5939
6	氧三相点	54.3584	-218.7916
7	氩三相点	83.8058	-189.3442
8	汞三相点	234.3156	-38.8344
9	水三相点	273.16	0.01

序　号	定　义　固　定　点	国际实用温标的规定值	
		$T_{90}(K)$	$t_{90}(℃)$
10	镓熔点	302.9146	29.7646
11	铟凝固点	429.7485	156.5985
12	锡凝固点	505.078	231.928
13	锌凝固点	692.677	419.527
14	铝凝固点	933.473	660.323
15	银凝固点	1234.93	961.78
16	金凝固点	1337.33	1064.18
17	铜凝固点	1357.77	1084.62

3. 温标的传递

为了使国内生产和科研工作中使用的各种测温仪表示值准确，需要将国际温标的具体数值通过各级计量部门定期地、逐级地传递到各种测温仪表。这种温度标准定期逐级地校验比较过程称为温度标准的传递，简称温标的传递。

我国的国家基准建立在中国计量科学研究院，各地区、省、市建立的为次级标准，必须定期由国家基准检定。

测温仪表按其准确度可分为基准、工作基准、一等基准、二等基准以及工作用仪表。不管哪一等级的仪表都必须定期到上一级计量部门进行检定，这样才能保证准确可靠。因此对测温仪表进行检定是除了对测温仪表分度以外的另一项重要任务。

4. 测温方法分类

温度测量仪表的分类既可按工作原理来划分，又可根据测温范围（高温、中温、低温等）或仪表准确度（基准、标准等）来划分，也可根据测量方法（感温元件与被测对象接触与否）来划分。现在多采用最后一种，将温度测量划分为接触式测温和非接触式测温两大类。

(1) 接触式测温。接触式温度测量的特点是感温元件直接与被测对象相接触，两者进行充分的热交换，最后达到热平衡，此时感温元件的温度与被测对象的温度必然相等，温度计的示值就是被测对象的温度。接触式测温的测温精度相对较高，直观可靠，测温仪表价格较低，但由于感温元件与被测介质直接接触，会影响被测介质的热平衡状态，而接触不良又会增加测温误差；若被测介质具有腐蚀性或温度太高也将严重影响感温元件的性能和寿命。根据测温转换的原理，接触式测温可分为膨胀式、热阻式、热电式等多种形式。

(2) 非接触式测温。非接触式温度测量的特点是感温元件不与被测对象直接接触，而是通过接收被测物体的热辐射能实现热交换，据此测出被测对象的温度。因此，非接触式测温具有不改变被测物体的温度分布、热惯性小、测温上限可设计得很高、便于测量运动物体的温度和快速变化的温度等优点。

以上两类测温方法的主要特点如表 2-2 所示。

表 2-2 接触式与非接触式测温特点比较

方 式	接 触 式	非 接 触 式
测量条件	感温元件要与被测对象良好接触，感温元件的加入几乎不改变对象的温度，被测温度不超过感温元件能承受的上限温度，被测对象不对感温元件产生腐蚀	需准确知道被测对象表面发射率，被测对象的辐射能充分照射到检测元件上
测量范围	特别适合 1200℃ 以下、热容大、无腐蚀性对象的连续在线测温。对高于 1300℃ 以上的温度测量较困难	原理上测量范围可以从超低温到极高温，但 1000℃ 以下的测量误差大，能测运动物体和热容小的物体温度
准确度等级	工业用表通常为 1.0、0.5、0.2、0.1 级，实验室用表可达 0.01 级	通常为 1.0、1.5、2.5 级
响应速度	慢，通常为几十秒到几分钟	快，通常为 2～3s
其他特点	整个测温系统结构简单，体积小，可靠，维护方便，价格低廉；仪表读数直接反映被测物体实际温度；可方便地组成多路集中测量与控制系统	整个测温系统结构复杂，体积大，调整麻烦，价格昂贵；仪表读数通常只反映被测物体表现温度（需进一步转换）；不易组成测温、控温一体化的温度控制装置

2.2.2 接触式测温

根据不同被测介质，可选用不同的接触式测温仪表或传感器。下面介绍各种接触式测温方法及仪表的有关问题。

1. 膨胀式温度计

测温敏感元件在受热后尺寸或体积会发生变化，这种变化与温度具有一定的函数关系，膨胀式温度计就是利用这一对应关系设计而成的。它又可分为液体膨胀式和固体膨胀式两类。

（1）玻璃液体温度计。玻璃液体温度计简称玻璃温度计，是一种直读式仪表。其中结构如图 2-1 所示水银是玻璃温度计最常用的液体，其凝点为 -38.9℃，测温上限为 538℃。对于较低温度测量的情况，可以用其他凝点低的有机液体（如酒精下限为 -62℃、甲苯下限为 -90℃，戊烷则可达 -201℃）。

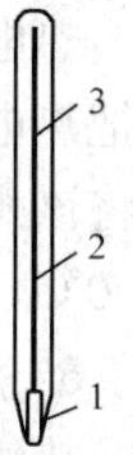

玻璃温度计具有结构简单、制作容易、价格低廉、测温范围较广、安装使用方便、现场直接读数、一般无需能源等优点；但易破损、测温值难自动远传记录等。

图 2-1 玻璃液体温度计
1—玻璃温包；
2—毛细管；
3—刻度标尺

玻璃温度计按使用方式又可分全浸式和局浸式两大类。全浸式是指把玻璃温度计液柱全部浸没在被测介质中。此种方式的特点是测温精度高，但读刻度困难、使用操作不便。局浸式为把温度计部分液柱（固定长度）浸入被测介质中，部分暴露在空气中。此种方式的特点是读数容易，但测量误差较大，即使采取修正措施，其误差通常比全浸式大得多。

（2）固体膨胀式温度计。典型的固体膨胀式温度计是双金属片温度计。它利用线膨胀系数差别较大的两种金属材料制成双层片状元件，在温度变化时将使自由端产生位移，借此带

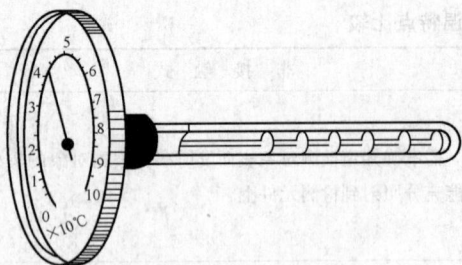

图 2-2 双金属温度计结构示意图

动指针在温度刻度盘上转动构成温度计。如果带动电触点实现通断就构成温度开关。如图 2-2 所示螺旋形双金属片一端固定，另一端连接指针轴。当温度变化时，双金图片弯曲变形，通过指针轴带动指针偏转显示温度。它常用于测量 $-80\sim600℃$ 的温度，读数方便，但精度不太高，适用于工业过程测温、上下限报警和控制。

2. 压力式温度计

压力式温度计是根据一定质量的液体、气体在定容条件下其压力与温度呈确定函数关系的原理制成的。它不是靠物质受热膨胀后体积变化来指示温度，而是靠在密闭容器中压力的变化来指示温度。

如图 2-3 所示，温包接触被测对象，进行热交换达到平衡。充灌于密闭的温包、毛细管和弹簧管内的工作物质的压力（或体积）随温度而变化。压力的变化使弹簧管的曲率发生变化，并使自由端产生位移，通过连杆和传动机构带动指针直接在刻度盘上指示温度的变化值。因此这种温度计是由测温温包与压力表组成的一体化结构，只不过压力表的表盘上是温度刻度。

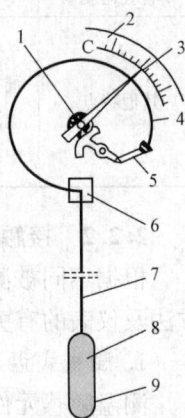

图 2-3 压力式温度计结构示意图
1—传动机构；2—刻度盘；3—指针；4—波登管；5—连杆；6—接头；7—毛细管；8—工作物质；9—温包；

3. 利用热电阻温度计测温

热电阻温度计是利用金属（包括合金）导体或金属氧化物半导体作测温质，利用随温度而变化的电阻值来进行测温的。与热电阻匹配的温度显示二次仪表一般为电桥。热电阻温度计在科研和生产中经常用来测量 $-200\sim850℃$ 区间的温度，目前测量范围正在延伸，可从低至几开尔文到高达上千摄氏度。热电阻温度计具有测量范围宽、精度高、稳定性好等优点，是广泛使用的一种测温元件。

4. 利用热电偶温度计测温

热电偶温度计的制成基于塞贝克热电动势效应。利用热电偶测温，是把热电偶置于被测温度环境中，待达到热平衡后输出相应的热电动势，再将该电动势转换为温度值显示出来，常用的测温范围是 $-200\sim1300℃$，在特殊情况下，可测至 2800℃ 高温或 4K 的低温。

5. 热敏电阻温度计

热敏电阻是用电阻值随电阻体温度而显著变化的半导体电阻制成的。采用重金属氧化物锰、钛、钴等材料，在高温下烧结混合成特殊电子元件。热敏电阻有正温度系数（PTC）、负温度系数（NTC）和临界温度系数（CTR）三种，温度检测用的主要是 NTC 热敏电阻，PTC、CTR 热敏电阻则利用在特定温度下电阻值急剧变化的特性构成温度开关器件。

大部分半导体热敏电阻中的各种氧化物是按一定比例混合的。多数热敏电阻具有负的温度系数，即当温度升高时，其电阻值下降，同时灵敏度也下降。这个特性限制了它在高温条件下的使用。目前热敏电阻使用的上限温度约为 300℃。

2.2.3 非接触式测温

非接触式测温仪表是目前高温测量中应用广泛的一种仪表，主要应用于冶金、铸造、热处理以及玻璃、陶瓷和耐火材料等工业生产中。非接触式测温方法以辐射测温为主。

任何物体，若其温度超过绝对零度，就会以电磁波的形式向周围辐射能量。这种电磁波是由物体内部带电粒子在分子和原子内振动产生的，其中与物体本身温度有关的传播热能的那部分辐射称为热辐射。而把能检测被测物体热辐射能量，进而确定被测物体温度的仪表，统称为辐射式温度计。辐射式温度计的感温元件不需和被测物体或被测介质直接接触，所以其感温元件不需达到被测物体的温度，从而不会受被测物体的高温及介质腐蚀等的影响，可以测量高达几千摄氏度的高温，而感温元件不会破坏被测物体原来的温度场。可以方便地测量运动物体的温度是此类仪表的突出优点。

辐射测温过程：一是要有一个热辐射源（即被测对象）；二是有辐射能传输通道，可以是大气、光导纤维或真空等；三是有接收和处理辐射信号的仪表（系统）。

1. 辐射测温的基本原理

（1）基本概念。

1）辐射能。当物体温度高于绝对零度时，就会以电磁波的形式向外辐射能量，这种能量称为辐射能。物体的辐射能包括各种波长，如 X 光、紫外光、可见光、红外光、无线电波等。

2）热辐射。物体所能吸收的，而且在吸收时又能重新转变为热能的那些射线，它们的热效应最显著，所以又把这部分的电磁波称为热射线或热辐射。相应地，热射线所具有的能量称为热辐射能。热辐射主要指可见光和红外光，即波长 λ 在 $0.4\sim1000\mu m$ 的射线。其中波长在 $0.4\sim0.76\mu m$ 的称为可见光波，而波长在 $0.76\sim1000\mu m$ 的称为红外光波。

3）辐射力。辐射力是指单位时间内从单位面积向半球空间各方向发射的全部波长的总辐射能量，又称为半球总辐射力、辐射能力、辐射功率，用符号 E 表示，单位为 W/m^2。

4）光谱辐射力。在某一波长附近取一单位波长间隔 $\lambda\sim\lambda+d\lambda$，则单位时间内从单位面积在此单位波长间隔内，向半球空间发射的能量称为此波长的半球光谱辐射力，简称光谱辐射力或单色辐射力，有的又称为光谱（单色）辐射强度、光谱（单色）辐射功率，用符号 E_λ 表示，单位为 W/m^3 或 $W/(m^2 \cdot \mu m)$。

5）黑体、白体、镜体和透明体。如图 2-4 所示，当辐射能投射到物体表面上时，在一般情况下，其中一部分被物体吸收，一部分被物体反射，另一部分可以透过物体，则根据能量守恒定律得

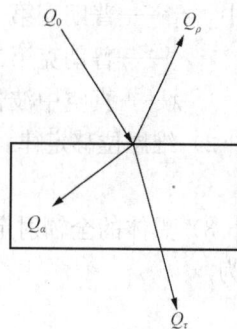

图 2-4　入射辐射能量分布

$$Q_0 = Q_\alpha + Q_\rho + Q_\tau \tag{2-2}$$

式中　Q_0——外界投射到物体表面上的总能量；

Q_α——物体吸收的能量；

Q_ρ——物体反射的能量；

Q_τ——物体透过的能量。

等式两边同除以 Q_0，则式（2-2）变为

$$1 = \frac{Q_\alpha}{Q_0} + \frac{Q_\rho}{Q_0} + \frac{Q_\tau}{Q_0} \tag{2-3}$$

其中，各个能量百分数 Q_α/Q_0，Q_ρ/Q_0 和 Q_τ/Q_0 分别称为该物体的吸收率、反射率和透

过率，并依次用 α、ρ 和 τ 表示。因此式 (2-3) 可写成

$$\alpha + \rho + \tau = 1 \tag{2-4}$$

当物体全部吸收投射到其表面上的辐射能时，即 $Q_a = Q_0$ 时，有 $\alpha = 1$，$\rho = \tau = 0$，这种物体称为绝对黑体，简称为黑体。黑体具有以下特点：

①在相向温度条件下，黑体的吸收本领和发射本领最大。

②黑体的发射、吸收性质与方向无关，各个方向上的辐射强度相同，属漫发射。

③黑体的辐射规律可从理论上导出，其发射的能量仅与波长及温度有关。

④根据基尔霍夫定律，由任意表面围成的封闭等温腔体就是黑体。

⑤辐射测温仪表均是按黑体分度的。

当物体将投在其表面上的辐射能全部漫反射出去时，即 $Q_\rho = Q_0$ 时，有 $\rho = 1$，$\alpha = \tau = 0$，这种物体称为绝对镜白体，简称为白体；若辐射能被全部镜反射出去，则称为绝对镜体，简称镜体；若投射在物体上的辐射能全部被透过，即 $Q_\tau = Q_0$ 时，有 $\tau = 1$，$\alpha = \rho = 0$，这种物体称为绝对透明体，简称为透明体。

实际上自然界中并不存在绝对黑体、镜体、白体或透明体，它们只是实际物体热辐射性能的极限情况。

(2) 辐射基本定律。

1) 普朗克定律。黑体的单色辐射强度 $E_{0\lambda}$ 与波长 λ 及温度 T 的关系由普朗克公式确定，即

$$E_{0\lambda} = c_1 \lambda^{-5} (e^{c_2/\lambda T} - 1)^{-1} \, (\text{W/m}^2) \tag{2-5}$$

式中　c_1——普朗克第一常数，$c_1 = 3.741832 \times 10^{-16} \, \text{W} \cdot \text{m}^2$；

　　　c_2——普朗克第二常数，$c_2 = 1.438786 \times 10^{-2} \, \text{m} \cdot \text{K}$；

　　　λ——真空中波长，μm。

2) 维恩位移定律。单色辐射强度的峰值波长 λ_m 与温度 T 之间的关系式为

$$\lambda_m T = 2.8978 \times 10^{-3} \, (\text{m} \cdot \text{K}) \tag{2-6}$$

3) 黑体的全辐射定律。若在 $\lambda = 0 \sim \infty$ 的全部波长范围内对 $E_{0\lambda}$ 积分，可求出全辐射能量为

$$E_0 = \int_0^\infty E_{0\lambda} \mathrm{d}\lambda = \sigma T^4 \, (\text{W/m}^2) \tag{2-7}$$

式中　σ——斯忒藩－玻耳兹曼常数，$\sigma = 5.67032 \times 10^{-8} \, \text{W/(m}^2 \cdot \text{K}^4)$。

但是，实际物体多不是黑体，它们的辐射能力均低于黑体的辐射能力。实验表明大多数工程材料的辐射特性接近黑体的辐射特性，称为灰体。可以用黑度系数来表示灰体的相对辐射能力。黑度系数定义为同一温度下灰体和黑体的辐射能力之比，用符号 ε 表示，其值均在 $0 \sim 1$ 之间，一般用实验方法确定。ε_λ 代表单色辐射黑度系数，ε 代表全辐射黑度系数，则式 (2-5) 和式 (2-7) 可修正为

$$E_\lambda = \varepsilon_\lambda c_1 \lambda^{-5} (e^{c_2/\lambda T} - 1)^{-1} \tag{2-8}$$

和

$$E = \varepsilon \sigma T^4 \tag{2-9}$$

2. 辐射测温仪表的基本组成及常用方法

辐射测温仪表主要由光学系统、检测元件、转换电路和信号处理等部分组成，如图 2-5

所示。光学系统包括瞄准系统、透镜、滤光片等，把物体的辐射能通过透镜聚焦到检测元件；检测元件为光敏或热敏器件；转换电路和信号处理将信号转换、放大、进行辐射率修正和标度变换后，输出与被测温度相应的信号。

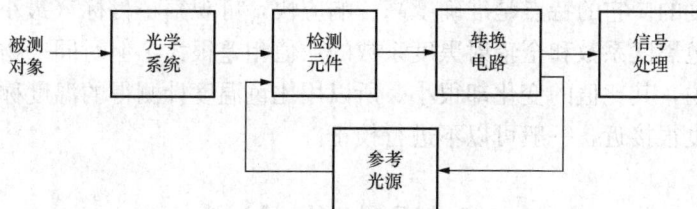

```
被测          光学          检测          转换          信号
对象    →    系统    →    元件    →    电路    →    处理

                          参考
                          光源
```

图 2-5　辐射测温仪表主要组成框图

光学系统和检测元件对辐射光谱均有选择性，因此，各种辐射测温系统一般只接收一定波长范围内的辐射能。

辐射测温的常用方法有以下四种。

（1）亮度法。按物体的光谱或部分连续波长辐射亮度推算温度。

（2）全辐射法。按物体全波长范围的辐射亮度推算温度。

（3）比色法。按物体两个波长的光谱辐射亮度之比推算温度。

（4）多色法。按物体多个波长的光谱辐射亮度和物体发射率随波长变化的规律来推算温度。

3. 辐射测温仪表

（1）光学高温计。光学高温计是发展最早、应用最广的非接触式温度计。光学高温计结构较简单，使用方便，适用于 1000～3500K 范围的温度测量，其准确度等级通常为 1.0 级和 1.5 级，可满足一般工业测量的精度要求，被广泛用于高温熔体、高温窑炉的温度测量。

光学高温计将物体的光谱辐射亮度和标准光源的光谱辐射亮度进行比较，来确定待测物体的温度。光学高温计有三种形式，即灯丝隐灭式、恒定亮度式和光电亮度式。

灯丝隐灭式光学高温计是由人眼对热辐射体和高温计灯泡在单一波长附近的光谱范围的辐射亮度进行判断，调节灯泡的亮度使其在背景中隐灭或消失而实现温度测量的。此种隐丝式光学高温计又称目视光学高温计或简称光学高温计。

（2）光电高温计。光学高温计在测量物体的温度时，由于要靠手动调节灯丝的亮度，由眼睛判别灯丝的"隐灭"，故观察误差较大，也无法实现自动检测和记录。由于科技不断发展，依据光学高温计原理制造出来的光电高温计正在迅速替代光学高温计而广泛用于工业高温测量中。

光电高温计克服了光学高温计的主要缺点，采用硅光电池作为仪表的光敏元件，代替人眼睛感受被测物体辐射亮度的变化，并将此亮度信号按比例转换成电信号，经滤波放大后送检测系统进行后续转换处理，最后显示出被测物体的亮度温度。

（3）辐射温度计。辐射温度计是根据全辐射定律，基于被测物体的辐射热效应进行工作的。辐射温度计是最古老、最简单、较常用的非接触式高温检测仪表，过去习惯称之为全辐射温度计。但实际上任何实际的光学系统都不可能全部透过或全部反射所有波长范围的全部辐射能，所以直接称之为辐射温度计似乎更合理。其优点是接受辐射能力强，灵敏度高，坚固耐用，可测较低温度并能自动显示或记录；缺点是对二氧化碳气体、水蒸气很敏感，受环境中存在的介质影响很大。

（4）比色温度计。比色温度计是通过测量热辐射体在两个或两个以上波长的光谱辐射亮度之比来测量温度的。它的特点是准确度高、响应快，可观察小目标（最小可到 2mm）。因为实际物体的单色黑度系数和全辐射黑度系数的数值相差很大，但对同一物体的不同波长的单色黑度系数来说，其比值的变化却很小。所以用比色温度计测得的温度称为比色温度，它与物体的真实温度很接近，一般可以不进行校正。

2.3 压 力 的 检 测

2.3.1 概述

1. 基本概念

在工业生产中压力的检测使用相当广泛，有许多需直接检测、控制的压力参数。例如：锅炉的汽包压力、炉膛压力，化工生产中的反应釜压力、加热炉压力等参数。因而，压力的检测在各类工业生产中占有很重要的地位。

工程上把垂直均匀作用在单位面积上的力称为压力，即物理学中定义的压强，它是一个很重要的物理量。

压力有以下几种不同的描述方法。

（1）绝对压力。它是指作用于物体表面上的全部压力，其零点以绝对真空为基准，又称总压力或全压力，一般用小写字母 p_i 表示。

（2）大气压力。它是指地球表面上的空气柱重力所产生的平均压力值，它随时间、地点而变化，其值可用气压计测量，以 p_d 表示。

（3）相对压力。它是指绝对压力与大气压力之差，一般用 p_g 表示。当绝对压力大于大气压力时，称为正压力（简称压力），又称表压力；当绝对压力小于大气压力时，称为负压。负压又可用真空度表示，负压的绝对值称为真空度。测压仪表指示的压力一般都是表压力。

（4）差压。它是指任意两个压力之差。

2. 压力的单位

在国际单位制中，压力的单位为 Pa（帕），即 1N 力垂直而均匀地作用在 $1m^2$ 的面积上所产生的压力称为 1Pa。

3. 压力检测的主要方法和分类

压力检测的方法很多，按敏感元件和转换原理的特性不同，一般分为四类：

（1）液柱式压力检测。它是根据流体静力学原理，把被测压力转换成液柱高度来实现测量的。利用这种方法测量压力的仪器主要有 U 形管压力计、液柱式压力计等。

（2）弹性式压力检测。它是根据弹性元件受力变形的原理，将被测压力转换成位移来实现测量的，常用的弹性元件有弹簧管、膜片和波纹管等。

（3）负荷式压力检测。它是基于静力平衡原理进行压力测量的，典型仪表主要有活塞式、浮球式和钟罩式三大类。它普遍被用作标准仪器对压力检测仪表进行标定。

（4）电气式压力检测。它是利用敏感元件将被测压力转换成各种电量，如电阻、电感、电容、电位差等来实现测量的。这种方法具有较好的动态响应，特性量程范围大、线性好，便于进行压力的自动控制。

2.3.2 常用压力检测仪表

1. 弹性压力计

弹性压力计是基于各种形式的弹性元件，在被测介质的表压或真空度作用下产生的弹性变形与被测压力成一定函数关系的原理制成的。它是工业生产和实验室中应用最广的一种压力计。

（1）弹性元件。弹性元件示意图如图 2-6 所示，主要有以下几种形式。

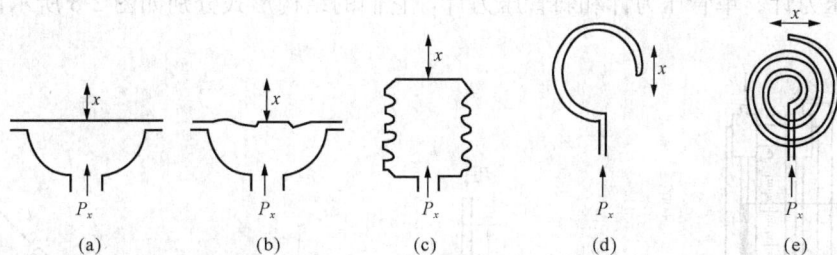

图 2-6 弹性元件示意图

（a）平膜片；（b）波纹膜片；（c）波纹管；（d）单圈弹簧管；（e）多圈弹簧管

1）弹性膜片。它是一种外缘固定的片状弹性元件，膜片的弹性特性一般由中心位移与压力的关系表示。按剖面形状及特性，弹性膜片又分为平膜片、波纹膜片和挠性膜片。

2）波纹管。它由整片弹性材料加工而成，是一种壁面具有多个同心环状波纹，一端封闭的薄壁圆管。波纹管的开口端固定，由此引入被测压力。在其内腔及周围介质的压差作用下，封闭端将产生位移，此位移与压力在一定的范围内呈线性关系。

3）弹簧管。它是一根弯成圆弧状的、具有不等轴截面的金属管。常见的不等轴截面是扁圆形和椭圆形。弹簧管的一端封闭并处于自由状态，为自由端，另一端开口为固定端，被测压力由固定端通入弹簧管内腔。在压力的作用下，弹簧管横截面有变圆的趋向，弹簧管也随之产生向外伸直的变形，从而引起自由端位移。自由端的位移量与所加压力有关，可以由此得知被测压力的大小。为了增加位移量，可以做成多圈弹簧管。

弹性元件常用的材料有铜合金、弹性合金、不锈钢等，各适用于不同的测压范围和被测介质。近年来半导体硅材料得到了更多的应用。

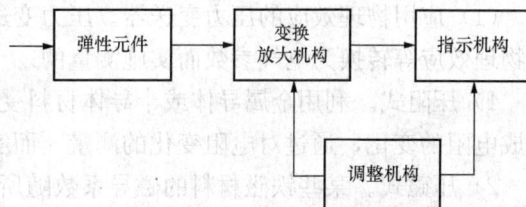

图 2-7 弹性压力计的组成框图

（2）弹性压力计。弹性压力计的组成一般包括几个主要环节，如图 2-7 所示。弹性元件是仪表的核心部分，其作用是感受压力并产生弹性变形，采用何种形式的弹性元件要根据测量要求选择和设计；在弹性元件与指示机构之间的变换放大机构，其作用是将弹性元件的变形进行变换和放大；指示机构如指针与刻度标尺，用于给出压力示值；调整机构用于调整仪表的零点和量程。

2. 液柱式压力计

液柱式压力测量是以流体静力学理论为基础的压力测量方法。根据流体静力学，一定高度的液柱对底面产生的静压力要与被测压力相平衡,这样液柱的高度实际上就反映了被测压力的大小。以此原理构造的液柱式压力计测压元件主要由装有一定介质液体的玻璃管组成,这种压力计结构简单、使用方便、测量精度高,但测量结果只能就地读取,不能进行远传,而且测量的量程也受限于玻璃管的高度,因而应用受到一定的限制。现在,液柱式压力计主要是在实验室或工程实验上使用。

利用液体所产生的压力与被测压力平衡,并根据液柱高度来确定被测压力大小的压力计称为液柱式压力计。所用的液体称为封液,常用的封液有水、酒精、水银等。液柱式压力计有 U 形管压力计、单管压力计和斜管压力计,它们的结构形式分别如图 2-8 所示。

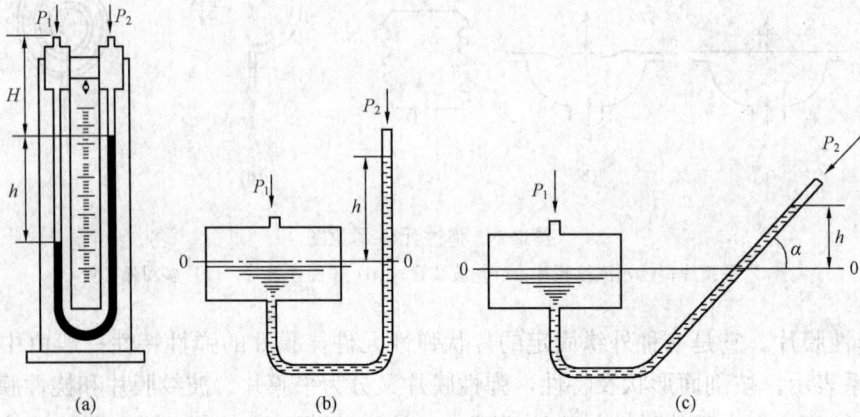

图 2-8　液柱式压力计
(a) U 形管压力计;(b) 单管压力计;(c) 斜管压力计

3. 压力变送器

一般用压力表传递压力信息的距离不能很远,要向远距离传输压力信息,往往是将弹性测压元件与电气传感器相结合构成压力变送器,工业上常称为差压变送器。它能以统一信号进行传输、显示和控制。常用的压力变送器有电容式压力变送器、电感式压力变送器、霍尔式压力变送器等。

(1) 应用物理效应的压力变送器。压力变送器均是将压力变换成为弹性元件的变形或通过物理效应等转换为电气参数而实施测量的。

1) 压阻式。利用金属导体或半导体材料受到被测压力作用,根据压阻效应,将压力变换成电阻的变化,通过对电阻变化的测量,而实现压力测量。

2) 压磁式。某些铁磁材料的磁导系数随所受压力而变化,用它作为线圈的铁芯,压力变化线圈的电感或互感就发生变化,通过对电感或互感的测量,实现对压力的测量。

3) 压电式。某些电介质受压力后,其表面产生束缚电荷,通过对此电荷变化的测量,实现对压力的测量。

4) 光纤式。通过压力对光或光纤的调制作用,使光的强度、相位或偏振态发生变化,通过对它们的测量,实现压力测量。

(2) 电容式压力变送器。对于平板电容器,改变极板间距离将会使电容量发生改变。如果引入外加压力作用于平板电容器极板,使极板间距发生变化,就可通过对电容量变化的测取实现压力或差压的检测。

（3）霍尔式压力变送器。其工作原理基于霍尔效应。在压力的作用下，使霍尔片在差动磁场下位移产生的霍尔电动势代数和不为零，其差值的大小与压呈线性关系，通过检测这一霍尔电动势的输出值，就可测得压力变化值。

2.3.3　压力仪表的选择

压力仪表的选择是一项重要的工作，如果选用不当，不仅不能正确、及时地反映被测对象压力的变化，还可能引起事故。选用时应根据生产工艺对压力检测的要求、被测介质的特性、现场使用的环境等条件，本着节约的原则合理地考虑仪表的类型、量程、准确度等。

选择主要考虑如下三个方面：

（1）根据被测压力的大小，确定仪表量程。对于弹性式压力仪表，为了保证弹性元件在弹性变形的安全范围内可靠地工作，在选择压力表量程时，必须考虑到留有充分的余地。一般在被测压力较稳定的情况下，最大压力值应不超过满量程的 3/4；在被测压力波动较大的情况下，最大压力值不应超过满量程的 2/3。为了保证测量精度，被测压力值应以不低于全量程的 1/3 为宜。

（2）根据生产允许的最大测量误差确定仪表的准确度等级尽可能选用等级较低、价廉耐用的压力仪表。

（3）选择时要考虑被测介质的特性，如温度高低、黏度大小、腐蚀性大小、脏污程度、易燃易爆等；还要考虑现场环境条件，如高温、腐蚀、潮湿、振动等。以此确定压力表的种类及型号。

2.4　流 量 的 检 测

在生产过程中，流量是需要经常测量和控制的重要参数之一。流量测量技术是广泛应用于工业生产过程、能源计量、环境保护、交通运输、生物技术、科学实验等领域的必不可少的技术。流量是表征流体流过管道某一截面的数量。测量流量的目的是为了正确指导手工艺操作，进行成本核算，保证产品的质量和设备的安全。流量测量是生产过程自动化检测和控制的重要环节。

2.4.1　基本概念

1. 流量的概念

流体的流量是指在短暂时间内流过某一流通截面的流体数量与通过时间之比，该时间足够短以至于可认为在此期间的流动是稳定的，此流量又称瞬时流量。流体数量以体积表示称为体积流量，以质量表示称为质量流量。

（1）体积流量。体积流量 q_V 是以体积计算的单位时间内通过的流体量，在工程中可用 L/h（升/小时）或 m^3/h（米³/小时）等单位表示。

若设被测管道内某个横截面 S 的截面积为 $A(m^2)$，取其上的面积微元 dS，对应流速为 $v(m/s)$，则

$$q_V = \int_S v \mathrm{d}S \qquad (2\text{-}10)$$

（2）质量流量。质量流量 q_m 是以质量表示单位时间内通过的流体量，工程中常用 kg/h

（千克/小时）表示。显然质量流量 q_m 等于体积流量 q_V 与流体密度 ρ 的乘积，用数学表达式可以表示为

$$q_m = \rho q_V \tag{2-11}$$

除了上述瞬时流量之外，生产过程中有时还需要测量某段时间内流体通过的累积总量，称为累积流量，也常称为总流量。质量总量以 M 表示，体积总流量以 Q_V 表示。

2. 流量检测方法及流量计分类

用于流量测量的仪器仪表统称为流量计。测量过程中流体的性质多种多样，检测条件也可能有不同，为了测量不同条件下不同的测量对象，至今所使出的流量计已有百余种，其测量原理、结构特性、适用范围及使用方法等也各不相同，按不同的分类方法大致有以下几种分类：

（1）节流差压法。在管路内安装上节流元件，使流体在此处流动状态发生变化，造成节流元件的上、下游间产生压力差。由于此压力差和流量间有一定函数关系，因此，检测此压差即可变换出流量。常用的节流元件有孔板、喷嘴等。

（2）容积法。按一定的容积空间输送流体，容积空间的运动次数（或运动速度）与流量成正比。记录运动次数或速度，则可得出一段时间内的累积流量。容积式流量计有椭圆齿轮式流量计、膜式煤气表及旋转叶轮式水表等。

（3）速度法。测出流体的流速，再乘以管道截面即可得出流量。按对流速测量的办法不同，能构成多种多样的流量仪表和检测系统，常用的有标志式、动压管式、热量式、磁电式、超声式等。

（4）流体阻力法。利用流体流动给设置在管道中的阻力体以作用力，作用力大小和流量大小有关。如常用的靶式流量计，其阻力体是靶，由力平衡式传感器把靶的受力转换为电量。

（5）流体振动法。在管道的特定条件下，使流体流过后产生振动，如涡街流量计、卡门流量计等。

（6）质量流量检测。质量流量检测分为间接式和直接式两种。间接式质量流量测量是在直接测出体积流量的同时，直接再测出被测介质的密度，或测出压力、温度等参数求出介质密度。因此检测系统将由测体积流量的流量计（如节流差压式、涡轮式等）和密度计或带有温度、压力补偿环节等组成，其中还有相应的计算环节。直接式质量流量测量直接利用热、差压或动量来检测。

2.4.2　常用的流量检测仪表

1. 节流式差压流量计

在管道中设置节流元件，由于流通截面的变化，节流元件前后流体的静压力不同，此静压差与流体的流量有关，利用这一物理现象制成的流量计称为节流式差压流量计，简称差压式流量计。它是历史悠久、使用成熟、应用最广泛的一类流量计，是目前工业生产中用来测量气体、液体和蒸汽流量的最常用的一种流量仪表。

节流式差压流量计由节流装置、压力信号管路、压差计和流量显示器组成，如图2-9所示。

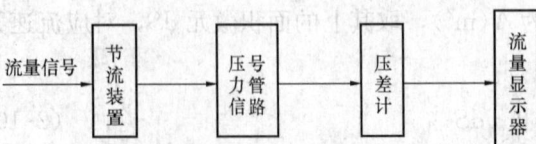

图2-9　节流式差压流量计

　　差压式流量计由于使用历史悠久，已经积累了丰富的实践经验和完整的实验资料。目前，国内外已把最常用的节流装置标准化，称为标准节流装置。节流装置的基本形式有孔板式、喷嘴式、文丘里管等，如图 2-10 所示。

　　2. 容积式流量计

　　容积式流量计是直接根据排出体积进行流量累计的仪表，利用运动元件的往复次数或转速与流体的连续排出量成比例对被测流体进行连续的检测。容积式流量计可以计量各种液体和气体的累计流量。由于这种流量计可以精密测量体积量，所以其类型包括从小型的家用煤气表到大容积的石油和天然气计量仪表，广泛地用作管理和贸易的手段。

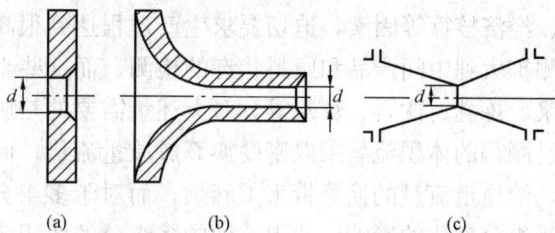

图 2-10　节流元件的基本形式

(a) 孔板式；(b) 喷嘴式；(c) 文丘里管

　　容积式流量计由测量室、运动部件、传动和显示部件组成。它的测量主体为具有固定标准容积的测量室，测量室由流量计内部的运动部件与壳体构成。在流体进、出口压力差的作用下，运动部件不断地将充满在测量室中的流体从入口排向出口。

　　容积式流量计的运动部件有往复运动和旋转运动两种形式。往复运动式有家用煤气表、活塞式油量表等。旋转运动式有旋转活塞式流量计、椭圆齿轮流量计、腰轮流量计等。各种流量计型式适用于不同的场合和条件。

　　下面以椭圆齿轮流量计为例。

　　椭圆齿轮流量计的测量本体由一对相互啮合的椭圆齿轮和仪表壳体构成，其工作原理如图 2-11 所示。两个椭圆齿轮 A、B 在进出口流体压力差的作用下，交替地相互驱动，并各自绕轴作非匀角速度的转动。在转动过程中连续不断地将充满在齿轮与壳体之间的固定容积内的流体一份份地排出。齿轮的转数可以通过机械的或其他的方式测出，从而可以得知流体总流量。

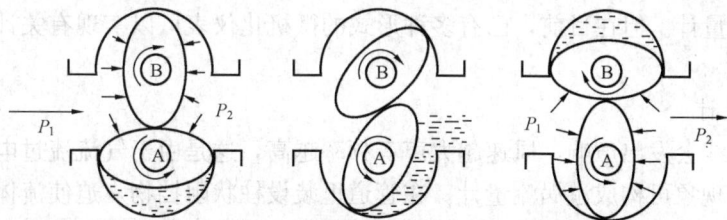

图 2-11　椭圆齿轮流量计工作原理

图 2-11 中表示齿轮在转动与充液、排液过程的三个典型位置。

　　3. 速度式流量计

　　速度式流量计的测量原理均基于与流体流速有关的各种物理现象，仪表的输出与流速有确定的关系，即可知流体的体积流量。工业生产中使用的速度式流量计种类很多，新的品种也不断开发，它们各有特点和适用范围。下面介绍两种应用较普遍的、有代表性的流量计。

　　(1) 涡轮流量计。它是利用安装在管道中可以自由转动的叶轮感受流体的速度变化，从而测定管道内的流体流量。

（2）电磁流量计。它基于电磁感应原理，导电流体在磁场中垂直于磁力线方向流过，在流通管道两侧的电极上将产生感应电动势，感应电动势的大小与流体速度有关，通过测量此电动势可求得流体流量。对于具有导电性的液体介质，可以用电磁流量计测量流量。

4. 质量流量计

前面介绍的各种流量计可以直接测量流体的体积流量，然而在工业生产中，由于物料平衡、经济核算等因素，迫切要求生产过程达到很高的生产率，这就需要对产品检测从最终的检测扩大到中间产品和原料状态的检测。而这些半成品和原料多数呈多相状态，如纸浆、水泥浆、炼乳、饮料、糖浆等。对上述量需要的是质量的检测。一般情况下，对于液体，可以将已测得的体积流量乘以密度换算成质量流量；而对于气体，由于密度随其温度和压力而变化，给质量流量的换算带来了麻烦；而对于多组分的气体，密度除了随温度和压力变化外，还受组分变化的影响，测得这样的多组分的体积流量的意义不大。如果采用质量流量计直接测量上述流体，上述问题便可迎刃而解。

质量流量计的检测方法是通过一定的检测装置，使它的输出直接反映质量流量。

质量流量计可分成两大类：直接式质量流量计和间接式质量流量计。

（1）直接式质量流量计。直接式质量流量计是由检测元件直接反映质量流量大小的信号，从而得到质量流量值。直接式质量流量计的输出信号直接反映质量流量，其测量不受流体的温度、压力、密度变化的影响。目前得到较多应用的直接式质量流量计是科里奥利质量流量计。

（2）间接式质量流量计。间接式质量流量计是通过检测两个以上的信号，并对这些信号进行运算得出质量流量。根据质量流量与体积流量的关系，可以有多种仪表的组合以实现质量流量测量。常见的组合方式有如下几种：

1）容积流量计与密度计的组合方式；

2）体积流量计与体积流量计的组合方式；

3）温度、压力补偿式质量流量计。

间接式质量流量计构成复杂，由于包括了其他参数仪表误差和函数误差等，其系统误差通常高于容积流量计。但在目前，已有多种形式的微机化仪表可以实现有关计算功能，应用仍较普遍。

5. 涡街流量计

风吹架空电线会发出声响，风速越大声音频率越高，这是由于气流流过电线后形成漩涡所致，利用这一现象可构成漩涡流量计。在管道里装设柱状阻挡物，迫使流体流过柱状物之后形成两列漩涡，根据漩涡出现的频率测定流量。因为漩涡呈两列平行状，并且左右交替出现，有如街道旁的路灯，故有"涡街"之称。

2.4.3 常用流量检测仪表的选用

在选用仪表前，需要对仪表的主要性能及适用场合、工艺要求深入了解。选择仪表时主要考虑量程、功能、准确度等级、工作状况条件、介质的适应性及经济性等。

（1）量程范围。

最大流量：为满刻度的 $90\% \sim 95\%$。

正常流量：为满刻度的 $50\% \sim 80\%$。

最小流量：为满刻度的 $10\% \sim 30\%$。

（2）各种节流件的选用。各种节流件适用的通径、雷诺数、被测介质、压力损失、流量系数等不同，需要查阅有关手册资料来确定，才能保证使用正确和测量的准确度。

（3）不同的仪表在不同的测量范围和不同的介质中使用，要求其准确度等级会不同或有变化，使用时也需查阅有关资料。

（4）不同仪表的可靠性和可维护性，是选型的重要因素之一，必须给予充分注意。

2.5　物 位 的 检 测

2.5.1　概述

1. 物位检测的定义

在生产过程中常需要对容器中储存的固体（块料、粉料或颗粒）、液体的储量进行测量，以保证生产工艺正常运行和进行经济核算。这种测量通过检测储物在容器中的积存高度来实现，储物的堆积高度就叫做物位。对应不同性质的物料物位又有以下的定义：

（1）液位。它是指设备和容器中液体介质表面的高低。

（2）料位。它是指设备和容器中所储存的块状、颗粒或粉末状固体物料的堆积高度。

（3）界位。它是指相界面位置。容器中两种互不相溶的液体，因其密度不同而形成分界面，为液—液相界面；容器中互不相溶的液体和固体之间的分界面，为液—固相界面。液—液、液—固相界面的位置简称界位。

物位统指液位、料位和界位的位置。物位的测量即是指对以上三种位置的测量，对物位进行测量、指示和控制的仪表，称为物位检测仪表。测量固体料位的仪表称为料位计，测量液位的仪表称为液位计，测量界位的仪表称为界面计。

2. 物位检测仪表的分类

由于被测对象种类繁多，检测的条件和环境也有很大差别，所以物位检测的方法有多种多样，以满足不同生产过程的测量要求。但无论是哪一种测量方法，一般都可以归结为测量某些物理参数如测量高度、压力（压差）、电容等。

物位仪表按所使用的物理原理可分为以下几种：

（1）直读式物位检测仪表。它是采用侧壁开窗口或旁通管方式，直接显示容器中物位的高度。这类仪表可靠、准确，但是只能就地指示，主要用于液位检测和压力较低的场合。

（2）静压式物位检测仪表。它是基于流体静力学原理，适用于液位检测。容器内的液面高度与液柱质量所形成的静压力成比例关系，当被测介质密度不变时，通过测量参考点的压力可测知液位。这类仪表有压力式、吹气式等型式。

（3）浮力式物位检测仪表。它是基于阿基米德定律，适用于液位检测。漂浮于液面上的浮子或浸没在液体中的浮筒，在液面变动时其浮力会产生相应的变化，从而可以检测液位。这类仪表有各种浮子式液位计、浮筒式液位计等。

（4）机械接触式物位检测仪表。它是通过测量物位探头与物料面接触时的机械力实现物位的测量。这类仪表有重锤式、旋翼式等。

（5）电气式物位检测仪表。它是将电气式物位敏感元件置于被测介质中，当物位变化时其电气参数（如电阻、电容等）也将改变，通过检测这些电量的变化可知物位。

（6）其他原理的物位检测仪表，如声学式、射线式、光纤式仪表等。

3. 影响物位测量的因素

在实际生产过程中，被测对象很少有静止不动的情况，因此会影响物位测量的准确性。各种影响物位测量的因素对于不同介质各有不同，这些影响因素表现在如下方面：

（1）液位测量的特点。

1）稳定的液面是一个规则的表面，但是当物料有流进流出时，会有波浪使液面波动。在生产过程中还可能出现沸腾或起泡沫的现象，使液面变得模糊。

2）大型容器中常会有各处液体的温度、密度和黏度等物理量不均匀的现象。

3）容器中的液体呈高温、高压、高黏度，或含有大量杂质、悬浮物等。

（2）料位测量的特点。

1）料面不规则，存在自然堆积的角度。

2）物料排出后存在滞留区。

3）物料间的空隙不稳定，会影响对容器中实际储量的计量。

（3）界位测量的特点是在界面处可能存在浑浊段。

以上这些问题，在物位计的选择和使用时应予以考虑，并要采取相应的措施。

2.5.2 常用物位检测仪表

现在的物位检测主要是针对液位进行的，所以主要介绍液位的检测。

1. 利用液体的浮力进行检测

任何液体都有一定的浮力，用密度低于液体的球或筒置于液体中，随着液位高度的变化，球（浮子）或筒（浮筒）的位置也跟着变化，采用相应的指示方式，就可把液位的高度显示出来。

以浮筒式液位计为例。圆柱形的浮筒沉浸在液体之中，当液面变化时，它被浸没的体积也有变化，浮筒受到的浮力就与原来的不同，所以可通过检测浮力变化来测定液位。

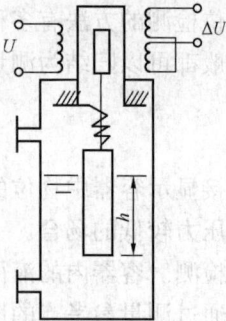

图 2-12　浮筒液位
计原理图

如图 2-12 所示，筒是通过弹簧固定在一定位置上的，此时弹簧的张力与浮筒在液体中的重量相平衡。通过弹簧后，浮力（液位）的变化线性地转换为浮筒连杆上铁芯的位移，铁芯的位移又由差动变压器转换成比例输出的电压变化，从而可测量并传送出液位的信号。改变浮筒的尺寸（更换浮筒），可以改变量程。

2. 利用液位引起的压力进行检测

对于敞口或密闭容器中的液体，可以通过检测被测液面与最低液位（基准液位）之间的压力差来测定。它是根据液柱静压与液柱高度成正比的原理来实现的，故称为静压法。

3. 电磁法测量液位

电磁法按工作原理的不同可分为电阻式、电感式和电容式。电磁法测量由于无摩擦件和可动部件，信号转换、传送方便，工作可靠，且输出可转换为统一的电信号，与电动单元组合仪表配合使用，可实现液位的自动测量和控制。

现在使用较多的是电容式液位计。电容式液位计利用液位高低变化影响电容器电容量大小的原理进行测量。它的结构形式多样，有平极板式、同心圆柱式等，适用范围非常广泛，对介质本身性质的要求不像其他方法那样严格，对导电介质和非导电介质都能测量；此外，还能测量在倾斜晃动及高速运动中容器的液位。它既可作液位控制器，也能用于连续测量。

电容式液位计的这些特点决定了它在液位检测中的重要地位。

4. 其他液位检测方式

(1) 超声波法测液位。超声波在气体、液体及固体中传播,具有一定的传播速度。超声波在介质中传播时会被吸收而衰减,在气体中传播的衰减最大,在固体中传播的衰减最小。超声波在穿过两种不同介质的分界面时会产生反射和折射,对于声阻抗(声速与介质密度的乘积)差别较大的相界面,几乎为全反射。从发射超声波至收到反射回波的时间间隔与分界面位置有关,利用这一比例关系可以进行物位测量。

(2) 光学法测液位。光学法一般使用激光进行物位检测。激光式物位仪表由激光发射器、接收器及测量控制电路组成,工作方式有反射式和遮断式,在液位测量中两种方式都可使用,但一般只用作定点检测控制,不易进行连续测量。

(3) 核辐射法测液位。核辐射线具有极强的穿透能力,能够穿透钢板制成的作为料仓的容器器壁,同时也能穿透物料。当一定强度的射线穿过介质时,其辐射强度会因吸收一些能量而减弱,介质厚度不同,吸收的能力也不同。如把一个已知强度的放射源置于容器的底部,容器内放有待测料位的物料,当射线穿过物料由顶部射出时,可被接收器接收,并可测定其减弱后的辐射强度。若能知道辐射强度随介质厚度的变化规律(其穿透介质时的衰减规律),就可以检测物位的变化。目前用于物位检测仪表中的放射线源有钴^{60}Co 及铯^{137}Cs 等放射性同位素。

(4) 微波法测液位。微波法和超声物位测量法相似,也是非接触法,但所用的是电磁场波,即雷达测距原理。根据用途不同,它也可分为位式作用和连续作用两类。前者将发射装置和接收装置分别装在容器两侧(器壁以外),如果物料低于微波束的路径,可接收到信号,物料升高到波束处,微波受到阻挡,便接收不到信号;后者则将发射和接收装置安装在容器顶部,对物位进行连续测量。

2.6 机 械 量 的 检 测

机械量的测量范围包括尺寸(长、宽、高)、位移(直线位移、角位移)、速度(直线速度、角速度、转速)、力学量(力、力矩、加速度、振动)等。机械量不仅是运动控制系统的重要参数,也是许多非电量传感器及变送器的中间参数。

2.6.1 位移的检测

根据物理学定义,线位移量为质点在直线方向位置的变化量,而角位移量则是角度方向位置的变化量。工程中有关长度和角度的测量,实际上也是线位移和角位移的测量,但它强调的是几何尺寸与形状位置的测量,而这里则强调对运动量的测量。

检测方式可以是非电或非电转换成电,转换结果可以是模拟量或数字量;在检测原理上差别也是很大的。下面介绍一些检测方法。

(1) 直接用非电检测,如利用喷嘴、挡板,通过流量的变化测位移。

(2) 将位移量转换成模拟电量。

1) 位移使传感器结构发生变化,将位移变换成电量,如电位器式传感器(位移使滑动触头移动)、电容传感器(变间隙型、变面积型)等都能实现位移测量。

2) 利用某些功能材料的效应,如压电传感器通过将小的位移变换成压电传感器的晶体片表面电荷变化等实现位移测量。

（3）将位移量转换成数字量，这样的方法所使用的传感器有：光电式的，如光栅（直线、圆盘）和光电编码器（绝对式和增量式）；磁电式的，如磁栅（直线圆盘）和感应同步器（直线、圆盘）。

2.6.2　力和质量的检测

1. 常见力的检测方法

力是物体之间的相互作用，可以改变物体的运动状态，或改变物体所具有的动量，使物体产生加速度；还可以使物体中产生应力，发生应变。因此，可以利用这些变化来实现对力的检测。

（1）平衡型测力法。原始的平衡型测力法是利用天平或杠杆原理。作为自动的力平衡系统，则有电磁力和伺服两种测力法。

（2）利用弹性体变形测力方法。弹性体受到被测力作用后，由于弹性体或受力的材料不同，产生的物理效应不同，就产生了各种不同的力的检测方法。

1）利用金属导体的应变效应检测力。应用这种原理制成的测力传感器称为电阻应变式测力传感器或称压头。

2）利用压磁效应测力法。被测力作用在铁磁材料上，沿作用力方向铁磁材料的导磁特性会发生变化，这种现象称为压磁效应，通过检测铁磁材料磁特性的变化，可实现力的检测。

3）利用压电效应测力法。压电晶体，如石英、压电陶瓷等，在被测力作用下，会产生束缚电荷，电荷的大小与所受力成正比，通过检测电荷量可实现力的检测。

4）利用弹性变形测力法。弹性体受力作用后会产生变形，变形量在弹性体弹性极限范围内的变形量与所受成正比。通过位移传感器检测变形量可实现对力的检测。

5）利用振弦频率变化测力法。金属弦或长方形薄金属板受张力时，固有振动频率与所加的张力的平方根成比例。根据这个原理，可制成振弦式测力传感器。

2. 质量的检测方法

质量测量仪表是用于工业生产过程中对质量进行自动检测的仪表。

目前，在工业生产过程中应用最多的质量测量仪表是各种电子秤。电子秤的名称最初是为了区别于机械秤而得名的，它是指带有电子装置的秤。电子秤的种类很多，有电子皮带秤、电子料斗秤、电子吊秤等。

（1）电子皮带秤。它是在皮带传送装置中安装的自动称重装置，不但能称出某一瞬间传送带所输送的物料的重量，而且可以称出某段时间内输送物料的总和，广泛应用于矿井、码头及料场等。

（2）电子料斗秤。料斗秤是冶金、化工生产中用来配料的称重装置。当物料从料仓注入称量斗后，称重传感器将料斗的重量转换为电信号，送到二次仪表显示出来。

（3）电子吊秤。电子吊秤直接将称重传感器安装在吊车的吊钩或行车的小车上，在吊运过程中，可直接衡量出物体的重量，并通过传输线送到显示仪表显示出来。这种秤广泛应用于工厂、仓库等。

电子秤电子装置的核心是称重传感器，称重传感器是将质量信号转换为电信号的器件。目前在电子秤中大量应用的称重传感器是电阻应变式称重传感器。

2.6.3 速度和振动的检测

1. 速度的检测

物体的运动速度分为线速度和角速度（转速）。

（1）线速度的检测。物体运动的线速度可以从物体在一定时间内移动的距离或者从物体移动一定距离所需的时间求得。这种方法只能求某段距离或时间的平均速度，只有一定条件下才能求得瞬时线速度。随着生产过程自动化程度的提高，不断地开发出了各种线速度检测方法。下面介绍两种常用的检测线速度的方法。

1）接触辊法。接触辊式速度检测法是应用最广泛的一种方法。如图 2-13 所示把旋转辊轮（测量辊）接触在行进的物体上，被测物体以速度 v 行进并带动测量辊转动，由测量辊的转速和周长求得物体的行进速度。

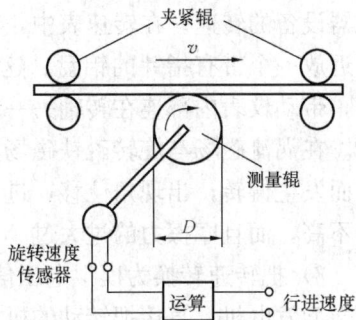

图 2-13　接触辊式速度测量

2）光束切断法。光束切断法检测速度适合于定尺寸材料的速度检测。这是一种非接触式测量，测量精度较高。

如图 2-14 所示，它是由两个固定距离为 L 的检测器实现速度检测的。检测器由光源和光接收元件构成。被测物体以速度 v 行进时，它的前端在通过第一个检测器的时刻，由于物体遮断光线而产生输出信号，

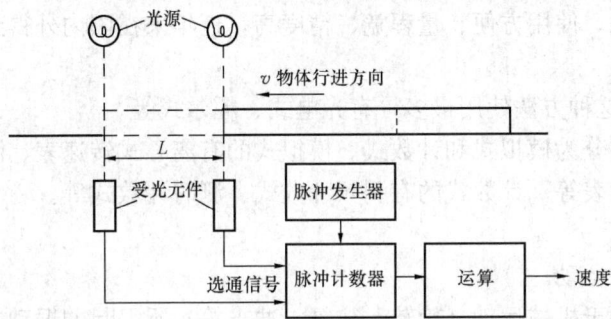

图 2-14　光束切断式速度测量

由这一信号驱动脉冲计数器，计数器计数至物体到达第二个检测器时刻，检测器发出停止脉冲计数。由检测器间距 L 和计数脉冲的周期 T、个数 N，可求出物体的行进速度。计算式为

$$v = \frac{L}{NT} \tag{2-12}$$

这时所得速度是平均速度。在测量过程中，需要根据材料的长度调整检测器之间的距离值。

（2）角速度的测量。角速度（转速）测量的发展，经历了从接触式到非接触式，从机械方法到电测方法，并且由模拟量显示方式发展到数字式显示方式。随着集成电路技术的发展，已为测速仪表生产了专用的集成度高、功耗低的电路，使转速测量装置的测速范围、精度等性能迅速得到提高。

转速测量的方法主要有以下几种：

1）采用相应的机械结构把转速变为位移。离心式转速表就是采用这种工作原理，利用重锤所受离心力与转速之间的关系，把转速变换为相应的位移量，进而间接测量出转速。这种表结构简单、成本低、测速范围宽；缺点是刻度不均匀、测量精度不高、惯性大、不能测量变化快的转速。

2）采用电磁原理的方法把转速变为角位移。如便携式转速表，可以随时随地测量各种

机器设备的转速。在转速表中，有一个可旋转的磁铁，测量时与被测轴同时转动，而在磁极附近放一个带有指针的铝盘。这类仪表转轴端部有橡胶触头，靠摩擦与被测转轴的端头相接，带动仪表内部连在转轴另一端的马蹄形永久磁铁作同速转动，进而使铝盘中感应产生涡流。在涡流磁场与旋转磁铁磁场相互作用下，磁盘受到一个大小与被测转速成正比的电磁力矩而发生偏转，出现角位移，进而可间接测量出转速。这类仪表结构简单、使用方便，但精度不高，而且摩擦力的过大过小都会带来附加误差。

3) 把转速转换为模拟电压信号。测速发电机就是典型代表。它是用电磁感应原理做成的微型发电机，直接把转动的机械能变成电信号输出，输出的电压正比于输入轴的转速，有交、直流之分。它的优点是测速特性好、线性范围宽、灵敏度高，适用于自动控制中，但不能直接给出转速值。

4) 频闪法。频闪转速表是根据频闪测速原理制成的，调节闪光光源的频率，当与旋转轴转速同步时，即每转照亮一次时，所见旋转体好像静止不转，由此时闪光频率可以判定转速。它测量时不需要与被测量物体接触，使用方便、量程宽、精度高，近年来在国内外得到广泛应用。

5) 把转速变换成脉冲数字信号。这种方法使用最多，有光电式、霍尔式等。

上述这些方法，按其测量原理又可分为模拟式和计数式。模拟式的有离心式转速表、测速发电机、频闪转速表、磁感应式转速表等；计数式的有测频计数式、测时计数式等。

2. 振动的检测

振动是一个物质系统的重复、周期运动。

振动的规律有确定性和随机性。对于机械运动（旋转、往复、冲击等）所引起的振动主要是确定性的，可分为周期性和非周期性振动。而振动系统的结构决定了振动是线性的还是非线性的。

对于振动的描述：在时域，用振动的幅度随时间的变化规律——振动波形图；在频域，用不同的振动频率与其振幅关系——频谱图。这两种表示是可以互相变换的。

对于振动参数的测量可以从振幅、速度、加速度中任何一个着手，但究竟选择哪一个为直接检测量，取决于振动的特性和测振传感器的类型。

振动的检测方法，按静止基准设置，有相对法和绝对法两种。

相对法的测振传感器设置在振动体外的静止基准上，由于振动体对静止基准的相对振动，使传感器产生输出。

绝对法（惯性式）的测振传感器固定在振动体上，由于振动使传感器产生输出。

振动的检测主要是应用传感器实施。用于振动、加速度检测的传感器有电容式（变间隙型）差动变压器、压电式、应变式及磁电式等。

2.6.4 物体几何尺寸的检测

工业上几何尺寸主要是指长度、宽度、厚度、直径和截面尺寸等。在机械、零件以及原材料的制造中，这些尺寸是作为管理、控制用的重要检测量。工业上的几何尺寸自动检测的方法很多，但大多数是以位移检测为基础的非接触测量。

1. 长度的检测

(1) 利用位移传感器检测。用于位移检测的各种传感器可原封不动或者与必要的转换机构组合都可实现对长度的检测。

（2）利用速度或转速传感器检测。线速度的积分即为长度，利用线速度检测中的输出信号进行积分就实现了长度检测。使用具有一定直径的旋转辊与物体接触，由被测物体的全长带动旋转辊旋转，用转速传感器检测旋转辊旋转圈数，经折算即能实现长度的检测。

（3）利用波的反射检测。光波、激光、微波、超声波等自空间的定点向外发射，并从物体长度方向两端面反射，测量来回所需的时间差就能测得物体到波发射点的距离差，从而实现了长度的检测。

2. 厚度的检测

由于被测对象的不同，材料厚度的检测方法也很多，根据不同的转换原理，则有各种测厚仪。下面简单介绍一些厚度检测法。

（1）利用超声波进行检测。利用超声波检测材料厚度有共振型和脉冲反射型两种方法。

1）共振型。共振型超声波测厚方法的原理如图 2-15 所示，是在被测材料表面上安装超声发射和接收装置，调节发射波的频率，使来自材料另一端面的反射波与入射波产生共振（说明两者相位相同），此时，材料的厚度 h 与此材料的基本共振频率 f_0 的关系式为

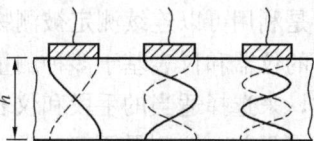

图 2-15 共振型超声波测厚原理

$$h = \frac{nc}{2f_0} \tag{2-13}$$

式中　n——共振次数；

　　　c——材料中的声速。

2）脉冲反射型。这种方法的原理与物位检测相同，只不过超声波的传输介质不同而已。

使用超声波测厚仪时，要使超声波发生和接收装置（即探头）与被测材料表面在声阻抗匹配条件下紧密接触。为此，除接触表面要尽可能平滑，还需要选用水或油作为接触介质。这种方法不能检测移动体的厚度。

（2）利用射线检测。在工业可以用于厚度检测的射线有 X、γ 和 β 射线。利用射线进行材料的厚度检测是根据射线穿过被测材料时，有一部分射线被吸收的原理而实现的。用于工业上材料厚度检测的有 X 射线测厚仪、γ 射线测厚仪和 β 射线测厚仪。

（3）利用红外线检测。对于透明或半透明塑料胶片等材料的厚度需要检测时，可利用红外线实施检测。当红外线光源发出的光透过被测材料时，红外线的衰减量与被测厚度有确定的单值函数关系，通过检测透过被测厚度光的变化，可实现对厚度的检测。

3. 直径的检测

在行进中的棒、线、管材直径的检测，宜采用非接触式检测，常用的方法是用光电式检测系统。

用一束细光束以恒定的速度扫描待测线材，同时由放在线材另一侧的光电元件来接收光线。当光束扫描无线材区域时，由于没有遮光物，所以光电元件接收到光能，有信号输出；当光束扫描线材时，由于线材遮光，光电元件接收不到光能，则无信号输出。光电元件输出的电信号是一个方波脉冲，脉冲宽度与线材直径成正比。测出这个线材脉冲的宽度，原则上就测量出了线材的直径。

2.7　物质成分的分析与检测

2.7.1　概述

成分分析仪表是对物质的成分及性质进行分析和测量的仪表，使用成分分析仪表可以了解生产过程中的原料、中间产品及最终产品的性质及其含量，配合其他有关参数的测量，更易于使生产过程达到提高产品质量、降低材料消耗和能源消耗的目的。

1. 成分分析方法及分类

成分分析的方法有两种类型：一种是定期取样，通过实验测定的实验室分析方法；另一种是利用可以连续测定被测物质的含量或性质的自动分析仪表进行分析的方法。成分分析所用的仪器和仪表基于多种测量原理，在进行分析测量时，需要根据被测物质的物理或化学性质，来选择适当的手段和仪表。

目前，按测量原理分类，成分分析仪表有以下几种类型。

(1) 电化学式，如电导式、电量式、电位式、电解式、酸度计、离子浓度计等；

(2) 热学式，如热导式、热谱式、热化学式等；

(3) 磁学式，如磁式氧分析器、核磁共振分析仪等；

(4) 射线式，如 x 射线分析仪、γ 射线分析仪、同位素分析仪、微波分析仪等；

(5) 光学式，如红外、紫外等吸收式光学分析仪，光散射、光干涉式光学分析仪等；

(6) 电子光学式和离子光学式，如电子探针、离子探针、质谱仪等；

(7) 色谱式，如气相色谱仪、液相色谱仪等；

(8) 物性测量仪表，如水分计、黏度计、密度计、湿度计、尘量计等；

(9) 其他，如晶体振荡式分析仪、半导体气敏传感器等。

上述所列的仪表中只有部分类型可以实现自动分析功能。自动分析仪表又称过程分析仪表或在线分析仪表，更适合于生产过程的监测和控制。

2. 成分分析与检测中应考虑的问题

为使物质成分分析与检测真实有效，应该考虑如下问题：

(1) 设置合适的采样系统。送入分析仪的试样，一般总是希望压力接近于大气压力，温度要求接近室温，不含有尘粒、水汽以及不含有干扰被测组分的气体和腐蚀性的物质。实际情况往往与上述情况相差很大，为此必须设置采样系统或气体子处理系统。这是能否实施有效分析与检测的关键措施之一。

(2) 分析与检测系统要有好的选择性。所谓选择性是指当被测样品中含有多种成分时，只检出被测成分，而不受其他成分的影响，大多数分析仪都有这种特性。

(3) 对环境温度和压力的影响有抑制能力。几乎所有的分析仪都受环境温度和压力的影响，所以在分析与检测系统中应设置温度、压力补偿，以减少测量误差。

(4) 合理地解决刻度与校正问题。分析仪的刻度与校正大多数要事先根据化学分析得到的标准试样，送入仪表进行标尺分度与示值校正。标准试样的取得和配制，一般都具有一定的难度，特别是对于微量成分分析时，这一问题更为突出。这是一个需要合理解决的问题。

2.7.2　气体成分的分析与检测

1. 混合气体中组分含量的分析与检测

混合气体中某一组分含量的检测与分析，是应用气体混合物中待测组分含量变化，引起混合气体中物理特性变化而进行检测分析的。例如，热导式气体分析仪就是通过检测混合气体导热系数变化得知待测组分含量的。

在工业生产中确定多组分混合气体中某一组分的含量，须具备的必要条件是：

（1）待测组分的导热系数要与其他组分的导热系数有明显的差别，差别越大，测量越灵敏；

（2）余下组分的导热系数必须尽量相同或十分接近，对这些组分从导热系数角度来看，可视它们为同一种成分，以便与待测组分的导热系数进行比较。

热导式气体分析仪由热导室、测量电桥和显示仪组成。如图2-16 所示为热导室，又称发送器。室内悬吊一根电阻丝（长度为 L）作为热敏元件，它处于大电流的工作状态。当它通过恒定电流 I 时，电阻丝发热并向四周散热，热量主要通过室内混合气体传向室壁。室壁温度 t_0 基本稳定；电阻丝达到热平衡状态时的温度为 t_n，对应的电阻丝阻值为 R_n，混合气体的热导率 λ 越大，t_n 越低，R_n 越小。通过电阻值的变化来实现对热导率变化（即气体组分变化）的检测与分析。

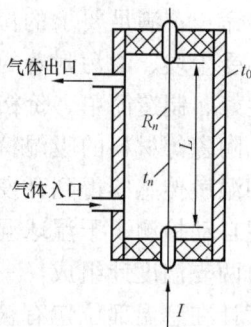

图 2-16　热导室

2. 氧气的检测与分析

在燃烧的检测和控制过程中，目前普遍采用 O_2 含量来判断过量空气系数的大小。工业上常用磁性氧量分析仪和氧化锆氧量计。

磁性氧量分析仪属于磁式分析仪器中的一种。它是利用氧气有比其他气体高得多的磁化率这一特性进行分析的。氧化锆氧量计属于电化学分析器中的一种，氧化锆（Z_rO_2）是一种氧离子导电的固体电解质，氧化铝氧量计可以用来连续地分析各种工业窑炉烟气中的氧含量。

3. 红外线气体分析

红外线气体分析器属于光学分析仪表中的一种。它是利用不同气体对不同波长的红外线具有选择性吸收的特性来进行分析的。这类仪表的特点是：测量范围宽；灵敏度高，能分析的气体体积分数可到 10^{-6}；反应速度快，选择性好。红外线气体分析器常用于连续分析混合气体中 CO、CO_2、CH_4、NH_3 等的浓度。

4. 色谱分析仪

色谱分析仪是一种高效、快速、灵敏的物理式分析仪表。它包括分离和分析两个技术环节。在测试时，使被分析的试样通过色谱柱，由色谱柱将混合试样中的各个组分分离，再由检测器对分离后的各组分进行检测，以确定各组分的成分和含量。这种仪表可以一次完成对混合试样中几十种组分的定性或定量的分析，在工业流程中使用的一般多为气相色谱仪。

2.7.3　物性的检测

物质的性质有很多，比如湿度、密度、黏度等参数。这些参数现在已成为生产过程的重要指标。

1. 湿度的检测

(1) 湿度的表示方法。湿度分绝对湿度和相对湿度。绝对湿度是指单位体积气体中所含水汽质量；相对湿度是以每立方米气体中所含水蒸气的质量与同温度同压力下该气体水蒸气的饱和质量之比，用百分数表示。在一定的压力下气体中水汽达到饱和结露时的温度称为露点或露点温度，露点温度与空气中的饱和水汽量有固定关系，所以也可以用露点来表示绝对湿度。

(2) 湿度检测的方法。湿度的检测方法很多，传统的方法是露点法、毛发膨胀法和干湿球湿度测量法。工业过程的监测和控制对湿敏传感器提出的要求是：工作可靠，使用寿命长；满足要求的湿度测量范围，有较快的响应速度；在各种气体环境中特性稳定，不受尘埃、油污附着的影响；能在 $-30\sim100℃$ 的环境温度下使用，受温度影响小；互换性好、制造简单、价格便宜。随着科学技术的发展，利用潮解性盐类、高分子材料、多孔陶瓷等材料的吸湿特性可以制成湿敏元件，构成各种类型的湿敏传感器，目前已有多种湿敏传感器得到开发和应用。传统的干湿球湿度计和露点计采用了新技术，也可以实现自动检测。干湿球湿度计的使用十分广泛，常用于测量空气的相对湿度。这种湿度计由两支温度计组成，一只温度计用来直接测量空气的温度，称为干球温度计；另一只温度计在感温部位包有被水浸湿的棉纱吸水套，并经常保持湿润，称为湿球温度计。当棉套上的水分蒸发时，会吸收湿球温度计感温部位的热量，使湿球温度计的温度下降。水的蒸发速度与空气的湿度有关，相对湿度越高，蒸发越慢；反之，相对湿度越低，蒸发越快。所以，在一定的环境温度下，干球温度计和湿球温度计之间的温度差与空气湿度有关。当空气静止或具有一定流速时，这种关系是单值的。测得干球温度和湿球温度后，就可计算求出相对湿度。

如图 2-17 所示为可自动检测的干湿球湿度计原理示意图。可以采用铂电阻、热敏电阻或半导体温度传感器测量干球和湿球的温度。把与干球温度相对应的饱和水汽压力值制表存储于仪表内存中，根据测得的干球和湿球的温度即可计算求得相对湿度值，绝对湿度也可计算求得。仪表可以显示被测气体的温度、相对湿度和绝对湿度。

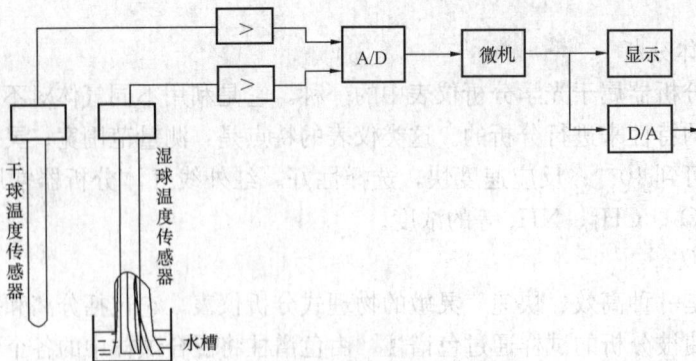

图 2-17　自动检测的干湿球湿度计原理示意图

2. 黏度的检测

黏度是流体的一个重要的物理特性，它是表示相邻的两流体层发生相对运动时显示出来的内部摩擦力大小的一个特征参数，它的大小与流体分子间的内聚力有关。

黏度检测的方法主要有：

（1）转筒法。转筒法测量黏度采用库埃特原理，把被测量的液体注满两个同心圆筒之间的环形空间，一个圆筒是固定的，另一个圆筒绕它的垂直轴线作均匀的旋转，以恒定角速度旋转的圆筒所需要的转矩就可作为被测液体黏度的量度。

（2）毛细管法。毛细管法又称为泊肃叶法，用于测定牛顿液体的黏度。这种方法的基本原理是在管内存在层流时，被测液体在恒定流量和温度的条件下，经过毛细管会产生压力降，这个压力降的大小就代表了被测液体的黏度值。

（3）超声波法。超声波法测量液体黏度的装置主要由黏度传感探头和信号处理器组成。由信号处理器产生的驱动脉冲输出到围绕在传感元件的线圈上，形成脉冲磁场，该磁场激励探头产生自然振动，探头会对被测液体产生剪切动作，探头会受到液体黏滞阻力的作用，于是对探头的强迫振动产生阻尼效应，不同黏度的液体会产生不同的阻尼作用，从而得到黏度值。

3. 密度的检测

密度是物质的质量在空间的分布，因此有线、面、体密度之分。一般简称密度常指体密度的平均值，即物质的质量与体积之比。

密度的检测随被测物质是固、液、气态而异。固体密度检测常用称重法（由天平分别称量出被测物在空气和液体中的质量求出）和射线（β、γ）来检测；液体的密度常用浮筒法和振筒法（薄壁圆筒的振动管横向自振频率和振动管质量有关，因此充满被测液体后，振频变化即可反映被测液体的质量和密度）检测；气体密度的检测也有振筒法，振筒处于被测气体中，其谐振频率和气体密度有关，密度高，振频低。

思考题与习题

2-1 什么叫温标？什么叫国际实用温标？

2-2 接触式测温和非接触式测温各有何特点？常用的测温方法有哪些？

2-3 常用的压力计有哪些？其原理和特点各是什么？

2-4 流量检测方法有哪些？有哪些常用的流量检测仪表？

2-5 物位检测有哪些方式？物位检测时应注意哪些问题？常用的液位检测仪表有哪些？

2-6 有哪些常见的机械量参数及其检测仪表？试设计差动式变面积型电容传感器（角位移式和直线位移式），并画出其结构示意图。

2-7 物质成分分析的主要方法有哪些？简述常用的成分分析仪表及其原理。

第3章 检测信号的处理

在非电量测量系统中，传感器直接感受被测物理量，并将其转换成与被测物理量有一定函数关系的电信号（如电压、电流、电荷等）或电参量（如电阻、电容、电感等）。通常，电信号的数值太小且不规范，需通过信号处理电路将其变换为标准电压、电流信号之后供显示仪器和记录仪器使用。对于电参量信号，必须先转换成相应的电信号之后才能加以放大。可见，信号处理电路是测量系统中不可缺少的中间环节。

信号处理电路种类繁多，本章仅介绍电桥、放大器、滤波器等几种常见的处理电路。

1. 电桥

从能量的观点看，传感器可分为有源传感器（也称能量控制型）和无源传感器（也称能量转换型）。有源传感器中，传感器工作时相当于由输入物理量调制电激励源，这类传感器包括电阻应变片、电容传感器等。有源传感器信号处理电路中一般需配置电桥（即桥式转换电路），将非电量引起的电参量变化转换成电压或电流的变化。

2. 放大器

无源传感器大多只有一个物理量输入口和一个电输出口，如光电池、压电传感器等。当传感器的输出阻抗很高或输出信号很弱时，一般需采用阻抗匹配的放大器电路。放大器将传感器输出的微弱电信号放大到足以进行各种转换处理或推动各种执行控制机构。放大器种类较多，本章将介绍三运放式差动放大器、单片集成放大器、可编程增益放大器、隔离放大器等。

3. 滤波器

传感器输出的信号中往往含有噪声信号，在传输、放大、变换等过程中还可能混入各种不同形式的噪声，从而影响系统的测量精度。为了抑制噪声，可以采用滤波器从测量信号中分离出有用信号，滤除噪声信号，提高测量系统的信噪比。根据功能的不同，滤波器可分为低通、高通、带通和带阻四种类型。根据组成滤波器电路元器件的不同，滤波器可分为 LC 无源，RC 无源，RC 有源等，本章将重点介绍应用较为广泛的 RC 有源滤波器，并举例介绍一种可编程通用有源滤波器芯片的原理与使用方法。

4. 信号转换电路

信号转换电路用于实现不同类型信号的相互转换（如电压电流转换、电压频率转换等），使具有不同输入、输出的器件可以相互联用。例如，当传感器的输出信号为电流或频率信号，而后续处理电路要求输入信号为电压信号时，可采用变换器将电流或频率信号转换成电压信号，供后级放大、处理。有时候，为了便于信号的远距离传输，需要将电压信号转换成电流信号或频率信号。

5. 非线性校正电路

在测控系统中，大多数传感器的输入与输出之间并非线性关系。如果非线性误差过大，需对非线性器件的特性进行校正或补偿，使其输入量与校正后的输出量之间呈线性关系。常用的非线性校正方法包括硬件校正和软件校正。

3.1　电　桥

传感器元件将各种被测非电量转换成电阻、电容、电感等电参量后，必须进一步把它转换为电压或电流的变化，才有可能用电测仪表来测定。电桥是实现这种变换的一种最常用的方法。电桥是一种用比较法测量电参量的仪器。根据所采用的电源不同，电桥分为直流电桥和交流电桥两大类。

3.1.1　直流电桥

1. 直流电桥平衡条件

图 3-1 所示为直流电桥电路，电桥由四条支路组成，各支路称为电桥的"臂"。A、B、C、D 为电桥的顶点，四个桥臂由纯电阻组成。E 为直流电源，接于桥的 A、C 点，电桥从 B、D 接线输出。若在输出端 B、D 两点间的负载为无穷大，即接入的仪表或放大器的输入阻抗较大时，可以视为开路。

忽略电桥电源 E 的内阻时，根据分压原理 $U_{AB} = \dfrac{R_1 E}{R_1 + R_2}$，$U_{AD} = \dfrac{R_3 E}{R_3 + R_4}$，则输出电压 U_o 为

$$
\begin{aligned}
U_o &= U_{AB} - U_{AD} \\
&= \frac{R_1 E}{R_1 + R_2} - \frac{R_3 E}{R_3 + R_4} \\
&= \frac{R_1 R_4 - R_2 R_3}{(R_1 + R_2)(R_3 + R_4)} E
\end{aligned}
\tag{3-1}
$$

当电桥各桥臂电阻满足

$$
R_1 R_4 = R_2 R_3 \tag{3-2}
$$

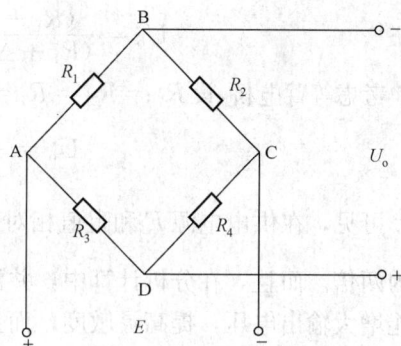

图 3-1　直流电桥电路

电桥的输出为"零"，即电桥处于平衡状态，式 (3-2) 称为直流电桥的平衡条件。

在电桥的实际应用中，测量电桥在工作前应使电桥平衡（称为预调平衡），以使在工作时电桥输出电压只与传感元件所引起的电阻变化有关，同时为了得到最大灵敏度，通常采用等臂电桥，即满足条件

$$
R_1 = R_2 = R_3 = R_4 = R \tag{3-3}
$$

2. 直流电桥测量连接方式

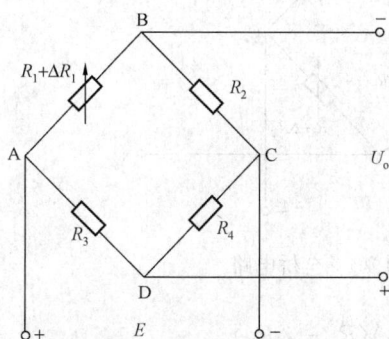

图 3-2　单臂电桥电路

在测试过程中，根据电桥工作中的电阻值变化的桥臂情况可以分为单臂、半桥和全桥等三种情况。

（1）单臂。

图 3-2 所示为单臂连接方式，工作中只有一个桥臂阻值随被测量的变化而变化，设 R_1 的阻值增加了 ΔR_1，由式（3-1）可得输出电压为

$$
U_o = \frac{(R_1 + \Delta R_1) R_4 - R_2 R_3}{(R_1 + \Delta R_1 + R_2)(R_3 + R_4)} \cdot E \tag{3-4}
$$

考虑到等臂电桥，设 $R_1 = R_2 = R_3 = R_4 = R$，$\Delta R_1 = \Delta R$，代入上式，整理得

$$U_。= \frac{\Delta RR}{(2R + \Delta R)2R} \cdot E \tag{3-5}$$

由于桥臂阻值的变化值远小于其阻值，即 $\Delta R \ll R$，因此

$$U_。\approx \frac{\Delta RR}{4R^2} \cdot E = \frac{E}{4} \cdot \frac{\Delta R}{R} \tag{3-6}$$

可见，电桥的输出电压与电阻相对变化量 $\frac{\Delta R}{R}$ 成正比。这里需要指出的是，由于在运算处理的过程中，对分母中的 ΔR 进行了忽略处理，因此单臂电桥存在一定的理论非线性误差。

（2）半桥。

为提高电桥的灵敏度，可以采用图 3-3 所示的半桥双臂接法。将两个桥臂接入固定电阻，将另两个桥臂接入变化方向相反的传感元件（如电阻应变片），如 R_1，R_2 所示。在被测物理量的作用下，两个传感元件的响应输出大小相等，符号相反，即 $R_1 \rightarrow R_1 + \Delta R_1$，$R_2 \rightarrow R_2 - \Delta R_2$。在实际应用中，可通过粘贴位置的选择，使这两支应变片一个受拉应变，一个受压应变，变形程度相同，但应变符号相反。根据式（3-1），可得此时的输出电压为

$$U_。= \frac{(R_1 + \Delta R_1)R_4 - (R_2 - \Delta R_2)R_3}{(R_1 + \Delta R_1 + R_2 - \Delta R_2)(R_3 + R_4)} \cdot E \tag{3-7}$$

考虑等臂电桥，设 $R_1 = R_2 = R_3 = R_4 = R$，且 $|\Delta R_1| = |\Delta R_2| = \Delta R$，代入上式，整理得

$$U_。= \frac{2\Delta RR}{2R \cdot 2R} \cdot E = \frac{E}{2} \cdot \frac{\Delta R}{R} \tag{3-8}$$

可见，在供电电源 E 和阻值相对变化 $\frac{\Delta R}{R}$ 相同的情况下，半桥的差动输出电压是单臂电桥的两倍。而且，在分析计算中，并没有对 ΔR 进行忽略处理。因此，半桥工作情况下，不仅能增大输出电压，提高灵敏度，而且消除了非线性误差。

（3）全桥。

如图 3-4 所示，电桥的四个桥臂均接入电阻型的传感元件，且相邻桥臂采用差动方式。在同一被测物理量的作用下，四个传感元件的响应输出大小相等，响应的符号规律为：对臂符号相同，邻臂符号相反，即 $R_1 \rightarrow R_1 + \Delta R_1$，$R_2 \rightarrow R_2 - \Delta R_2$，$R_3 \rightarrow R_3 - \Delta R$，$R_4 \rightarrow R_4 + \Delta R$，根据式（3-1），可得此时的输出电压为

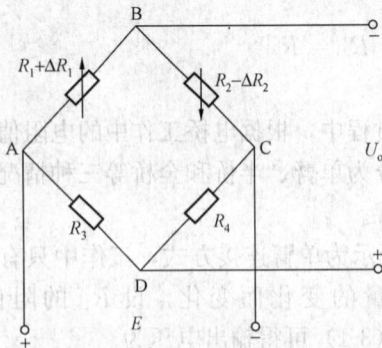

图 3-3　半桥电路　　　　　　　　　图 3-4　全桥电路

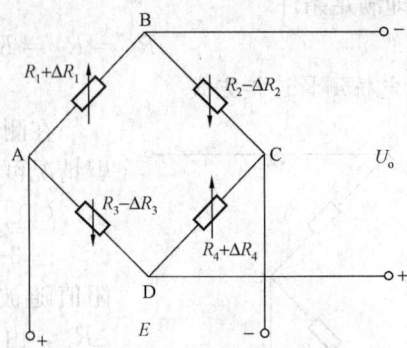

$$U_。= \frac{(R_1 + \Delta R_1)(R_4 + \Delta R_4) - (R_2 - \Delta R_2)(R_3 - \Delta R_3)}{(R_1 + \Delta R_1 + R_2 - \Delta R_2)(R_3 - \Delta R_3 + R_4 + \Delta R_4)} \cdot E \tag{3-9}$$

考虑等臂电桥，设 $R_1 = R_2 = R_3 = R_4 = R$，且 $|\Delta R_1| = |\Delta R_2| = |\Delta R_3| = |\Delta R_4| = \Delta R$，代入上式，整理得

$$U_。 = \frac{4\Delta R \cdot R}{2R \cdot 2R} \cdot E = E \cdot \frac{\Delta R}{R} \qquad (3\text{-}10)$$

同理可知，在相同情况下，全桥的差动输出电压是半桥的两倍。可见，全桥工作时的输出电压最大，检测的灵敏度最高，同时它与半桥一样，由于在分析处理当中没有对 ΔR 进行忽略处理，因此全桥也能够消除非线性误差。

3.1.2 交流电桥

交流电桥与直流电桥相似，也是由四个桥臂组成，但组成桥臂的元件不一定是电阻，可以包括电容、电感、互感以及它们的组合。由于交流电桥的桥臂特性变化繁多，相比直流电桥具有更多的功能，因而其使用更为广泛。交流电桥不仅可用于测量电阻、电感、电容，还可测量材料的介电常数、电容的介质损耗、磁性材料的磁导率、液体的电导率等，还可利用交流电桥平衡条件与频率的相关性来测量频率。

1. 交流电桥的平衡条件

图 3-5 为交流电桥电路，Z_1、Z_2、Z_3、Z_4 为复阻抗，$\dot{U}$ 为交流电压源，开路输出电压为 $\dot{U}_。$。分析该电桥电路可得

$$\dot{U}_。 = \frac{Z_1 Z_4 - Z_2 Z_3}{(Z_1 + Z_2)(Z_3 + Z_4)} \dot{U} \qquad (3\text{-}11)$$

图 3-5　交流电桥电路

要满足电桥平衡条件，即 $\dot{U}_。 = 0$，则有

$$Z_1 Z_4 - Z_2 Z_3 = 0 \text{ 或 } Z_1/Z_2 = Z_3/Z_4 \qquad (3\text{-}12)$$

设四个桥臂的阻抗分别为

$$\begin{cases} Z_1 = R_1 + jX_1 = |Z_1| \cdot e^{j\phi_1} \\ Z_2 = R_2 + jX_2 = |Z_2| \cdot e^{j\phi_2} \\ Z_3 = R_3 + jX_3 = |Z_3| \cdot e^{j\phi_3} \\ Z_4 = R_4 + jX_4 = |Z_4| \cdot e^{j\phi_4} \end{cases}$$

式中，R_1、R_2、R_3、R_4 分别为各桥臂的电阻；X_1、X_2、X_3、X_4 分别为各桥臂的电抗；$|Z_1|$、$|Z_2|$、$|Z_3|$、$|Z_4|$ 分别为各桥臂复阻抗的模；ϕ_1、ϕ_2、ϕ_3、ϕ_4 分别为各桥臂复阻抗的幅角。

上式代入式（3-12），得交流电桥的平衡条件为

$$\begin{cases} |Z_1| \, |Z_4| = |Z_2| \, |Z_3| \\ \phi_1 + \phi_4 = \phi_2 + \phi_3 \end{cases} \qquad (3\text{-}13)$$

式（3-13）是交流电桥平衡的另一种表现形式，交流电桥平衡要满足两个条件：一是相对桥臂上复阻抗模的乘积相等；二是相对桥臂上幅角之和相等。

交流电桥的四个桥臂，要按一定的原则配以不同性质的阻抗，才有可能达到平衡。在交流电桥的应用中，应注意以下事项：

（1）交流电桥必须按照一定的方式配置桥臂阻抗。如果用任意不同性质的四个阻抗组成一个电桥，不一定能够调节到平衡，必须根据电桥各元件的性质按电桥的两个平衡条件作适

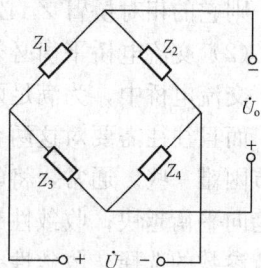

当配合。在大多数交流电桥中，为了使电桥结构简单和调节方便，通常将交流电桥中的两个桥臂设计为纯电阻。

由式（3-13）的平衡条件可知，如果相邻两臂接入纯电阻，则另外相邻两臂也必须接入相同性质的阻抗。例如，若被测对象 Z_X 在第一桥臂中，两相邻臂 Z_2 和 Z_4 为纯电阻的话，即 $\varphi_2 = \varphi_4 = 0$，那么由式（3-13）可得：$\varphi_3 = \varphi_X$。若被测对象 Z_X 是电容，则它的相邻桥臂 Z_3 也必须是电容；若 Z_X 是电感，则 Z_3 也必须是电感。

因此，交流电桥四臂上的元件不能任意选择，如 1，3 臂选了纯电阻，则 2，4 臂必须选用同为电感或同为电容的元件，不能选一个电感和一个电容。

如果相对桥臂接入纯电阻，则另外相对两桥臂必须为异性阻抗。例如相对桥臂 Z_2 和 Z_3 为纯电阻的话，即 $\varphi_2 = \varphi_3 = 0$，那么由式（3-13）可得：$\varphi_4 = -\varphi_X$。若被测对象 Z_X 是电容，则它的相对桥臂 Z_4 必须是电感；若 Z_X 是电感，则 Z_4 必须是电容。

（2）交流电桥平衡必须反复调节两个桥臂的参数。

交流电桥中，为满足两个平衡条件，必须调节两个桥臂的参数，才能使电桥完全达到平衡，而且往往需要对这两个参数进行反复地调节，所以交流电桥的平衡调节要比直流电桥的调节困难一些。通常，将电桥趋于平衡的快慢程度称为交流电桥的收敛性。收敛性越好，电桥趋向平衡越快；收敛性越差，则测量时间越长。电桥的收敛性取决于桥臂阻抗的性质以及调节参数的选择。收敛性差的电桥，由于平衡比较困难也不常用。

（3）桥臂尽量不采用标准电感，由于制造工艺上的原因，标准电容的准确度要高于标准电感，并且标准电容不易受外磁场的影响。所以在常用的交流电桥中，不论是测电感还是测电容，除了被测臂外，其他三个桥臂都采用电容和电阻。

（4）尽量使平衡条件与电源频率无关，使被测量只决定于桥臂参数，而不受电源的电压或频率的影响。

2. 交流电桥的常见形式

（1）电容电桥。

电容电桥主要用来测量电容器的电容量及损耗角。实际的电容器并非理想元件，存在着介质损耗，导致通过电容器 C 的电流和其两端电压的相位差并不是 $90°$，而是比 $90°$ 小一个 δ 角，这个 δ 角被称为介质损耗角。具有损耗的电容可以用两种形式的等效电路表示：一种是理想电容和电阻相串联，另一种是理想电容与电阻相并联。在等效电路中，理想电容表示实际电容器的等效电容，而串联（或并联）的等效电阻用来表示实际电容器的发热损耗。两种形式的等效电路及其矢量图分别如图 3-6、图 3-7 所示。

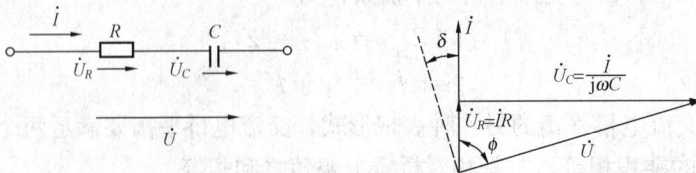

图 3-6　串联等效电路及矢量图

为了方便表示，通常用电容器的损耗角 δ 的正切 $\tan\delta$ 来表示它的介质损耗特性，并用符号 D 表示，称为损耗因数。在串联等效电路中

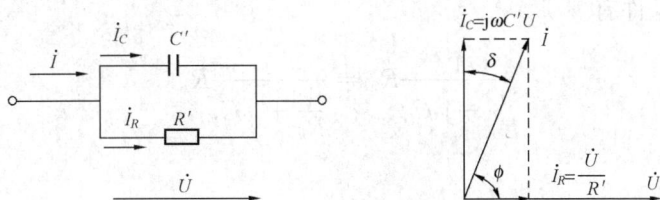

图 3-7　并联等效电路及矢量图

$$D = \tan \delta = \frac{U_R}{U_C} = \frac{IR}{\dfrac{I}{\omega C}} = \omega RC \tag{3-14}$$

在并联等效电路中

$$D = \tan \delta = \frac{I_R}{I_C} = \frac{\dfrac{U}{R'}}{\omega\, C'U} = \frac{1}{\omega R'C'} \tag{3-15}$$

1）测量介质损耗小的电容电桥（串联电阻式）。

对于介质损耗小的电容，测量电桥电路如图 3-8 所示，被测电容 C_x 接到电桥的第一桥臂，等效为电容 C_x' 和串联电阻 R_x'，与被测电容相比较的标准电容 C_n 接入相邻的第三桥臂，同时与 C_n 串联一个可变电阻 R_n，电桥的另外两臂为纯电阻 R_b 及 R_a，当电桥调节到平衡时，有

$$\left(R_x' + \frac{1}{\mathrm{j}\omega\, C_x'}\right)R_a = \left(R_n + \frac{1}{\mathrm{j}\omega\, C_n}\right)R_b \tag{3-16}$$

整理可得

$$R_x' = \frac{R_b}{R_a}R_n \tag{3-17}$$

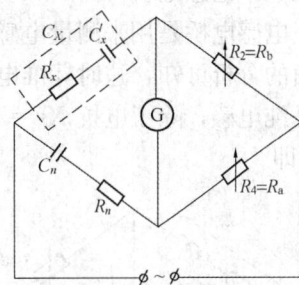

图 3-8　串联电阻式电容电桥

$$C_x' = \frac{R_a}{R_b}C_n \tag{3-18}$$

要使电桥达到平衡，必须同时满足上面两个条件。如果改变 R_n 和 C_n，便可以单独调节互不影响地使电容电桥达到平衡。通常标准电容都是做成固定的，不能连续调节，这时我们可以调节 R_a/R_b 比值使式（3-18）满足条件，但调节 R_a/R_b 的比值又影响到式（3-17）的平衡。因此，必须对 R_n 和 R_a/R_b 等参数反复调节才能实现电桥的平衡。电桥平衡后，C_x' 和 R_x' 的值分别按式（3-17），式（3-18）计算得到，被测电容的损耗因数 D 为

$$D = \omega\, C_x'R_x' = \omega C_n R_n \tag{3-19}$$

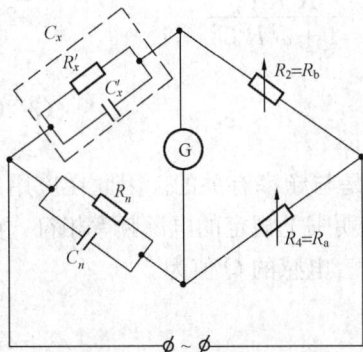

图 3-9　并联电阻式电容电桥

2）测量介质损耗大的电容电桥（并联电阻式）。

对于介质损耗大的电容，如果继续采用上述电桥进行测量，则与标准电容相串联的电阻 R_n 必须很大，这将会降低电桥的灵敏度。因此，我们采用图 3-9 所示的线路进行测量，它的特点是标准电容 C_n 与电阻 R_n 并

联，根据电桥平衡条件有

$$\frac{1}{\frac{1}{R_x'}+j\omega C_x'}R_a = \frac{1}{\frac{1}{R_n}+j\omega C_n}R_b \tag{3-20}$$

整理可得

$$R_x' = \frac{R_b}{R_a}R_n \tag{3-21}$$

$$C_x' = \frac{R_a}{R_b}C_n \tag{3-22}$$

损耗因数 D 为

$$D = \frac{1}{\omega C_x' R_x'} = \frac{1}{\omega C_n R_n} \tag{3-23}$$

（2）电感电桥。

电感电桥是用来测量电感的，通常采用标准电容作为与被测电感相比较的标准元件，从前面的分析可知，这时标准电容一定要安置在与被测电感相对的桥臂中。实际的电感线圈都不是纯电感，除了电抗 $X_L = \omega L$ 外，还有有效电阻 R，两者之比称为电感线圈的品质因数 Q，即

$$Q = \frac{\omega L}{R}$$

下面介绍两种电感电桥电路，它们分别适用于测量高 Q 值和低 Q 值的电感元件。

1）测量高 Q 值电感的电感电桥。

对于高 Q 值电感，测量电桥电路如图 3-10 所示，该电桥线路又称为海氏电桥。根据电桥平衡条件可得

$$\left(R_x + j\omega L_X\right)\left(R_n + \frac{1}{j\omega C_n}\right) = R_b R_a \tag{3-24}$$

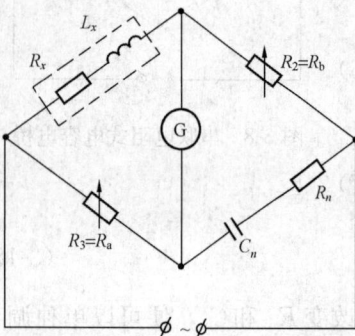

图 3-10　测量高 Q 值电感的电感电桥

整理可得

$$L_X = \frac{R_b R_a C_n}{1+\omega^2 R_n^2 C_n^2} \tag{3-25}$$

$$R_x = \frac{R_b R_a R_n \omega^2 C_n^2}{1+\omega^2 R_n^2 C_n^2} \tag{3-26}$$

由式（3-25）和式（3-26）可知，海氏电桥的平衡条件是与频率有关的。因此在应用成品电桥时，若改用外接电源供电，要使电源频率与该电桥说明书上规定的电源频率相符，而且电源波形必须是正弦波，否则谐波的存在会影响测量精度。电感的 Q 值为

$$Q = \frac{\omega L_X}{R_x} = \frac{1}{\omega C_n R_n} \tag{3-27}$$

由式（3-27）可知：被测电感的 Q 值越小，则要求标准电容 C_n 和电阻 R_n 的值越大，但一般标准电容的容量都不能做得太大，另外 R_n 过大将会影响电桥的灵敏度。因此，在测量 $Q<10$ 的电感元件的参数时采用下面将要介绍的适用于低 Q 值电感的电桥线路。

2）测量低 Q 值电感的电感电桥。

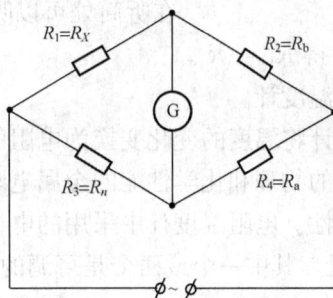

对于低 Q 值电感，测量电桥电路如图 3-11 所示，该电桥线路又称为麦克斯韦电桥。

根据电桥平衡条件可得

$$(R_x + j\omega L_x)\frac{1}{\dfrac{1}{R_n} + j\omega C_n} = R_b R_a \tag{3-28}$$

整理可得

$$L_x = R_b R_a C_n \tag{3-29}$$

$$R_x = \frac{R_b R_a}{R_n} \tag{3-30}$$

由式（3-29）和式（3-30）可知：麦克斯韦电桥的平衡条件是与频率无关的，即在电源为任何频率或非正弦的情况下，电桥都能平衡，所以该电桥的应用范围较广。但是实际上，由于电桥内各元件间的相互影响，交流电桥的测量频率对测量精度仍有一定的影响。

（3）电阻电桥。

测量电阻时采用惠斯登电桥，如图 3-12 所示，桥路形式与直流单臂电桥相同，不同的是采用了交流电源和交流指零仪。

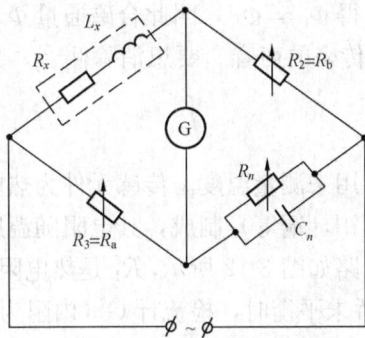

图 3-11　测量低 Q 值电感的电感电桥　　图 3-12　交流电桥测量电阻

根据平衡条件可得

$$R_x = \frac{R_b}{R_a}R_n \tag{3-31}$$

在测量一些残余电抗较大的电阻时不易平衡，可改用直流电桥进行测量。

3. 交流电桥的输出特性

上述讨论中，各类电桥线路采用检流计 G 来检测电桥是否平衡。实际的传感器检测电路中，需要根据被测物理量的特性和电桥的输出特性对检流计的刻度进行标定，或者采用数字仪表（基于电压、电流检测芯片）对交流电桥的输出进行检测。交流电桥的输出特性即电桥的输出电压与被测物理量变化之间的关系，是对检测结果进行工程量转换和标定的基础。

如图 3-5 所示，设交流电桥的初始状态是平衡的，即 $Z_1 Z_4 = Z_2 Z_3$，此时输出电压 $\dot{U}_{\circ} = 0$。

当被测物理量发生变化，引起传感元件对应的阻抗 Z_1 变化为 $Z_1 + \Delta Z_1$，交流电桥的输出电压变为

$$\dot{U}_o = \dot{U} \frac{\dfrac{Z_4}{Z_3} \cdot \dfrac{\Delta Z_1}{Z_1}}{\left(1 + \dfrac{Z_2}{Z_1} + \dfrac{\Delta Z_1}{Z_1}\right)\left(1 + \dfrac{Z_4}{Z_3}\right)} \tag{3-32}$$

忽略分母中的 $\Delta Z_1/Z_1$ 项，并设初始阻抗满足 $Z_1 = Z_2, Z_4 = Z_3$，则

$$\dot{U}_o = \frac{\dot{U}}{4}\left(\frac{\Delta Z_1}{Z_1}\right) \tag{3-33}$$

交流电桥与直流电桥一样，也可有半桥、全桥的形式，具体的分析方法与直流电桥的分析方法相同，读者可自行分析。

4. 交流电桥应用举例

(1) 电话机侧音消除电路。

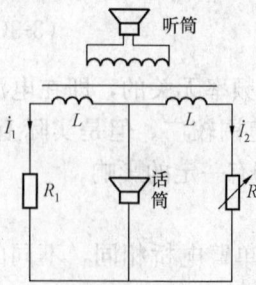

图 3-13　电话机侧音消除电路

使用电话时，对着话筒说话，有时可以从听筒中听到自己的声音，这种现象叫做侧音。侧音太大会使说话者感觉不舒服，室内的噪声进入话筒后，也可以在受话器中与话音混在一起，降低通话的清晰度。为此，应尽可能地消除侧音，一个简单的消侧音电路如图 3-13 所示。假设线路阻抗是固定的，且只考虑阻抗为纯电阻的情况，耦合线圈是给定的，均为 L。如果 $R_1 \neq R$，则 $\dot{I}_1 \neq \dot{I}_2$，由 $\Phi = LI$，得 $\Phi_1 \neq \Phi_2$，因此合磁通量 $\Phi \neq 0$，因此在听筒处可以听到话筒传来的声音。要想消除侧音，只要调节平衡阻抗 R，使得 $R_1 = R$。

(2) 电阻温度计。

电阻温度计将温度的变化变换为电阻的变化，用来测量温度。传感元件为热电阻，通常选用具有稳定的物理和化学性能的金属电阻丝（如铂，铜等）制成，其电阻随温度变化的关系最好接近线性。电阻温度计中采用的电桥测量电路如图 3-12 所示，R_1 是热电阻，R_2、R_3 和 R_4 为标准电阻，其中一个或两个是可调的。当电桥未平衡时，检流计 G（内阻为 R_G）中流过的电流为

$$I_G = \frac{(R_2 R_3 - R_1 R_4)U}{M} \tag{3-34}$$

其中，$M = R_1 R_2 (R_3 + R_4) + R_3 R_4 (R_1 + R_2) + R_G (R_1 + R_2)(R_3 + R_4)$。

在测量前，先调节 R_2 或 R_3，使电桥平衡，$I_G = 0, R_2 R_3 = R_1 R_4$。测量温度时，热电阻传感器的电阻随温度变化了 ΔR，阻值为 $R_1 + \Delta R$，代入式（3-34），有

$$I_G = \frac{-R_4 \Delta R}{M + \Delta M}U \tag{3-35}$$

其中，$\Delta M = \Delta R[R_G(R_3 + R_4) + R_3 R_4 + R_2(R_3 + R_4)]$。当 ΔR 很小时，ΔM 也很小，可以认为式（3-34）的分母保持不变，这时的不平衡电流为

$$I_G \approx \frac{R_4 U}{M} |\Delta R| \tag{3-36}$$

设热电阻的电阻变化与温度变化的线性关系为 $\Delta R = K_1 \Delta t$，检流计指针偏转角度与电流的线性关系为 $\Delta \alpha = K_2 I_G$，于是指针偏转角与温度变化的关系为

$$\Delta \alpha \approx \frac{|K_1| K_2 R_4 U}{M} \Delta t = K \Delta t \tag{3-37}$$

设电桥平衡时指针指向的初始温度为 t_0，对应的初始刻度为 α_0，则指针所指刻度 α 与所测温度 t 的关系为

$$\alpha = \alpha_0 + K(t - t_0) \tag{3-38}$$

3.2 放 大 器

传感器由于受到体积、功耗及转换效率等因素的限制，其输出的信号都比较微弱，很难直接用来进行显示和记录。一般在传感器之后要配置前置放大器，对有用信号进行放大，对噪声进行抑制。在测量与自动控制系统中，用于放大传感器输出的微弱电信号的电路，统称为测量放大器。

3.2.1 对测量放大器的基本要求

由于被测对象不同，传感器输出信号的大小、形式、受噪声影响的程度等也各不相同，因此所采用的放大器的形式和性能指标要求也各不相同。例如有时要求放大器的增益可自动调节，有时需实施电气隔离来减少系统间的相互干扰。

一般来说，对放大器的基本要求包括增益高且稳定、共模抑制比高、失调与漂移小、频带宽、线性度好、转换速率高、阻抗匹配好、功耗低、抗干扰能力强和性价比高等。

根据电路实现方式的不同，测量放大器可分为三类：

(1) 采用晶体三极管、结型场效应管等分立元件组成测量放大电路；

(2) 采用通用集成运算放大器组成测量放大电路；

(3) 采用单片专用集成放大器组成测量放大电路。

目前的测量放大器，如无特殊情况，一般采用通用集成运算放大器或专用集成放大器构成。

根据电路功能和要求不同，常用的测量放大器包括三运放式差动放大器、单片集成放大器、可编程增益放大器、隔离放大器等。

3.2.2 三运放式差动放大器

图 3-14 所示为三运放式差动放大器的典型电路。它有三个运算放大器，具有输入阻抗高、共模抑制比高、零点漂移小、增益可调等优点，因此在传感器信号放大中得到了广泛应用。A1 和 A2 为两个性能一致的同相输入通用集成运算放大器，构成平衡对称的差放输入级。U_1 和 U_2 是两个输入阻抗和增益对称的同相输入，直接与信号源相连，因此

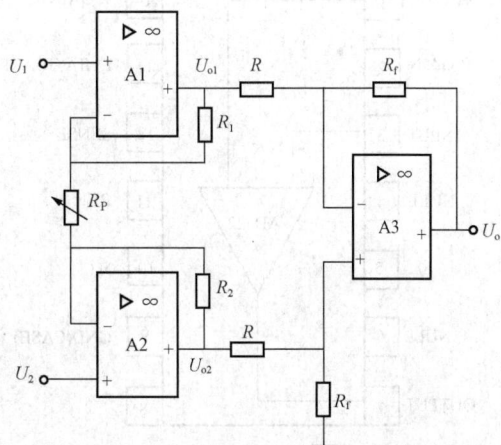

图 3-14 三运放式差动放大器电路

共模成分（如干扰电压、温度漂移）被对称结构抵消，具有良好的共模抑制能力。运算放大器 A3 构成双端输入单端输出的输出级，用来进一步抑制 A1 和 A2 的共模信号，并适应接地负载的要求。

由电路可知

$$U_{o1} = \left(1 + \frac{R_1}{R_P}\right)U_1 - \frac{R_1}{R_P}U_2 = U_1 - (U_2 - U_1)\frac{R_1}{R_P} \tag{3-39}$$

$$U_{o2} = \left(1 + \frac{R_2}{R_P}\right)U_2 - \frac{R_2}{R_P}U_1 = U_2 + (U_2 - U_1)\frac{R_2}{R_P} \tag{3-40}$$

$$U_o = \frac{R_f}{R}(U_{o2} - U_{o1}) \tag{3-41}$$

所以放大器增益为

$$A_u = \frac{U_o}{U_2 - U_1} = \frac{R_f}{R}\left(1 + \frac{R_1 + R_2}{R_P}\right) \tag{3-42}$$

改变 R_P 可调节增益，但不影响电路的对称性。电路的输入阻抗很高（达 50MΩ 以上），从而使传感器的输出基本没有负载效应。由于具有高输入阻抗和高共模抑制比，因此电路对微小的差模电压很敏感，适用于测量远距离的小信号，特别适合与传感器的输出信号相连。

为提高电路的共模抑制比，要求 A3 具有高的共模抑制比，同时电阻 R 和 R_f 的精度应控制在 0.1% 以内。

3.2.3　单片集成放大器

在差动放大电路中，由于各分立运算放大器的参数不一致，加之电阻难以完全匹配，往往造成共模抑制比降低，增益出现非线性。近年来，一些集成电路制造厂家将差动放大电路中的运算放大器集成到一块芯片上，生产出了单片集成放大器，如 AD521、AD522、AD612、AD614、LH0036、LH0038、LM363 和 INA111 等。与分立放大器相比，该类单片集成放大器具有性能优异、体积小、结构简单、成本低等优点，因而得到了广泛使用。下面以美国 Analog Devices 公司生产的 AD522 为例来介绍单片集成放大器的应用。

AD522 可以在环境恶劣的工作条件下进行高精度的数据采集，其技术参数及特点如下：

(1) 低漂移：$2\mu V/℃$；

(2) 非线性低：0.005%（$G = 100$）；

(3) 高共模抑制比：$> 110dB$（$G = 1000$）；

(4) 低噪声：$1.5\mu V$（0.1100Hz）；

(5) 单电阻可编程增益：$1 \leqslant G \leqslant 1000$；

(6) 具有输出参考端和远程补偿端，可进行内部补偿，除增益电阻外不需其他外围器件。

AD522 采用 14 脚 DIP 封装，其引脚分布如图 3-15 所示，表 3-1 列出了各引脚的功能。

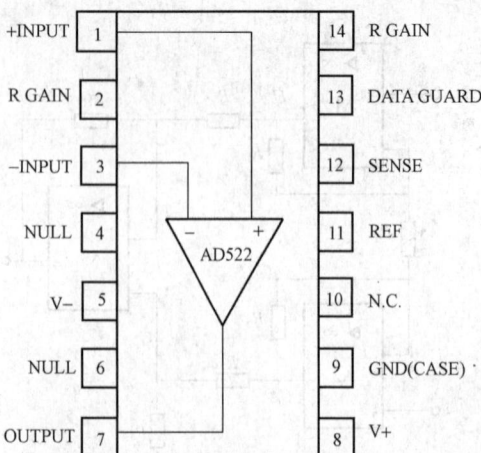

图 3-15　AD522 引脚分布

图 3-16 为 AD522 的典型应用电路，用

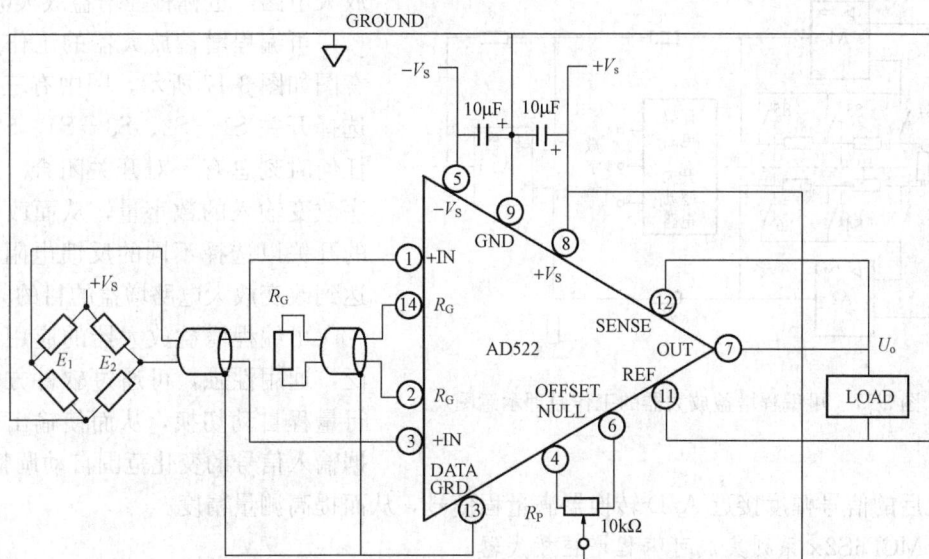

图 3-16 AD522 的典型应用电路

于测量电桥的输出。传感器的输出信号接在高阻抗输入端子 1 和 3 上，端子 2 和 14 之间接有增益调节电位器 R_G，调节 R_G 的大小，可改变放大器的增益 A_G，R_G 一般取几十欧到几百欧。端子 4 和 6 之间接有零点调节电位器 R_P。两个 $0.1\mu F$ 的电容为直流电源滤去高次谐波。检测端 12 与输出端 7 相连，参考端 11 与电源公共端相连，输出端 7 与电源公共端之间为输出电压 U_o。端子 13 为数据保护（屏蔽）端，与输入信号引线的屏蔽网相连，以提高抗干扰能力。

表 3-1　　　　　　　　　　　　　AD522 引 脚 功 能

引 脚	名 称	功 能	引 脚	名 称	功 能
1	+IN	正输入端	8	V+	正电源端
2	R GAIN	增益补偿端	9	GND	地参考端
3	−IN	输入端	10	NC	不接
4	NULL	空端	11	REF	参考端
5	V−	负电源端	12	SENSE	检测端
6	NULL	空端	13	DATA GUARD	数据保护端
7	OUTPUT	输出端	14	R GAIN	增益补偿端

3.2.4 可编程增益放大器

1. 可编程增益放大器工作原理

在多回路检测系统中，由于传感器的输出信号变化范围较大且不同检测回路信号的变化范围也各不相同，因此必须提供各种量程的放大电路，才能保证送到计算机或单片机中的信号一致。放大电路的增益通过数字逻辑电路由给定的程序来控制，这种电路称为可编程增益

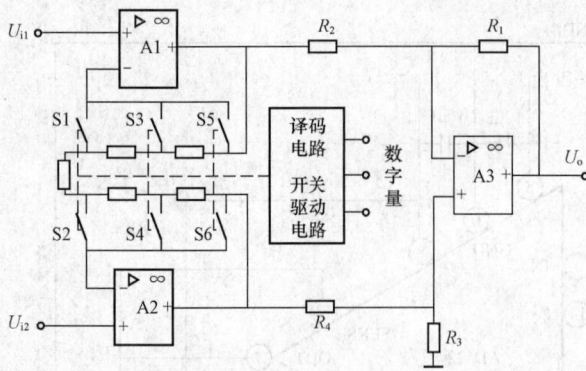

图 3-17　可编程增益放大器的工作原理示意图

放大电路，也称程控增益放大电路。

可编程增益放大器的工作原理示意图如图 3-17 所示，图中有三对增益选择开关 S1－S2、S3－S4、S5－S6，任何时刻总有一对开关闭合。通过程序改变输入的数字量，从而改变闭合的开关以选择不同的反馈电阻，最终达到改变放大电路增益的目的。

可编程增益放大器的应用十分广泛，通用性强，可通过软件方便地进行量程自动切换，从而使输出信号依据输入信号的变化范围自动调整增益，使放大后的信号幅度接近 A/D 转换器满量程信号，从而提高测量精度。

2. MCP6S2x 系列集成可编程增益放大器

将运算放大器、电阻网络、模拟开关和译码驱动电路集成在同一芯片上即制成集成可编程增益放大器。集成可编程增益放大器的品种较多，如美国微芯（Microchip）公司生产的 MCP6S21、MCP6S22、MCP6S26、MCP6S28 系列，美国模拟仪器（Analog Devices）公司生产的 AD8321、AD526 等，美国国家半导体（National Semiconductor）公司生产的 LH0075、LH0076、LH0084 等，凌特（Linear Technology Corporation）公司生产的 LTC6910/6915 系列等都属于可编程增益放大器。此外，一些 AD 转换芯片内置有可编程增益放大器，如 AD1555/AD1556 芯片组内部的 PGA 可实现五种放大倍数。

现以美国微芯公司的 MCP6S2x 系列为例说明集成 PGA 的应用。MCP6S 系列是一种单端、可级联、增益可编程放大器。其中，MCP6S2x 系列将放大器、MUX（多路复用器）和利用 SPI 总线选择的增益控制器整合在一起，可以协助用户有效地提升系统的数字模拟控制能力。用户可在 SPI 总线上对系统进行编程，并可通过有效控制增益和选择输入信号来得到更大的设计灵活性。由于 PGA 不需要反馈和输入电阻，因此可大幅减低成本并节省机板空间。MCP6S21、MCP6S22、MCP6S26、MCP6S28 分别是 1 路、2 路、6 路、8 路可编程增益放大器，其主要特点如下：

(1) 8 种可编程增益选择：＋1、＋2、＋4、＋5、＋8、＋10、＋16、＋32V/V；

(2) 频宽：2MHz～12MHz；

(3) SPI 串行编程接口；

(4) 级联输入和输出；

(5) 增益误差低：±1%（最大）；

(6) 漂移低：±275μV（最大）；

(7) 电源电流低：1.0mA（典型）；

(8) 稳定时间：200ns；

(9) 单电源供电，2.5～5.5V；

(10) 工作温度范围：－40～85℃。

MCP6S28 引脚功能见表 3-2，其内部结构如图 3-18 所示。MCP6S28 芯片共有 8 路输入，可由软件设置通道选择，可调节放大增益。内部运放部分主要由运放、增益转换器、梯形电阻等组成。SPI 逻辑控制部分主要提供片选信号、同步时钟、串行输入输出、上电复位、控制指令和数据读写以完成通路选择和增益控制等功能。

表 3-2　　　MCP6S28 引脚功能

引脚名称	功能
VOUT	模拟输出
CH0～CH7	模拟输入
VSS	电源负端
VDD	电源正端
SCK	SPI 时钟输入
SI	SPI 串行数据输入
SO	SPI 串行数据输出
CS	SPI 片选
VREF	外部参考电压

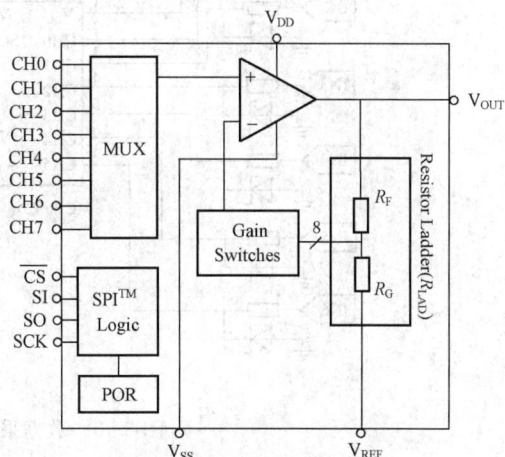

图 3-18　MCP6S28 内部结构

控制器（如单片机）通过 SPI 串行接口读写 MCP6S2x 系列芯片内部寄存器的内容，完成通道选择和增益设置。MCP6S2x 系列芯片有三个寄存器：指令寄存器、增益寄存器和通道寄存器。片选 $\overline{CS}$ 被置低电平后启动通信，写入的第一个字节是指令字节，被送入指令寄存器，第二字节的数据送入增益寄存器或通道寄存器，具体送入哪一个寄存器由指令字节的最低位决定，最低位 A0 为 0 则寻址增益寄存器，最低位 A0 为 1 则寻址通道寄存器。一个字的数据传送完以后，$\overline{CS}$ 置高电平使相应的设置生效。

3. MCP6S2x 应用举例

某工业监控系统的数据采集板需从现场采集 6 路传感器信号，6 路信号的取值范围各不相同，需采用不同的放大倍数进行放大，使放大后的信号幅度接近 A/D 转换器满量程信号，从而提高测量精度。由于该系统所检测信号变化较为缓慢，对检测的实时性要求不高，可以采用循环检测方式。基于以上特点，数据采集板采用 6 通道的可编程增益放大器 MCP6S26、8 位的串口 AD 转换芯片 TLC0832（I^2C 总线接口）、单片机 AT89S52 组成如图 3-19 所示的硬件电路。由于 AT89S52 单片机不具有 SPI 和 I^2C 总线接口，需用 I/O 口模拟。

3.2.5　隔离放大器

传感器输出的模拟信号不可避免地含有各式各样的干扰和噪声，这些干扰和噪声大都来自地回路、静电耦合和磁耦合。为了清除这些干扰，除了采用低通滤波器滤掉部分高频干扰外，还必须将放大器加上静电和电磁屏蔽并浮置起来。完成上述任务的放大器称为隔离放大器。隔离放大器是一种特殊的测量放大电路，其输入输出和电源电路之间没有直接的电路耦合，即信号在传输过程中没有公共接地端。

输入与输出之间的隔离方式主要有变压器耦合（也称电磁耦合）、光电耦合、无线电波耦合等。在隔离放大器中采用较多的是电磁耦合和光电耦合。变压器耦合的线性度高、隔离性好、共模抑制能力强，但其工作频带窄、体积大、成本高，应用起来不方便。光电耦合的

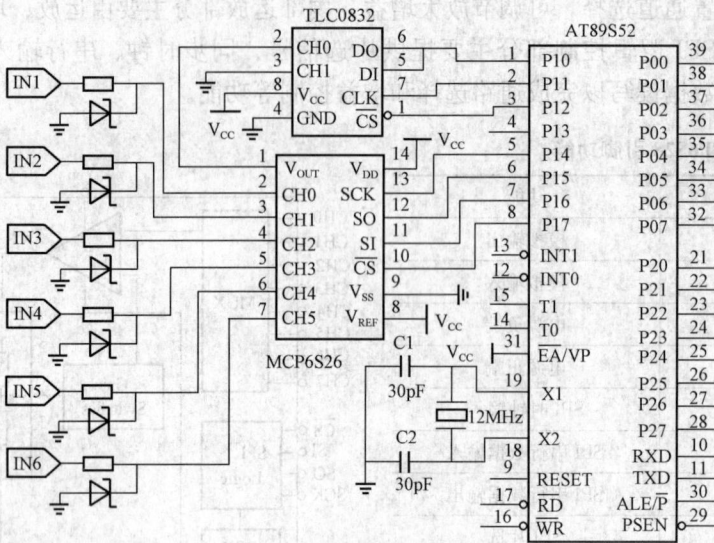

图 3-19　数据采集板硬件原理图

突出优点是成本低、质量轻、结构简单、转换速度快、工作频带宽，但其线性度不如变压器耦合。光电耦合目前主要用于开关量控制电路。

隔离放大器的基本结构如图 3-20 所示，由输入放大电路、隔离器和输出放大电路组成，其通用图形符号如图 3-21 所示。u_d 为输入级的差模电压。u_c 为输入级共模电压。u_{iso} 为隔离电压，即输入端与输出端的两个公共地之间能承受的电压，其额定值一般为 5000V 左右。该电压对误差影响较大。隔离电阻 R_{iso} 约为 $10^{12}\Omega$，隔离电容 C_{iso} 约为 20pF。

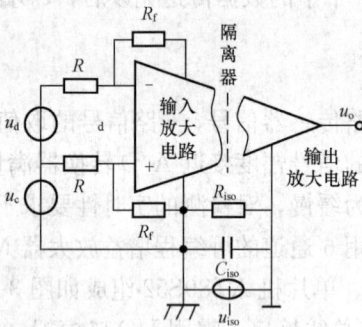

图 3-20　隔离放大器的基本结构　　　　图 3-21　隔离放大器图形符号

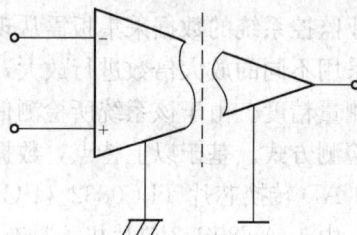

隔离放大器的品种繁多、性能各异，但基本原理相同。变压器耦合放大器的工作原理是被测信号在输入级放大后由高频信号调制成调幅波，再通过隔离变压器（保证输入级与输出级之间电绝缘）传送至输出级，经解调、滤波和放大后输出。光电耦合隔离放大器的工作原理是被测信号在输入级放大后由光电耦合器中的发光二极管转换成光信号，再由光敏二极管、光敏三极管等光电器件转换成电压或电流信号，最后经输出放大电路放大后输出。

常用的隔离放大器有美国 AD 公司的 AD202、AD204、AD210、AD277、AD288、AD289、AD295、AD298，BB 公司的 2B50 等，国产的型号有 284、GF289、B-GF01 等。

现以美国 AD 公司生产的 AD215 为例来介绍隔离放大器的原理与应用。AD215 是一款高速输入隔离放大器,用于隔离和放大宽带宽模拟信号,采用变压器耦合,输入/输出范围为 ± 10 V,额定增益范围为 1 V/V~10 V/V,带宽 120kHz,转换速率为 6V/μs。缓冲输出具有失调调整功能。采用 ± 15 V 直流电源供电,无需用户提供隔离式 DC/DC 转换器,同时可为外部传感器和信号处理电路提供 ± 15V/± 10mA 的直流电源,可降低整体系统设计复杂度与器件成本。AD215 具有两种规格可供选择,AD215AY 的隔离电压等级为 750V(rms),AD215BY 的隔离电压等级为 1500V(rms)。AD215 芯片由放大器、调制器、解调器、滤波、电源变换器等组成。AD215 各引脚的功能见表 3-3。

表 3-3 　　　　　　　　　　　　　　AD215 各引脚功能

引　脚	名　　称	功　　能
1	IN+	正向输入端
2	IN COM	输入公共端
3	IN−	反向输入端
4	FB	放大器反馈端
5	−V_{ISO} OUT	隔离直流电源−15V
6	+V_{ISO} OUT	隔离直流电源+15V
36	TRIM	调整端
37	OUT LO	输出负端
38	OUT HI	输出正端
42	+15 V_{IN}	输入电源+15V
43	PWR RTN	输入电源回路端
44	−15 V_{IN}	输入电源−15V

图 3-22 所示为 AD215 的典型应用电路,输出电压 V_O 的计算公式为

$$V_O = \left(1 + \frac{R_F}{R_G}\right) \times V_{SIGNAL} \tag{3-43}$$

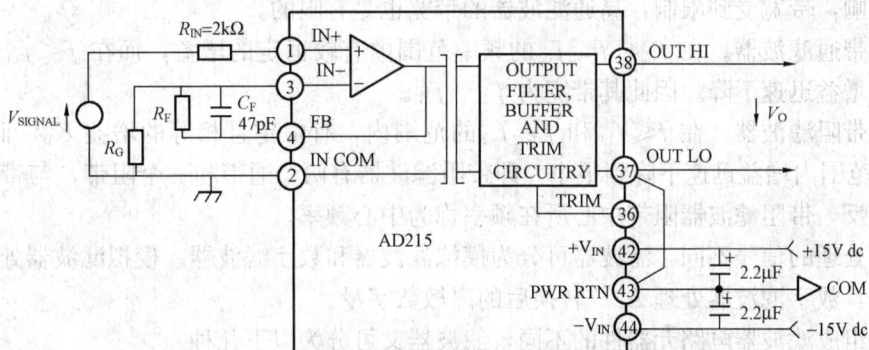

图 3-22　AD215 的典型应用电路

3.3　滤波器

传感器输出的信号中往往含有噪声信号,在传输、放大、变换等过程中还可能混入各种

不同形式的噪声，从而影响系统的测量精度。为了抑制噪声，可以采用滤波器从测量信号中分离出有用信号，滤除噪声信号。

3.3.1 滤波器的类型

根据系统要求，有时需要低频信号，有时需要高频信号，有时需要一定频带的信号，有时需要专门抑制某一特定频带的信号。因此滤波器对不同频率的信号有不同的处理：通带内的信号尽可能地通过，不受或受很小的衰减；阻带内的信号尽可能地阻止通过，受到很大的衰减；通带与阻带之间的过渡带内的信号受到不同程度的衰减。根据以上分析，滤波器有四种不同的类型，各类滤波器的幅频特性如图 3-23 所示。

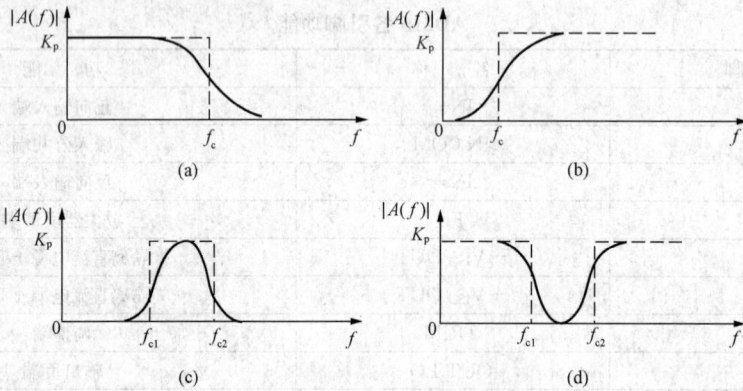

图 3-23　各类滤波器的幅频特性
(a) 低通滤波器；(b) 高通滤波器；(c) 带通滤波器；(d) 带阻滤波器

(1) 低通滤波器。在 $0 \leqslant f \leqslant f_c$ 的频率范围内，增益为 K_p；而在 $f > f_c$ 的频率范围内增益迅速下降，其带宽为 f_c。

(2) 高通滤波器。在 $f \geqslant f_c$ 的频率范围内滤波器有恒定的增益 K_p，在 $f < f_c$ 的频率范围内增益迅速下降；从理论上说，它的带宽为 ∞，但实际上受有源器件、外接元件以及杂散参数的影响，带宽受到限制，高通滤波器的带宽也是有限的。

(3) 带通滤波器。在 $f_{c1} \leqslant f \leqslant f_{c2}$ 的频率范围内有较恒定的增益，而在 $f < f_{c1}$ 和 $f > f_{c2}$ 的范围内增益迅速下降。因此其带宽为 $f_{c2} - f_{c1}$。

(4) 带阻滤波器。在 $f \leqslant f_{c1}$ 和 $f \geqslant f_{c2}$ 的范围内，有恒定且相等的增益 K_p，而在 $f_{c1} < f < f_{c2}$ 的范围内增益迅速下降到很小，即带阻滤波器有两个通带和一个阻带，与带通滤波器的特性相反。带阻滤波器阻带中心所在频率称为中心频率。

根据处理的信号不同，滤波器可分为模拟滤波器和数字滤波器。模拟滤波器处理连续的模拟信号，数字滤波器处理 A/D 转换后的离散数字量。

根据组成滤波器电路元器件的不同，滤波器又可分为以下几种。

1) LC 无源滤波器。它由电感 L、电容 C 组成无源网络，选频特性好、信号能量损耗小、噪声低。其缺点是电感元件体积大、不便于集成，且低频和超低频范围内选频特性较差，目前在测控系统中应用不多。

2) RC 无源滤波器。它由电阻 R 和电容 C 组成无源网络，其选频特性差，电阻 R 对信号功率有损耗，一般只用于低性能滤波器。

3) RC 有源滤波器。它是目前普遍采用的一种滤波器，在 RC 无源滤波器的基础上引入晶体管、运算放大器等具有能量放大作用的有源器件，补偿电阻 R 上损失的能量，具有良好的选频特性。各种集成滤波器即属于有源滤波器。

4）基于特殊元件的无源滤波器。它主要包括机械滤波器、压电陶瓷滤波器、晶体滤波器、声表面滤波器等。其工作原理是通过电能与其他形式能量的相互转换并与器件固有频率谐振来实现频率选择，主要用于带通或带阻滤波器。其主要优点是选频特性好、稳定性高，但由于其品种系列有限，不便于调整。

3.3.2 滤波器的基本参数

1. 截止频率 f_c 与谐振频率 f_0

通带与过渡带边界点的频率称为通带截频，在该点信号衰减到规定的下限。阻带与过渡带边界点的频率称为阻带截频，在该点信号也衰减到规定的下限。工程上常以信号功率衰减到 1/2 时的频率作为通带与阻带的边界点，称为转折频率，又称为截止频率，记为 f_c。

f_0 为滤波器的谐振频率，一个滤波器若没有损耗，其谐振频率即为其固有频率。

2. 通带增益 K_p

对于低通滤波器，通带增益一般指 $\omega = 0$ 时的增益；对于高通滤波器，通带增益一般指 $\omega \rightarrow \infty$ 时的增益；对于带通滤波器，通带增益一般指中心频率处的增益。带阻滤波器，一般给出带阻衰减，定义为增益的倒数。

3. 品质因数 Q 与阻尼系数 α

品质因数 Q 定义为谐振频率与带宽之比，常用于评价带通滤波器与带阻滤波器的选频特性。阻尼系数 α 用来表征滤波器对频率为 f_0 的信号的阻尼作用，是表示滤波器能量衰减的一项指标。阻尼系数与品质因数互为倒数关系，即 $\alpha = 1/Q$。

3.3.3 二阶 RC 有源滤波器

RC 有源滤波器特别是二阶有源滤波器具有结构简单、调整方便、易于集成等特点，因此在测控系统中得到了广泛应用。实用电路多采用运算放大器作为有源器件，其负载效应几乎可以忽略。

二阶 RC 有源滤波器有压控电压源型、无限增益多路反馈型、双二阶环型三种常用类型。本节只介绍应用较多的二阶压控电压源型滤波电路。其电路如图 3-24 所示。

（1）低通滤波器。其电路如图 3-24（a）所示，滤波电路谐振频率为

$$\omega_0 = \frac{1}{\sqrt{R_1 R_2 C_1 C_2}} \tag{3-44}$$

通带增益为

$$K_p = 1 + \frac{R_0}{R} \tag{3-45}$$

阻尼系数与品质因数关系式为

$$a = \frac{1}{Q} = \frac{\dfrac{1}{C_1}\left(\dfrac{1}{R_1} + \dfrac{1}{R_2}\right) + \dfrac{1 - K_p}{R_2 C_2}}{\omega_0} \tag{3-46}$$

（2）高通滤波器。其电路如图 3-24（b）所示，滤波电路参数为

$$\omega_0 = \frac{1}{\sqrt{R_1 R_2 C_1 C_2}} \tag{3-47}$$

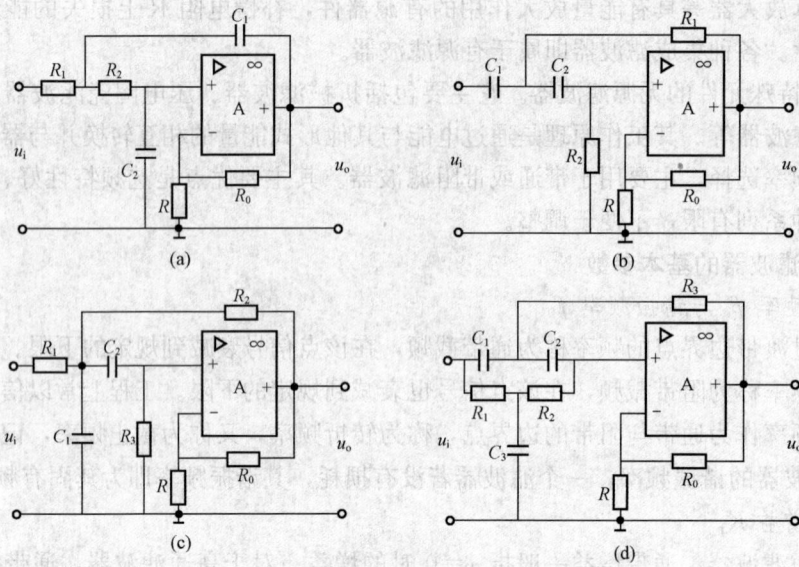

图 3-24　二阶压控电压源型滤波电路

(a) 低通滤波器；(b) 高通滤波器；(c) 带通滤波器；(d) 带阻滤波器

$$K_p = 1 + \frac{R_0}{R} \tag{3-48}$$

$$a = \frac{1}{Q} = \frac{\frac{1}{R_2}\left(\frac{1}{C_1} + \frac{1}{C_2}\right) + \frac{1-K_p}{R_1 C_1}}{\omega_0} \tag{3-49}$$

（3）带通滤波器。其电路如图 3-24（c）所示，滤波电路参数为

$$\omega_0 = \sqrt{\frac{R_1 + R_2}{R_1 R_2 R_3 C_1 C_2}} \tag{3-50}$$

$$K_p = \frac{1}{1 + \left(1 + \frac{C_1}{C_2}\right)\frac{R_1}{R_3} + (1-K_p)\frac{R_1}{R_2}} \tag{3-51}$$

$$a = \frac{1}{Q} = \frac{\frac{1}{R_1 C_1} + \frac{1}{R_3 C_1} + \frac{1}{R_3 C_2} + \frac{1-K_p}{R_2 C_1}}{\omega_0} \tag{3-52}$$

（4）带阻滤波器。其电路如图 3-24（d）所示，在实用电路中一般取 $C_1 = C_2 = C_3/2 = C$，滤波电路参数为

$$\omega_0 = \frac{1}{C\sqrt{R_1 R_2}} \tag{3-53}$$

$$K_p = 1 + \frac{R_0}{R} \tag{3-54}$$

$$a = \frac{1}{Q} = \frac{\frac{1}{R_2 C}\left[2 + (1-K_p)\frac{R_1 + R_2}{R_1}\right]}{\omega_0} \tag{3-55}$$

3.3.4　通用可编程有源滤波器

由运算放大器和 RC 元件组成的有源滤波器对元器件的精度要求比较高，设计和调试也

比较麻烦。目前，大多采用通用的可编程滤波器芯片来实现有源滤波器，如美国 Maxim 公司生产的可编程滤波器芯片 MAX262 可以通过编程对各种低频信号实现低通（LP）、高通（HP）、带通（BP）、带阻（N）以及全通（AP）滤波处理，且滤波器的传递函数（包括中心频率、品质因数和工作方式）可通过编程进行设置，电路的外围器件也较少。MAX262是一种双二阶通用开关电容有源滤波器，下面先介绍开关电容有源滤波器的工作原理。

1. 开关电容滤波器工作原理

开关电容滤波器利用 MOS 开关电容来模拟有源滤波器中的阻性元件，其模拟的等效电阻值受外部时钟频率控制，改变外部时钟频率就可以改变 R、C 时间常数，从而达到改变滤波器截止频率的目的。

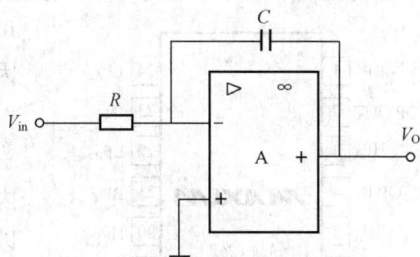

图 3-25 所示为一阶 RC 有源低通滤波器，传递函数为

$$H(\mathrm{s}) = \frac{Y(\mathrm{s})}{X(\mathrm{s})} = -\frac{1}{\mathrm{s}RC} \tag{3-56}$$

图 3-25　一阶 RC 有源低通滤波器

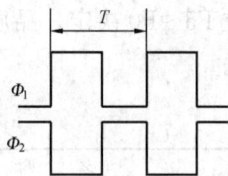

式中：X 为激励；Y 为响应；C 为积分电容。

时间常数为

$$\tau = RC \tag{3-57}$$

一阶有源低通开关电容滤波器原理如图 3-26 所示。图中，S1、S2 为 MOS 模拟开关，分别受两相不重叠的时钟 Φ_1 和 Φ_2 的控制，如图 3-27 所示。C_1 为开关电容，在外部时钟 Φ_1 和 Φ_2 的作用下可等效为图 3-25 中的电阻 R，等效电阻与时钟频率相关。C 为积分电容。

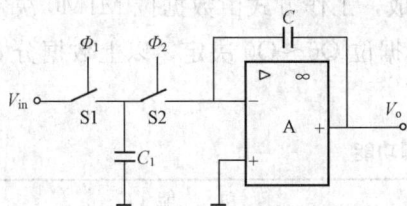

图 3-26　一阶开关电容滤波器　　图 3-27　两相不重叠时钟 Φ_1 和 Φ_2

时钟频率 f_{clk} 高于信号频率。在第一个时钟半周期，Φ_1 为高电平，Φ_2 为低电平，则 S1 闭合，S2 断开，输入电容 C_1 被充电至 V_{in}。在第二个时钟半周期，Φ_1 为低电平，Φ_2 为高电平，则 S1 断开，S2 闭合，C_1 的电荷转移给积分电容 C，在一个周期内总转移电荷为 $Q = C_1 \cdot V_{\mathrm{in}}$，平均输入电流为

$$I_{\mathrm{in}} = \frac{Q}{T} = C_1 \cdot V_{\mathrm{in}} \cdot f_{\mathrm{clk}} \tag{3-58}$$

则 C_1 的等效模拟电阻为

$$R_{\mathrm{in}} = \frac{V_{\mathrm{in}}}{I_{\mathrm{in}}} = \frac{1}{C_1 \cdot f_{\mathrm{clk}}} \tag{3-59}$$

一阶开关电容滤波器的传递函数为

$$H(\mathrm{s}) = \frac{Y(\mathrm{s})}{X(\mathrm{s})} = -\frac{C_1 \cdot f_{\mathrm{clk}}}{\mathrm{s}C} \tag{3-60}$$

时间常数为

$$\tau = R_{in}C = \frac{C}{C_1 \cdot f_{clk}} \tag{3-61}$$

即开关电容滤波器的时间常数与两个电容之比和外部时钟频率有关,与电容的绝对值无关。在集成电路中,两个电容之比可视为两个电容的面积之比,在现代半导体工艺中,其误差可控制在1‰以内,且同一芯片上的两个电容受环境温度影响也大致相同。由于时钟频率可以借助石英晶体振荡器来实现高精度和高稳定性,因此开关电容滤波器具有较高的精度和稳定性。

2. MAX262 简介

MAX262 是双二阶通用开关电容有源滤波器,即内部集成有两个开关电容滤波器,可以单独使用也可以级联成四阶滤波器使用,其中心频率范围为1.0Hz~140kHz,输入时钟最大频率为4MHz,通过编程可实现64级中心频率、128级品质因数,并且可以通过附带的滤波器设计软件改善滤波特性。MAX262的引脚排列如图 3-28 所示,各引脚功能见表 3-4。图 3-29 是MAX262 的内部结构,MAX262 由 2 个二阶滤波器(A 和 B)、2 个可编程 ROM 及逻辑接口组成。每个滤波器部分又包括 2 个级联的积分器和 1 个加法器。滤波器工作方式、中心频率 f_0、品质因数 Q 的设置通过逻辑接口完成,工作方式由数据位 M1M0 决定,中心频率 f_0 由数据位 F5~F0 决定,品质因数 Q 由数据位 Q6~Q0 决定,以上数据分 8 次写入相应的地址单元。

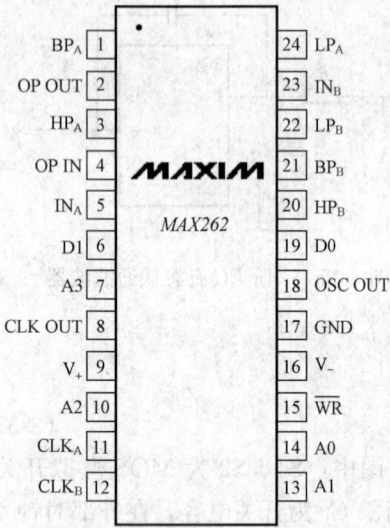

图 3-28 MAX262 引脚

表 3-4 MAX262 引脚功能

引 脚	名 称	功 能
9	V+	正电源输入端
16	V−	负电源输入端
17	GND	模拟信号地
11, 12	CLKA, CLKB	A, B 单元时钟输入, 内部 2 分频
8	CLKOUT	用晶振、R−C 振荡时的时钟输出
18	OSCOUT	用晶振、R−C 振荡时振荡连接端, 用于自同步
5, 23	INA, INB	滤波器的信号输入端
1, 21	BPA, BPB	A, B 单元带通滤波器输出端
24, 22	LPA, LPB	A, B 单元低通滤波器输出端
3, 20	HPA, HPB	A, B 单元高通、陷波、全通滤波器输出端
15	$\overline{WR}$	写允许输入
14, 13, 10, 7	A0, A1, A2, A3	地址输入端
19, 6	D0, D1	数据输入端
2	OP OUT	内部附带运放输出端
4	OP IN	内部附带运放反向输入端

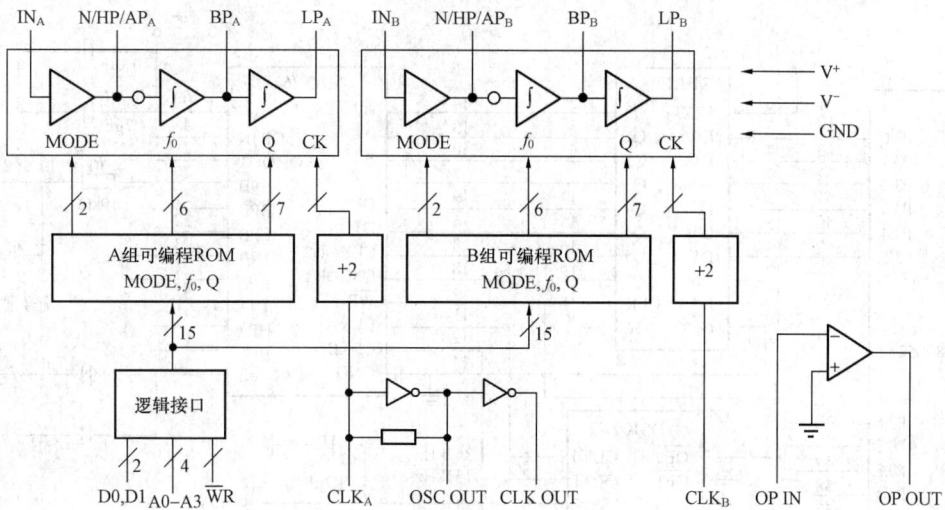

图 3-29 MAX262 内部结构

3. MAX262 应用举例

下面以多通道声发射监测仪为例说明 MAX262 的应用。某滑坡破裂面追踪定位系统，其主要硬件是一个 8 通道声发射监测仪，通过设置于空间不同部位的传感器来实时检测滑坡滑动面变形破裂过程中所激发出的岩体声发射波。在声发射监测过程中，由传感器所感应到的声发射信号是多频率混淆分布的，并且还有一些并不是监测所需的频段信号干扰。因此，必须根据现场信号抗混淆滤波的需要，对探头感应到的声发射信号进行指定截止频率的高低通滤波处理，从而得到有助于滑坡危害分析的声发射信号。该系统要求滤波器的高通和低通截止频率各为 2 挡，高通：100Hz、500Hz；低通：1050Hz、2000Hz。为了提高监测的精确度，要求系统中滤波器通带尽量窄，即在接近通带的止带能产生最佳的衰减，并希望滤波器的阶数在满足前提条件下尽可能小，切比雪夫型滤波器能满足该要求。在设计中用 MAX262 的 A 滤波器实现低通，B 滤波器实现高通，然后级联组成四阶切比雪夫型带通滤波器。通过单片机 AT89S52 改变 MAX262 的控制字和工作方式来实现不同截止频率之间的切换。系统滤波器模块的硬件电路如图 3-30 所示。设计中采用 MAXIM 公司的 DS1099 振荡器来为 MAX262 的两个滤波器提供不同的时钟频率，以满足不同滤波挡位的需要。DS1099 可对 1.048MHz 的主振荡频率进行分频，产生双路方波输出信号，输出频率在 0.25Hz 和 1.048MHz 之间，所要输出的频率可以按要求进行工厂编程设置。经过多次计算确定滤波器组 A 需要的输入时钟频率为 262kHz、131kHz，滤波器组 B 需要的输入时钟频率为 65.6 kHz、16.375kHz。单片机 AT89S52 的 P0.2、P0.3、P0.4 和 P0.5 分别控制 2 个 DS1099 的使能端，选择滤波器所需的输入时钟。MAX262 的 4 位地址线和 2 位数据线分别连接到 AT89S52 的 P3 口的 P3.0～P3.5，写允许输入端 $\overline{WR}$ 连接到 P3.6。在滤波器输出中，为了防止由于逻辑输入的跃变而产生某些噪声，加一个 8D 触发器 74HC374 来进行缓冲/锁存。在滤波信号输出时，由于 MAX262 的输出波形为台阶状的采样信号，输出波形的"阶梯"以内部采样速率（$f_{CLK}/2$）出现，因此在信号输出端口加一个单极点 RC 平滑滤波器来减小这种台阶噪声干扰。

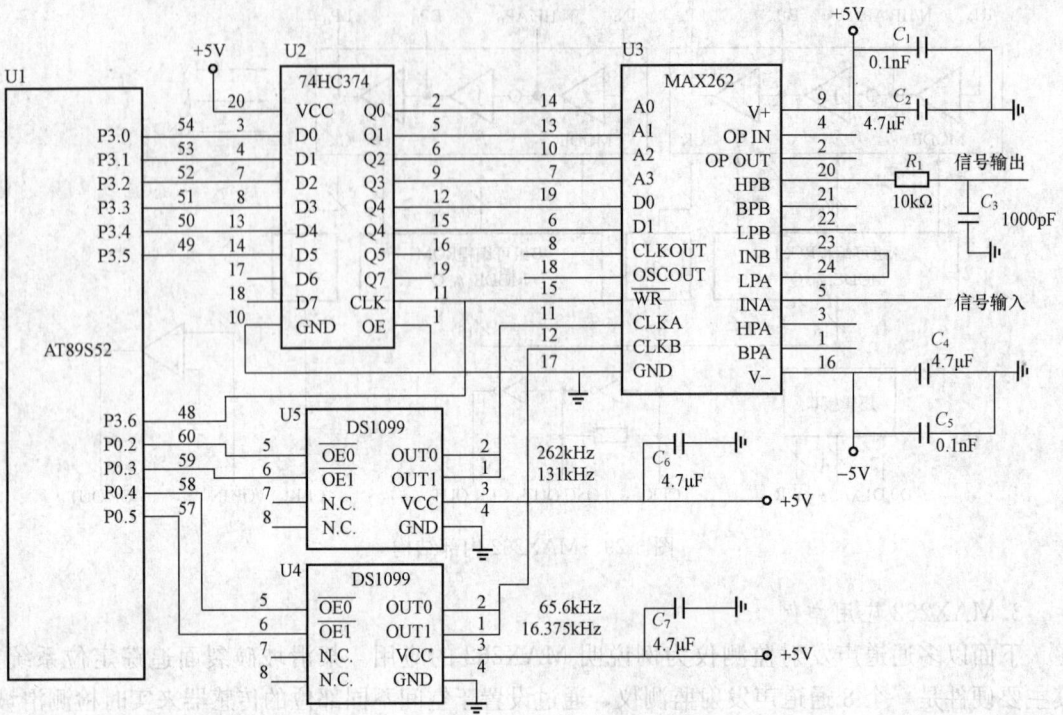

图 3-30　滤波器硬件电路图

3.4　信 号 转 换 电 路

信号转换电路用于实现不同类型信号的相互转换，使具有不同输入、输出的器件可以互连。常见的信号转换电路有电压电流转换电路和电压频率转换电路。

3.4.1　电压电流转换电路

1. I/U 转换电路

I/U 转换电路用于将输入的电流信号转换成与之呈线性关系的电压信号。I/U 变换方式很多，其基本原理大同小异，一般采用运算放大器构成。

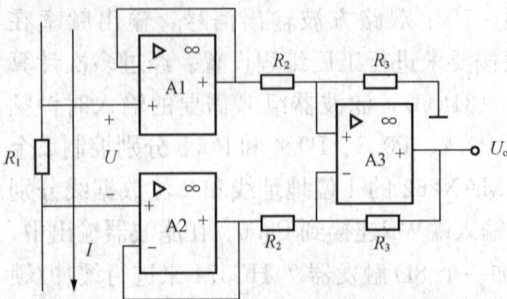

图 3-31 所示的 I/U 转换电路中，被转换的电流 I 通过分流器 R_1，在其两端产生电压 $U=IR_1$。电压 U 通过运算放大器 A1、A2、A3 放大后输出，输出电压为

$$U_o = \frac{R_3}{R_2}U = \frac{R_3 R_1}{R_2}I \qquad (3\text{-}62)$$

由式（3-62）可知电压 U_o 与被转换电流 I 成正比，因而达到了 I/U 转换的目的。具体的电路参数应根据输入电流范围和输出电压要求

图 3-31　I/U 转换电路

来确定。在电路中，分流器 R_1 应选用温度系数小的电阻器，有时可用铜线制作。A1、A2、A3 应选用高增益、低漂移、低噪声的运算放大器。R_2 和 R_3 可选用精密金属膜电阻。

2. U/I 转换电路

U/I 转换电路用于将输入的电压信号转换成与之呈线性关系的电流信号。电压信号不能远距离传输，一般先采用 U/I 转换电路将其变成电流信号，再通过电缆远距离传送到控制室。值得注意的是，U/I 转换电路应具有恒流源特性，即电流值受负载变化的影响要尽可能小。

图 3-32 为实用的 U/I 转换电路，A1 构成同相求和运算电路，A2 构成电压跟随器，图中 $R_1=R_2=R_3=R_4=R$。

由于 $u_{o2}=u_{P2}$，P1 点的电压的计算公式为

$$u_{P1} = \frac{R_4}{R_3+R_4}u_I + \frac{R_3}{R_3+R_4}u_{P2} = 0.5u_I + 0.5u_{P2}$$

$$(3\text{-}63)$$

又 $u_{o1}=(1+R_2/R_1)u_{P1}=2u_{P1}=u_I+u_{P2}$，所以 R_0 上的压降为 u_I。

因此流过负载 R_L 的电流为

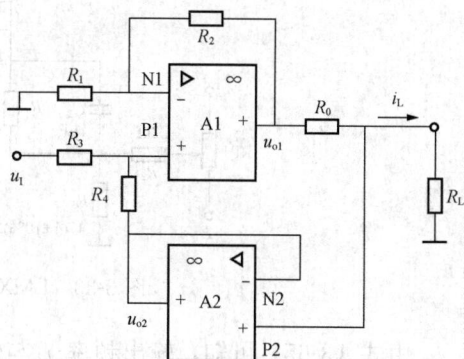

图 3-32　U/I 转换电路

$$i_L = \frac{u_I}{R_0}$$

$$(3\text{-}64)$$

由式（3-64）可知，流过负载 R_L 的电流与被转换的电压 u_I 成正比，达到了 U/I 转换的目的。为了提高精度，运算放大器 A 应选用高增益、低漂移、低噪声的放大器，电阻应选用高稳定度的精密电阻。

在一些性能要求比较高的系统中，往往直接采用单片集成 U/I 转换器芯片。如美国 Burr-Brown 公司生产的精密 U/I 变换芯片 XTR110 可将 05V 或 010V 的输入电压转换成 4-20mA、020mA、525mA 的输出电流。该芯片由精密电阻网络模块、U/I 变换模块、I/I 变换模块和精密 +10V 电压基准模块组成。其内部精确的 +10V 参考电压还可用于驱动外部电路。XTR110 应用范围极广，可用于任何需要信号处理的场合，尤其是信号小、干扰严重的测试环境，如工业过程控制、数据采集系统和微控制器应用系统中的输入通道等。芯片的具体使用方法请参考相关的使用说明书。

3.4.2　电压频率转换电路

1. U/f 转换电路

电压信号不适合远距离传输，除了可采用 U/I 转换电路外，还可将其变换为数字信号进行传输，同样可以很好地提高其抗干扰能力。U/f 转换电路将输入的电压信号转换成相应的频率信号，输出信号的频率与输入信号的电压成比例。U/f 转换电路广泛应用于数据测量仪器及遥测遥控设备中。

集成的 U/f 转换芯片具有精度高、线性度高、温度系数低、功耗低、动态范围宽等优点，因而得到了广泛应用。这里主要介绍 LMX31 系列 U/f 转换器，包括 LM131（军品）、LM231（工业品）、LM331（民用品）。

图 3-33 是 LMX31 系列 U/f 转换器的应用电路，其输出频率表达式为

$$f_o = \frac{U_i R_s}{2.09 R_4 R_t C_t}$$

$$(3\text{-}65)$$

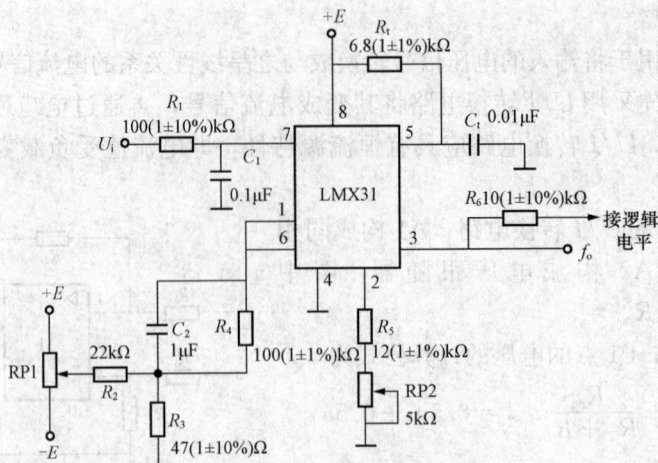

图 3-33　LMX31 系列 U/f 转换器应用电路

由式（3-65）可知，输出频率 f_o 与输入电压 U_i 成正比，达到了电压/频率转换的目的。

2. f/U 转换电路

f/U 转换电路将频率信号线性地转换成电压信号，通常用比较器、单稳态触发器和低通滤波器组成。应用比较广泛的集成 f/U 转换芯片有 VFC320 和 LMX31，这两类既可以作 U/f 转换器，也可以作 f/U 转换器。图 3-34 是 LMX31 系列 f/U 转换器的应用电路，其输出电压表达式为

$$U_o = \frac{2.09 f_i R_L R_t C_t}{R_s} \tag{3-66}$$

$$R_s = R_4 + R_P$$

由式（3-66）可知；输出电压 U_o 与输入频率 f_i 成正比，达到了频率/电压转换的目的。

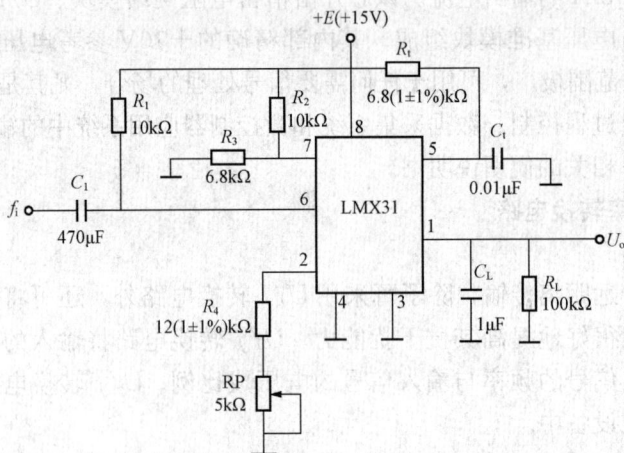

图 3-34　LMX31 系列 f/U 转换器应用电路

3.5　非线性特性的线性化

在测控系统中，大多数传感器的输入与输出之间并不是线性关系，原因有两方面：一是

由于传感器的转换原理为非线性，其次是由于处理电路存在非线性。如果非线性误差在允许的范围内，还可按线性特性处理。如果非线性误差过大，则需采取相应措施。常见的处理方法有三种：缩小测量范围，取近似值；采用非线性指示刻度；加非线性校正环节。显然前两种方法有很大的局限性，只有进行非线性校正才是解决问题的最有效办法。对非线性器件的特性进行校正或补偿，使非线性器件的输入量与校正后的输出量之间呈现线性关系，那么就能得到被测量的准确数值。

在智能仪器和测控系统中，常用的非线性校正（补偿）方法有硬件校正（补偿）和软件校正（补偿）两种。

3.5.1　硬件校正法

硬件校正的方法有很多，归纳起来有三大类。第一类方法是插入非线性器件，即在非线性器件之后另外插入一个非线性器件（也称为线性化器或线性补偿环节），使两者的组合特性呈线性关系。第二类方法是采用非线性 A/D 转换器。对于逐次比较型 A/D 转换器，可以利用按非线性关系选取的解码电阻网络；对双积分型 A/D 转换器，可以通过逐次改变积分电阻值或基准电压值来改变第二次反向积分时间，从而获得非线性 A/D 转换电路。第三类方法是采用标度系数可变的乘法器。由于 A/D 转换器和乘法器通常是多路测试系统中所有通道的共同通道，很难做到使所有非线性传感器都线性化，因此不常用。下面重点讨论插入线性化器的方法。

传统的线性化器有很多种，如凸轮机构、曲线板、非线性电位器、二极管阵列等。目前普遍采用的方法是用集成运算放大器组成函数发生器来逼近任何所需的非线性特性。

1. 线性化器非线性特性的获取

在用运算放大器设计实现电路之前，应确定该线性化器的非线性特性（函数关系或特性曲线）。工程上获取线性补偿环节特性的方法一般有解析法和图像法两种。

（1）解析法。在已知系统的输入输出关系的函数表达式的情况下，可以使用解析法。假设欲校正的非线性器件的输入量为 x，输出量为 y，函数关系为 $y=f(x)$，输出 y 经过线性化器后输出为 z，最终 z 与 x 之间应为线性关系，设 $z=Kx$（K 为常数）。z 与 y 的函数关系即为线性化器的特性，设为 $z=R(y)$。

由于 x 是 y 的反函数，即 $x=f^{-1}(y)$，所以可得

$$z = R(y) = Kf^{-1}(y) \tag{3-67}$$

各信号之间的关系如图 3-35 所示。

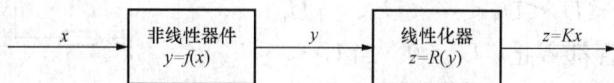

图 3-35　各信号之间的关系

例如：$y=ae^x$，则 $z=R(y)=K\ln\dfrac{y}{a}$。

（2）图解法。当传感器的非线性特性难以用函数关系表达而只能用特性曲线表示时，用图解法可以得到线性化器的输入输出特性，如图 3-36 所示。具体步骤如下：

1）将传感器的输入输出特性曲线 $U_o=f(x)$ 画在直角坐标系的第一象限，横坐标为被测量 x，纵坐标为传感器的输出 U_o。

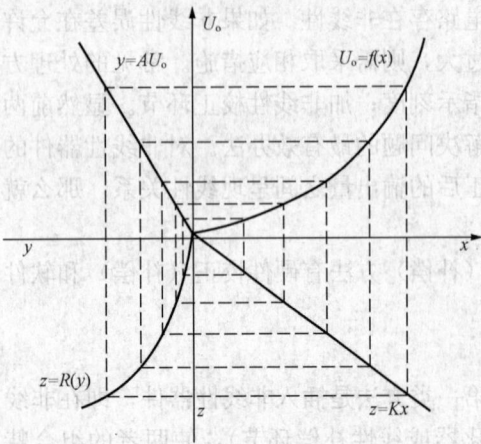

图 3-36　图解法求线性化器的特性

2）将放大器的输入输出特性曲线 $y=AU_o$（A 为与输入输出曲线有关的常数）画在第二象限，横坐标为放大器的输出 y，纵坐标为放大器的输入 U_o。

3）将所需要的系统线性特性 $z=Kx$（K 为与线性特性有关的常数）画在第四象限，横坐标为被测量 x，纵坐标为输出 z。

4）根据精度要求将 x 轴分成 N 段，过各个分段点作 x 轴的垂线，与第一象限中的 $U_o=f(x)$ 和第四象限中的 $z=Kx$ 分别相交。过第一象限中的交点作 x 轴的平行线与第二象限中的直线 $y=AU_o$ 相交。

5）过第二象限各交点作 x 轴的垂线，再过第四象限各交点作 x 轴平行线，两者在第三象限相交，将各交点连起来得到 z 与 y 之间的特性曲线 $z=R(y)$，即为线性化器的非线性特性曲线。

2. 非线性校正电路的设计

获得线性化器的函数表达式或特性曲线后，接下来要用具体的电路实现非线性特性。想要绝对准确地实现所要求的非线性特性是不可能的，只能得到近似的特性。通常采用的方法是折线逼近法，根据精度要求将欲逼近的曲线分成若干小段，每一小段满足一个线性方程

$$y = K_i x + b_i \tag{3-68}$$

式中　K_i——第 i 段直线的斜率；

　　　b_i——第 i 段直线的初值。

每一段内的线性关系可由集成运算放大器组成函数发生器来实现。相邻的直线之间存在斜率的突变，即存在折点，可用二极管组成非线性电阻网络来产生折点。图 3-37 为采用运算放大器和二极管阵列组成的分段逼近电路。节点 1，2，…，n 的电位由外部电源、分压电阻、输入点电位 U_i 决定。设 $U_1<U_2<U_3<\cdots<U_n$，当 $U_i<U_1$ 时，所有二极管都截止，$U_o=0$。当 $U_1<U_i\leqslant U_2$ 时，二极管 VD1 导通，在忽略二极管的正向压降的情况下可得

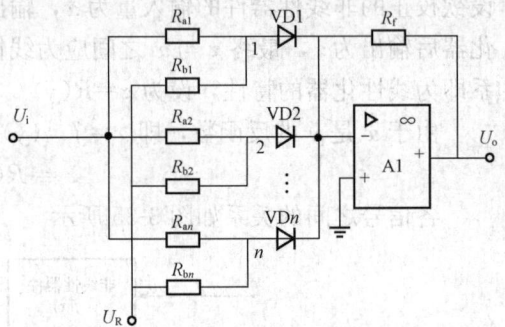

图 3-37　分段逼近电路原理图

$$U_o = -I_f R_f = \frac{U_i - U_1}{R_{a1}} R_f \tag{3-69}$$

因此第一段折线的斜率为

$$K_1 = -\frac{R_f}{R_{a1}} \tag{3-70}$$

当 $U_2<U_i\leqslant U_3$ 时，VD1 和 VD2 都导通，同样在忽略二极管的正向压降的情况下

可得

$$U_{\circ} = -I_f R_f = -\left(\frac{U_i - U_1}{R_{a1}} + \frac{U_i - U_2}{R_{a2}}\right)R_f \tag{3-71}$$

则第二段折线的斜率为

$$K_2 = -\left(\frac{1}{R_{a1}} + \frac{1}{R_{a2}}\right)R_f \tag{3-72}$$

同理可得出第 n 段折线的斜率为

$$K_n = -\left(\frac{1}{R_{a1}} + \frac{1}{R_{a2}} + \cdots + \frac{1}{R_{an}}\right)R_f \tag{3-73}$$

由此可见，随着输入电压的增大，各二极管依次导通，使放大器输出电压发生转折，折点电压为 U_1，U_2，$\cdots$，U_n。U_1，U_2，$\cdots$，U_n 的值可通过改变电阻 R_{b1}，R_{b2}，$\cdots$，R_{bn} 来调整，各段直线的斜率可通过改变电阻 R_{a1}，R_{a2}，$\cdots$，R_{an} 来调整。

3.5.2　软件校正法

硬件校正方法使用设备复杂、成本高，而且对有些非线性无法进行校正。在含有微型计算机的智能化仪器中，通常将非线性校正放在 A/D 转换之后，用软件代替硬件进行非线性补偿，使输出的数字量与被测的物理量之间保持线性关系。

软件校正法有许多优点：节省大量的硬件开销，简化了装置；可提高检测的准确性和精度；方式更灵活，可通过软件的设置对不同性质的传感器特性进行补偿，一台智能仪器便可对多个通道、多个参数进行非线性校正。因此软件校正法应用越来越广泛。

常用的软件校正法有计算法、查表法、线性插值法、二次插值法、多项式曲线拟合法。

1. 计算法

计算法适用于传感器输出与输入之间的非线性关系有确定的数学表达式的情况。在软件中编写一段实现该数学表达式的计算程序，A/D 转换得到的数据经程序处理后得到的即为校正后的数据。计算法实现非线性校正的过程如图 3-38 所示。

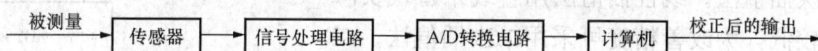

图 3-38　计算法实现非线性校正的过程

2. 查表法

当传感器的输出与输入的非线性关系无法用一个数学表达式来描述时，可采用查表法。有时虽然有确定的数学表达式，但包含指数、对数、三角函数等复杂运算，用计算法不仅程序冗长且费时，这时同样可考虑采用查表法。

查表法工作原理：首先将测量范围平均划分成若干份，按照从小到大的顺序依次计算出各等分点对应的输出数值，等分点与输出数值组成一张表格，然后将表格数据存放到计算机的存储单元；在软件设计时编写一段查表程序，计算机读取被测量（调用 A/D 转换程序得到），通过查表程序，直接从表中查出对应的输出数值。

查表法的优点是速度快、编程简单。但在实际测量中，输入的被测量往往与表格中的数据不相等，一般介于某两个表格数据之间，如果取就近的数据，计算往往有较大的误差。查表法的转换精度与表格的密度有关，表格越密（数据越多）精度越高。但表格密度高就要占用相当大的存储空间，增大了硬件成本，并不可取。因此查表法适用于测量范围比较窄，对

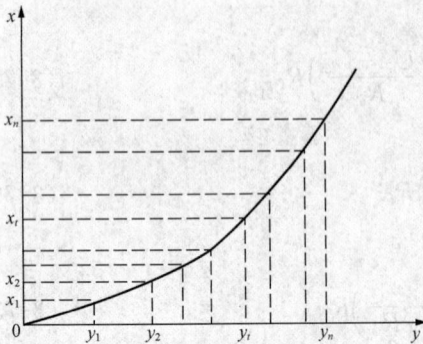

图 3-39　传感器的非线性特性

应的输出量间距比较小的场合，如测量室温的数字温度计等。

3. 插值法

工程上常用插值法来代替单纯的查表法，目的是为了减少标定点（等分点），对标定点之间的数据采用各种插值计算来减小误差，提高精度。根据插值计算方法的不同可分为线性插值法和二次插值法。

（1）线性插值法。设传感器的输出量 y 与被测量 x 之间的非线性特性如图 3-39 所示，根据精度要求将曲线分成 n 段，用实验或计算的方法得到各分段点的坐标 $(x_1, y_1), (x_2, y_2), \cdots, (x_n, y_n)$，将这些数据编制成表格存储起来。在具体测量时，如果不超出测量范围，传感器的输出 y_t 一定落于某个区间 (y_k, y_{k+1})。插值法就是用一段简单的曲线近似代替这段区间的实际曲线，最后用简单曲线的表达式计算出实际的被测量 x_t。

线性插值法就是用 (x_k, y_k) 和 (x_{k+1}, y_{k+1}) 两点间的直线来近似代替实际的特性曲线。被测量 x_t 的计算公式为

$$x_t = x_k + \frac{x_k - x_{k+1}}{y_k - y_{k+1}}(y_t - y_k) \tag{3-74}$$
$$= x_k + m_k(y_t - y_k)$$

线性插值法对应的程序流程如图 3-40 所示，先确定传感器输出 y_t 所在的区间，然后根据式（3-74）计算出对应的 x_t。

（2）二次插值法。线性插值法用直线来替代实际曲线，精度较低，为改善精度可采用二次插值法。二次插值法也称为抛物线插值法，即用 n 段抛物线来替代实际曲线，每段抛物线须通过三个相邻的插值结点。

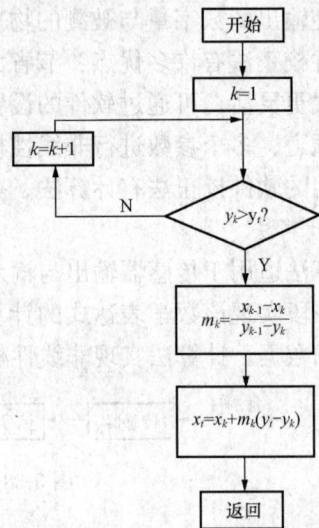

图 3-40　线性插值法对应的程序流程图

可以证明采用二次插值法时 x_t 的计算公式为

$$x_t = \frac{(y_t - y_{k+1})(y_t - y_{k+2})}{(y_k - y_{k+1})(y_k - y_{k+2})}x_k + \frac{(y_t - y_k)(y_t - y_{k+2})}{(y_{k+1} - y_k)(y_{k+1} - y_{k+2})}x_{k+1}$$
$$+ \frac{(y_t - y_k)(y_t - y_{k+1})}{(y_{k+2} - y_k)(y_{k+2} - y_{k+1})}x_{k+2} \tag{3-75}$$

思考题与习题

3-1　对测量放大器的基本要求有哪些？

3-2　可编程增益放大器的量程可由软件自动切换，其工作原理是什么？

3-3　传感器输入与输出之间的隔离方式有哪些？各有什么特点？

3-4　信号传输过程中采用电压、电流和频率方式传输各有什么优缺点？各适用于什么场合？

3-5　在滤波电路中为什么普遍采用 RC 有源滤波器？

3-6　非线性硬件校正方法有哪几种？各自的工作原理是什么？

3-7　试设计一个将 $0 \sim 10\text{mA}$ 直流电流转换成 $0 \sim 10\text{V}$ 直流电压的转换电路。

第4章 传 感 器 的 特 性

　　人们为了从外界获取信息,必须借助于感觉器官,而单靠人们自身的感觉器官,在研究自然现象和规律以及生产活动中它们的功能就远远不够了。为适应这种情况,传感器就应运而生了。

　　随着新技术革命的到来,世界开始进入信息时代。在利用信息的过程中,首先要解决的就是要获取准确可靠的信息,而传感器是获取自然领域中信息的主要途径与手段。

4.1　传感器的定义、组成与分类

4.1.1　传感器的定义

　　我们生活的世界是由物质组成的,一切物质都处在永恒不停的运动之中。物质的运动形式很多,它们通过化学现象或物理现象表现出来。表征物质特性或其运动形式的参数很多,根据物质的电特性,可分为电量和非电量两类。电量一般是指物理学中的电学量,如电压、电流、电阻、电容、电感等;非电量则是指除电量之外的一些参数,如压力、流量、尺寸、位移量、质量、力、速度等。在众多的实际测量中,大多数是对非电量的测量。

　　在检测技术中,需要把被测非电量转换成与非电量有一定关系的电量,再进行测量,称为非电量电测法,实现这种转换技术的器件叫做传感器。

　　依照 GB/T 7665—2005《传感器通用术语》的规定,传感器的定义是:能感受规定的被测量并按照一定的规律转换成可用输出信号的器件或装置。

　　在有些学科领域,传感器又称为敏感元件、检测器、转换器等。这些不同提法,反映了在不同的技术领域中,只是根据器件用途对同一类型的器件使用着不同的技术术语而已。如在电子技术领域,常把能感受信号的电子元件称为敏感元件,如热敏元件、光敏元件及气敏元件等。

4.1.2　传感器的组成

　　传感器一般是利用物理、化学和生物等学科的某些效应或机理,按照一定的工艺和结构制造出来的,因此传感器的组成细节之间有较大差异。但是,总的来说,传感器应由敏感元件、转换元件和其他辅助部件组成,如图 4-1 所示。敏感元件是指传感器中能直接感受(或响应)与检出被测对象

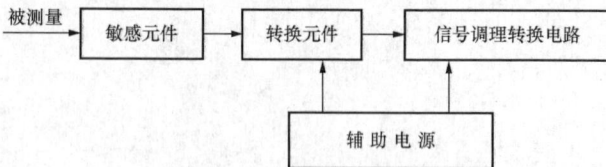

图 4-1　传感器组成框图

的待测信息(非电量)的部分,转换元件是指传感器中能将敏感元件所感受(或响应)的信息直接转换成电信号的部分。

　　应该指出的是,并不是所有的传感器都必须包括敏感元件和转换元件。如果敏感元件直接输出的是电量,它就同时兼为转换元件,因此,敏感元件和转换元件两者合一的传感器是

很多的。例如，压电晶体、热电偶、热敏电阻、光电器件等都是这种形式的传感器。

由于传感器输出信号一般都很微弱，需要有信号调理与转换电路进行放大、运算调制等。此外信号调理转换电路以及传感器的工作必须有辅助的电源。因此信号调理转换电路以及所需的电源都应作为传感器的组成部分。随着半导体器件与集成技术在传感器中的应用，传感器的信号调理转换电路与敏感元件一起集成在同一芯片上，安装在传感器的壳体里。

4.1.3 传感器的分类

传感器技术是一门知识密集型技术。传感器的原理各种各样，它与许多学科有关，其种类十分繁多，分类方法也很多，但目前一般采用以下两种分类方法。

1. 按被测参数分类

根据被测参数的性质进行分类，如位移传感器、速度传感器、温度传感器等。它是以输入物理量命名的，比较明确地指出了传感器的用途，便于使用者选用。同时，这种分类方法将种类繁多的物理量分为两大类，即基本量和派生量。例如，将"力"视为基本物理量，可派生出压力、重力、应力、力矩等派生物理量，当我们需要测量这些派生物理量时，只要采用基本物理量传感器就可以了。所以，了解基本物理量和派生物理量的关系，对于选用传感器是很有帮助的，表 4-1 给出的是常用的基本物理量和派生物理量。

表 4-1   **常用的基本物理量和派生物理量**

基 本 物 理 量		派 生 物 理 量
位移	线位移	长度、厚度、应变、振动、磨损、不平度
	角位移	旋转角、偏转角、角振动
速度	线速度	速度、振动、流量、动量
	角速度	转速、角振动
加速度	线加速度	振动、冲击、质量
	角加速度	角振动、扭矩、转动惯量
力	压力	重力、应力、力矩
时间	频率	周期、计数、统计分布
温度		热容量、气体速度、涡流
光		光通量与密度、光谱分布

2. 按传感器的工作原理分类

按工作原理分类是以传感器对信号转换的作用原理命名的，如应变式传感器、电容式传感器、压电式传感器、热电式传感器等。这种分类方法较清楚地反映出了传感器的工作原理，有利于对传感器进行深入研究。

4.2 传感器的静态特性

传感器所测量的量（物理量、化学量及生物量等）经常会发生各种各样的变化。例如，在测量某一液压系统的压力时，压力值在一段时间内可能很稳定，而在另一段时间内则可能有缓慢起伏，或者呈周期性的脉动变化，甚至出现突变的尖峰压力。传感器主要通过其静态特性和动态特性两个基本特性来反映被测量的这种变动性。因此，有必要研究传感器的输入—输出关系，来指导传感器的设计、制造、校准及使用。

描述传感器输入—输出关系的方法有两种：一是传感器的数学模型；二是传感器的各种基本特性指标。两者都可用于描述传感器的输入—输出关系及其特性。在设计、研究传感器时，常常用到传感器的数学模型来准确完整地反映传感器的输入—输出特性；而在制造和使用传感器时，常根据传感器生产厂商给出的各种基本特性指标，来选择适当的传感器。

4.2.1 传感器静态特性一般知识

传感器的静态特性是指传感器在静态工作状态下的输入—输出特性。所谓静态工作状态是指传感器的输入量恒定或缓慢变化，而输出量也达到相应的稳定值时的工作状态时，输出量为输入量的确定函数。

传感器的静态特性是通过各静态性能指标来表示的，是衡量传感器静态性能优劣的重要依据。例如，传感器的总精度就是一个最重要的综合的静态性能指标。静态特性是传感器使用的重要依据，传感器的出厂说明书中一般都列有其主要的静态性能指标的额定数值。

传感器的静态特性也可以用代数方程和特性曲线来描述。

如果不考虑传感器特性中的迟滞及蠕变等性质时，或者传感器虽然有迟滞及蠕变等但仅考虑其理想的平均特性时，其静特性方程在多数情况下可以写成如下的代数多项式

$$y = a_0 + a_1 x + a_2 x^2 + \cdots + a_n x^n \tag{4-1}$$

式中　　　　　　x——传感器的输入量；

　　　　　　　　y——传感器的输出量；

$a_0, a_1, \cdots, a_n$——决定特性曲线形状和位置的系数，一般通过传感器的校准试验数据经曲线拟合求出，它们可正可负。

实际使用中的大多数传感器，其用代数多项式表示的特性方程的次数并不高，一般不超过五次。根据传感器的实际特性所呈现的特点和实际应用场合的具体需要，其静特性方程并非一定要表示成式（4-1）所确定的完整形式。

传感器的静态特性指标主要是通过校准试验来获取的。所谓校准试验，就是在规定的试验条件下，给传感器加上标准的输入量而测出其相应的输出量。在传感器的研制过程中可以通过其已知的元部件的静态特性，采用图解法或解析法求出传感器可能具有的静态特性。

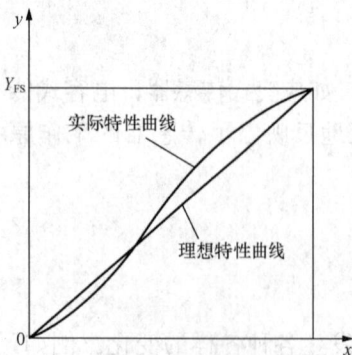

图 4-2　线性度

4.2.2 传感器的静态特性指标

传感器的静态特性指标主要有线性度、灵敏度、迟滞、重复性、分辨力、漂移、稳定性、阈值等，其中，线性度、灵敏度、迟滞和重复性是四个较为重要的指标。

1. 线性度

传感器的线性度是指传感器的输出与输入之间数量关系的线性程度。输入—输出关系可分为线性特性和非线性特性。从传感器的性能看，希望具有线性关系，即理想输入—输出关系。但实际遇到的传感器大多为非线性。线性度如图4-2所示。

在实际使用中，为了标定和数据处理的方便，希望得到线性关系，因此引入各种非线性补偿环节，如采用非线性补偿电路或计算机软件进行线性化处理，从而使传感器的输入—输出关系为线性或接近线性，但如果传感器非线性的方次不高，输入量变化范围较小时，可用一条直线（切线或割线）近似地代表实际曲线的一段，使传感器输入—输出特性线性化，所采用的直线称为拟合直线。

传感器的线性度是指在全量程范围内实际特性曲线与拟合直线之间的最大偏差值 ΔL_{max} 与满量程输出值 Y_{FS} 之比。线性度也称为非线性误差，用 γ_L 表示，即

$$\gamma_L = \pm \frac{\Delta L_{max}}{Y_{FS}} \times 100\% \tag{4-2}$$

式中　ΔL_{max}——最大非线性绝对误差；

　　　Y_{FS}——满量程输出值。

2. 灵敏度

灵敏度是传感器静态特性的一个重要指标，其定义是输出量增量 Δy 与引起输出量增量 Δy 的相应输入量增量 Δx 之比。用 S 表示灵敏度，即

$$S = \frac{\Delta y}{\Delta x} \tag{4-3}$$

对于线性传感器，灵敏度就是其拟合直线的斜率，是一个常数，如图 4-3（a）所示。例如，某位移传感器在位移变化 1mm（输入信号的变化量）时，输出电压变化 300mV（输出信号的变化量），则其灵敏度为 300mV/mm。对于非线性传感器，如图 4-3（b）所示，灵敏度不是常数，而是一个变量，用 $\frac{dy}{dx}$ 表示传感器在某一工作点的灵敏度。

3. 迟滞

传感器在输入量由小到大（正行程）及输入量由大到小（反行程）变化期间，其输入—输出特性曲线不重合的现象称为迟滞，如图 4-4 所示。也就是说，对于同一大小的输入信号，传感器的正反行程输出信号大小不相等，这个差值称为迟滞差值。传感器在全量程范围内最大的迟滞差值 ΔH_{max} 与满量程输出值 Y_{FS} 之比称为迟滞误差，用 γ_H 表示，即

$$\gamma_H = \frac{\Delta H_{max}}{Y_{FS}} \times 100\% \tag{4-4}$$

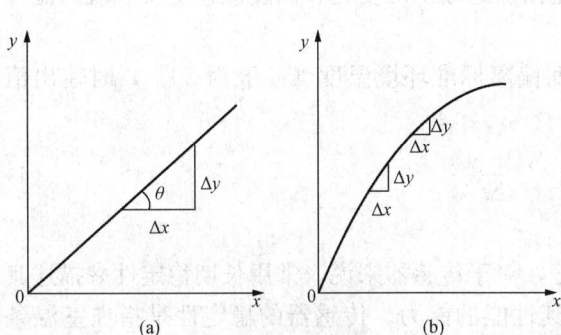

图 4-3　传感器的灵敏度

（a）线性传感器灵敏度；（b）非线性传感器灵敏度

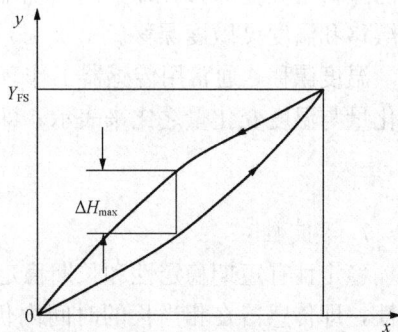

图 4-4　迟滞特性

迟滞反映了传感器机械部分不可避免的缺陷，如轴承摩擦、间隙、螺钉松动、元件腐蚀

或碎裂、材料的内摩擦、积塞灰尘等。迟滞大小一般由实验确定。

4. 重复性

重复性是指传感器在输入量按同一方向作全量程连续多次变化时，所得特性曲线不一致的程度，如图 4-5 所示。重复性误差属于随机误差，常用标准误差 σ 计算，也可用正反行程中最大重复差值 ΔR_{max} 计算，即

$$\gamma_R = \pm \frac{(2 \sim 3)\sigma}{Y_{FS}} \times 100\% \qquad (4\text{-}5)$$

或

$$\gamma_R = \pm \frac{\Delta R_{max}}{Y_{FS}} \times 100\% \qquad (4\text{-}6)$$

重复性误差可从曲线最大重复差值 ΔR_{max} 求出，由于校准的循环次数不同，其最大偏值也不一样，故用此法求出的值不太可靠。根据标准偏差计算重复性指标是比较合理的方法。分别求出全部校准数据与其相应行程的标准偏差 σ，然后按式（4-5）计算重复性误差。σ 前的系数取 2 时，误差完全依正态分布，置信概率为 95%；取 3 时，置信概率为 99.73%。

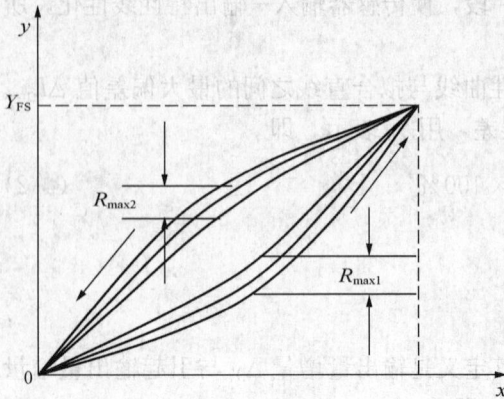

图 4-5　重复性

5. 分辨力

分辨力是用来表示传感器或仪表装置能够检测被测量最小变化量的能力，通常以最小量程的单位值来表示。当被测量的变化值小于分辨力时，传感器对输入量的变化无任何反应。例如，电压表的分辨力是 10mV，即能测得最小电压为 10mV，当增加 7mV 或 8mV 的电压时，电压表不会有任何反应。

6. 漂移

在输入量不变的情况下，传感器输出量随时间变化，此现象称为传感器的漂移。产生漂移的原因有两个方面：一是传感器自身结构参数；二是周围环境（如温度、湿度等）。漂移包括零点漂移和灵敏度漂移等。零点漂移或灵敏度漂移又可分为时间漂移和温度漂移。最常见的漂移是温度漂移，即周围环境温度变化而引起输出的变化，温度漂移主要表现为温度零点漂移和温度灵敏度漂移。

温度漂移 ξ 通常用传感器工作环境温度偏离标准环境温度（一般为 20℃）时输出值的变化量与温度变化量之比来表示，即

$$\xi = \frac{y_t - y_{20}}{\Delta t} \qquad (4\text{-}7)$$

7. 稳定性

稳定性有短期稳定性和长期稳定性之分，对于传感器来说，常用长期稳定性来描述其稳定性，即传感器在相当长的时间内仍保持其性能的能力。传感器的稳定性是指在室温条件下，经过规定的时间间隔后，传感器的输出与起始标定时的输出之间的差异。有时，也用标定的有效期来表示传感器的稳定性程度。

8. 阈值

阈值是指传感器产生可测输出变化量时的最小被测输入量值。有的传感器在零位附近存

在严重的非线性，形成"死区"，将"死区"的大小作为阀值。更多情况下，阈值主要取决于传感器的噪声大小，因而只给出噪声电平。

4.3 传感器的动态特性

传感器的动态特性指传感器测量动态信号时，输出对输入的响应特性。传感器测量静态信号时，由于被测量不随时间变化，因此测量和记录的过程不受时间限制，但是在实际检测中的大量被测量是随时间变化的动态信号，传感器的输出不仅需要能精确地显示被测量的大小，而且还能显示被测量随时间变化的规律，即被测量的波形。传感器能测量动态信号的能力用动态特性来表示。

有的传感器尽管其静态特性非常好，但由于其不能很好地反映输入量快速变化的情况，输出的动态响应特性差，导致严重的动态误差。因此，评价一个传感器的优劣，必须从其静态和动态两方面的特性来衡量。

传感器的动态特性，可以通过传感器的动态数学模型及传感器的动态特性指标来描述。

4.3.1 动态参数测试的特殊性

在测量静态信号时，线性传感器的输入—输出特性是一条直线，二者之间有一一对应关系；而且因为被测信号不随时间变化，测量和记录过程不受时间限制。而在实际测试工作中，大量的被测信号是动态信号，传感器对动态信号的测量任务不仅需要精确地测量信号幅值的大小，而且需要测量和记录动态信号变换过程的波形。这就要求传感器能迅速准确地测出信号幅值的大小和无失真地再现被测信号随时间变化的波形。

一个动态特性好的传感器，其输出随时间变化的规律（变化曲线），将能同时再现输入随时间变化的规律（变化曲线），即具有相同的时间函数。这就是动态测量中对传感器提出的新要求。但实际上除了具有理想的比例特性的环节外，输出信号将不会与输入信号具有完全相同的时间函数，这种输出与输入间的差异就是所谓的动态误差。

为了说明传感器的动态特性，下面简要介绍动态测温的问题。当被测温度随时间变化或传感器突然插入被测介质中，以及传感器以扫描方式测量某温度场的温度分布等情况时，都存在动态测温问题。如把一支热电偶从温度为 t_0 环境中迅速插入一个温度为 t_1 的恒温水槽中（插入时间忽略不计），这时热电偶测量的介质温度从 t_0 突然上升到 t_1，而热电偶反映出来的温度从 t_0 变化到 t_1 需要经历一段时间，即有一段过渡过程，如图 4-6 所示。热电偶反映出来的温度与其介质温度的差值就称为动态误差。

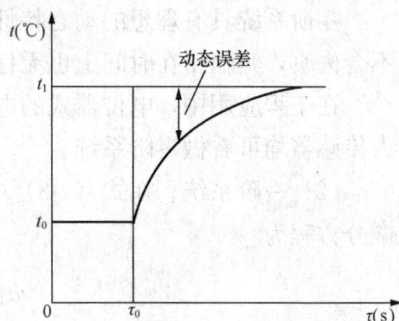

图 4-6 动态测温曲线

造成热电偶输出波形失真和产生动态误差的原因，是温度传感器有热惯性（由传感器的比热容和质量大小决定）和传热热阻，使得在动态测温时传感器输出总是滞后于被测介质的温度变化，如带有套管的热电偶，其热惯性要比裸热电偶大得多。这种热惯性是热电偶固有的，决定了热电偶测量快速变化的温度时会产生动态误差。影响动态特性的"固有因素"任何传感器都有，只不过它们的表现形式和作用程度不同而已。

4.3.2　传感器的动态模型

动态模型是指传感器在动态信号作用下，其输出和输入信号的一种数学关系。动态模型通常采用微分方程和传递函数来描述。

1. 微分方程

在研究传感器的动态响应特性时，一般都忽略传感器的非线性及随机变化等因素，而把传感器看成是一个线性的定常系统来考虑，即用线性常系数微分方程来描述传感器输出量 $y(t)$ 与输入量 $x(t)$ 的动态关系，其通式为

$$a_n \frac{d^n y}{dt^n} + a_{n-1} \frac{d^{n-1} y}{dt^{n-1}} + \cdots + a_1 \frac{dy}{dt} + a_0 y$$

$$= b_m \frac{d^m x}{dt^m} + b_{m-1} \frac{d^{m-1} x}{dt^{m-1}} + \cdots + b_1 \frac{dx}{dt} + b_0 x \tag{4-8}$$

式中　a_0，a_1，$\cdots$，a_n，b_0，b_1，$\cdots$，b_m——与传感器的结构特性有关的常系数，除了 $a_0 \neq 0$ 外，一般 $a_1 = a_2 = \cdots = a_n = 0$，除了 $b_0 \neq 0$ 外，一般 $b_1 = b_2 = \cdots = b_m = 0$。

对于常见的传感器，其动态模型通常可用零阶、一阶或二阶的常微分方程来描述，分别称为零阶系统、一阶系统和二阶系统。

在实际中，经常遇到的是一阶系统和二阶系统的传感器。

（1）零阶系统。在方程式（4-8）中的系数除了 a_0、b_0 之外，其他的系数均为零，则微分方程就变成简单的代数方程，即

$$a_0 y(t) = b_0 x(t)$$

通常将该代数方程写成

$$y(t) = kx(t) \tag{4-9}$$

式中　k——传感器的静态灵敏度或放大系数，$k = b_0 / a_0$。

传感器的动态特性用式（4-9）来描述的就称为零阶系统。

零阶系统具有理想的动态特性，无论被测量 $x(t)$ 如何随时间变化，零阶系统的输出都不会失真，其输出在时间上也无任何滞后，所以零阶系统又称为比例系统。

在工程应用中，电位器式的电阻传感器、变面积式的电容传感器及测量液位用静态式压力传感器均可看做零阶系统。

（2）一阶系统。在式（4-8）中，若除了系数 a_0、a_1、b_0 之外，其他的系数均为零，则微分方程为

$$a_1 \frac{dy(t)}{dt} + a_0 y(t) = b_0 x(t)$$

通常将该代数方程写成

$$\tau \frac{dy(t)}{dt} + y(t) = kx(t) \tag{4-10}$$

时间常数 τ 具有时间的量纲，反映传感器的惯性的大小；静态灵敏度 k 则说明其静态特性。用方程式（4-10）表示动态特性的传感器就称为一阶系统，又称为惯性系统。

不带套管的热电偶测温系统和电路中常用的阻容滤波器等，均可看作为一阶系统。

（3）二阶系统。二阶系统的微分方程为

$$a_2 \frac{\mathrm{d}^2 y(t)}{\mathrm{d}t^2} + a_1 \frac{\mathrm{d}y(t)}{\mathrm{d}t} + a_0 y(t) = b_0 x(t)$$

二阶系统的微分方程通常改写为

$$\frac{\mathrm{d}^2 y(t)}{\mathrm{d}t^2} + 2\xi\omega_n \frac{\mathrm{d}y(t)}{\mathrm{d}t} + \omega_n^2 y(t) = \omega_n^2 k x(t) \tag{4-11}$$

根据二阶微分方程特征方程根的性质不同,二阶系统又可分为以下两种:

1) 二阶惯性系统:其特点是特征方程的根为两个负实根,相当于两个一阶系统串联。

2) 二阶振荡系统:其特点是特征方程的根为一对带负实部的共轭复根。

如带有套管的热电偶、电磁式的动圈仪表及 RLC 振荡电路等均可看作为二阶系统。

用微分方程作为传感器的数学模型的优点是:通过求解微分方程,容易分清暂态响应与稳态响应,因为其通解只与传感器本身的特性及起始条件有关,而特解则还与输入量 x 有关。但是,求解微分方程很麻烦,为了求解方便,常采用传递函数来研究传感器的动态特性。

2. 传递函数

在工程上,为了计算方便,通常采用拉普拉斯变换(简称拉氏变换)来研究线性微分方程。

如果 $y(t)$ 是时间变量 t 的函数,并且当 $t \leqslant 0$ 时,$y(t) = 0$,则它的拉氏变换 $Y(s)$ 的定义为

$$Y(s) = \int_0^\infty y(t) \mathrm{e}^{-st} \mathrm{d}t \tag{4-12}$$

式中 s——拉氏变换自变量,是个复数,$s = \sigma + \mathrm{j}\omega$;

       σ——收敛因子;

       ω——角频率。

对式(4-8)取拉氏变换,并认为输入 $x(t)$ 和输出 $y(t)$ 及它们的各阶时间导数的初始值($t = 0$ 时)为零,则得

$$Y(s)(a_n s^n + a_{n-1} s^{n-1} + \cdots + a_1 s + a_0)$$
$$= X(s)(b_m s^m + b_{m-1} s^{m-1} + \cdots + b_1 s + b_0)$$

或

$$\frac{Y(s)}{X(s)} = \frac{b_m s^m + b_{m-1} s^{m-1} + \cdots + b_1 s + b_0}{a_n s^n + a_{n-1} s^{n-1} + \cdots + a_1 s + a_0} \tag{4-13}$$

式(4-13)等号右边是一个与输入 $x(t)$ 无关的表达式,只与系统结构参数有关,因而等号右边是传感器特性的一种表达式,联系了输入与输出的关系,是一个描述传感器传通信息特性的函数。定义其初始值均为零时(传感器被激励之前所有储能元件如质量块、弹性元件、电气元件均没有积存的能量,完全符合实际情况),输出 $y(t)$ 的拉氏变换 $Y(s)$ 和输入 $x(t)$ 的拉氏变换 $X(s)$ 之比称为传递函数,并记为 $H(s)$

$$H(s) = \frac{Y(s)}{X(s)} \tag{4-14}$$

这样,就可以用传递函数 $H(s)$ 作为动态模型来描述传感器的动态响应特性。它具有这样一些特点:

(1) 传递函数 $H(s)$ 反映的是传感器系统本身的特性,只与系统结构参数 a_i、b_j 有关,而与输入量 $x(t)$ 无关。因此,用传递函数 $H(s)$ 可以简单而恰当地描述传感器的输入—输出关系。

(2) 对于传递函数 $H(s)$ 描述的传感器系统,只要知道 $X(s)$、$Y(s)$、$H(s)$ 三者中任意

两者，就可方便地求出第三者。只要给系统一个激励信号 $x(t)$，便可得到系统的响应 $y(t)$，系统的特性就可被确定，而无需了解复杂系统的具体内容。

（3）同一个传递函数可能表征着两个完全不同的物理系统，说明它们具有相似的传递特性。但不同的物理系统有不同的系数量纲，即通过系数 a_i 和 b_j（$i=0, 1, \cdots, n$；$j=0, 1, \cdots, m$）反映出来。

（4）对于多环节串、并联组成的传感器系统，如各环节的阻抗匹配适当，可忽略相互之间的影响，则传感器的等效传递函数可按代数方式求解而得。

（5）采用传递函数的另一个好处是，当传感器比较复杂或传感器的基本参数未知时，可通过实验求出传递函数。

4.3.3 传感器的动态响应特性

前面介绍了传感器的动态数学模型，可以用微分方程和传递函数来描述。尽管大多数传感器的动态特性可近似用一阶或二阶系统来描述，但这仅仅是近似的描述，实际的传感器往往比简化的数学模型要复杂。因此，传感器的动态响应特性一般并不是直接给出其微分方程或传递函数，而是通过实验给出传感器的动态特性指标。通过这些动态特性指标来反映传感器的动态响应特性。

研究传感器的动态特性主要是为了分析测量时产生动态误差的原因。传感器的动态误差包括两部分：一是输出量达到稳定状态后与理想输出量之间的差别；二是当输入量跃变时，输出量由一个稳态到另一个稳态之间的过渡状态中的误差。研究传感器的动态响应特性，实际上就是分析传感器的这两种动态误差。

传感器的动态特性不仅与传感器的"固有因素"有关，还与传感器输入量的变化形式有关。也就是说，同一个传感器在不同形式的输入信号作用下，输出量的变化是不同的，通常选用几种典型的输入信号作为标准输入信号，研究传感器的响应特性。

1. 瞬态响应特性

传感器的瞬态响应是时间响应。在研究传感器的动态特性时，有时需要从时域中对传感器的响应和过渡过程进行分析，这种分析方法称为时域分析法。传感器在进行时域分析时，用得比较多的标准输入信号有阶跃信号和脉冲信号，传感器的输出瞬态响应分别称为阶跃响应和脉冲响应。

（1）一阶传感器的单位阶跃响应。一阶传感器的微分方程为

$$\tau \frac{\mathrm{d}y(t)}{\mathrm{d}t} + y(t) = kx(t)$$

设传感器的静态灵敏度 $k=1$，写出它的传递函数为

$$H(s) = \frac{Y(s)}{X(s)} = \frac{1}{\tau s + 1} \tag{4-15}$$

对初始状态为零的传感器，若输入一个单位阶跃信号，即

$$x(t) = \begin{cases} 0 & t \leqslant 0 \\ 1 & t > 0 \end{cases}$$

输入信号 $x(t)$ 的拉氏变换为

$$X(s) = \frac{1}{s}$$

一阶传感器的单位阶跃响应拉氏变换式为

$$Y(s) = H(s)X(s) = \frac{1}{\tau s + 1} \frac{1}{s}$$

对上式进行拉氏反变换，可得一阶传感器的单位阶跃响应信号为

$$y(t) = 1 - e^{\frac{-t}{\tau}}$$

其相应的单位阶跃响应曲线如图 4-7 所示。由图可见，传感器存在惯性，它的输出不能立即复现输入信号，而是从零开始，按指数规律上升，最终达到稳态值。理论上传感器的响应只在 t 趋于无穷大时才达到稳态值，但通常认为 $t = (3 \sim 4)\tau$ 时，如当 $t = 4\tau$ 时其输出就可达到稳态值的 98.2%，可以认为已达到稳态。所以，一阶传感器的时间常数 τ 越小，响应越快，响应曲线越接近于输入阶跃曲线，即动态误差小。因此，τ 值是一阶传感器重要的性能参数。

（2）二阶传感器的单位阶跃响应。二阶传感器的微分方程为

$$\frac{d^2 y(t)}{dt^2} + 2\xi\omega_n \frac{dy(t)}{dt} + \omega_n^2 y(t) = \omega_n^2 k x(t)$$

设传感器的静态灵敏度 $k = 1$，写出它的传递函数为

$$H(s) = \frac{\omega_n^2}{s^2 + 2\xi\omega_n s + \omega_n^2} \tag{4-16}$$

传感器输出的拉氏变换为

$$Y(s) = H(s)X(s) = \frac{\omega_n^2}{s(s^2 + 2\xi\omega_n s + \omega_n^2)}$$

图 4-8 为二阶传感器的单位阶跃响应曲线，二阶传感器对阶跃信号的响应在很大程度上取决于阻尼比 ξ 和固有角频率 ω_n。$\xi = 0$ 时，特征根为一对虚根，阶跃响应是一个等幅振荡过程，这种等幅振荡状态又称为无阻尼状态；$\xi > 1$ 时，特征根为两个不同的负实根，阶跃响应是一个不振荡的衰减过程，这种状态又称为过阻尼状态；$\xi = 1$ 时，特征根为两个相同的负实根，阶跃响应也是一个不振荡的衰减过程，但是它是一个由不振荡衰减到振荡衰减的临界过程，故又称为临界阻尼状态；$0 < \xi < 1$ 时，特征根为一对共轭复根，阶跃响应是一个衰减振荡过程，在这一过程中 ξ 值不同，衰减快慢也不同，这种衰减振荡状态又称为欠阻尼状态。

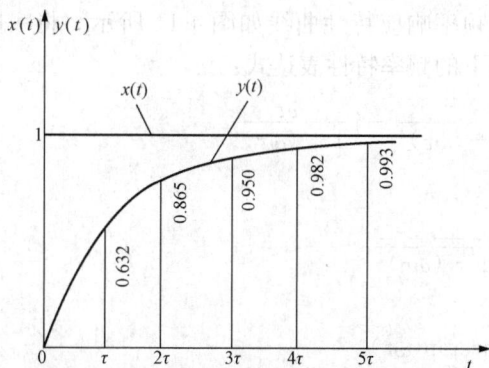

图 4-7　一阶传感器单位阶跃响应曲线　　　图 4-8　二阶传感器单位阶跃响应曲线

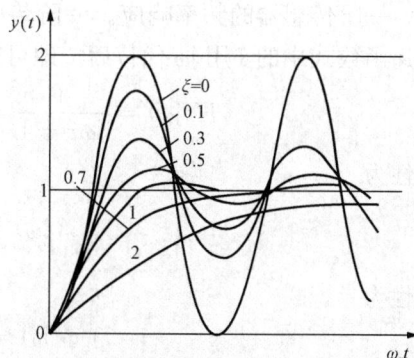

阻尼比 ξ 直接影响超调量和振荡次数，为了获得满意的瞬态响应特性，实际使用中常按稍欠阻尼调整，对于二阶传感器取 $\xi = 0.6 \sim 0.7$ 之间，则最大超调量不超过 10%，趋于稳

态的调整时间也最短，为$(3\sim4)/(\xi\omega)$。固有频率ω_n由传感器的结构参数决定，固有频率ω_n也即等幅振荡的频率，ω_n越高，传感器的响应也越快。

（3）传感器的时域动态性能指标。一阶传感器动态性能指标曲线和二阶传感器动态性能指标曲线分别如图 4-9 和图 4-10 所示。时域动态性能指标叙述如下：

1）时间常数 τ：一阶传感器输出上升到稳态值的 63.2% 所需的时间。

2）延迟时间 t_d：传感器输出达到稳态值的 50% 所需的时间。

3）上升时间 t_r：传感器输出达到稳态值的 90% 所需的时间。

4）峰值时间 t_p：二阶传感器输出响应曲线达到第一个峰值所需的时间。

5）超调量 σ：二阶传感器输出超过稳态值的最大值。

6）衰减比 d：衰减振荡的二阶传感器输出响应曲线第一个峰值与第二个峰值之比。

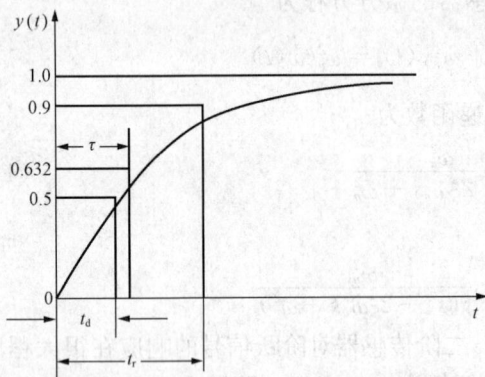

图 4-9　一阶传感器的动态性能指标曲线　　　图 4-10　二阶传感器的动态性能指标曲线

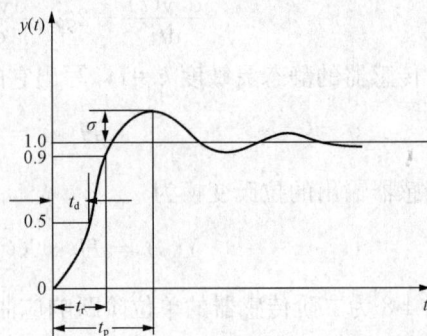

2. 频率响应特性

传感器对不同频率成分的正弦输入信号的响应特性，称为频率响应特性。一个传感器输入端有正弦信号作用时，其输出响应仍然是同频率的正弦信号，只是与输入端正弦信号的幅值和相位不同。频率响应法是从传感器的频率特性出发研究传感器的输出与输入的幅值比和两者相位差的变化。

（1）一阶传感器的频率响应。一阶传感器频率响应特性曲线如图 4-11 所示。将一阶传感器传递函数式中的 s 用 $j\omega$ 代替后，即可得如下的频率特性表达式：

$$H(j\omega)=\frac{1}{j\omega\tau+1}=\frac{1}{1+(\omega\tau)^2}-j\frac{\omega\tau}{1+(\omega\tau)^2}$$

幅频特性为

$$A(\omega)=\frac{1}{\sqrt{1+(\omega\tau)^2}}$$

相频特性为

$$\Phi(\omega)=-\arctan(\omega t)$$

从上式和图 4-11 可看出，时间常数 τ 越小，频率响应特性越好。当 $\omega\tau\ll1$ 时，$A(\omega)\approx1$，$\Phi(\omega)\approx0$。表明传感器输出与输入呈线性关系，且相位差也很小，输出 $y(t)$ 比较真实地反映了输入 $x(t)$ 的变化规律，因此减小 τ 可改善传感器的频率特性。除了用时间常数 τ 表示一阶传感器的动态特性外，在频率响应中也用截止频率来描述传感器的动态特性。所谓截止频率是指幅值比下降到零频率幅值比的 $1/\sqrt{2}$ 倍时所对应的频率。截止频率反映传感器的响应速度，截止频率越高，传感器的响应速度越快。对一阶传感器，其截止频率为 $1/\tau$。

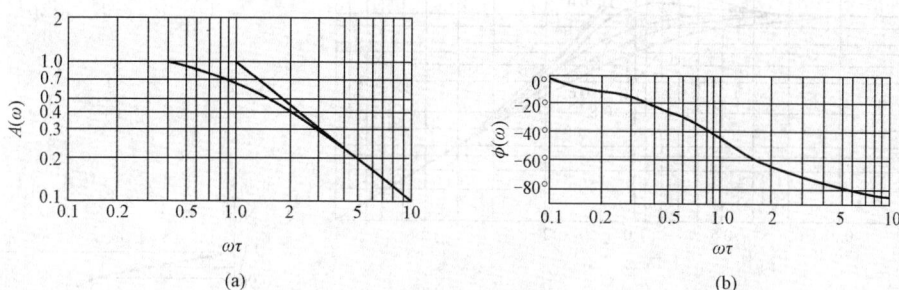

图 4-11　一阶传感器频率响应特性曲线
(a) 幅频特性；(b) 相频特性

(2) 二阶传感器的频率响应。由二阶传感器的传递函数式（4-16）可写出二阶传感器的频率特性表达式为

$$H(\mathrm{j}\omega) = \frac{\omega_n^2}{(\mathrm{j}\omega)^2 + 2\xi\omega_n(\mathrm{j}\omega) + \omega_n^2} = \frac{1}{1 - \left(\dfrac{\omega}{\omega_n}\right)^2 + \mathrm{j}2\xi\dfrac{\omega}{\omega_n}}$$

其幅频特性、相频特性分别为

$$A(\omega) = |H(\mathrm{j}\omega)| = \frac{1}{\sqrt{\left[1 - \left(\dfrac{\omega}{\omega_n}\right)^2\right]^2 + \left(2\xi\dfrac{\omega}{\omega_n}\right)^2}}$$

$$\phi(\omega) = \angle H(\mathrm{j}\omega) = -\arctan\frac{2\xi\dfrac{\omega}{\omega_n}}{1 - \left(\dfrac{\omega}{\omega_n}\right)^2}$$

相位角负值表示相位滞后。由上两式可画出二阶传感器的幅频特性曲线和相频特性曲线，如图 4-12 所示。

可见传感器的频率响应特性好坏主要取决于传感器的固有频率 ω_n 和阻尼比 ξ。当 $\xi < 1$，$\omega_n \gg \omega$ 时，$A(\omega) \approx 1$，$\phi(\omega)$ 很小，此时，传感器的输出 $y(t)$ 再现了输入 $x(t)$ 的波形，通常固有频率 ω_n 至少应为被测信号频率 ω 的（3～5）倍，即 $\omega_n \geqslant (3\sim5)\omega$。

为了减小动态误差和扩大频率响应范围，一般是提高传感器固有频率 ω_n，而固有频率 ω_n 与传感器运动部件质量 m 和弹性敏感元件的刚度 k 有关，即 $\omega_n = (k/m)^{1/2}$。增大刚度 k 和减小质量 m 都可提高固有频率，但刚度 k 增加，会使传感器灵敏度降低。所以在实际中，应综合各种因素来确定传感器的各个特征参数。

(3) 频率响应特性指标。传感器的频域动态性能指标如图 4-13 所示。频率响应特性指标叙述如下：

1) 通频带 $\omega_{0.707}$：传感器在对数幅频特性曲线上幅值衰减 3dB 时所对应的频率范围。

2) 工作频带 $\omega_{0.95}$（或 $\omega_{0.90}$）：当传感器的幅值误差为 $\pm5\%$（或 $\pm10\%$）时其增益保持在一定值内的频率范围。

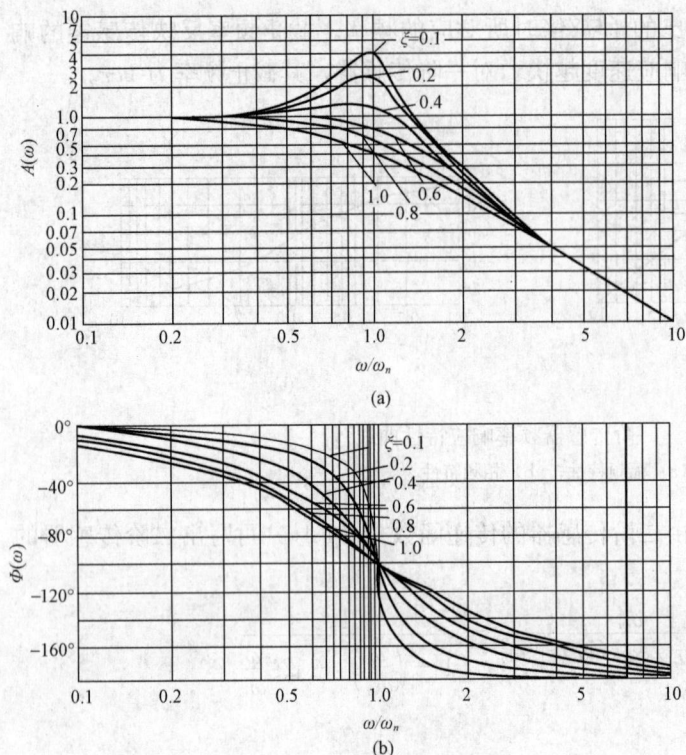

图 4-12　二阶传感器频率响应特性曲线　　　　　图 4-13　传感器的频域动态性能指标
（a）幅频特性；（b）相频特性

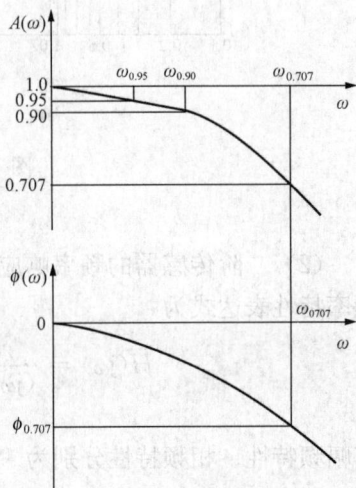

3）时间常数 τ：用时间常数 τ 来表征一阶传感器的动态特性。τ 越小，频带越宽。

4）固有频率 ω_n：二阶传感器的固有频率 ω_n 表征其动态特性。

5）相位误差：在工作频带范围内，传感器的实际输出与所希望的无失真输出间的相位差值即为相位误差。

6）跟随角 $\omega_{0.707}$：当 $\omega = \omega_{0.707}$ 时，对应于相频特性上的相角即为跟随角。

思考题与习题

4-1　简述传感器的组成及其各部分的功能。

4-2　传感器静态特性性能指标及其各自的意义是什么？

4-3　传感器的动态特性常用什么方法描述？有哪些特点？

4-4　描述二阶传感器系统阶跃响应的主要指标及其定义。

第5章　电阻式传感器

5.1　电位器式电阻传感器

电位器是一种常用的机电元件，广泛应用于电气和电子设备中，当它作为一种传感元件时，可以把机械位移转换成与之成一定函数关系的电阻或电压输出。电位器可以做成各种各样的电位器式传感器，用来测量线位移和角位移、压力、高度、加速度等各种物理参量，也可以作为反馈元件，用于伺服计算仪表中。

电位器式传感器具有结构简单、尺寸小、质量轻、价格低廉、性能稳定、对环境条件要求不高、输出信号大并易实现函数关系的转换等优点。其主要缺点是由于存在摩擦和分辨率有限的问题，一般精度不够高、动态响应较差，适合于测量变化比较缓慢的物理量。

电位器式传感器的种类很多，按其特性函数（输入—输出关系）可分为线性电位器和非线性电位器；按其结构形式可分为线绕式、薄膜式、光电式电位器等。线绕式电位器又可分为单圈和多圈两种，目前常用的以单圈线绕式电位器居多，常用作位置信号发生器。

5.1.1　线性线绕式电位器

如图 5-1 所示，线绕式电位器的基本结构比较简单，主要包括线绕电阻（电阻元件）和电刷（滑动触点）。电阻元件通常由极细的绝缘导线按照一定规律整齐地绕在一个绝缘骨架上形成。在它与电刷接触的部分，去掉绝缘导线表面的绝缘层并抛光，形成一个电刷可在其上滑动的光滑而平整的接触道。电刷通常由具有一定弹性的耐磨金属薄片或金属丝制成，接触端处弯曲成弧形，要求电刷与电阻元件之间保持一定的接触压力，使接触端在电阻元件上滑动时始终可靠地接触，良好地导电。电阻元件除了由极细的绝缘导线绕制外，还可以采用具有较高电阻率的薄膜制成。

根据应用场合的不同，电位器可以用作变阻器或分压器，如图 5-2 所示。

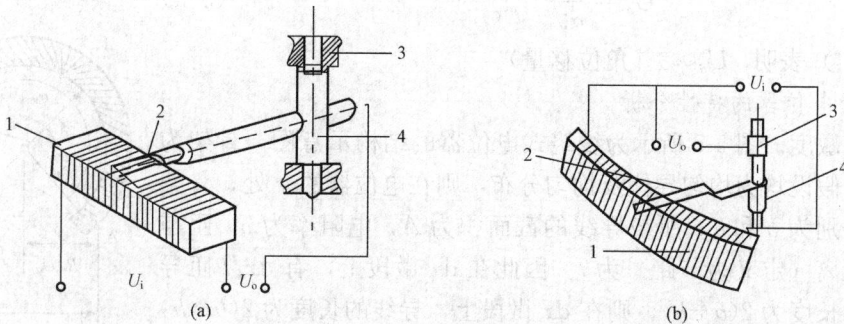

图 5-1　线绕式电位器的基本结构

（a）直线位移电位器；（b）角位移电位器

1—绕线电阻；2—电刷；3—导电环；4—转轴

1. 线性电位器的空载特性

线性电位器的理想空载特性曲线应具有严格的线性关系。图 5-3 所示为电位器式直线位移传感器原理图。如果把它作为变阻器使用，且假定全长为 x_{max} 的电位器，其总电阻为 R_{max}，电阻沿长度的分布是均匀的，则当滑臂由 A 向 B 移动 x 后，A 到滑臂间的阻值为

$$R_x = \frac{x}{x_{max}} R_{max} \tag{5-1}$$

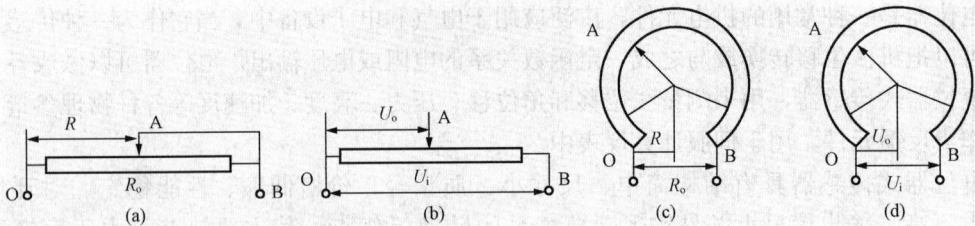

图 5-2　用作变阻器或分压器的电位器

(a) 直线位移式的变阻器；(b) 直线位移式分压器；
(c) 角位移式的变阻器；(d) 角位移式分压器

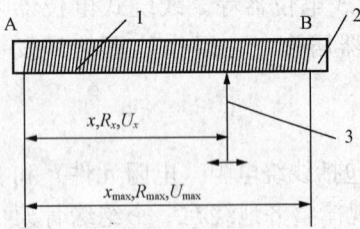

图 5-3　电位器式直线位移
传感器原理图

1—电阻丝；2—骨架；3—滑臂

式 (5-1) 表明，$R_x \propto x$（机械直线位移量）。

若把它作为分压器使用，且假定加在电位器 A、B 之间的电压为 U_{max}，则输出电压为

$$U_x = \frac{x}{x_{max}} U_{max} \tag{5-2}$$

式 (5-2) 表明，$U_x \propto x$（机械直线位移量）。

图 5-4 所示为电位器式角度传感器原理图。若作为变阻器使用，则电阻值与角度的关系式为

$$R_\alpha = \frac{\alpha}{\alpha_{max}} R_{max} \tag{5-3}$$

式 (5-3) 表明，$R_\alpha \propto \alpha$（角位移量）。

若作为分压器使用，则有

$$U_\alpha = \frac{\alpha}{\alpha_{max}} U_{max} \tag{5-4}$$

式 (5-4) 表明，$U_\alpha \propto \alpha$（角位移量）。

2. 线性电位器的特性分析

(1) 灵敏度。图 5-5 所示为线绕式电位器的结构示意图，骨架为矩形截面。假设均为均匀导体及均匀分布，则在电位器的 x 处，骨架的宽和高分别为 b 和 h。所绕导线的截面积为 A，电阻率为 ρ，匝与匝之间的距离（定义为节距）为 t。因此在 dx 微段上，有 dx/t 匝导线，每匝的长度为 $2(b+h)$，则在 dx 微段上，导线的长度为 $2(b+h)dx/t$。所对应的电阻为

$$dR(x) = 2(b+h) \frac{dx}{t} \frac{\rho}{A} = 2(b+h) \frac{\rho}{A} \frac{1}{t} dx \tag{5-5}$$

则电位器的灵敏度为

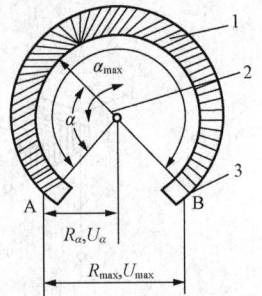

图 5-4　电位器式角度
传感器原理图

1—电阻丝；2—滑臂；
3—骨架

$$K_R = \frac{\mathrm{d}R(x)}{\mathrm{d}x} = \frac{2(b+h)\rho}{At} \qquad (5\text{-}6)$$

$$K_U = \frac{\mathrm{d}U(x)}{\mathrm{d}x} = \frac{2(b+h)\rho}{At}I \qquad (5\text{-}7)$$

式中　K_R——电阻灵敏度；

　　　K_U——电压灵敏度；

　　　I——通过电位器的电流，A。

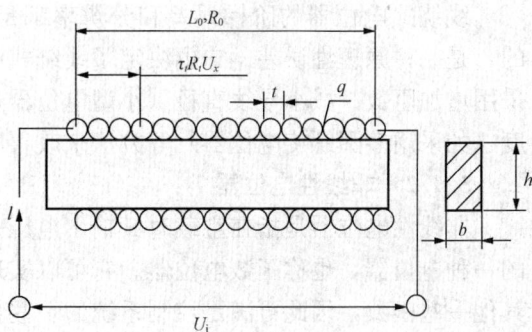

图 5-5　线绕式电位器结构示意图

由式（5-6）、式（5-7）可以看出，对于线绕式电位器，其灵敏度与骨架截面、绕线的材质和绕制方式等有关，因此，可通过改变电位器骨架截面、绕线的材质和绕制方式等实现灵敏度的变化。

（2）阶梯特性和阶梯误差。从理论上讲，电位器的特性曲线是位移 x 的连续函数。但对于线绕式电位器而言，电刷的直线位移 x 的变化是不连续的，所以得到的电阻变化也是不连续的，或输出电压 U_o 的变化是一个阶梯形的曲线，如图 5-6 所示。这种跳跃式的变化是由于导线长度被分割成有限匝数造成的，电刷每移过一匝线圈，输出电压 U_o 便产生一次阶跃变化，即电刷每移动一个节距，输出电阻或输出电压都有一个微小的跳跃。当电位器有 W 匝时，其特性有 W 次跳跃。这就是线绕式电位器的阶梯特性。图 5-6（a）所示为实际阶梯特性折线，图中的小跳跃是因相邻两匝短路引起的。图 5-6（b）为理想阶梯特性折线，在理想折线中，各个阶梯的大小完全相同，则过中点并穿过阶梯线的直线即是理论直线，阶梯折线围绕它上下跳动，从而带来一定的误差，这就是阶梯误差。

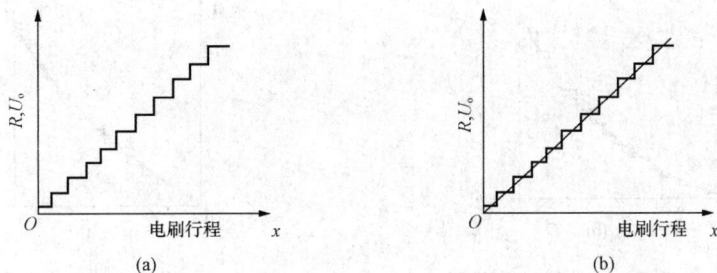

图 5-6　线绕式电位器的阶梯特性

（a）实际阶梯特性折线；（b）理想阶梯特性折线

通常用理想阶梯特性折线和理论参考输出特性直线之间的最大偏差与最大输出的比值的百分数来表示阶梯误差。线性线绕式电位器的总匝数为 W，总电阻为 R 时，其阶梯误差可表示为

$$\gamma_\mathrm{s} = \frac{R/2W}{R} = \frac{1}{2W} \times 100\% \qquad (5\text{-}8)$$

（3）分辨率。线绕式电位器的分辨率是指电位器所能反映的输入量的最小变化量与全量程输入量的比值。由电位器的阶梯特性带来的分辨率为

$$\eta_\mathrm{s} = \frac{R/W}{R} = \frac{1}{W} \times 100\% \qquad (5\text{-}9)$$

　　线绕式电位器的阶梯误差和分辨率都是由线绕式电位器本身工作原理的不完善而引起的，是一种原理性误差。它也决定了线绕式电位器所能达到的最高精度。在实际设计中，可采用增加匝数、减小导线直径（小型电位器通常选配 0.5mm 或更细的导线）或增加骨架长度（如采用多圈螺旋电位器）等方法来改善阶梯误差和分辨率。

5.1.2　非线性电位器

　　非线性电位器是指在空载时其输出电压（或电阻）与电刷行程之间具有非线性函数关系的一种电位器，也称函数电位器。它可以实现指数函数、对数函数、三角函数，也可以实现其他一些函数，因此可满足控制系统的一些特殊要求；也可以修正、补偿传感、检测系统当中的非线性环节，从而使传感、检测系统最终获得线性输出的要求；还可用于消除或改善负载误差。常用的非线性线绕式电位器有变骨架式、变节距式、分路电阻式及电位给定式四种。

　　1. 非线性电位器的几种形式

　　图 5-7（a）所示为改变骨架方式的非线性电位器，即通过改变各点骨架的长度来实现各绕线点的电阻值的不同，从而实现位移 x 与输出电压 U_o 之间的非线性关系。

　　图 5-8（a）所示为改变绕线节距方式的非线性电位器，即通过改变各绕组间的节距来实现各阶跃点的电阻值的不同，从而实现位移 x 与输出电压 U_o 之间的非线性关系。

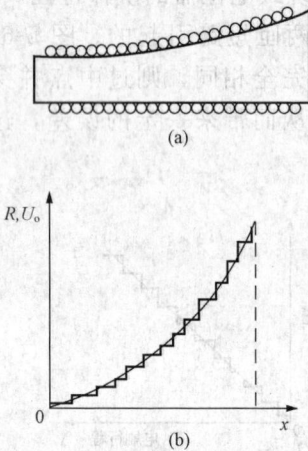

图 5-7　变骨架方式非线性电位器
（a）示意图；（b）输入—输出关系图

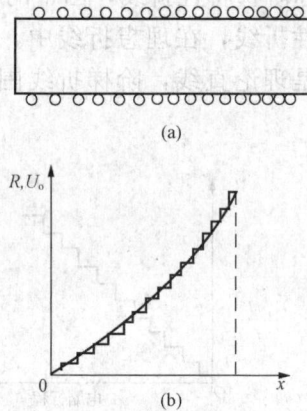

图 5-8　变绕线节距方式非线性电位器
（a）示意图；（b）输入—输出关系图

　　另外，还可以通过改变电阻率的方式来实现输入—输出的非线性。从图 5-7（b）、图 5-8（b）的输入—输出关系图中可以看到，在每一个跳跃点上，灵敏度各不相同。

　　在实际应用中，一般采用阶梯骨架来近似代替曲线骨架，如图 5-9 所示。将非线性电位器的输入—输出特性曲线分成若干段，每一段都近似为一直线，当所取的段数足够多时，就可以使折线与原定曲线的误差在允许的范围内。当用折线代替曲线后，特性曲线的每一段均为直线，因此，每一段都可以做成一个小线性电位器，只是每段的斜率不同。工艺上，为了便于在相邻两段过渡，骨架结构在过渡处做成斜角，伸出尖端 2～3mm，以免导线滑落。

　　由阶梯骨架式非线性电位器原理可知，当用折线代替曲线后，实现折线特性的关键是要使电位器各段特性的斜率不等。对于一个线绕式线性电位器，在其上分成若干段，在每一分段处引出一些抽头，然后在各段上并联一定阻值的电阻，从而改变各段上的等效电阻，进而改变各段上的电阻斜率。适当选择各段的并联电阻，就能够实现各段的斜率，满足预定的折线特性。基于这一思路，利用分路电阻法实现非线性电位器，其示意图如图 5-10 所示。

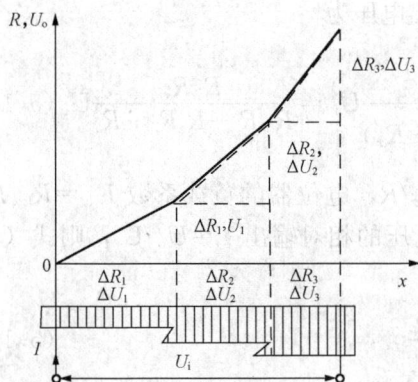

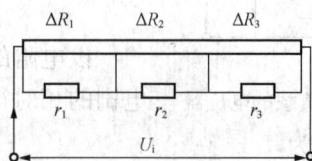

图 5-9 骨架实际结构   图 5-10 分路电阻法实现非线性电位器的示意图

分路电阻非线性电位器将电位器的制造变成一个带若干抽头线性电位器的制造，因而大大降低了工艺实现的难度。它既可以实现单调函数，也可以实现非单调函数，只要适当改变并联电阻的阻值和电路连接方式即可。

2. 非线性电位器的空载特性

现以变骨架式为例说明非线性电位器的空载特性。变骨架式电位器如图 5-7（a）所示。其骨架高度 h 呈曲线变化，输出电阻为 $R_x = f(x)$。由式（5-6）和式（5-7）可知

$$h = \frac{At}{2\rho}\left(\frac{\mathrm{d}R_x}{\mathrm{d}x}\right) - b \tag{5-10}$$

或

$$h = \frac{At}{2I\rho}\left(\frac{\mathrm{d}U_x}{\mathrm{d}x}\right) - b \tag{5-11}$$

由于 A、t、ρ、b 均为常数，而 $\mathrm{d}R_x/\mathrm{d}x$ 是 x 的函数，所以 h 是电刷位移 x 的函数，且与特性曲线的导数 $\mathrm{d}R_x/\mathrm{d}x$ 有关。

非线性电位器输出电阻（或电压）与电刷行程之间是非线性函数关系，因此空载特性是一条曲线，其灵敏度与电刷位置有关，是变量，可写为

电阻灵敏度

$$K_R = \frac{\mathrm{d}R_x}{\mathrm{d}x} \tag{5-12}$$

电压灵敏度

$$K_U = \frac{\mathrm{d}U_x}{\mathrm{d}x} \tag{5-13}$$

5.1.3 电位器的负载特性及负载误差

1. 电位器的负载特性

电位器的空载特性，指的是电位器的输出端接至输入阻抗非常大的放大器时的特性，而电位器的输出端接有有限负载后，就相当于负载电阻 R_L 与电位器的一部分电阻 R_x 相连，改变了总电阻值，从而改变了前面所讨论的电位器的空载特性。电位器输出端带有有限负载

时所具有的特性称为电位器的负载特性。负载特性相对于空载特性的偏差称为负载误差。本小节将讨论非线性及线性电位器的负载特性及负载误差。

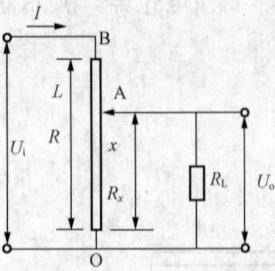

图 5-11 所示为带负载的电位器，R_L 为有限的负载电阻，电位器的总电阻为 R，总行程为 L，电刷的实际行程为 x，对应电阻为 R_x，则此时负载电位器的输出电压为

$$U_o = \frac{\dfrac{R_L R_x}{R_L + R_x}}{\dfrac{R_L R_x}{R_L + R_x} + (R - R_x)} U_i = \frac{R_L R_x}{R_L R + R_x R - R_x^2} U_i \quad (5\text{-}14)$$

图 5-11 带负载的电位器

设电阻的相对变化 $r = R_x/R$，电位器的负载系数 $K_L = R_L/R$，电刷的相对行程 $X = x/L$，电压的相对输出 $Y = U_o/U_i$，则式（5-14）可变形为

$$Y_L = \frac{r}{1 + \dfrac{r}{K_L} - \dfrac{r^2}{K_L}} \quad (5\text{-}15)$$

对线性电位器，有 $r = X$，则

$$Y_L = \frac{X}{1 + \dfrac{X}{K_L} - \dfrac{X^2}{K_L}} \quad (5\text{-}16)$$

由于空载时，$R_L \to \infty$，即 $K_L \to \infty$，则理想空载特性为

$$Y_k = r \quad (5\text{-}17)$$

对于线性电位器，有

$$Y_k = X \quad (5\text{-}18)$$

分别比较式（5-15）与式（5-17），式（5-16）与式（5-18），可以看到，由于负载系数 $K_L \neq 0$，即 R_L 有限，从而使负载特性 Y_L 与空载特性 Y_k 之间产生一定的偏差。式（5-15）和式（5-17）适合于任意电位器，是电位器负载特性的一般表达式，而式（5-16）和式（5-18）只适合于线性电位器。

2. 电位器的负载误差

图 5-12 所示为负载特性曲线图。图中负载特性曲线随负载系数 K_L 的不同而发生变化，当 $R_L \to \infty$ 时，为空载特性，即 $Y_k = r$，对于线性电位器，横坐标可以由 X 来代替，即 $Y_k = X$。

从图 5-12 还可看出，负载系数越大，负载特性曲线离空载特性曲线越近，反之越远。

负载特性与空载特性的偏差即为负载误差。由式（5-15）～式（5-18）可得相对负载误差

$$\xi_L = Y_L - Y_k = \frac{r^2(r-1)}{K_L + r - r^2} \quad (5\text{-}19)$$

在不同的负载系数 K_L 值下，相对负载误差 ξ_L 与电位器电阻的相对变化 r 的关系曲线如图 5-13 所示。下面分析负载误差的大小与 K_L、r 之间的关系。

考虑到实际应用情况，$r \in (0,1)$，$\max|r - r^2| \leqslant 0.25$，所以当 K_L 较大时，可近似认为 $K_L \gg r - r^2$，则式（5-19）可近似写成

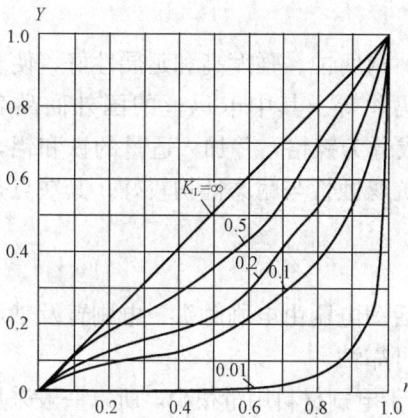

图 5-12 负载特性曲线

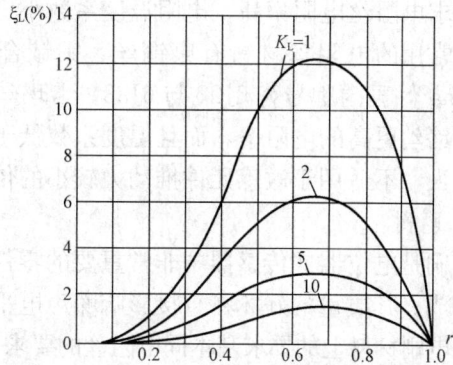

图 5-13 负载误差曲线

$$\xi_L \approx \frac{-r^2(1-r)}{K_L} \tag{5-20}$$

令 $d\xi_L/dr = 0$，可得

$$r_m = \frac{2}{3} \tag{5-21}$$

将式（5-21）代入式（5-20），可得对应的最大相对误差为

$$\xi_{Lmax} = \frac{-0.148}{K_L} \tag{5-22}$$

一般情况下，利用式（5-20）～式（5-22）进行负载误差计算比较简捷，也具有足够的精度。在图 5-13 的曲线簇中，可以看到，无论 K_L 为何值，起始位置和最大位置时，负载误差都为零，随着相对位置的变化，负载误差也随之增大，而且增大负载系数 K_L，即减小负载电阻时，误差也随之减小。负载误差的最大值大约发生在电阻相对变化的 0.667 处。对于线性电位器，负载误差的最大值发生在电刷行程的 0.667 处；而对于非线性电位器，可以根据电位器的特性求得电阻的相对变化 $r = 0.667$ 时，所对应的电刷的相对行程 X 值，从而确定发生最大负载误差时的电刷位置。

通过以上的分析，可以得出减小负载误差的一些措施。比如：为了减小负载误差，应尽量增大负载系数 K_L，即增大负载电阻 R_L 或减小电位器总电阻 R。负载电阻可根据允许的最大负载误差来确定，通常应满足 $K_L \geqslant 4$。另外，根据电位器的负载特性相对于其空载特性下凹，可将电位器的空载特性设计成某种上凸特性，在起始段，灵敏度适当增大，而在末端，灵敏度适当减小，这样加上负载后可使其负载特性正好落在原来要求的直线特性上，如图 5-14 所示。图中空载特性曲线 2 与线性电位器的负载特性曲线 1，两者是以特性直线 3 互为镜像的。其负载特性正好是所要求的线性特性。

5.1.4 电位器的结构与材料

由于测量领域的不同，电位器结构及材料选择有所不同，但是其基本结构是相近的。电位器通常都是由电阻元件、电刷及骨架组成。常用的线绕式电位器的电阻元件由金属电阻丝绕成。

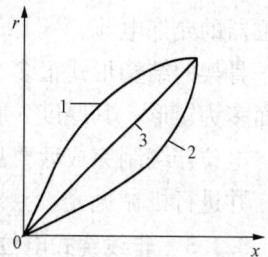

图 5-14 非线性电位器的空载特性与线性电位器的负载特性的镜像关系

1. 电阻丝

要求电阻丝电阻率高、电阻温度系数小、耐磨损、耐腐蚀、强度高和延展性好，便于焊接等。常用的电阻丝材料有康铜丝、铂铱合金及卡玛丝等。其中卡玛丝的国外商品名为"Karama"，国内牌号为6J22与6J33。卡玛丝的主要成分为镍铬，并加入适量的铁和铝，具有比镍铬丝更高的电阻率，而且温度系数低于康铜，抗腐蚀性与耐磨性均较好；其缺点是接触电阻大，不适用于敏感元件推动力较小的传感器中。

2. 电刷

电刷是电位器式传感器中非常重要的零件之一。活动电刷由电刷触头、电刷臂及轴承装置等构成。其质量的好坏将直接影响噪声电平及工作可靠性。

对电刷材料上的要求基本同电阻丝的要求一致。由于电刷材料用量很少，所以一般采用贵金属材料。电刷触头材料常用银、铂铱、铂铑等金属。电刷臂用磷青铜等弹性较好的材料。电刷上通常要保持一定的接触压力，为50～100mN，接触压力过大会使仪器产生误差，并且加速磨损；压力过小则可能产生接触不可靠的问题。常见的几种电刷结构如图5-15所示。

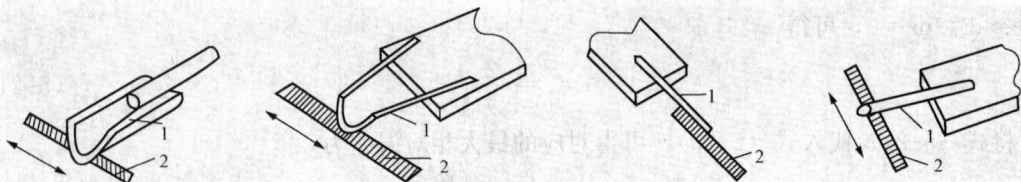

图 5-15　常见的几种电刷结构
1—电刷；2—电阻元件

电刷材料与电阻丝材料的匹配是关系到电位器寿命和可靠性的重要因素，材料选配的好，接触电阻小而稳定，电位器的噪声小，并能经受上百万次的工作而保持性能基本不变。一般电刷材料的硬度与电阻丝材料的硬度相近或略高些。

3. 骨架

在线绕式电位器中，要求骨架材料应与电阻丝材料具有相同的膨胀系数，绝缘性好，有足够的强度及刚度，抗湿，耐热，易加工。

对于一般精度的电位器，骨架的常用材料为陶瓷、酚醛树脂、夹布胶木等绝缘材料。这些材料易于加工，但抗湿性、耐热性不好，易于变形。对于精密电位器，广泛采用经绝缘处理的金属骨架。金属骨架强度大、尺寸制造精度高、遇潮不易变形、导热性好，从而可提高电位器的允许电流。

骨架的结构形式很多，有矩形、环形、柱形、棒形及其他特殊形状的骨架。常用的骨架截面多为矩形，其厚度 b 应大于导线直径 d 的 4 倍，圆角半径 R 不应小于 $2d$。

电位器绕制完成后要用电木漆或其他绝缘漆浸泡，与电刷接触的工作面的绝缘漆要刮掉，并进行机械抛光。

5.1.5　非线绕式电位器

线绕式电位器的优点是精度高、性能稳定、易于实现所要求的变换特性。其缺点主要是存在固有的阶梯误差以及分辨率低、耐磨性差、寿命短、功耗大等。因此研制出各种非线绕式电位器。非线绕式电位器具有的某些性能优于线绕式。如从原理上，非线绕式电位器没有阶梯特性，有无限的分辨率，实际上它的分辨率也比线绕式电位器高得多；此外，还具有尺寸小、质量轻等特点。但是，非线绕式电位器在精确度和稳定性方面都不如线绕式电位器。非线绕式电位器主要有合成膜电位器、金属膜电位器、导电塑料电位器、导电玻璃釉电位器及光电电位器等。光电电位器采用光束代替电刷，具有无接触式电位器的特点。

1. 合成膜电位器

合成膜电位器的电阻元件是用具有某一电阻值的悬浮液喷涂在绝缘骨架上形成的电阻膜制成的。其优点是分辨率较高，阻值范围很宽（100Ω～4.7MΩ），耐磨性较好，工艺简单，成本低，线性度好等。但其接触电阻大，功率不够大，容易吸潮，噪声较大。

2. 金属膜电位器

金属膜电位器是在绝缘基体上用真空蒸发的方法或电镀的方法涂覆一层金属膜或复合金属膜，如铂铜、铂锗、铑锗、铂铑金、铂铑锰等。这种电位器具有无限分辨率，接触电阻很小，耐热性好，满负荷达70℃。与线绕式电位器相比，它的分布电容和分布电感很小，特别适合在高频条件下使用，它的噪声仅高于线绕式电位器；但耐磨性差，阻值范围窄，一般在10～100Ω。

3. 导电塑料电位器

导电塑料电位器又称实心电位器，这种电位器的电阻元件是由塑料粉及导电材料（碳黑、超细金属粉等）的粉料经塑压而成。导电塑料电位器的耐磨性很好（可达千万次以上），使用寿命长，分辨率较高，线性度较好，阻值范围大，能承受较大的功率；但其阻值易受温度和湿度的影响、接触电阻大、精度不高。

4. 导电玻璃釉电位器

导电玻璃釉电位器又称金属陶瓷电位器，是以合金、金属氧化物或难溶化合物等为导电材料，以玻璃釉粉为黏合剂，混合烧结在陶瓷或玻璃基体上制成的。导电玻璃釉电位器的耐高温性、耐磨性好，有较宽的阻值范围，电阻湿度系数小且抗湿性强；但其接触电阻变化大，噪声大，不易保证测量的高精度。

5. 光电电位器

这是一种无接触式电位器，以光束代替常规的电刷。光电电位器的原理示意图如图5-16所示。

它在氧化铝基体上蒸发一条金属膜电阻带和一条高导电率（铬金或银）的集电极，在电阻带与导电带之间的窄间隙上沉积一层光电导层（硫化镉等）。当窄光束在光电导层上扫描时，就使电阻带与集电极在该处形成一导电通路，如同电刷移动一样。光电电位器的阻值范围宽（500Ω～15MΩ）、无摩擦和磨损、寿命长、分辨率较高。其缺点是有滞后（0.1～1s），工作温度范围窄，因输出阻抗高而需阻抗匹配，线性度也不高。

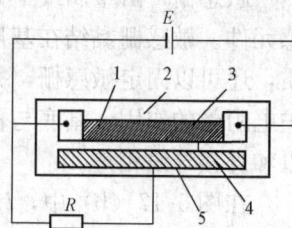

图5-16 光电电位器的原理示意图
1—光电导层；2—氧化铝基体；3—金属膜电阻带；4—窄光束；5—集电极

5.2 应变片式电阻传感器

应变片式电阻传感器具有悠久的历史。它的基本转换原理是将被测非电量的变化转换成与之有确定对应关系的传感元件电阻值的变化，然后通过转换电路将电阻值的变化转换成电压或电流的输出。应变片式电阻传感器具有结构简单，体积小，使用方便，性能稳定、可靠，灵敏度高，动态响应快，测量精度高，适合于静、动态测量以及多点同步测量、远距离测量和遥测等诸多优点，是目前应用最广泛的传感器之一。该传感器除可用来测量应变参数外，还可用来测量力、压力、位移、扭矩、速度、加速度及振幅等其他各种物理量。

5.2.1　应变片的结构与工作原理

1. 应变片的基本结构

电阻应变片种类繁多、形式多样，但基本构造大体相同，都是由敏感栅、基底、覆盖层、引线及黏合剂构成，如图 5-17（a）所示。

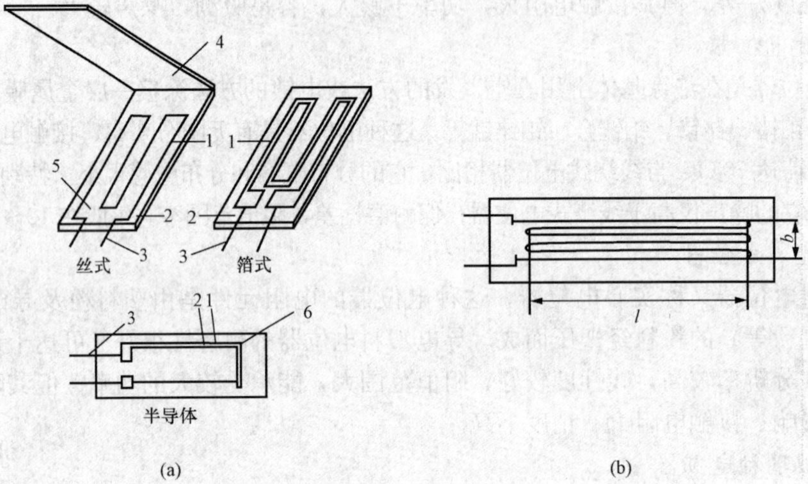

图 5-17　应变片

（a）组成；（b）结构

1—敏感栅；2—基底；3—引出线；4—覆盖层；5—黏合剂；6—电极

敏感栅 1 由金属或半导体材料制成，电阻丝（箔条）是用来感受应变的，是应变片的敏感元件。敏感栅黏结在基底 2 上，基底是将传感器弹性体的应变传递到敏感栅上的中间介质，还可以固定敏感栅，并兼有绝缘作用。敏感栅上面粘贴有覆盖层 4（也叫面胶），起保护电阻丝的作用。基底与覆盖层的厚度一般在 0.3mm 左右。敏感栅两端焊接引出线 3，用以和外接导线相连。

在图 5-17（b）中，l 称为应变片的标距或工作基长，是敏感栅沿轴方向测量变形的有效长度。对具有圆弧端的敏感栅，l 指圆弧外侧之间的距离；对具有较宽横栅的敏感栅，l 指两横栅内侧之间的距离。b 称为应变片的工作宽度，指最外两敏感栅外侧之间的距离。bl 称为应变片的规格，一般以使用面积和电阻值来表示，如 $3 \times 10 mm^2$、120Ω 等。这里特别要指出的是敏感栅的基长 l 和宽度 b，切勿同基底的长度尺寸相混淆，基底的长度尺寸只表明应变片的外形尺寸，并不反映其工作特性。

2. 应变片的工作原理

（1）应变效应。应变片式电阻传感器的测量机理是基于应变片的应变效应。应变效应是指当金属体或半导体在受到外力作用而发生机械变形时，其电阻值相应地发生变化。下面以单根电阻丝为例来分析电阻应变片的应变效应。

如图 5-18 所示，由物理学可知，金属丝的电阻为

$$R = \rho \frac{L}{S} \tag{5-23}$$

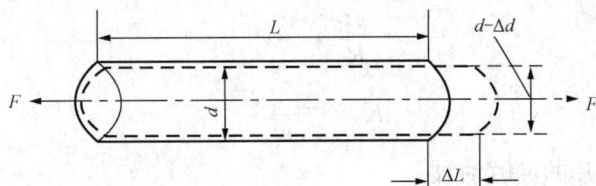

图 5-18 金属导体的电阻应变片的应变效应

式中 R——金属丝的电阻，Ω；

$\quad\quad\rho$——金属丝的电阻率，$\Omega \cdot m$；

$\quad\quad L$——金属丝的长度，m；

$\quad\quad S$——金属丝的截面积，m^2。

当金属丝受拉力发生了形变时，长度 L、横截面积 $S(\pi d^2 /4)$ 和电阻率 ρ 均相应变化为 ΔL、ΔS、$\Delta\rho$（或 dL、dS、$d\rho$），因而引起电阻变化 ΔR 或 dR。

对式（5-23）进行全微分，得

$$dR = \frac{\rho}{S}dL - \frac{\rho L}{S^2}dS + \frac{L}{S}d\rho \tag{5-24}$$

用相对变化量 dR/R 表示，得

$$\frac{dR}{R} = \frac{dL}{L} - \frac{dS}{S} + \frac{d\rho}{\rho} \tag{5-25}$$

也可写成

$$\frac{\Delta R}{R} = \frac{\Delta L}{L} - \frac{\Delta S}{S} + \frac{\Delta\rho}{\rho} \tag{5-26}$$

式（5-26）中，$(\Delta L/L) = \varepsilon$ 为电阻丝的轴向应变。由于 $S = \pi d^2 /4$，则 $\Delta S/S = 2\Delta d/d$，其中，$\Delta d/d$ 为径向应变。由材料力学可知 $\Delta d/d = -\mu(\Delta L/L) = -\mu\varepsilon$，其中，$\mu$ 为电阻丝材料的泊松比，代换后可得

$$\frac{\Delta R}{R} = \frac{\Delta L}{L}(1+2\mu) + \frac{\Delta\rho}{\rho} = \left(1+2\mu+\frac{\Delta\rho/\rho}{\Delta L/L}\right)\frac{\Delta L}{L} = K_s\varepsilon \tag{5-27}$$

$$K_s \overset{def}{=} 1+2\mu+\frac{\Delta\rho/\rho}{\Delta L/L} \tag{5-28}$$

K_s 称为金属丝的应变灵敏系数，表示金属丝产生单位应变时，电阻相对变化的大小。显然，K_s 越大，单位应变引起的电阻相对变化越大。由式（5-28）可知，电阻丝的应变灵敏系数 K_s 由两部分组成，$(1+2\mu)$ 是由于金属丝受力变形后，由于材料几何尺寸发生变化而引起的，对确定材料来说，它是常数；$(\Delta\rho/\rho)/(\Delta L/L)$ 是由于电阻丝的电阻系数随应变的改变而引起的，对大多数电阻丝来说，其值也是常数，而且该值要远小于 $(1+2\mu)$，可以忽略不计。因此，在应变效应中，可将应变灵敏系数 K 近似看成是一个常数，即

$$\frac{\Delta R}{R} = K_s\varepsilon \tag{5-29}$$

需要指出，当直线金属丝做成敏感栅成为电阻应变片后，电阻应变片的灵敏系数 K 与电阻丝的灵敏系数 K_s 是不同的，因为结构因素会影响电阻应变片灵敏系数的数值，因此必须用实验来测定应变片的灵敏系数。实验必须按规定的统一标准来进行。实验表明，应变片的 $\Delta R/R$ 与 ε 的关系在很大范围内仍然具有很好的线性关系，于是式（5-29）可表示为

$$\frac{\Delta R}{R} = K\varepsilon$$

或　　　　　　　　　　　　　$$K = \frac{\Delta R/R}{\varepsilon}$$　　　　　　　　　　　　　(5-30)

式中　K——电阻应变片的灵敏系数。

　　由于电阻应变片粘贴到试件上后不能取下再用，所以应变片的灵敏系数 K 是通过抽样测定得到的，即制造厂在每批产品中提取一定比例（一般为 5%）的应变片，测定灵敏系数 K 值，然后取其平均值作为这批产品的灵敏系数，这就是产品包装盒上注明的"标定灵敏系数"的含义。

　　（2）横向效应。将直的电阻丝绕成栅状以后，即使在长度相同、应变状态也相同的条件下，由于栅状电阻丝的横向绕制部分（如图 5-18 中的圆弧部分）感受被测点的横向应变，因此电阻丝总的电阻变化将会受到横向变形的影响，这种现象称为应变片的横向效应。

　　应变片在受纵向力时，纵向丝栅发生纵向拉应变 ε_x，从而使电阻值增加。而横栅部分在感受纵向应变 ε_x 的同时，也会产生横向压应变 ε_y。横向压应变 ε_y 的存在，会抵消一部分纵向拉应变，从而降低了整个电阻应变片的灵敏度，即应变片的灵敏系数 K 恒小于电阻丝的灵敏系数 K_s。

　　横向效应给测量带来了误差，其大小与敏感栅的构造及尺寸有关。敏感栅的纵栅越窄、越长，而横栅越宽、越短，则横向效应的影响越小。

　　（3）应变片的测试原理。应变片直接感受的是应变或应力。测量时将应变片牢固地粘贴在弹性元件（试件）上，当弹性元件受力产生微小的机械变形时，粘贴在弹性元件上的应变片感受到应力 σ 的作用，根据虎克定律，应变 ε 与应力 σ 成正比，即

$$\varepsilon = E\sigma$$　　　　　　　　　　　　　(5-31)

式中　E——试件材料的弹性模量。

　　又由应变效应可知，应变片的应变 ε 与电阻值的相对变化 $\Delta R/R$ 成正比，因此，通过测量应变片 R 的变化，得到对应的应变 ε，从而得到应力 σ 的值。

　　通过弹性敏感元件的作用，可将位移、力、力矩、加速度等参量按照一定的对应关系转换为应变，因此可以将应变片由测量应变扩展到测量上述能引起应变的各种参量，从而形成各种应变片式电阻传感器。

5.2.2　应变片的种类及特性参数

1. 应变片的种类

目前常用的电阻应变片主要有金属丝式应变片、金属箔式应变片、薄膜式应变片以及半导体应变片。下面对这几类应变片及其特点进行简要介绍。

　　（1）金属丝式应变片。它有回线式和短接式两种。金属丝式应变片结构示意图如图5-19所示。

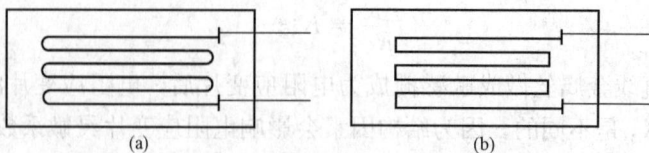

图 5-19　金属丝式应变片结构示意图

(a) 回线式；(b) 短接式

回线式应变片是将电阻丝绕制成栅状黏结在绝缘基底上而制成的，是一种常用的应变片。敏感栅材料直径在 0.012~0.05mm 之间，以 0.025mm 左右为最常用；基底很薄（一般在 0.03mm 左右），粘贴性能好，能保证有效地传递变形。引出线多用直径为 0.15~0.30mm 的镀锡铜线与敏感栅相连。回线式应变片制作简单，但由于其圆弧部分参与变形，会带来横向效应。

短接式应变片是将电阻丝平行放置，两端用直径比栅丝直径大 5~10 倍的镀银丝短接而成，如图 5-19（b）所示。该应变片的突出优点是克服了回线式应变片的横向效应。但这类应变片焊点多，在冲击、振动下，易在焊点处出现疲劳损坏，而且制造工艺要求高，制造不便，又因为有更优越的金属箔式应变片而使用较少。

（2）金属箔式应变片。它是利用照相制版或光刻腐蚀等工艺方法，将电阻箔材在绝缘基底下制成各种图形而形成的。箔材厚度多在 0.001~0.01mm。利用光刻技术可制成适用于各种需要的、形状美观的称为应变花的应变片。图 5-20 为几种常见的金属箔式应变片。金属箔式应变片在测试中得到了日益广泛的应用，在常温条件下，已逐步取代了金属丝式应变片。

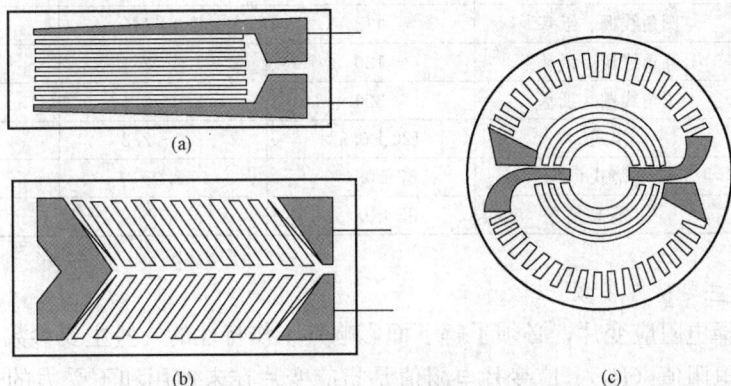

图 5-20　几种常见的金属箔式应变片

(a) 一般箔式应变片；(b) 测量切应变、扭矩的应变片；(c) 测量圆膜片应力的应变片

与金属丝式应变片相比，其主要优点为：

1）制造工艺上确保了箔栅尺寸的精确，因而阻值一致性好，便于批量生产；

2）箔栅表面积大，可以在较大电流下工作，输出信号大，有利于提高测量精度；

3）箔栅形状可根据需要而设计，从而扩大了使用范围；

4）便于粘贴和应变力传递；

5）横向效应小，蠕变、机械滞后较小，疲劳寿命高。

金属箔式应变片的缺点是生产工序较复杂，引出线需要焊接，因此不适于高温下测量，另外，价格较贵。

（3）薄膜式应变片。它是采用真空蒸发或真空沉积等方法，将电阻材料在基底上制成一层各种形式的敏感栅而形成的。其厚度在 $0.1\mu m$ 以下。该应变片灵敏度高，易于实现工业化生产，特别是可以直接制作在弹性敏感元件上形成测量元件或传感器。目前使用中的主要问题是尚难控制其电阻对温度和时间的变化关系。

（4）半导体应变片。它以半导体单晶硅条做敏感元件。最简单的半导体应变片典型结构

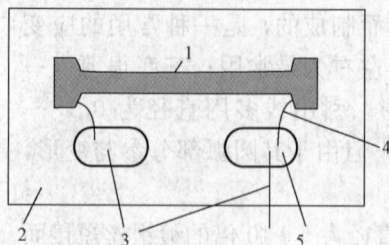

图 5-21　最简单的半导体
应变片典型结构

1—半导体敏感条；2—基底；3—外引线；

4—内引线；5—焊接电极

如图 5-21 所示。半导体应变片的使用方法与金属电阻应变片相同，即粘贴在弹性元件或被测体上，随被测试件的应变其电阻值发生相应变化。

半导体应变片的工作原理是基于半导体材料的压阻效应。

半导体应变片的优点是：尺寸、横向效应及机械滞后都很小；灵敏系数大，因而输出也大；可不需放大器连接，使得测量系统简化。其缺点是电阻值和灵敏系数的温度稳定性差，测量较大应变时非线性严重。

表 5-1 列出的是国内几种常用的应变片的型号及参数。

表 5-1　　　　　　　　　　　　**国内几种常用的应变片的型号及参数**

型　　号	形　式	阻值（Ω）	灵敏系数 K	线栅尺寸（mm×mm）
PZ-17	圆角线栅、纸基	120±0.2	1.95~2.1	2.8×17
8120	圆角线栅、纸基	118	2.0±1%	2.8×18
PJ-120	圆角线栅、纸基	120	1.9~2.1	3×12
PJ-320	圆角线栅、纸基	320	2.0~2.1	11×11
PJ-5	箔式	120±0.5%	2.0~2.2	3×5
BZ2×3	箔式	87±0.4%	2.05	2×3
BZ2×1.5	箔式	35±0.4%	2.05	2×1.5

2. 应变片的主要特性参数

为了正确选择电阻应变片，必须了解下面影响其工作特性的一些主要参数。

(1) 应变片电阻值（R_0）。应变片电阻值是指应变片在未使用和不受力的情况下，在室温条件下测定的电阻值，也称原始阻值。应变片电阻值已趋于标准化，有 60、120、350、600、1000Ω 等多种阻值，其中，120Ω 最常用。应变片的电阻值大，可以加大应变片承受的电压，从而可以提高输出信号，但一般情况下其相应的敏感栅尺寸也要随之增大。

(2) 应变片的几何尺寸。应变片的几何尺寸参数是以敏感栅的长度 l（基长或标距）及宽度 b（基宽）表示。见图 5-17 (b)。小栅长的应变片对制造要求高，对粘贴的要求也高，且应变片的蠕变、滞后以及横向效应也大，因此应尽量选用栅长小一些的片子，应变片的栅宽也以小些为好。

(3) 绝缘电阻。绝缘电阻是指应变片敏感栅及引出线与粘贴该应变片的试件之间的电阻值。其值越大越好，一般应大于 10^{10} Ω。绝缘电阻下降和不稳定都会产生零漂和测量误差。

(4) 灵敏系数。灵敏系数 K 值的准确性直接影响测量精度，其误差大小是衡量应变片质量优劣的主要标志。要求 K 值尽可能大且稳定，对于 K 的分析，前面已叙述过，在此不再赘述。

(5) 允许电流。允许电流是指不因电流产生热量而影响测量精度的应变片允许通过的最大电流。它与应变片本身、试件、黏合剂和环境等有关，要根据应变片的阻值和结合电路具体情况计算。为了保证测量精度，在静态测量时，允许电流一般为 25mA；在动态测量时，

允许电流可达 $75\sim100\text{mA}$。金属箔式应变片散热条件好，允许电流较大。

（6）机械滞后。对已安装的应变片，在恒定的温度环境下，加载和卸载过程中同一负载在指示应变的最大差数，称为机械滞后，如图 5-22 所示。造成此现象的原因很多，如应变片本身特性不好，试件本身的材质不好，黏合剂选择不当，固化不良，粘贴技术不佳，粘贴层太厚等。机械滞后的大小与应变片所承受的应变量有关，加载时机械应变量大，卸载过程中产生新的应变量；第一次承受应变负载时常常发生较大的机械滞后，经过几次加、卸载循环后，机械滞后便明显减少。通常，在测量之初，可对新粘贴的应变片试件反复加、卸载 $3\sim5$ 次，以减少机械滞后对测量结果的影响。

（7）应变极限。对于已粘贴好的应变片，其应变极限是指在一定温度下，指示应变 ε_i 与受力试件的真实应变 ε_m 的相对误差达规定值（一般为 10%）时的真实应变值 ε_j，如图 5-23所示。为提高 ε_j 值，应选用抗剪强度较高的黏合剂和基底材料，基底和黏合剂的厚度不宜太大，并经适当的固化处理。

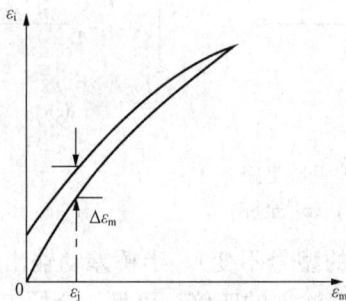

图 5-22　应变片的机械滞后　　　　　　图 5-23　应变极限

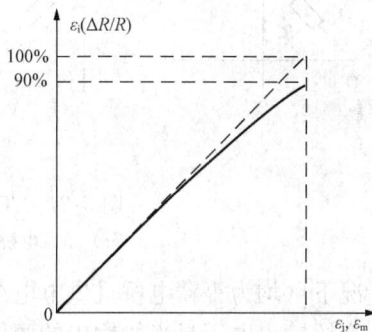

（8）零漂和蠕变。零漂是指试件不受力且温度恒定的情况下，应变片的指示应变不为零，且数值随时间变化的特性。产生零点漂移的原因有：敏感栅通过工作电流产生的温度效应、应变片内部应力逐渐老化以及黏合剂固化不充分等。蠕变是指在温度恒定、试件受力也恒定的情况下，指示应变随时间变化的特性。产生蠕变的主要原因是：制作应变片时产生的内应力和工作中的剪应力，使丝栅、基底，特别是胶层之间发生的“滑动”，使力传到敏感栅的应变量逐渐减小。选用弹性模量较大的黏合剂和基底材料，适当减薄胶层和基底，并重复固化，有利于改善蠕变特性。

实际上，应变片工作时，零漂和蠕变是同时存在的，在蠕变中包含着同一时间内的零漂值。零漂和蠕变都是用来衡量应变片特性对时间的稳定性的，在长时间测量时其意义更为重要。

（9）热滞后。对已安装的应变片，试件可自由膨胀并不受外力作用，在室温与极限工作温度之间升高或降低温度，同一温度下指示应变的差数，称为热滞后。这主要由粘贴层的残余引力、干燥程度、固化速度和屈服点变化等引起。应变片粘贴后进行“二次固化处理”，可使热滞后值减小。

（10）疲劳寿命。对已安装的应变片在一定的交变机械应变幅值下，可连续工作而不致产生疲劳损坏的循环次数，称为疲劳寿命。疲劳寿命的循环次数与动负载的特性及大小有密切的关系。一般情况下循环次数可达 $10^6\sim10^7$。

5.2.3　测量电路

电阻应变片把机械应变信号转换成 $\Delta R/R$ 后，由于应变量 ε 通常在 5000μ 以下，所引起的电阻变化 $\Delta R/R$ 一般都很小，既难以直接精确测量，也不便直接处理。所以需要把电阻的变化转换成电压或电流的变化，因此，需要有专用的测量电路。通常采用直流电桥电路或交流电桥电路。

将电阻应变片接入电桥电路充当某一桥臂，其组桥方法有三种：只使用一支应变片充当一个桥臂的单臂情况；使用两支同型号的应变片接入电桥并作为相邻两臂的半桥工作情况；电桥四个桥臂均为同类应变片，组成两对差动的全桥工作情况，直流电桥三种组桥电路如图 5-24 所示。

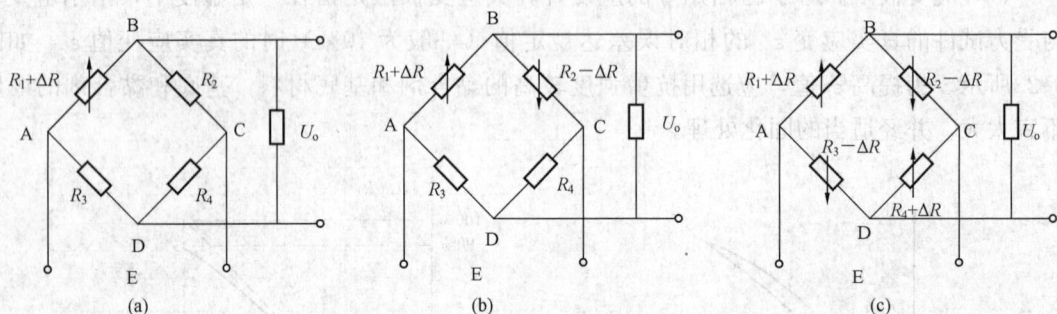

图 5-24　直流电桥三种组桥电路
(a) 单臂电桥；(b) 半桥；(c) 全桥

相同情况下（均为等臂电桥且供电电源和应变的型号不变），半桥差动输出电压是单臂桥的两倍，全桥输出电压是半桥输出的两倍，是单臂输出的四倍。可见，全桥工作时的输出电压最大，检测的灵敏度最高。同时半桥与全桥在分析处理当中没有处理微观量，因此能够消除非线性误差。

半桥和全桥电路除了能够将应变信号转换成电压信号，提高灵敏度外，还能进行应变片的温度误差补偿。

为了便于分析处理，给出应变片电桥工作的一般形式。设电桥的四臂相应的电阻增量为 ΔR_1、ΔR_2、ΔR_3、ΔR_4，由式 (3-1) 得

$$U_\circ = \frac{(R_1+\Delta R_1)(R_4+\Delta R_4)-(R_2+\Delta R_2)(R_3+\Delta R_3)}{(R_1+\Delta R_1+R_2+\Delta R_2)(R_3+\Delta R_3+R_4+\Delta R_4)}E \tag{5-32}$$

仍应用等臂电桥条件 $R_1=R_2=R_3=R_4=R$，代入式 (5-32)，得

$$U_\circ = \frac{R(\Delta R_1-\Delta R_2-\Delta R_3+\Delta R_4)+\Delta R_1\Delta R_4-\Delta R_2\Delta R_3}{(2R+\Delta R_1+\Delta R_2)(2R+\Delta R_3+\Delta R_4)}E \tag{5-33}$$

当 $\Delta Ri\ll R(i=1,2,3,4)$ 时，略去式 (5-33) 中的高阶微量，则

$$U_\circ = \frac{U}{4}\left(\frac{\Delta R_1}{R}-\frac{\Delta R_2}{R}-\frac{\Delta R_3}{R}+\frac{\Delta R_4}{R}\right) \tag{5-34}$$

由电阻应变效应 $\left(\frac{\Delta R}{R}=K\varepsilon\right)$，可得

$$U_\circ = \frac{U}{4}(\varepsilon_1-\varepsilon_2-\varepsilon_3+\varepsilon_4) \tag{5-35}$$

式 (5-35) 为应变电桥的一般形式。ε 可以为轴向应变，也可以是径向应变。当应变片

的粘贴方向确定后，若为压应变则 ε 以负值代入，若为拉应变则 ε 以正值代入。

用应变片组成交流电桥与直流电桥一样，也可有半桥、全桥的形式，交流电桥特性可参看 3.1 节，具体的分析方法与直流电桥的分析方法相同，读者可自行分析，这里不再赘述。

【例 5-1】 一只应变片的电阻 $R=120\Omega$，灵敏度系数 $K=2.05$，用做应变 $\varepsilon=800\mu m/m$ 的传感元件，将其接入等臂电桥。试求：

(1) ΔR 和 $\Delta R/R$；

(2) 若电源电压 $U=3V$，直流单臂电桥的输出电压 $U_\circ$ 为多大？

解： (1) 应变片的电阻相对变化量为

$$\frac{\Delta R}{R} = K\varepsilon = 2.05 \times 800 \times 10^{-6} = 1.64 \times 10^{-3} = 0.164\%$$

应变片的电阻变化量为

$$\Delta R = R\frac{\Delta R}{R} = 120 \times 0.164\% = 0.197\Omega$$

(2) 直流单臂电桥的输出电压为

$$U_\circ = \frac{1}{4}\frac{\Delta R}{R}U = \frac{1}{4} \times 0.164\% \times 3 = 1.23mV$$

【例 5-2】 在以钢为材料的实心圆柱形试件上，沿轴线和圆周方向各贴一片电阻为 120Ω 的金属应变片 R_1 和 R_2，并将它们作为邻臂组成电桥电路。如果钢的泊松系数 $\mu=0.285$，应变片的灵敏系数 $K=2$，电桥电源电压 $U=2V$，当试件受到轴向拉伸时，测得应变片 R_1 的电阻变化值 $\Delta R_1=0.48\Omega$，求：

(1) 轴向应变量；

(2) 电桥的输出电压。

解： (1) 根据

$$\frac{\Delta R_1}{R_1} = K\varepsilon$$

轴向应变量为

$$\varepsilon = \frac{\Delta R_1}{R_1}\frac{1}{K} = \frac{0.48}{120} \times \frac{1}{2} = 0.002 = 2000\mu\varepsilon$$

(2) 根据泊松效应知，圆柱的轴向应变为

$$\varepsilon r = -\mu\varepsilon = -0.285 \times 2000 = -570\mu\varepsilon$$

故 $$\Delta R_2 = K\varepsilon rR_2 = -2 \times 570 \times 10^{-6} \times 120 = -0.137\Omega$$

电桥电路的输出电压为

$$U_\circ = \frac{1}{4}\left(\frac{\Delta R_1}{R_1} - \frac{\Delta R_2}{R_2}\right)U = \frac{1}{4} \times \left(\frac{0.48}{120} + \frac{0.137}{120}\right) \times 2 = 2.57 \times 10^{-3}V = 2.57mV$$

5.2.4 温度误差及补偿

1. 温度误差及产生的原因

作为电阻应变片，在测量时希望阻值随应变而变，不受任何其他因素影响。但实际上，应变片的电阻变化受温度影响很大。当把应变片安装在一个可以自由膨胀的试件上时，使试件不受任何外力的作用，如果环境温度发生变化，则应变片的电阻也随之发生变化。应变片由于温度变化所引起的电阻变化与试件（弹性元件）应变所造成的电阻变化几乎有相同的数

量级。因此，在应变测量中如果不排除这种影响，则必然给测量带来很大误差。这种由于环境温度带来的误差称为应变片的温度误差，又称热输出。

下面分析温度误差产生的原因。

（1）温度变化引起应变片敏感栅电阻变化而产生附加应变。敏感栅的电阻丝阻值随温度变化的关系为

$$R_T = R_0(1 + \alpha \Delta T) \tag{5-36}$$

式中　R_T——温度 T℃时的电阻值；

　　　R_0——温度 T_0℃时的电阻值；

　　　ΔT——温度的变化值，$\Delta T = T - T_0$；

　　　α——敏感栅材料的电阻温度系数。

当温度变化 ΔT 时，电阻丝电阻的变化值为

$$\Delta R_{T\alpha} = R_T - R_0 = R_0 \alpha \Delta T \tag{5-37}$$

式中　$\Delta R_{T\alpha}$——温度改变 ΔT 时的电阻变化值，Ω。

（2）线膨胀系数不同使应变片产生附加应变。当试件与电阻丝材料的线膨胀系数相同时，不论环境温度如何变化，电阻丝的变形仍和自由状态一样，不会产生附加变形。

当试件与电阻丝材料的线膨胀系数不同时，由于环境温度的变化，电阻丝会产生附加变形，从而产生附加电阻。

图 5-25 所示为线膨胀系数不一致引起的温度误差示意图。设粘贴在试件上的应变丝的长度为 L_0，应变丝和试件的线膨胀系数分别为 β_s 和 β_g，当温度变化 ΔT 时，应变丝受热膨胀至 L_{T1}，而应变丝下的构件相应地由 L 伸长到 L_{T2}，则

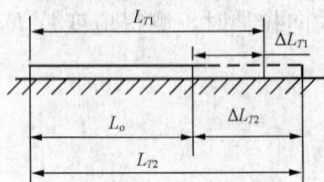

图 5-25　线膨胀系数不一致
引起的温度误差示意图

$$L_{T1} = L_0(1 + \beta_s \Delta T) \tag{5-38}$$
$$\Delta L_{T1} = L_{T1} - L_0 = L_0 \beta_s \Delta T \tag{5-39}$$
$$L_{T2} = L_0(1 + \beta_g \Delta T) \tag{5-40}$$
$$\Delta L_{T2} = L_{T2} - L_0 = L_0 \beta_g \Delta T \tag{5-41}$$

式中　β_s——应变丝的线膨胀系数，表示单位温度引起的相对长度的变化，1/℃；

　　　β_g——构件的线膨胀系数，表示单位温度引起的相对长度的变化，1/℃；

　　ΔL_{T1}——应变丝的膨胀量；

　　ΔL_{T2}——构件的膨胀量。

由于 $\beta_s \neq \beta_g$，即 $\Delta L_{T1} \neq \Delta L_{T2}$，构件将应变丝从"$L_{T1}$"拉伸至"$L_{T2}$"，从而使应变丝产生了附加的变形，即

$$\Delta L_\beta = \Delta L_{T2} - \Delta L_{T1} = (\beta_g - \beta_s)\Delta T L_0 \tag{5-42}$$

于是引起了附加应变，即

$$\varepsilon_\beta = \frac{\Delta L_\beta}{L_{T1}} = \frac{(\beta_g - \beta_s)\Delta T L_0}{L_0(1 + \beta_s \Delta T)} \approx (\beta_g - \beta_s)\Delta T \tag{5-43}$$

相应引起的电阻变化量（基于应变效应）为

$$\Delta R_T = R_0 K \varepsilon_\beta = R_0 K(\beta_g - \beta_s)\Delta T \tag{5-44}$$

综上所述，总的电阻变化量及相对变化量为

$$\Delta R_T = \Delta R_{T\alpha} + \Delta R_{T\beta} = R_0 \alpha \Delta T + R_0 K (\beta_{\mathrm{g}} - \beta_{\mathrm{s}}) \Delta T \qquad (5\text{-}45)$$

$$\frac{\Delta R_T}{R_0} = \alpha \Delta T + K (\beta_{\mathrm{g}} - \beta_{\mathrm{s}}) \Delta T \qquad (5\text{-}46)$$

折合成相应的应变量为

$$\varepsilon_T = \frac{\dfrac{\Delta R_T}{R_0}}{K} = \left[\frac{\alpha}{K} + (\beta_{\mathrm{g}} - \beta_{\mathrm{s}}) \right] \Delta T \qquad (5\text{-}47)$$

式（5-47）即为温度变化引起的附加电阻变化所带来的附加应变的变化，给测量带来了误差。该误差除与环境温度有关外，还与应变片本身的性能参数（K，α，β_{s}）及试件的线膨胀系数 β_{g} 有关，也与黏合剂有关。

2. 温度误差的补偿方法

温度误差的补偿方法通常有两种：应变片温度自补偿法和电路补偿法。

（1）应变片温度自补偿法。温度自补偿法应变片是粘贴在被测试件上的一种特殊应变片，当温度变化时，产生的附加应变为零或相互抵消，这种特殊的应变片称为温度自补偿应变片。利用温度自补偿应变片来实现温度补偿的方法称为应变片温度自补偿法。这种方法分为以下两种：

1）单丝自补偿应变片（选择式自补偿应变片）。实现温度自补偿的条件由式（5-47）可得

$$\alpha = K (\beta_{\mathrm{s}} - \beta_{\mathrm{g}}) \qquad (5\text{-}48)$$

即如果被测试件材料确定后，就可以选择合适的应变片敏感栅材料的电阻温度系数 α 和线膨胀系数 β_{s} 来满足式（5-48），从而达到温度补偿。这种方法的缺点是：一种应变片只能在特定的试件材料上使用，不同试件材料必须用不同的应变片，局限性很大。

2）双金属敏感栅自补偿应变片。这种应变片也称组合式自补偿应变片，利用两种电阻丝材料的电阻温度系数不同（一种为正，一种为负）的特性，将其串联绕成敏感栅，如图 5-26 所示。这两段敏感栅的电阻 R_1 和 R_2 由于温度变化而引起的电阻变化分别为 ΔR_{1T} 和 ΔR_{2T}，它们的大小相等、符号相反，达到了温度补偿的目的。两段敏感栅电阻 R_1 和 R_2 的关系式为

$$\frac{R_1}{R_2} = -\frac{\Delta R_{2T}/R_2}{\Delta R_{1T}/R_1} = -\frac{\alpha_2 + K_2 (\beta_{\mathrm{g}} - \beta_2)}{\alpha_1 + K_1 (\beta_{\mathrm{g}} - \beta_1)} \qquad (5\text{-}49)$$

这种补偿方法的优点是通过调节两种敏感栅的长度比，以便在某一定的受力件材料上于一定的温度范围内，获得较好的温度自补偿，补偿效果较单丝自补偿好。

另一种自补偿方法是利用温度自补偿应变片，其示意及电路图如图 5-27 所示。这种应变片在结构上与金属自补偿应变片相同，但敏感栅是由同符号电阻温度系数的两种合金丝串联组成，而且敏感栅的两部分电阻 R_1 和 R_2 分别接入电桥的相邻两臂上，R_1 是工作臂，R_2 与外接串联电阻 R_{B} 组成补偿臂，另两臂只能接入平衡电阻 R_3、R_4。适当调节它们的比值和外接串联电阻 R_{B} 的阻值，可以使两桥臂由于温度变化而引起的电阻变化相等或接近，达到热补偿的目的，即满足

$$\frac{\Delta R_{1T}}{R_1} = \frac{\Delta R_{2T}}{R_2 + R_{\mathrm{B}}} \qquad (5\text{-}50)$$

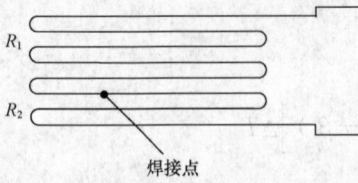

图 5-26　双金属敏感栅自补偿应变片结构示意

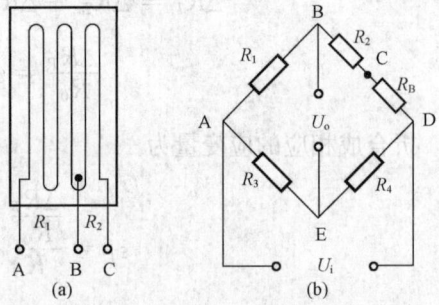

图 5-27　温度自补偿法

(a) 温度自补偿应变片示意图；(b) 电路图

　　这种补偿法的最大优点是通过调整 R_B 的阻值，不仅可使热补偿达到最佳效果，而且还适用于不同的线膨胀系数的测试件。其缺点是对 R_B 的精度要求高，同时，当有应变时，补偿栅同样起着抵消工作栅有效应变的作用，使应变片输出的灵敏度降低。因此，补偿栅材料通常选用电阻温度系数 α 大而电阻率低的铂或钠合金，只要较小的铂电阻就能达到温度补偿，同时使应变片的灵敏系数损失少一些。应变片必须使用电阻率大、电阻温度系数小的材料。这类应变片可以在不同膨胀系数材料的试件上实现温度自补偿，所以比较通用。

　　(2) 电路补偿法，又称补偿片法。这种补偿法利用应变片测量电路（电桥）的特点来进行补偿，其应变片示意及电路图如图 5-28 所示。如图 5-28 (a) 所示，R_1 和 R_2 为两个相同型号的应变片，同处于相同的温度场。R_1 为工作应变片，粘贴在试件上，接受外力作用，发生应变效应；R_2 为补偿应变片，粘贴在材料、温度与试件相同的补偿块上（位置可以选择），不接受外力作用，不产生应变效应，只起到补偿温度误差的作用，称为补偿片。图 5-28 (b) 所示两应变片作为桥路的两个相邻桥臂，由于两应变片的型号相同，且处于同一个温度场下，所以相同温度变化引起的电阻变化量是相同的。由电桥平衡可知，当相邻桥臂发生等量变化时，电桥平衡条件不变，电桥保持平衡，而只有当工作应变片 R_1 受力产生应变效应后，电桥平衡才会被打破，从而起到温度补偿的作用。这种方法简单，在常温下补偿效果较好。其不足是在温度变化梯度较大时，很难做到使工作片与补偿片处于完全一致的状态，因而影响补偿效果。

　　在实际应用中，有些试件结构可以巧妙地安装应变片而不需补偿块，并兼得灵敏度的提高。如图 5-28 (c) 所示的弹性悬臂梁，将两组四个型号完全相同的应变片分别粘贴在梁的

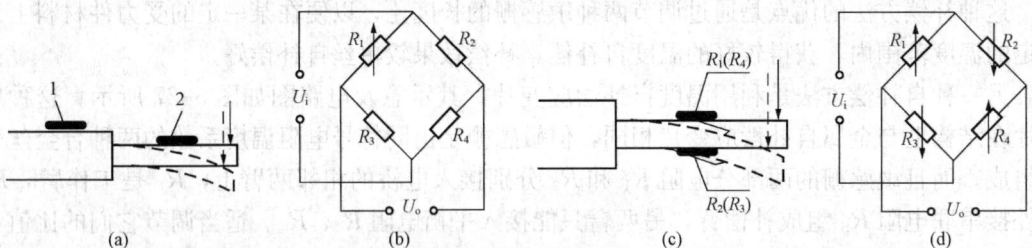

图 5-28　电路补偿法

(a) 补偿法 1 的应变片示意图；(b) 补偿法 1 的电路图；(c) 补偿法 2 的
应变片示意图；(d) 补偿法 2 的电路图

1—补偿应变片 R_2；2—工作应变片 R_1

上方和下方，当受力时，两组应变片产生的形变大小相同，方向相反，组成差动全桥输出，这样可提高灵敏度，同时，由于应变片处于相同温度场，也起到了温度补偿的作用。

此外，还可以采用热敏电阻进行电路补偿，其电路如图 5-29 所示。热敏电阻 R_t 与应变片处在相同温度下，当应变片的灵敏度随温度升高而下降时，热敏电阻 R_t 的阻值下降（负温度系数热敏电阻），使电桥的输入电压随温度升高而增加，从而提高电桥的输出电压。选择分流电阻 R_5 的值，可以使应变片灵敏度下降对电桥输出的影响得到很好的补偿。

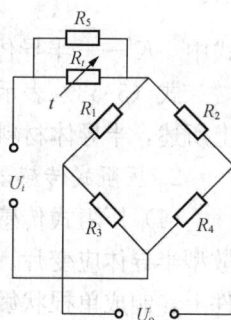

图 5-29　热敏电阻
补偿法电路

5.2.5　压阻式传感器

金属电阻应变片性能稳定，精度较高，至今还在不断地改进和发展，并在一些高精度应变式传感器中得到了广泛的应用。这类应变片的主要缺点是应变灵敏系数较小。而 20 世纪 50 年代中期出现的半导体应变片，主要有体型半导体应变片和扩散型半导体应变片，可以改善这一不足，其灵敏系数比金属电阻应变片约高 50 倍。用半导体应变片制作的传感器称为压阻式传感器，其工作原理是基于半导体材料的压阻效应。

1. 压阻效应

压阻式传感器的工作原理是基于半导体材料的压阻效应。半导体材料受到压力作用后，其电阻率发生明显变化，这种现象称为压阻效应。

当金属或半导体材料受力变形后，其电阻的相对变化量可引用式（5-26），即

$$\frac{\Delta R}{R} = \frac{\Delta \rho}{\rho} + \frac{\Delta L}{L} - \frac{\Delta S}{S}$$

对金属应变片而言，式中的 $\Delta \rho / \rho$ 一项较小，即电阻率的变化率较小，有时可忽略不计，而 $\Delta L / L$ 与 $\Delta S / S$ 两项较大，即尺寸的变化率较大，故金属电阻的变化率主要是由 $\Delta L / L$ 与 $\Delta S / S$ 两项引起的，这就是金属应变片的基本工作原理。对半导体而言，式（5-26）中的 $\Delta L / L$ 与 $\Delta S / S$ 两项很小，即尺寸的变化率很小，可忽略不计，而 $\Delta \rho / \rho$ 一项较大，也就是电阻率变化率较大，故半导体电阻的变化率主要是由 $\Delta \rho / \rho$ 一项引起的，这就是压阻式传感器的基本工作原理。

如果引用计算式

$$\frac{\Delta \rho}{\rho} = \pi \sigma \tag{5-51}$$

式中　π——压阻系数；

　　　σ——应力。

若引入横向变形的关系，则电阻的相对变化率可写成

$$\frac{\Delta R}{R} = \pi \sigma + \frac{\Delta L}{L} + 2\mu \frac{\Delta L}{L} = \pi E \varepsilon + (1 + 2\mu)\varepsilon = (\pi E + 1 + 2\mu)\varepsilon = K\varepsilon \tag{5-52}$$

灵敏系数 $K = \pi E + 1 + 2\mu$，对金属来讲，πE 比较小，可忽略不计，而泊松比一般为 $\mu = 0.25 \sim 0.5$，则 $K = 1 + 2\mu \approx 1 \sim 2$。

而对半导体来讲，$1 + 2\mu$ 可忽略不计，而压阻系数 $\pi = (40 \sim 80) \times 10^{-11} \mathrm{Pa}$，弹性模量 $E = 1.67 \times 10^{11} \mathrm{Pa}$，故

$$K' = \pi E \approx (50 \sim 100)K \tag{5-53}$$

式中　K'——半导体材料的灵敏系数。

式（5-53）表示，压阻式传感器的灵敏系数是金属应变片的灵敏系数的 $50\sim100$ 倍。综上所述，半导体材料电阻变化率 $\Delta R/R$ 主要是由 $\Delta\rho/\rho$ 引起的，这就是半导体的压阻效应。

2. 压阻式传感器的结构与测量电路

(1) 压阻式传感器的结构。基于压阻效应的半导体应变片主要有体型半导体应变片和扩散型半导体应变片。体型半导体应变片是将原材料按所需晶向切割成片或条，粘贴在弹性元件上，制成单根状敏感栅使用。图 5-30 所示为半导体应变片的结构形式。如将 P 型杂质扩散到 N 型硅片，形成极薄的导电 P 型层，焊上引线即成应变片，称扩散型半导体应变片。扩散型半导体应变片已经和弹性元件（即 N 型硅基底）结合在一起，用不着粘贴，所以应用尤为普遍。

半导体应变片的主要优点是：灵敏系数比金属电阻应变片的灵敏系数大数十倍；通常不需要放大器就可以直接输入显示器或记录仪，可简化测试系统；另外它的横向效应和机械滞后极小。但是，半导体应变片的温度稳定性和线性度比金属电阻应变片差得多，很难用它制作高精度的传感器，只能作为其他类型传感器的辅助元件。近年来，由于半导体材料和制作技术的提高，半导体应变片的温度稳定性和线性度都得到了改善。

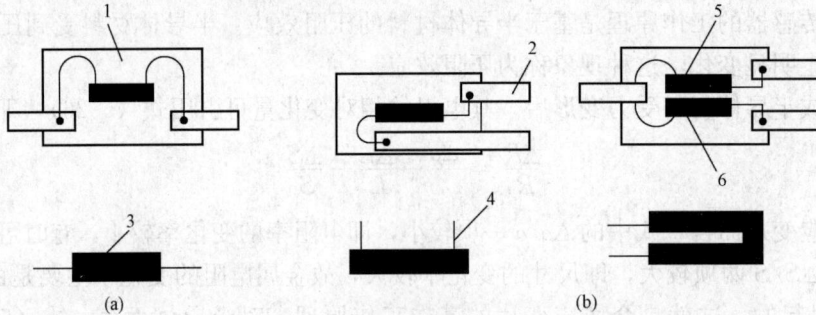

图 5-30　半导体应变片的结构形式

(a) 体型；(b) 扩散型

1—基片；2—带状引线；3—Si 片；4—金线；5—P-Si；6—N-Si

(2) 压阻式传感器的测量电路。半导体应变片的测量电路和金属应变片的测量电路类似，均常用电桥电路，组成全桥电路的灵敏度最大。电桥的供电电源可采用恒流源，也可采用恒压源。当采用恒压源时，考虑到环境温度变化的影响，其关系为

$$U_。 = \frac{U\Delta R}{R + \Delta R_T} \tag{5-54}$$

式中　$U_。$——电桥输出电压；

U——电桥供电电压；

R——应变片阻值；

ΔR——应变片阻值变化；

ΔR_T——应变片由于环境温度变化而引起的阻值变化。

式（5-54）说明，电桥输出电压与 $\Delta R/R$ 成正比，同时也说明采用恒压源供电时，桥路输出电压受环境温度的影响。

若采用恒流源供电，则桥路输出电压为

$$U_。= I\Delta R \tag{5-55}$$

式中　I——恒流源电流。

式（5-55）说明，电桥输出电压与 ΔR 成正比，且环境温度的变化对其没有影响。

由于半导体应变片是采用粘贴的方法安装在弹性元件上的，存在着零点漂移和蠕变，用它制成的传感器的长期稳定性差。

表 5-2 列出了几种常用半导体应变片。

表 5-2　　　　　　　　　　　　　几种常用半导体应变片

型　　号	PBD7-1K	PBD6-350	PBD7-120	KSN-6-350-E3-23	KSP-3-F2-11	MS105-350
材料	P 型单晶硅	P 型单晶硅	P 型单晶硅	N 型单晶硅	N 型—P 型单晶硅	P 型单晶硅
硅条尺寸 （mm）	7×0.4×0.05	6×0.4×0.08	7×0.4×0.08	6×0.25 （长×宽）	3×0.6（N） 3×0.3（P）	19×0.5×0.02
电阻值（Ω）	1000（1±5%）	350（1±5%）	120（1±5%）	350	120	350
灵敏系数	140（1±5%）	150（1±5%）	120（1±5%）	−110	210	127
基底材料	酚醛树脂	酚醛树脂	酚醛树脂	酚醛树脂	酚醛树脂	环氧树脂
基底尺寸 （mm×mm）	10×7	10×7	10×7	10×4.5	10×4	25.4×127
电阻温度系数 （%/℃）	<0.4	<0.3	<0.16	—	—	—
灵敏度温度系数 （%/℃）	<0.3	<0.28	<0.17	—	—	—
极限工作温度 （℃）	100	100	100	—	—	—
允许电流 （mA）	15	15	25	—	—	—
生产国别	中	中	中	日	日	美
备注	—	—	—	温度自动补偿，适用于铝合金	两元件温度补偿型，适用于普通钢试件	硅片薄，挠性好，可贴在直径为 25mm 的圆柱面上

5.3　电阻应变传感器的应用

5.3.1　电位器式传感器的应用

（1）压力的测量。电位器式压力传感器是利用弹性元件（如弹簧管、膜片或膜盒）把被测的压力变换为弹性元件的位移，并使此位移变为电刷触点的移动，从而引起输出电压或电流相应的变化。图 5-31 所示为 YCD-150 型电位器式压力传感器原理图。它由一个弹簧管和电位器组成，用于检测气体的压力。电位器固定在壳体上，而电刷与弹簧管的传动机构相连接。当被测压力变化时，弹簧管的自由端位移，通过传动机构，带动电刷在线绕式电位器上滑动，从而将被测压力值转换为电阻的变化值，因而输出一个与被测压力成正比的电压信号。

图 5-32 所示为膜盒电位器式压力传感器原理图。弹性敏感元件膜盒的内腔，通入被测流体压力，在此压力作用下，膜盒硬中心产生位移，推动连杆上移，使曲柄轴带动电刷在电位器电阻丝上滑动，则输出一个与被测压力成正比的电压信号。

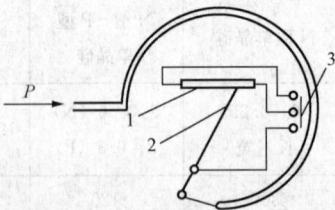

图 5-31　YCD-150 型电位器式压力传感器原理图
1—电位器；2—电刷；3—输出端子

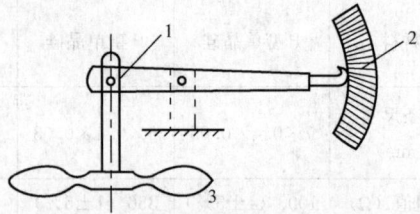

图 5-32　膜盒电位器式压力传感器原理图
1—连杆；2—电位器；3—膜盒

（2）位移的测量。图 5-33 所示为电位器式位移传感器的结构示意图。电阻线 1 以均匀的间隔绕在用绝缘材料制成的骨架上，触点 2 沿着电阻丝的裸露部分滑动，并由导电片 4 输出。在测量比较小的位移时，往往因齿轮、齿条机把线位移变换成角位移。图 5-34 所示为测小位移传感器示意图。

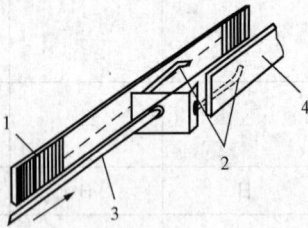

图 5-33　电位器式位移传感器结构示意图
1—电阻线；2—触点；3—输入轴；4—导电片

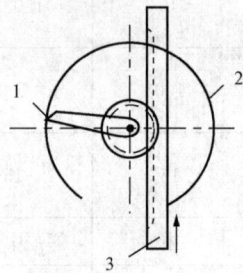

图 5-34　测小位移传感器示意图
1—电刷；2—电阻器；3—齿条

（3）液位的测量。图 5-35 所示为摩托车汽油油位传感器。它由随液位升降的浮球经过曲杆带动电刷位移，将液位变成电阻变化。

（4）加速度的测量。图 5-36 所示为电位器式加速度传感器结构示意图。惯性质量在被测加速度的作用下，使片状弹簧产生正比于被测加速度的位移，从而引起电刷在电位器的电阻元件上滑动，因此输出一个与加速度成比例的电压信号。

图 5-35 摩托车汽油油位传感器

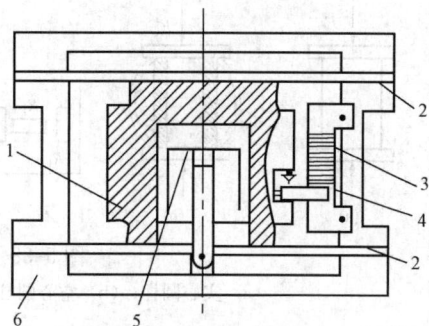

图 5-36 电位器式加速度传感器结构示意图
1—惯性质量；2—片弹簧；3—电位器；
4—电刷；5—阻尼器；6—壳体

5.3.2 应变式电阻传感器的应用

电阻应变片可直接粘贴在被测量的受力构件上，测量应力和应变。然而要测量其他被测量（如力、压力、加速度等），就需要先将这些被测量转换成应变，然后再用应变片进行测量，比直接测量多了一个转换过程，完成这种转换的元件称为弹性敏感元件。由弹性敏感元件和应变片以及一些附件（补偿元件、壳体等）便组成各种应变式电阻传感器。

应变式传感器的结构组成框图如图 5-37 所示。

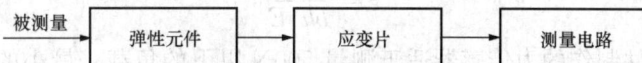

图 5-37 应变式传感器的结构组成框图

弹性元件的结构形式很多，可以根据不同弹性元件的结构特性，构成用于测量力、力矩、压力、加速度等参量的应变式传感器。下面就几种常用的应变式传感器结构特性进行讨论。

（1）力的测量。被测量为荷重或力的应变式传感器，统称为应变式力传感器，是工业测量中用得较多的一种传感器，传感器量程从几克到几百吨，主要用于各种电子秤与材料试验机的测力元件、发动机的推力测试、水坝坝体承载状况监测等。

应变式力传感器要求有较高的灵敏度和稳定性，当传感器受到侧向作用力或力的作用点发生轻微变化时，不应对输出有明显的影响。

应变式力传感器的弹性元件有柱式、悬臂式、环式、框式等数种。

1）柱式力传感器。圆柱式力传感器的弹性元件分为实心和空心两种，其结构示意分别如图 5-38 （a）、（b）所示。实心圆柱可以承受较大的负荷，在弹性范围内，应力与应变成正比关系，即

$$\varepsilon = \frac{\Delta L}{L} = \frac{\sigma}{E} = \frac{F}{SE} \tag{5-56}$$

式中　F——作用在弹性元件上的集中力；

　　　S——圆柱的横截面积；

　　　E——弹性元件的弹性模量。

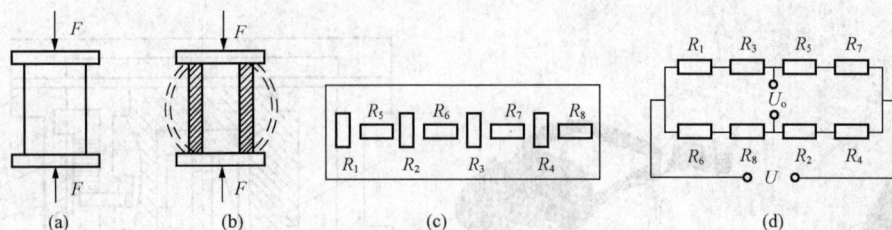

图 5-38　圆柱式力传感器

(a) 实心圆柱；(b) 空心圆柱；(c) 圆柱面展开图；(d) 桥路连接图

　　空心圆柱多用于小集中力的测量。应变片粘贴在弹性体外臂应力分布均匀的中间部分，对称地黏贴多片，电桥接线时应尽量减小载荷偏心和弯矩的影响，贴片在圆柱面上的位置及其在桥路中的连接如图 5-38 (c) 和 (d) 所示，R_1 和 R_3 串接，R_2 和 R_4 串接，并置于桥路对臂上以减小弯矩影响，横向贴片做温度补偿用。

　　2) 梁式力传感器。

　　①等截面悬臂梁应变式力传感器。其结构原理如图 5-39 (a) 所示。弹性元件为一端固定的悬臂梁，力作用在自由端。在梁固定端附近的上、下表面顺着 L 的方向各粘贴两片电阻应变片。此时，若 R_1 和 R_4 受拉，则 R_2 和 R_3 受压，两者发生极性相反的等量应变，4 个电阻应变片组成如图 5-39 (b) 所示的全桥测量电路。粘贴应变片处的应变为

$$\varepsilon = \frac{6LF}{bh^2 E} \tag{5-57}$$

　　由梁式弹性元件制作的力传感器适于测量 500N 以下的负载，最小的可测几十 N 的力。这种传感器具有结构简单、加工容易、应变片容易粘贴、灵敏度高等特点。

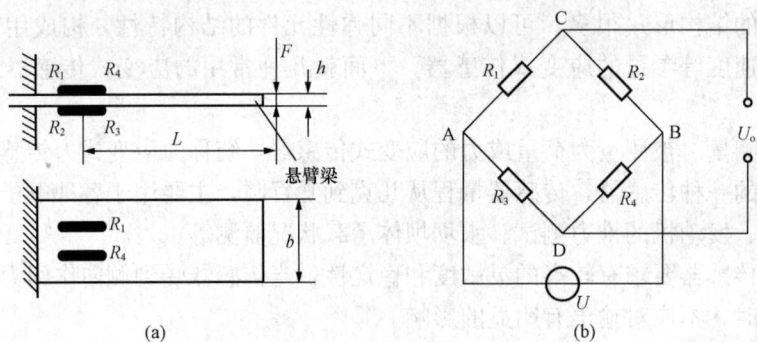

图 5-39　等截面悬臂梁应变式力传感器

(a) 结构原理图；(b) 全桥测量电路

　　②等强度悬臂梁应变式力传感器。应变片在悬臂梁上的粘贴位置如图 5-40 所示。应变片的组桥方式可参看图 5-39 (b)。当在自由端加上作用力时，在梁上各处产生的应变大小相等。因此，应变片沿纵向的黏贴位置误差为零，但上下片对应位置要求仍然严格。梁上各点的应变为

$$\varepsilon = \frac{6LF}{b_0 h^2 E} \tag{5-58}$$

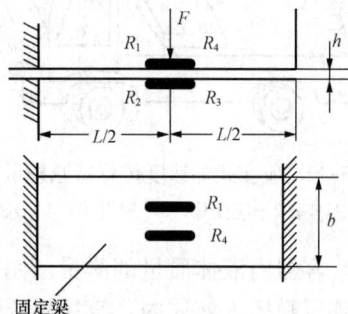

③双端固定梁应变式力传感器。如图 5-41 所示，梁的两端都固定，中间加载荷，应变片粘贴在中间位置，并按图 5-28（c）组成全桥。双端固定梁的应变为

$$\varepsilon = \frac{3LF}{4bh^2E} \tag{5-59}$$

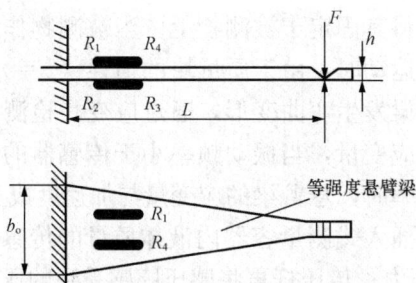

图 5-40　等强度悬壁梁应变片力传感器　　图 5-41　双端固定梁应变式力传感器

如图 5-42（a）所示，弹性元件为一具有盲孔的圆筒。当被测流体压力 p 作用于筒体内壁时，圆筒部分发生变形，其外表面上的切向应变（沿着圆周线）为

$$\varepsilon = \frac{p(2-\mu)}{E(n^2-1)} \tag{5-60}$$

式中　n——筒外径与内径之比，$n=D_0/D$。

对于薄壁筒，计算公式为

$$\varepsilon = \frac{pD}{2hE}(1-0.5\mu) \tag{5-61}$$

式中　h——筒外径与内径之差，即壁厚，$h=(D_0-D)/2$。

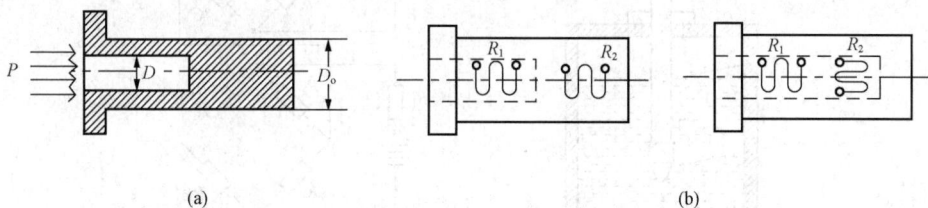

(a)　　　　　　　　　　(b)

图 5-42　筒式压力传感器
(a) 结构原理图；(b) 应变片的布线方式

由式（5-61）知，应变与壁厚成反比。实际上，对于孔径为 12mm 的圆筒，壁厚大概最小为 0.2mm。如用钢制成（$E=20\times10^6 \text{N/cm}^2$，$\mu=0.3$），设工作应变为 $1000\mu\varepsilon$，则由式（5-61）计算得可测压力约为 780N/cm^2。如果用 E 值较小的材料（如硬铝制作圆筒），则可测较低的压力。这种弹性元件结构简单，制造方便，可测压力的上限值达 14000N/cm^2 或更高。在设计用于测量高压的圆筒时，要进行强度计算，并注意连接处的密封问题。这种传感器可用来测量枪炮膛内压力。

应变片的布片方式如图 5-42（b）所示，工作片贴于圆筒部分沿圆周方向，产生正应

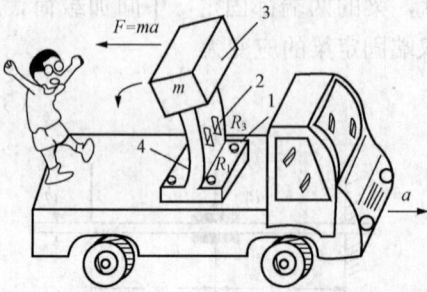

图 5-43 应变式加速度传感器原理示意图
1—基座；2—应变片；3—质量块；4—悬臂梁

变，补偿片贴于圆筒的实心底部外表面（不产生应变）或沿圆筒轴向，起温度补偿作用。

（2）加速度的测量。图 5-43 所示为应变式加速度传感器原理示意图。传感器由质量块、弹性悬臂梁、应变片和基座组成。测量时，将其固定于被测物上。当被测物作水平加速度运动时，由于质量块的惯性（$F=ma$）使悬臂梁发生弯曲变形，通过应变片检测出悬臂梁的应变量，当振动频率小于传感器的固有振动频率时，悬臂梁的应变量与加速度成正比。

（3）容器内液体质量的测量。图 5-44（a）为插入式测量容器内液体质量的传感器的示意图。感压膜插入液体内，直接感受上部液体的压力；传压杆再将感压膜感受到的压力作用到两个微压传感器上。两个微压传感器完全相向，其敏感元件都是由 4 片应变片构成的传感器电桥。测量时，将两个传感器电桥接成正向串接的双电桥电路，如图 5-44（b）所示。电路输出电压为

$$U_0=U_1-U_2=(A_1-A_2)\,h\rho g \tag{5-62}$$

式中　A_1、A_2——两个微压传感器的传输系数；

　　　h——感压膜到液体表面的距离；

　　　ρ——被测液体的密度；

　　　g——重力加速度。

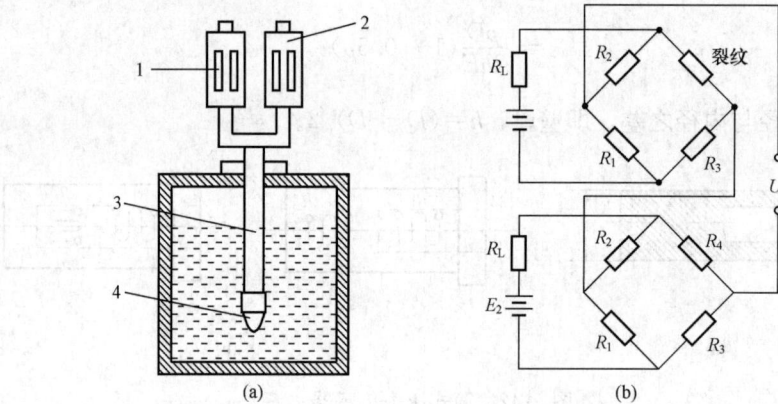

图 5-44　应变式传感器容器内液体质量
（a）原理示意图；（b）信号转换电路图
1—电阻应变片（正反两面共 4 片）；2—微压传感器；3—传压杆；4—感压膜

对于等截面的柱形容器，设其截面面积为 S，则感压膜以上部分液体的总质量 m 为

$$m=h\rho g S \tag{5-63}$$

将式（5-63）带入式（5-62）得

$$U_0=\frac{(A_1-A_2)m}{S} \tag{5-64}$$

式（5-64）表明：双电桥输出电路的输电电压与柱形容器内感压膜以上部分溶液的质量呈线性关系，因此用这种方法可以测量容器内储存的溶液的质量。

（4）手提式电子秤。手提式电子秤成本低、称重精度高、携带方便，适于购物时用。如图 5-45 所示，称重传感器采用准S形双孔弹性体，重力 p 作用在中心线上。弹性体双孔位置贴4片箔式电阻应变片。双孔弹性体可简化为一端受一力偶 M，其大小与 p 及双孔弹性体长度有关。

手提式电子秤测量电路如图 5-46 所示，主要由测量电桥、差动电压放大电路、A/D 转换及数显块等组成。

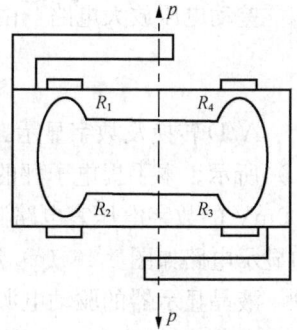

图 5-45 准 S 形称重传感器

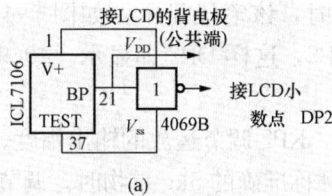

(a)

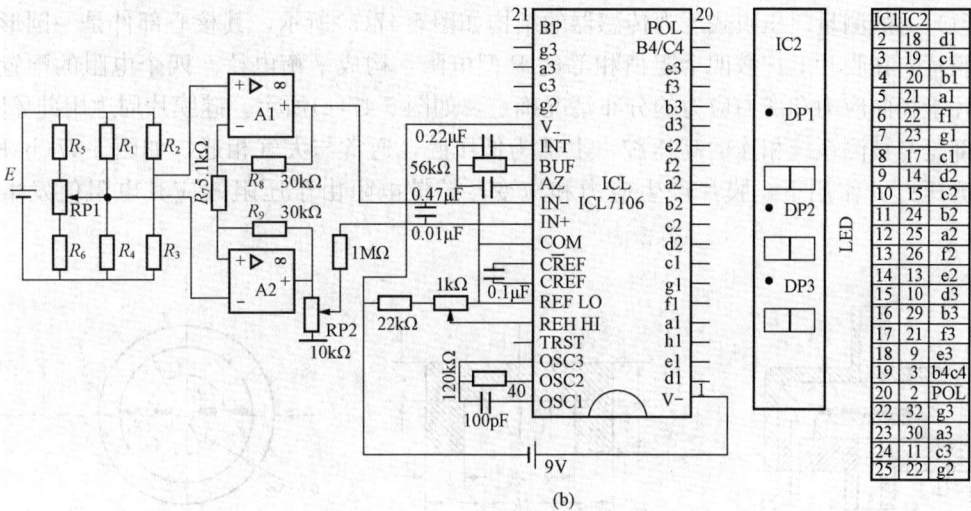

(b)

图 5-46 手提式电子秤测量电路

（a）小数点显示电路；（b）A/D 转换器接线图

测量电桥：电阻应变片组成全桥测量电路。当传感器的弹性元件受到被称重物的重力作用时引起弹性体的变形，使得粘贴在弹性体上的电阻应变片 R_1、R_2、R_3、R_4 的阻值发生变化。不加载荷时电桥处于平衡状态；加载时，电桥将产生不平衡输出。选择 R_1、R_2、R_3、R_4 为特性相同的应变片，其输出为

$$U_\text{o} = \frac{E}{4}\left(\frac{\Delta R_1}{R} - \frac{\Delta R_2}{R} + \frac{\Delta R_3}{R} - \frac{\Delta R_4}{R}\right) \tag{5-65}$$

由于 R_1、R_3 受拉，R_2、R_4 受压，故 $\Delta R_1 = \Delta R_3 = \Delta R$，$\Delta R_2 = \Delta R_4 = -\Delta R$，故电桥输出为

$$U_\text{o} = 4\frac{E}{4}\frac{\Delta R}{R} = EK\varepsilon \tag{5-66}$$

差动电压放大电路：由 A1 和 A2 组成一个电桥差动电压放大电路，其放大倍数为

$$A_u = 1 + \frac{R_8 + R_9}{R_7} = 1 + \frac{30 + 30}{5.1} = 13 \tag{5-67}$$

A/D 转换及数字显示：A/D 转换器选用 $3^{1/2}$ 位 A/D 转换器 ICL7106，其接线如图 5-46 （b）所示。本手提电子秤的量程为 5kg，测量电桥的输出电压为 4.6mV。因此，用量程为 200mV 的数字电压表电路测量显示重量较为合适。小数点选择百分位，即用 DP2，小数点 的显示电路如图 5-46（a）所示。

液晶显示器的驱动电源不宜使用直流，若用直流驱动显示，液晶介质易被极化，使用寿 命大大缩短，因此，驱动液晶显示器的电源均用交流电。本电路使用交流方波电源。 ICL7106 的 BP 端（21 脚）输出一系列方波。液晶显示的笔段电极和背电极（公共电极）加 上两个反相的方波电压时，该笔段显示。如图 5-46（a）所示，4069B 的一个反相器将 BP 方波反相加到小数点 DP2，这样 DP2 即显示。4069B 的 V_{ss} 端接 ICL7106 的数字地为 TEST （37 脚）。

电路中 RP1 调零用，RP2 调节运放的输出幅度。A/D 转换器电路中的 1kΩ 电位器可调节 电子秤的满度，当电子秤称准确的 5kg 重物时，调节 1kΩ 电位器，使液晶显示为 5.00kg 即可。

5.3.3 压阻式传感器的应用

（1）力的测量。压阻式压力传感器的结构如图 5-47(a)所示，其核心部件是一圆形的 N 型硅膜片，在膜片上扩散四个阻值相等的 P 型电阻，构成平衡电桥。四个电阻的配置位置 按膜片上径向应力和切向应力的分布情况确定，如图 5-47(c)所示。硅膜片周边用硅环固定， 其下部是与被测系统相连的高压腔，上部为低压腔，通常与大气相通，如图 5-47(b)所示。 在被测压力 p 作用下，膜片产生应力和应变，扩散电阻由于压阻效应其电阻值发生相对 变化。

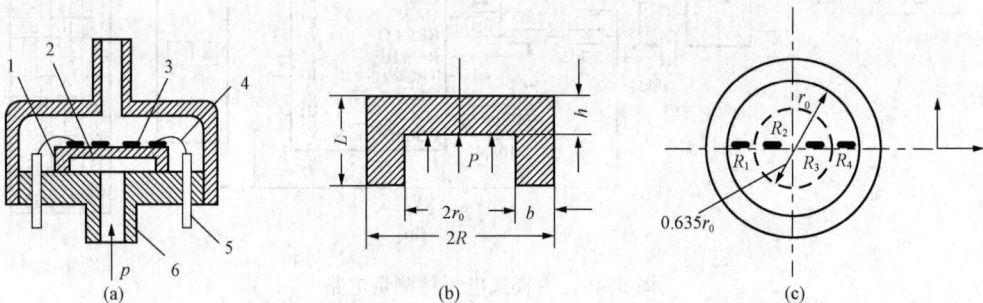

图 5-47 压阻式压力传感器
（a）结构；（b）原理图；（c）径向应力和切向应力分布情况
1—硅环；2—膜片；3—扩散电阻；4—内部引线；5—引线端；6—压力接管

扩散型压阻式压力传感器的主要优点是体积小，结构比较简单，动态响应好，灵敏度 高，能测出十几帕的微压，长期稳定性好，滞后和蠕变小，频率响应高，便于生产，成本 低。因此，它是一种目前比较理想的、发展较为迅速的压力传感器。

这种传感器的测量精度受到非线性和温度的影响。现在出现的智能压阻式压力传感器， 利用微处理器对非线性和温度进行补偿，利用大规模集成电路技术，将传感器与计算机集成 在同一硅片上，兼有信号检测、处理、记忆等功能，从而大大提高传感器的稳定性和测量

精度。

（2）加速度的测量。压阻式加速度传感器的结构简图如图 5-48 所示。它直接用单晶硅作为悬臂梁 2，梁的根部扩散四个电阻 1 构成测量电桥，自由端装有惯性质量 3，就构成了微小的整体型加速度传感器。在结构上玻璃—硅片—玻璃三层结构。中间一层是该传感器的核心部件，它是一片很薄的硅片悬臂梁，四周由厚的（约 $200\mu m$）凸缘边框围绕着，边框刚性地支承着悬臂。上、下两片玻璃的安装面平行于梁表面，每片上都蚀刻出凹坑，以构成梁和惯性质量运动所需的空间。惯性质量可以是高密度的物质如金等，也可以是硅梁本身。

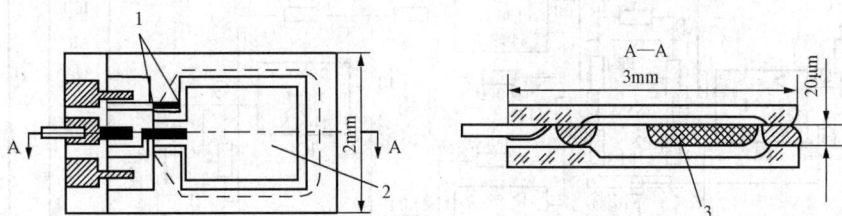

图 5-48　压阻式加速度传感器
1—压阻应变片；2—悬臂梁；3—质量块

当传感器受到图示方向加速度 a 时，质量块 m 的惯性力作用在梁上，产生弯矩和应力，四个扩散电阻的阻值发生变化。应力与加速度成正比，所以电阻相对变化与加速度成正比。将这四只电阻接成差动电桥，即可测出加速度 a。为保证输出线性度，悬臂梁根部的应变不要超过 $400\sim500\mu\varepsilon$，计算公式为

$$\varepsilon = \frac{6ml}{Ebh^2}a \tag{5-68}$$

悬臂梁的固有频率 f_0 可表示为

$$f_0 = \frac{1}{2\pi}\sqrt{\frac{Ebh^2}{4ml^2}} \tag{5-69}$$

因此，可恰当地选择传感器尺寸及阻尼比，用以测量低频加速度和直线加速度。

（3）液位测量。

图 5-49 是压阻式压力传感器测量液位的一种应用。将压阻式压力传感器安装在不锈钢壳体内，并由支架固定放置于液体底部，传感器的高压端进气孔与液体接触。传感器安装高度 h_0 处的液体压力为

$$P_1 = \rho g h_1 \tag{5-70}$$

式中　ρ——液体密度；

g——重力加速度。

传感器的低压端通过一管道与大气相通，传感器的信号线也可以由管道一并引出，被测液位 H 可由下式得到：

$$H = h_0 + h_1 = h_0 + \frac{P_1}{\rho g} \tag{5-71}$$

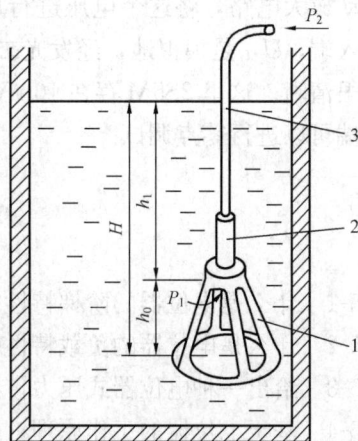

图 5-49　投入式液位传感器示意图
1—支架；2—压阻式压力传感壳体；3—背压管

以上所述，使用压阻式压力传感器测量液位十分方便，它适用于几米至几十米液位的测量，且适用于混有大量污物杂质的水或其他液体液位的测量。

（4）数字血压计。目前，国内医疗部门大都使用汞柱式血压计，它的测量误差大、反应速度慢，而下面所介绍的数字血压计，所用元件少、体积小、使用方便、测量速度快、精度高、分辨率为 0.1kPa，正逐步得到推广。

这种传感器采用半导体应变片作为敏感元件，当它受到压力后阻值发生变化。图 5-50 所示是数字血压计电路框图。

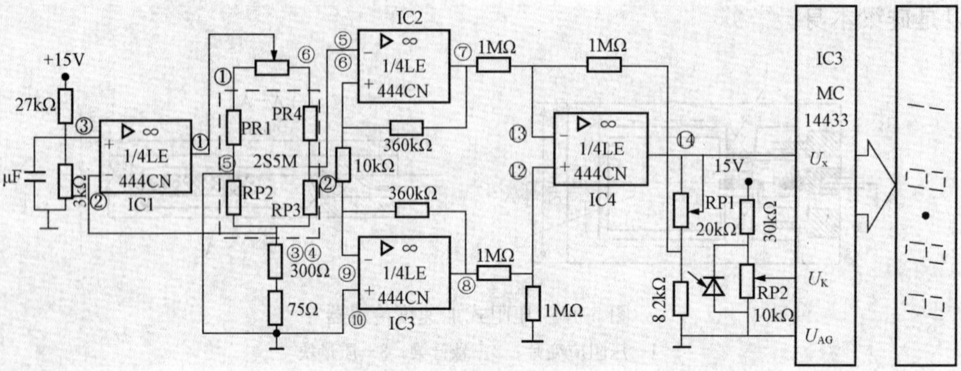

图 5-50　数字血压计电路框图

图 5-50 中，2S5M 是压力传感器，它有六个管脚，其中③和④管脚接恒流源 IC1 提供的电源电压。运放的 $U_- = U_+ = 1.5V$，运放 IC1 输出端的输出电流就是传感器的输入电流，即

$$I_{IN} = 1.5/(300+75) = 4(mA) \tag{5-72}$$

传感器的电桥电阻 0.89kΩ，2S5M 上的压降为 3.6V，再加上 300Ω 和 75Ω 电阻上的压降，为

$$3.6 + 4 \times 0.375 = 5.1(V)$$

当压力传感器接收输入量，电桥失去平衡，输出端⑤和②脚有电压产生。IC2 与 IC3 组成差动放大电路，将这个电压进行放大，再经 A/D 转换器 MCI4433 做动态扫描显示。U_x 是输入端，U_{AG} 是模拟地，经发光二极管的数码显示，用交直流电源均可供电，在室内使用显示很清晰。这里 2S5M 存在 10mV 的初始偏压，一般用 50Ω 的电位器接在 2S5M 的①和⑥两端可以进行零点调试。

思考题与习题

5-1　什么是电位器的阶梯特性？在实际使用时它会给电位器带来什么问题？

5-2　什么是电位器的负载特性和负载误差？如何减小电位器的负载误差？

5-3　给出一种电位器式压力传感器的结构原理图，并说明其工作过程与特点。

5-4　基于电位器的工作原理，设计一角位移传感器的基本原理结构，并讨论其可能的测量误差以及改善措施。

5-5　什么是金属的电阻应变效应？利用应变效应解释金属电阻应变片的工作原理。金属电阻应变片的灵敏系数的物理意义是什么？

5-6　举例说明用应变片测量时为什么要进行温度补偿？常采用的温度补偿方法有哪几种？

5-7　应变式传感器的测量电桥（直流）按应变片的工作方式和数量的不同，一般有哪几种类型？各有何特点？

5-8　两金属片 R_1、R_2 的阻值均为 120Ω，灵敏系数 $K=2$，两应变片一个受拉，一个受压，应变均为 $800\times10^{-6}\varepsilon$。两者接入差动直流电桥，电源电压 $U=6V$。求：

（1）ΔR 和 $\Delta R/R$；

（2）电桥输出电压 U_o。

（3）若用 4 个同样的应变片组全桥，输出电压 U_o'。

5-9　将一只电阻 $R=100\Omega$ 的应变片粘贴在弹性试件上，试件的受力横截面面积 $S=5\times10^{-4}m^2$，试件材料的弹性模量 $E=2\times10^{11}N/m^2$。若有 $F=5\times10^5N$ 的拉力引起应变电阻变化 $\Delta R=1.1\Omega$，试求该应变片的灵敏度系数。

5-10　何谓半导体的压阻效应？它与金属的电阻应变效应有什么本质区别？

第6章 压电式传感器

　　压电式传感器是利用某些物质的压电效应制作的传感器，又称为电动势式传感器或自发电式传感器，是一种有源传感器。由于压电转换元件具备自发和可逆两种重要性能，又有体积小、质量轻、结构简单、工作可靠、固有频率高、灵敏度和信噪比高等优点，压电式传感器获得了飞速发展。在测试技术中，压电转换元件是一种典型的力敏元件，能测量最终可变换为力的各种物理量，如压力、加速度、机械冲击和振动等；还可以制成压电电源、煤气炉和汽车发动机的自动点火装置等多种电压发生器。利用逆压电效应可制成多种超声波发生器和压电扬声器等。利用正、逆压电效应可制成压电陀螺、压电线性加速度计、压电变压器、声纳和压电声表面波器件等。因此，在声学、力学、医学和宇航等领域中都可见到压电传感器的应用。

6.1 压 电 效 应

　　当沿着一定方向对某些电介质施加压力或拉力而使其变形时，内部就产生极化现象，在某两个表面上产生符号相反的电荷；当外力去掉后，又重新恢复到不带电状态；当作用力方向改变时，电荷的极性也随着改变；产生的电荷量与外力的大小成正比。这种现象称为正压电效应。压电效应是可逆的，即当在电介质的极化方向施加电场时，电介质本身将产生机械变形，外电场撤离，变形也随着消失，称为逆压电效应。

　　具有压电效应的材料称为压电材料。在自然界中，已发现 20 多种单晶体具有压电效应。石英（SiO_2）晶体就是一种性能良好的压电材料。此外人造压电陶瓷，如钛酸钡、锆钛酸铅等多晶体以及一些高分子压电材料也具有良好的压电功能。

　　压电式传感器大都是利用压电材料的压电效应制成的。在电声和超声工程中也有利用逆压电效应制作的传感器。

　　图 6-1 所示为压电转换元件受力变形的几种基本形式。

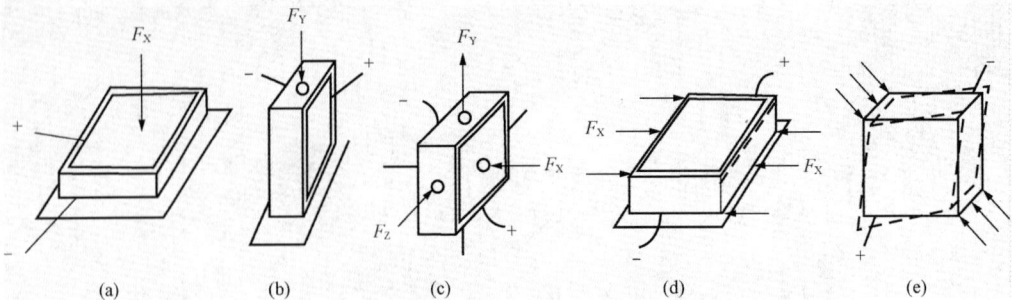

图 6-1　压电转换元件受力变形的几种基本形式

（a）厚度受压型；（b）长度受压型；（c）体积受压型；（d）厚度切变型；（e）平面切变型

　　但由于压电晶体的各向异性，并不是所有的压电晶体都能在这几种变形状态下产生压电效应。如石英晶体就没有体积变形压电效应，但它具有良好的厚度变形和长度变形压电效应。下面我们将分别对几种典型的压电材料的压电效应进行阐述。

6.1.1 石英晶体的压电效应

石英晶体有天然和人工之分。如图 6-2（a）、（b）所示，天然结构的石英晶体理想外形是一个正六面体，在晶体学中可以把它用 3 根互相垂直的轴来表示，其中 Z 轴（纵向轴）称为光轴；经过正六面体棱线，并垂直于光轴的 X 轴称为电轴；与 X 轴和 Z 轴同时垂直的 Y 轴（垂直于正六面体的棱面）称为机械轴。通常把沿电轴方向作用力产生电荷的压电效应称为"纵向压电效应"，而把沿机械轴方向的力作用下产生电荷的压电效应称为"横向压电效应"，而沿光轴方向受力时不产生压电效应。从晶体上沿轴线切下的一片平行六面体称为压电晶体切片，如图 6-2（c）所示。

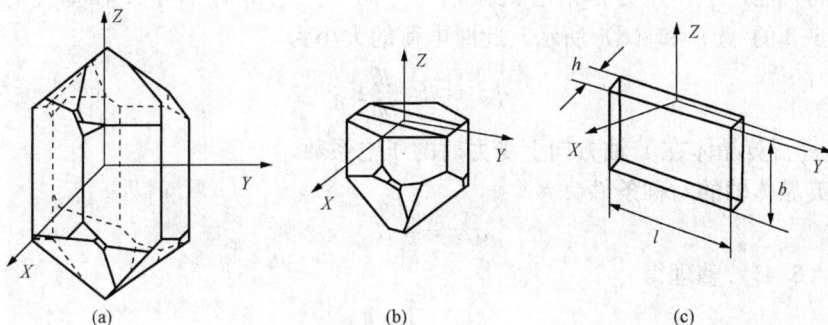

图 6-2 石英晶体
(a) 左旋石英晶体外形；(b) 坐标系；(c) 切片

当晶片在沿 X 轴的方向上受到压缩应力 σ_{xx} 的作用时，晶片将产生厚度变形并发生极化现象。在晶体的线性弹性范围内，极化强度 P_{xx} 与应力 σ_{xx} 成正比，即

$$P_{xx} = d_{11}\sigma_{xx} = d_{11}\frac{F_x}{lb} \tag{6-1}$$

式中　P_{xx}——单位面积电荷；

　　　F_x——沿晶轴 X 方向施加的压缩力；

　　　d_{11}——压电系数，当受力方向和变形不同时，压电系数也不同，$d_{11} = 2.3 \times 10^{-12}$
　　　　　CN^{-1}；

　　　l、b——石英晶体的长度和宽度。

而极化强度 P_{xx} 等于晶片表面的电荷密度，即

$$P_{xx} = \frac{q_{xx}}{lb} \tag{6-2}$$

式中　q_{xx}——垂直于 X 轴平面上的电荷。

把 P_{xx} 值代入式（6-1）得

$$q_{xx} = d_{11}F_x \tag{6-3}$$

由式（6-3）可得，当晶片受到 X 向的压力作用时，q_{xx} 与作用力 F_x 成正比，而与晶片的几何尺寸无关。晶片上电荷极性与受力方向关系示意图如图 6-3 所示。

在 X 轴方向施加压力时，石英晶体的 X 轴正向带正电；如果作用力 F_x 改为拉力时，则电荷仍出现在垂直于 X 轴的平面上，但极性相反，如图 6-3（a）和（b）所示。

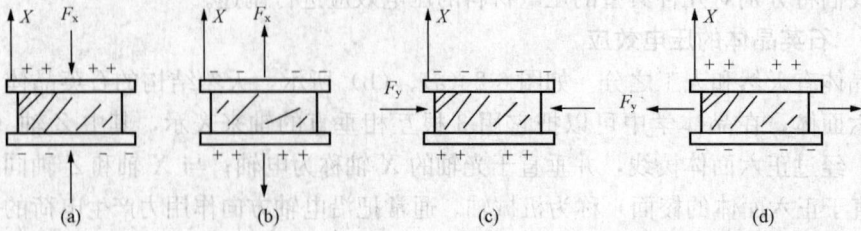

图 6-3　晶片上电荷极性与受力方向关系示意图

(a) X 轴施加压力；(b) X 轴施加拉力；(c) 作用力沿机械轴方向挤压；(d) 作用力沿机械轴方向拉伸

如果在同一晶片上作用力是沿着机械轴的方向，其电荷仍在与 X 轴垂直平面上出现，其极性如图 6-3 的（c）和（d）所示，此时电荷的大小为

$$q_{xy} = d_{12} \frac{lb}{bh} F_y \tag{6-4}$$

式中　d_{12}——石英晶体在 Y 轴方向上受力时的压电系数。

根据石英晶体轴的对称条件

$$d_{12} = -d_{11} \tag{6-5}$$

代入式（6-4），整理得

$$q_{xy} = -d_{11} \frac{l}{h} F_y \tag{6-6}$$

式中　h——晶片厚度。

负号表示沿 Y 轴的压缩力产生的电荷与沿 X 轴施加的压缩力所产生的电荷极性相反。

由式（6-6）可见，沿机械轴方向对晶片施加作用力时，产生的电荷量是与晶片的几何尺寸有关的，这一点与 X 轴向上的压电效应有所不同。

那么究竟该如何认识石英晶体的压电效应呢？下面我们从晶体内部的变化上来分析。

石英晶体的压电特性与其内部分子的结构有关，其化学式为 SiO_2。在一个晶体单元中有 3 个硅离子 Si^{4+} 和 6 个氧离子 O^{2-}，后者是成对的。所以一个硅离子和两个氧离子交替排列。当没有力作用时，Si^{4+} 与 O^{2-} 在垂直于晶轴 Z 的 XY 平面上的投影恰好等效为正六边形排列，如图 6-4（a）所示。这时正、负离子正好分布在正六边形的顶角上，它们所形成的电偶极矩 P_1、P_2 和 P_3 的大小相等，相互的夹角为 $120°$。因为电偶极矩定义为电荷 q 与间距 l

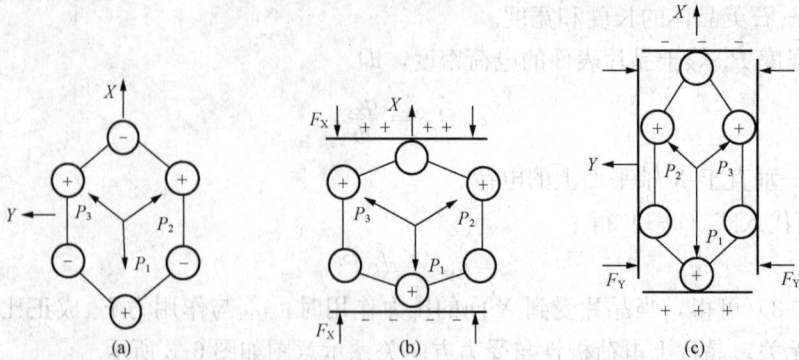

图 6-4　石英晶体的压电效应示意图

(a) 示意图；(b) 沿 X 轴方向的压力作用；(c) 沿 Y 轴方向的压力作用

的乘积，即 $P=ql$，其方向是从负电荷指向正电荷，是一种矢量，所以正负电荷中心重合，电偶极矩的矢量和为零，即 $P_1+P_2+P_3=0$。当晶体受到沿 X 轴方向的压力作用时，晶体沿 X 轴方向产生压缩，正、负离子的相对位置也随之发生变化，如图 6-4（b）中虚线所示，此时正负电荷中心不重合。电偶极矩在 X 方向上的分量由于 P_1 减小和 P_2、P_3 的增大不等于零，在 X 轴的正向出现正电荷。电偶极矩在 Y 方向上的分量仍为零（因为 P_2、P_3 在 Y 方向上的分量大小相等方向相反），不出现电荷。由于 P_1，P_2 和 P_3 在 Z 轴方向上的分量都为零，不受外作用力的影响，所以在 Z 轴方向上也不出现电荷。

当晶体受到沿 Y 轴方向的作用力时，晶体的变形如图 6-4（c）中虚线所示。与图 6-4（b）的情况相似，P_1 增大，P_2 和 P_3 减小，在 X 轴方向上出现电荷，它的极性与图 6-4（b）的相反。而在 Y 和 Z 轴方向上则不出现电荷。

如果沿 Z 轴方向（即与纸面垂直的方向）上施加作用力，因为晶体在 X 轴方向和 Y 轴方向的变形完全相同，所以，正负电荷中心保持重合，电偶极矩矢量和等于零。这就表明沿 Z 轴（即光轴）方向施加作用力，晶体不会产生压电效应。

如果对石英晶体的各个方向同时施加相等的作用力时（如液体的压力、热应力等），石英晶体也就保持中性不变，所以石英晶体没有由于体积变形导致的压电效应。

6.1.2 压电陶瓷的压电效应

压电陶瓷是一种常用的人工制造的多晶体压电材料，压电陶瓷在没有极化之前并不具有压电现象，经过极化处理后其压电系数大大提高。

原始的压电陶瓷没有压电性，但在材料内部有自发的电偶极矩形成的称为"电畴"的微小极化区域，它们在原始材料中是无序排列的，各自的极化能力相互抵消，如图 6-5 所示。这些小的电畴在 $20\sim30kV/cm$ 的强化电场中放 $2\sim3h$ 后，将使极性转到接近电场方向，当电场去掉后电畴的极化方向基本保持不变。压电陶瓷最常见的电极是银层，它通过煅烧与陶瓷牢固地结合在一起。电极的附着力十分重要，如果结合不好就会降低有效电容量和阻碍极化。

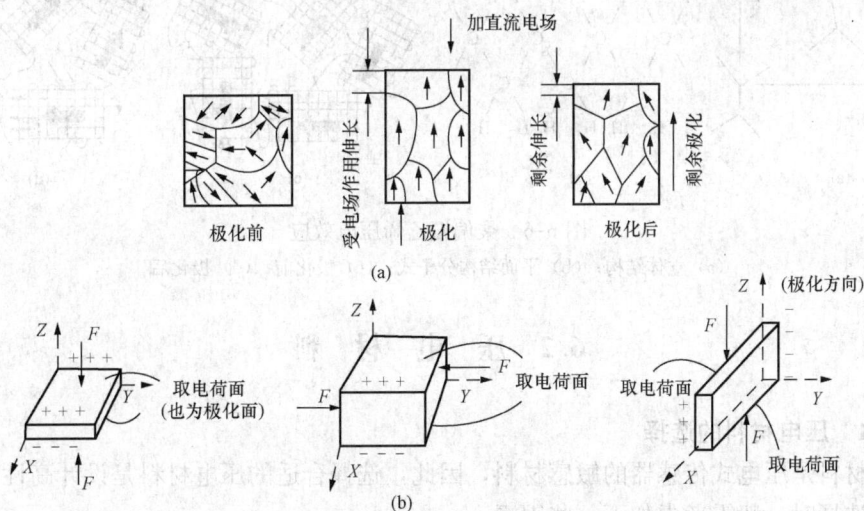

图 6-5 压电陶瓷
(a) 极化过程；(b) 压电原理

通常把压电陶瓷的极化方向定义为 Z 轴，在垂直于 Z 轴的平面上任意选择两正交轴为 X 轴和 Y 轴。

当陶瓷材料受到外力作用时，电畴的界限发生移动，因此引起极化强度的变化。在两个镀银极化面上分别出现正负电荷，其电荷量 q 与力 F 成正比，关系式为

$$q = d_{mn}F \tag{6-7}$$

式中　d_{mn}——压电系数；

　　下标 m——产生电荷的面的轴向；

　　下标 n——施加作用力的轴向。

极化压电陶瓷的平面是各向同性的，平行于 Z 轴的电场与沿 X 轴或 Y 轴的轴向应力的作用关系是相同的。

6.1.3　高分子材料的压电效应

高分子材料属于有机分子半结晶或结晶的聚合物，其压电效应比较复杂。对此不仅要考虑到晶格中均匀的内应变，还要考虑到高分子材料中作非均匀内应变所产生的各种高次效应以及同整个体系平均变形无关的电荷位移而呈现的压电性。对于压电系数最高，目前已进行应用开发的聚偏氟乙烯来说，压电效应可采用类似铁电体的机理加以解释，如图 6-6 所示。这种碳原子为奇数的聚合物，经过机械滚压和拉伸而成为薄膜之后，链轴上带负电的氟离子和带正电的氢离子分别被排列在薄股表面的对应上下两边上，形成了尺寸为 $10\sim40nm$ 的微晶偶极矩结构，即 β 形晶体，再经过一定时间的外电场和温度联合作用之后，晶体内部的偶极矩进一步旋转定向，形成了垂直于薄膜平面的碳—氟偶极矩固定结构。正是由于这种固定取向后的极化和外力作用时的剩余极化的变化，才引起了压电效应。此外，极化过程中引起的空间电荷也会产生压电效应。

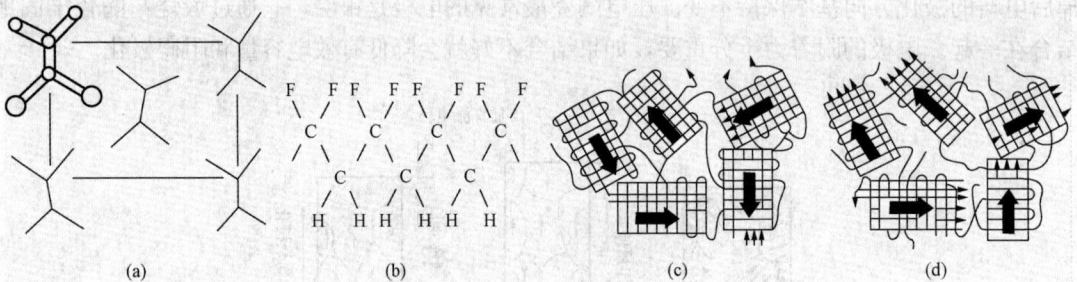

图 6-6　聚偏氟乙烯压电效应

(a) 立体结构；(b) 平面结构分子式；(c) 极化前；(d) 极化后

6.2　压电材料

6.2.1　压电材料的选择

压电材料是压电式传感器的敏感材料，因此，选择合适的压电材料是设计高性能传感器的关键，选择时一般需考虑如下一些因素。

(1) 转换性能：应具有较大的压电系数。

(2) 机械性能：压电元件作为受力元件，希望它的机械强度高、机械刚度大，以获得宽

的线性范围和高的固有频率。

（3）电性能：应具有高的电阻率和大的介电常数，以减小电荷泄漏并获得良好的低频特性。

（4）温度和湿度的稳定性要好，具有较高的居里点（压电材料的温度达到某一值时，便开始失去压电特性，这一温度称为居里点），以得到宽的工作温度范围。

（5）时间稳定性：电压特性应不随时间而蜕变。

压电材料一般可分为压电晶体、压电陶瓷和高分子压电材料三类，表 6-1 列出了常用的压电材料的主要性能。

表 6-1　　　　　　　　　　　　　**常用压电材料的主要性能**

材料	形状	压电系数 ($\times 10^{12} C \cdot N^{-1}$)	相对介电系数	居里温度 (℃)	密度 ($\times 10^3 kg \cdot m^3$)	机械品质因数
石英	单晶	$d_{11}=2.31$ $d_{14}=0.727$	4.6	537	2.65	$10^5 \sim 10^6$
钛酸钡 $BaTiO_3$	陶瓷	$d_{33}=190$ $d_{31}=-78$	1700	115	5.7	300
锆钛酸铅 PZT-4	陶瓷	$d_{11}=410$ $d_{31}=-100$ $d_{33}=230$	1050	310	7.45	≥500
锆钛酸铅 PZT-5	陶瓷	$d_{15}=670$ $d_{31}=-185$ $d_{33}=600$	2100	260	7.5	80
锆钛酸铅 PZT-8	陶瓷	$d_{15}=330$ $d_{31}=-90$ $d_{33}=200$	1000	300	7.45	≥800
硫化镉 CdS	单晶	$d_{14}=-14$ $d_{31}=-5.2$ $d_{33}=10.3$	10.3 9.35	—	4.28	—
氧化锌 ZnO	单晶	$d_{15}=-8.3$ $d_{31}=-5.0$ $d_{33}=12.4$	9.26	—	5.68	—
聚二氟乙烯 PVF_2	延伸薄膜	$d_{31}=6.7$	5	≈120	1.8	
复合材料	薄膜	$d_{31}=15\sim25$	100~120		5.5~6	

6.2.2　压电材料的性能分析

1. 压电晶体

（1）石英晶体。石英晶体有天然的和人工培养的两种，它的压电系数 d_{11} 的温度变化率很小。在 20~200℃ 范围内约为 $-2.15 \times 10^{-6}/℃$。石英晶体由于灵敏度低、介电常数小，在一般场合已逐渐为其他压电材料所代替，但是它的高安全应力和安全温度、性能稳定、没有热释电效应等，在高性能和高稳定性场合还是被选用。

（2）水溶性压电晶体。水溶性压电晶体属于单斜晶系的有：酒石酸钾钠（$NaKC_4H_4O_6 \cdot 4H_2O$），酒石酸乙烯二铵（$C_6H_4N_2O_6$，简称 EDT），酒石酸二钾（$K_2C_2H_4O_6 \cdot \frac{1}{2}H_2O$，简称 DKT），硫酸锂（$Li_2SO_4 \cdot H_2O$）。属于正方晶系的有磷酸二氢钾（$KH_2PO_4$，简称 KDP），磷酸二氢铵（$NH_4H_2PO_4$，简称 ADP），砷酸二氢钾（$KH_2AsO_4$，简称 KDA），砷酸二氢铵（$NH_4H_2AsO_4$，简称 ADA）。

2. 压电陶瓷

（1）钛酸钡（$BaTiO_3$）压电陶瓷。这种材料在室温下属于四方晶系的铁电性压电晶体，通常把 $BaCO_3$ 和 TiO_2 按相等物质的量（mol）混合成形后，在 1350℃左右的高温下烧结而成的。钛酸钡的压电常数 d_{33} 是石英晶体的压电常数 d_{11} 的几十倍，介电常数和体电阻率也都比较高，但温度稳定性、长期稳定性以及机械强度都不如石英晶体。而且工作温度比较低，居里点温度为 115℃，最高使用温度只有 80℃左右。

（2）锆钛酸铅系压电陶瓷（PZT）。它是由钛酸铅（$PbTiO_3$）和锆酸铅（$PbZrO_3$）按 47∶53 的摩尔分子比组成的固溶体。它具有很高的介电常数，各项机电参数随温度和时间等外界因素的变化较小。根据不同的用途对压电性能提出的要求不同，在锆钛酸铅材料中再添加一种或两种微量的其他因素，如铌（Nb）、锑（Sb）、锡（Sn）、锰（Mn）、钨（W）等，可以获得不同性能的 PZT 压电陶瓷。PZT 的居里点温度比钛酸钡要高，其最高使用温度可达 250℃左右。由于 PZT 的压电性能和温度稳定性等方面优于钛酸钡压电陶瓷，故它是目前应用最普遍的一种压电陶瓷材料。

（3）铌酸盐系压电陶瓷。这一系中是以铁电体铌酸钾（$KNbO_3$）和铌酸铅（$PbNb_2O_6$）为基础的。铌酸钾和钛酸钡十分相似，但所有的转变都在较高温度下发生。居里点为 435℃。铌酸铅的特点是能经受接近居里点（570℃）的高温而不会被极化，有大的 d_{33}/d_{31} 比值和非常低的机械品质因数 QM。铌酸钾特别适用于作 10～40MHz 的高频换能器。近年来铌酸盐系压电陶瓷在水声传感器方面受到重视。

3. 高分子压电材料

聚偏二氟乙烯（PVF_2）是一种高分子半晶态聚合物。根据使用要求，可将 PVF_2 原材料制成薄膜、厚膜和管状等。

PVF_2 压电薄膜具有较高的电压灵敏度，它比 PZT 大 17 倍。它的动态品质非常好，在 $10^{-5}Hz～500MHz$ 频率范围内具有平坦的响应特性，特别适合利用正压电效应输出电信号。此外，它还具有机械强度高、柔软、耐冲击、易于加工成大面积元件和阵列元件以及价格便宜等优点。

PVF_2 压电薄膜在拉伸方向的压电常数最大（$d_{31}=20\times10^{-12}$ C/N），而垂直于拉伸方向的压电常数 d_{32} 最小（$d_{32}\approx0.2d_{31}$）。因此在测量小于 1MHz 的动态量时，大多利用 PVF_2 压电薄膜受拉伸或弯曲产生的横向压电效应。

PVF_2 压电薄膜最早应用于电声器件中，近来在超声和水声探测方向的应用发展很快。它的声阻抗与水的阻抗非常接近，两者具有良好的声学匹配关系，PVF_2 压电薄膜在水中是一种透明的材料，可以用超声回波法直接检测信号。在测量加速度和动态压力方面也有所应用。

6.3 等 效 电 路

根据压电效应可知，压电式传感器既可以看做一个静电发生器，又可以看作一个电容器，晶体上两极板聚集异性电荷，极板间物质等效于一种介质，则电容量为

$$C_a = \frac{\varepsilon_r \varepsilon_0 A}{d} \tag{6-8}$$

式中 A——压电片的面积，m^2；

$\quad d$——压电片的厚度，m；

$\quad \varepsilon_r$——压电材料的相对介电常数（石英晶体为 4.58）；

$\quad \varepsilon_0$——真空介电常数（$\varepsilon_0 = 8.85 \times 10^{-12} F/m$）。

因此，压电传感器可以等效为一个与电容器 C_a 串联的电压源 U_a，如图 6-7（a）所示。也可以等效为一个与电容器相并联的电荷源 q，如图 6-7（b）所示。

U_a、q 和电容量 C_a 这三者的关系为

$$U_a = \frac{q}{C_a} \tag{6-9}$$

由等效电路可以看出，只有传感器内部信号电荷无"漏损"，外电路负载无穷大时，压电传感器受力作用后产生的电压或电荷才能长期保存下来。实际上，压电传感器内部不可能没有泄漏，外电路负载也不可能无穷大，只有外力以较高的频率不断作用，压电传感器的电荷才能得到补充，从这个意义上讲，压电传感器不适合于静态测量。

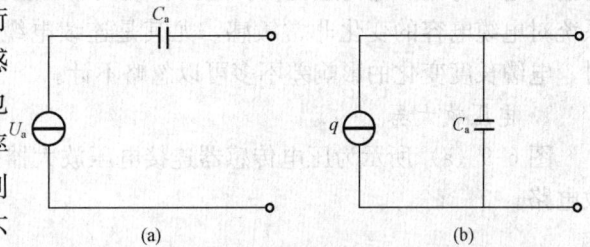

图 6-7 压电传感器等效电路

（a）电压等效电路；（b）电荷等效电路

工作中，压电传感器与二次回路测量仪表或测量电路相连接，所以，一个完整的压电传感器等效电路必须考虑连接电缆的等效电容 C_c、放大器的输入电阻 R_i 和输入电容 C_i。图6-8所示为压电式传感器测试系统完整的等效电路，图中的（a）和（b）工作原理是相同的。

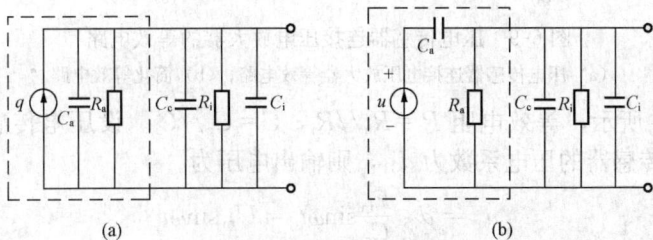

图 6-8 压电式传感器测试系数完整的等效电路

（a）电荷等效电路；（b）电压等效电路

压电式传感器的灵敏度有电压灵敏度 k_u 和电荷灵敏度 k_q 两种，它们分别表示单位力产生的电压和单位力产生的电荷，它们之间的关系为

$$k_u = \frac{k_q}{C_a} \tag{6-10}$$

6.4　测 量 电 路

6.4.1　电压放大器和电荷放大器

由于压电传感器的输出信号非常微弱,一般将电信号进行放大才能测量出来。但因压电传感器的内阻抗相当高,不是普通放大器所能放大的,而且,除阻抗匹配的问题外,连接电缆的长度、噪声都是突出的问题。为解决这些问题,通常传感器的输出信号先由低噪声电缆输入高输入阻抗的前置放大器。这时,前置放大器的主要作用是将压电传感器的高阻抗输出变换为低阻抗输出,另外也起到放大传感器微弱信号的作用。压电传感器的输出信号经过前置放大器的阻抗变换后,就可以采用一般的放大、检波指示或通过功率放大至记录和数据处理设备。

按照压电式传感器的工作原理及其等效电路,传感器的输出可以是电压信号,这时把传感器看作电压发生器;传感器的输出也可以是电荷信号,这时把传感器看作电荷发生器。因此,前置放大器也有两种形式:电压放大器和电荷放大器。电压放大器的输出电压与输入电压(即传感器的输出电压)成比例,这种电压前置放大器一般称为阻抗变换器;电荷放大器的输出电压与输入电荷成比例。这两种放大器的主要区别是:使用电压放大器时,整个测量系统对电缆电容的变化非常敏感,尤其是连续电缆长度变化更为明显;而使用电荷放大器时,电缆长度变化的影响差不多可以忽略不计。

1. 电压放大器

图 6-9(a)所示为压电传感器连接电压放大器的等效电路。图 6-9(b)所示为简化等效电路。

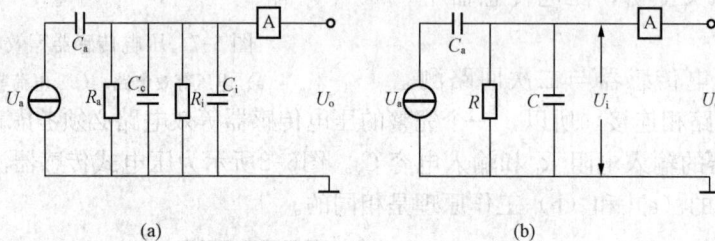

图 6-9　压电传感器连接压电放大器的等效电路
(a)压电传感器连接电压放大器等效电路;(b)简化等效电路

如图 6-9(b)所示,等效电阻 $R = R_a /\!/ R_i$,$C = C_c /\!/ C_i$。设压电传感器受正弦力 $f = F_m \sin\omega t$ 的作用,传感器的压电系数为 d_{33},则输出电压为

$$u_a = d_{33} \frac{F_m}{C_a} \sin\omega t = U_m \sin\omega t \tag{6-11}$$

由图 6-9(b)所示可得送入放大器输入端的电压 U_i,其复数形式为

$$\dot{U}_i = d_{33} f \frac{j\omega R}{1 + j\omega R(C + C_a)} \tag{6-12}$$

U_i 的幅值 U_{im} 为

$$U_{im} = \frac{d_{33} F_m \omega R}{\sqrt{1 + \omega^2 R^2 (C_a + C_c + C_i)^2}} \tag{6-13}$$

输入电压与作用力之间的相位差为

$$\varphi = \frac{\pi}{2} - \arctan[\omega R(C_a + C_c + C_i)] \tag{6-14}$$

理想情况下，传感器的绝缘电阻 R_a 与前置放大器的输入电阻 R_i 都为无限大，即 ωR $(C_a + C_c + C_i) \gg 1$，由式（6-14）得理想情况下输入电压幅值 U_{im} 为

$$U_{im} = \frac{d_{33}F_m \omega R}{\sqrt{1 + (\omega/\omega_0)^2}} \approx \frac{d_{33}F_m}{C_a + C_c + C_i} \tag{6-15}$$

式（6-15）说明，如果 $\omega/\omega_0 \gg 1$，则前置放大器输入电压 U_{im} 与频率无关。一般认为，$\omega/\omega_0 \geqslant 3$。可以近似看作输入电压与作用力频率无关。即在测量回路时间常数一定的条件下，压电式传感器具有相当好的高频响应特性。

当作用力变化缓慢时，电荷会通过放大器输入电阻和传感器本身漏电阻漏掉，这会使传感器的输入电压减小，灵敏度下降。要想扩大传感器工作频率的低频段，就必须提高测量回路的时间常数 τ。但是靠增加测量回路的电容来提高时间常数的办法并不可取，因为这样会影响传感器的电压灵敏度 K_u。

电压灵敏度 K_u 定义为

$$K_u = \frac{U_{im}}{F_m} = \frac{d_{33} \cdot \omega R}{\sqrt{1 + \omega^2 R^2(C_a + C_c + C_i)^2}} \tag{6-16}$$

因为 $\omega R \gg 1$，则近似写为

$$K_u \approx \frac{d_{33}}{C_a + C_c + C_i} \tag{6-17}$$

式（6-17）表明，电压灵敏度与回路电容成反比，增加回路电容会使传感器的灵敏度下降，所以常选用输入阻抗 R_i 很大的前置放大器接入回路。R_i 阻值越大，τ 就越大，传感器的低频响应特性就越好。

连接传感器和前置放大器输入端的电缆分布电容 C_c 对 K_u 有影响。在设计时，要把电缆长度设定为固定值。使用时，如果电缆长度发生变化，就需要重新校正灵敏度 K_u 的值，否则由于电缆电容 C_c 的改变，将会引入测量误差。

2. 电荷放大器

电荷放大器是一个具有深度负反馈的高增益放大器，能将高内阻的电荷源转换为低内阻的电压源，输出电压正比于输入电荷，而且传感器的灵敏度不受电缆变化的影响。电荷放大器的输入阻抗可高达 $10^{10} \sim 10^{12}\,\Omega$，输出阻抗小于 100Ω。电荷放大原理电路如图 6-10 (a) 所示。

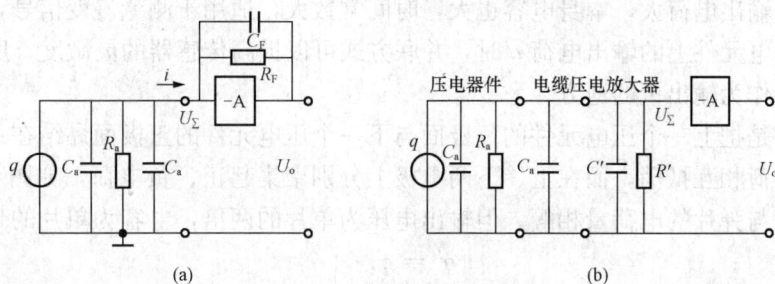

图 6-10　电荷放大器电路

(a) 原理电路图；(b) 等效电路

设放大器的开环增益 A_0 足够大，且其输入阻抗很高，即运放为理想放大器，则流过反馈回路的电流为

$$
\begin{aligned}
\dot{I} &= (\dot{U}_\Sigma - \dot{U}_o)\left(\mathrm{j}\omega C_F + \frac{1}{R_F}\right) \\
&= \left[\dot{U}_\Sigma - (-A_0 \dot{U}_\Sigma)\right]\left(\mathrm{j}\omega C_F + \frac{1}{R_F}\right) \\
&= \dot{U}_\Sigma\left[\mathrm{j}\omega\,(1+A_0)\,C_F + (1+A_0)\,\frac{1}{R_F}\right]
\end{aligned}
\tag{6-18}
$$

根据"密勒效应"，将 C_F、R_F 等效到 A 的输入端时，$C' = (1+A_0)C_F$，$1/R' = (1+A_0)/R_F$，这时，压电传感器与电荷放大器连接的等效电路如图 6-10（b）所示。考虑到电缆电容 C_c，则

$$
\begin{aligned}
\dot{U}_o = -A_0 \dot{U}_\Sigma &= \frac{-\mathrm{j}\omega q A_0}{\left[\dfrac{1}{R_a} + (1+A_0)\dfrac{1}{R_F}\right] + \mathrm{j}\omega\left[C_a + C_c + (1+A_0)C_F\right]} \\
&\approx -\frac{A_0 q}{(1+A_0)C_F} \approx -\frac{q}{C_F}
\end{aligned}
\tag{6-19}
$$

可见，当 A_0 足够大时，电荷放大器的输出只与压电传感器产生的电荷不变量（输入电荷量 q）和反馈阻抗 C_F 有关，而与电缆、电容无关。因此，只要保持反馈电容的数值不变，就可以得到与电荷量 q 变化呈线性关系的输出电压。通过改变 C_F 的大小就可以得到所需要的输出电压，这是采用电荷放大器的主要优点。

6.4.2　压电传感器的串联与并联

在实际应用中，常使用多片压电元件，按照串联或并联的方式连接，来提高灵敏度。图 6-11 所示为压电元件连接方式。

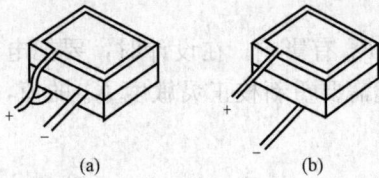

图 6-11　压电元件的连接方式
（a）并联；（b）串联

并联结构是两个压电元件共用一个负电极，负电荷全都集中在该极上，而正电荷分别集中在两边的两个正电极上，如图 6-11（a）所示。这种连接方式的输出特性为：输出电荷、电容为单片的两倍，输出电压与单片相同，即

$$
\left.\begin{aligned}
q' &= 2q \\
U' &= U \\
C' &= 2C
\end{aligned}\right\}
\tag{6-20}
$$

并联接法输出电荷大，本身电容也大，时间常数大，适用于测量慢变信号，当采用电荷放大器转换压电元件上的输出电荷 q 时，并联方式可以提高传感器的灵敏度，所以并联方式适用于以电荷作为输出量的地方。

串联结构是把上一个压电元件的负极面与下一个压电元件的正极面黏结在一起，在粘结面处的正负电荷相互抵消，而在上、下两电极上分别聚集起正、负电荷，如图 6-11（b）所示。串联电荷与弹片的电荷量相等。但输出电压为单片的两倍，电容为单片的1/2，即

$$
\left.\begin{aligned}
q' &= q \\
U' &= 2U \\
C' &= C/2
\end{aligned}\right\}
\tag{6-21}
$$

串联接法的输出电压大，本身电容小，当采用电压放大器转换压电元件上的输出电压时，串联方法可以提高传感器的灵敏度，所以串联方式适用于以电压作为输出信号，并且测量电路输入阻抗很高的地方。

6.5 压电式传感器的应用

压电式传感器的突出特点是具有很好的高频响应特性，广泛用于测量力、压力、加速度、振动等。下面举几个压电式传感器的典型应用。

1. 力的测量

图 6-12 给出压电式单向测力传感器的结构图，这种传感器用于机床动态切削力的测量。晶体片为 0°，X 切石英晶片，尺寸为 $\phi 8 \times 1$。上盖为传力元件，其变形壁的厚度为 0.1~0.5 mm，由测力范围（$F_{max}=500N$）决定。绝缘套用来绝缘和定位。基座内外底面对其中心线的垂直度、上盖以及晶片、电极的上下底面的平行度与表面光洁度都有极严格的要求，否则会使横向灵敏度增加或使片子因应力集中而过早破碎。为提高绝缘阻抗，传感器装配前要经过多次净化（包括超声波清洗），然后在超净工作环境下进行装配，加盖之后用电子束封焊。传感器的性能指标如表 6-2 所示。

表 6-2   **YDS-78 传感器性能指标**

测力范围（N）	0~500	最小分辨率（g）	0.1
绝缘阻抗（Ω）	2×10^{14}	固有频率（kHz）	50~60
非线性误差（%）	<±1	重复性误差（%）	<1
电荷灵敏度（pC/kg）	38~44	质量（g）	10

图 6-13 所示为一种测量均布压力的传感器的结构图，拉紧的薄壁管对晶片提供预载力，而感受外部压力的是由挠性材料制成的很薄的膜片。预载筒外的空腔可以连接冷却系统，以保证传感器工作在一定的环境温度条件下，避免因温度变化造成预载力变化引起的测量误差。

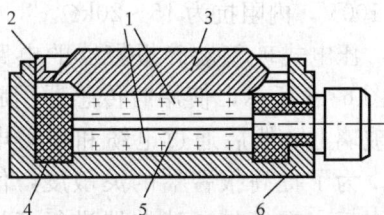

图 6-12 压电式单向测力传感器的结构图
1—晶片；2—电子束焊接；3—上盖；
4—绝缘套；5—电极；6—基座

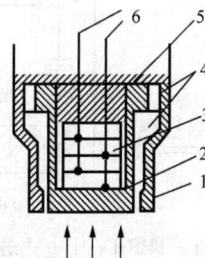

图 6-13 测量均布压力的传感器的结构图
1—膜片；2—薄壁管；3—晶片；4—冷却
腔；5—外壳；6—引线

2. 加速度的测量

图 6-14（a）为单端中心压缩式加速度传感器结构原理图。其中惯性质量块 1 安装

在双压电晶体片 2 上，后者与引线 3 都用导电胶黏结在底座 4 上。测量时，底部螺钉与被测件刚性固联，传感器感受与试件相同频率的振动，质量块便有正比于加速度的交变力作用在晶片上。由于压电效应，压电晶片便产生正比于加速度的表面电荷。

图 6-14（b）所示为梁式加速度传感器结构原理图。它是利用压电晶体弯曲变形的方案，能测量较小的加速度，具有很高的灵敏度和很低的频率下限，因此能测量地壳和建筑物的振动，在医学上也获得了广泛的应用。

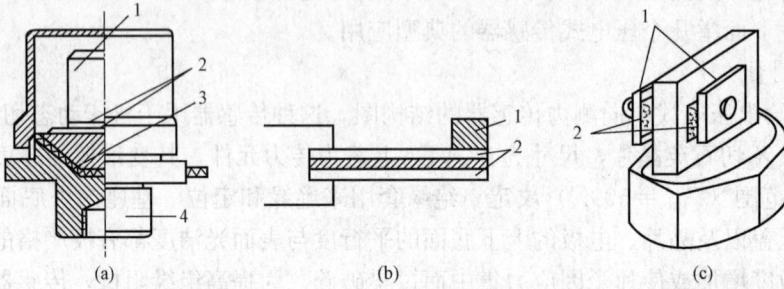

图 6-14　压电式加速度传感器结构原理图
(a) 单端中心压缩式；(b) 梁式；(c) 挑担剪切式
1—质量块；2—晶片；3—引线；4—底座

图 6-14（c）所示为挑担剪切式加速度传感器结构原理图，由于压电元件很好地与底座隔离，因此能有效地防止底座弯曲和噪声的影响。压电元件只受剪切力的作用，这就有效地削弱了由瞬变温度引起的热释电效应。它在测量冲击和轻型板、小元件的振动测试中得到了广泛的应用。

3. 压电式玻璃破碎报警器

BS-D_2 压电式传感器是专门用于检测玻璃破碎的一种传感器，它利用压电元件对振动敏感的特性来感知玻璃受撞击和破碎时产生的振动波。传感器把振动波转换成电压输出，输出电压经放大、滤波、比较等处理后提供给报警系统。

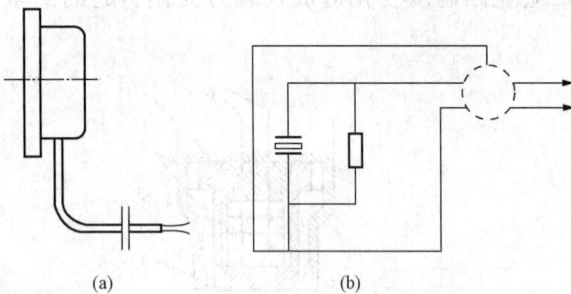

图 6-15　BS-D_2 压电式玻璃破碎传感器
(a) 外形；(b) 内部电路

BS-D_2 压电式玻璃破碎传感器的外形及内部电路如图 6-15 所示。传感器的最小输出电压为 100mV、最大输出电压为 100V，内阻抗为 15～20kΩ。

压电式玻璃破碎报警器的电路框图如图 6-16 所示，使用时传感器用胶黏贴在玻璃上，然后通过电缆和报警电路相连。为了提高报警器的灵敏度，信号经放大后，需经带通滤波器进行滤波，要求它对选定的频谱通带的衰减要小，而带外衰减要尽量大。由于玻璃振动的波长在音频和超声波的范围内，这就使滤波器成为电路中的关键。当传感器输出信号高于设定的阈值时，才会输出报警信号，驱动报警执行机构工作。

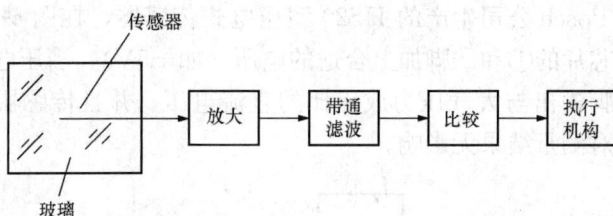

图 6-16 压电式玻璃破碎报警器电路框图

4. 压电式周界报警系统

周界报警系统又称线控报警系统，它警戒的是一条边界包围的重要区域，当入侵者进入防范区之内时，系统就会发出报警信号。

周界报警器最常见的是安装有报警器的铁丝网，但在民用部门常使用隐蔽的传感器，常用的有地音传感器、高频辐射漏泄电缆、红外激光遮断式、微波多普勒式、高分子压电电缆等。下面简单介绍高分子压电式周界报警系统，如图 6-17 所示。

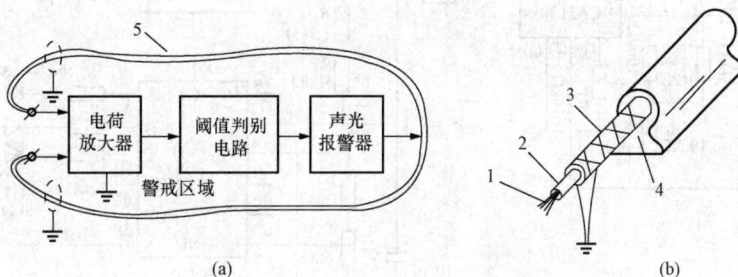

图 6-17 高分子压电式周界报警系统
(a) 原理框图；(b) 高分子压电电缆
1—铜芯线（分布电容电极）；2—管状高分子压电塑料绝缘层；3—铜网屏蔽层
（分布电容外电极）；4—橡胶保护层（承压弹性元件）；5—压电电缆

在警戒区域的四周埋设多根以高分子压电材料为绝缘物的单芯屏蔽电缆，屏蔽层接大地，它与电缆芯线之间以 PVDF 为介质而构成分布电容。当入侵者踩到电缆上面的柔性地面上时，该压电电缆受到挤压，产生压电脉冲，引起报警。通过编码电路，还可以判断入侵者的大致方位。压电电缆可长达数百米，可警戒较大的区域，不易受电、光、雾、雨水等干扰，费用也比微波等方法便宜。

5. 电子气压计

用气压表监测大气压力，对于预报天气具有重要的意义。传统的气压计是玻璃管式的气压表，在使用之前，需要调节刻度盘指针位置，经较长时间才能测量出气压的变化，而且由于机械摩擦的影响，会带来很大的测量误差。这里介绍的电子气压计，是用压电片作为压力传感器，用发光二极管随时自动显示大气压力及变化趋势。该电子气压计传感器内部结构如图 6-18 所示。

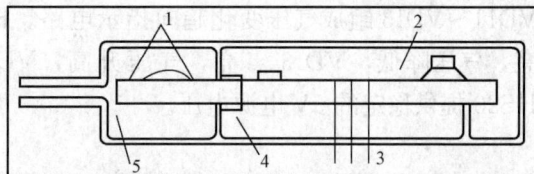

图 6-18 电子气压计传感器内部结构
1—压电片；2—测试放大器；3—引脚；
4—密封；5—压力腔室

这种传感器采用 Bosch 公司生产的 HS20 型压电式传感器，在图 6-19 的电子气压计测试电路中，在传感器芯片的①和②脚加上合适的电压（如＋5V），当压电片受到大气压力作用时，由传感器的②脚输出与大气压力成正比的直流电压，并且传感器内部有温度补偿电路，环境温度的变化对测量结果无影响。

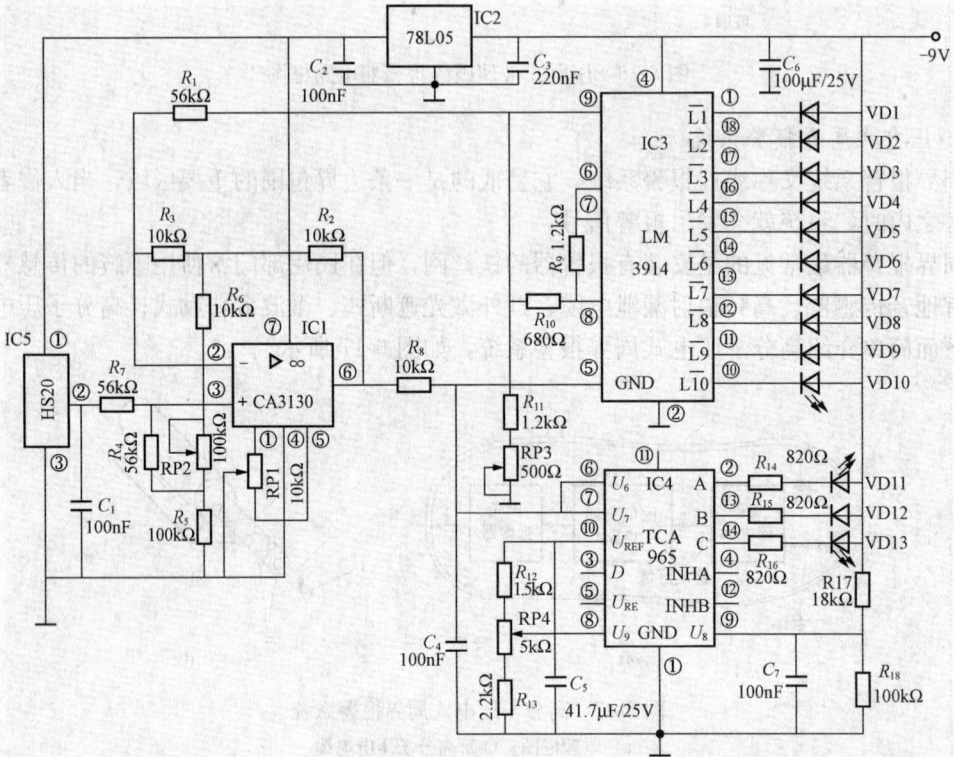

图 6-19　电子气压计测试电路

测量电路中，传感器的输出经高输入阻抗放大器 CA3130 放大，其中 RP1 可调整失调电压，RP2 调节该放大器的放大倍数。放大器的输出接入 IC3，IC3 是由 LM3914 驱动器组成的 LED 驱动电路，它的输出端 L1~L10 分别接有指示气压值的 10 只发光二极管。发光二极管的亮、灭由 LM3914 的⑤脚输入的电平高低来决定。LM3914 的内部具有稳定的电压基准，与⑤脚输入的直流电压相比较，保证测量的准确性。这个基带电压还通过 R_2 加到 CA3130 的反相输入端，为它提供稳定的电压基准。此外，IC3 通过内部的恒流源驱动发光二极管，故 VD1~VD10 无需串接限流电阻。IC4 TCA965 为窗口鉴别器，它与发光二极管 VD11~VD13 组成气压变化趋向指示电路。RP4 可调节窗口电平，若气压稳定，VD12 点亮，气压降低，VD13 点亮，气压升高，VD11 点亮。电路中 78L05 是集成稳压器，为 HS20 提供稳定的 5V 电源电压。

思考题与习题

6-1　什么是压电效应？压电效应的特点是什么？以石英晶体为例，说明压电元件是怎样产生压电效应的?

6-2 压电传感器为什么只适用于动态测量?

6-3 常见的压电元件的组合形式有哪些?这些组合形式各适用于哪些场合?

6-4 压电传感器为什么要接前置放大器?常用的前置放大电路有几种?各有什么特点?

6-5 给出一种压电式加速度传感器的原理结构图,说明其工作过程及特点。

第7章 电感式传感器

电感式传感器是利用线圈自感或互感的变化来实现测量的一种装置，常用来测量位移、振动、压力、流量、质量、力矩、应变等。电感式传感器的核心是可变自感或互感，在被测量转换成线圈自感或互感的变化时，一般要利用磁场作为媒介或利用铁磁体的某些现象。这类传感器的主要特征是具有线圈绕组。

电感式传感器的优点为结构简单、可靠，输出功率大，抗干扰能力强，对工作环境要求不高，分辨率较高（如在测量长度时一般可达 $0.1\mu m$），示值误差一般为示值范围的 $0.1\%\sim0.5\%$，稳定性好等。但其频率响应低，不适于快速动态测量。一般情况下，电感式传感器的分辨率和示值误差都与示值范围有关。示值范围越大，分辨率和示值精度将相应降低。

电感式传感器种类很多，主要包括利用自感原理的自感式传感器（通常称电感式传感器）、利用互感原理的差动变压器式传感器和感应同步器、利用涡流效应的涡流式传感器、利用压磁效应的压磁式传感器等。

7.1 自感式传感器

7.1.1 工作原理

自感式传感器是把被测量转换成线圈的自感 L 变化，通过一定的电路转换为电压或电流输出，图 7-1 所示为自感式传感器原理图。

尽管在铁芯与衔铁之间存在一个空气隙 δ，但由于其值不大，所以磁路是封闭的。根据电感的定义，线圈中的自感表达式为

$$L = \frac{\psi}{I} = \frac{W\Phi}{I} = \frac{W^2}{R_m} \tag{7-1}$$

式中 ψ、W——线圈的总磁链和匝数；

I——流过线圈的电流；

R_m——磁路的总磁阻。

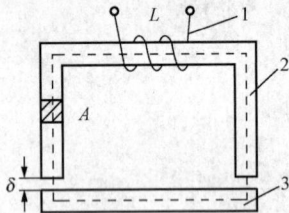

图 7-1 自感式传感器原理图

1—线圈；2—铁芯；3—衔铁

由于气隙 δ 较小，可认为气隙磁场是均匀的，如果忽略磁路铁损耗，那么总磁阻为

$$R_m = \sum_{i=1}^{n} \frac{l_i}{\mu_i A_i} + \frac{2\delta}{\mu_0 A} \tag{7-2}$$

式中 l_i、μ_i、A_i——各段导磁体的长度、磁导率和截面积；

δ、μ_0、A——空气隙的长度、磁导率（$\mu_0 = 4\pi \times 10^{-7} H/m$）和截面积。

将磁阻 R_m 代入式（7-1）中可得

$$L = \frac{W^2}{\sum_{i=1}^{n} \frac{l_i}{\mu_i A_i} + \frac{2\delta}{\mu_0 A}} \tag{7-3}$$

由于铁芯和衔铁通常是用高导磁材料制成，如电工纯铁、镍铁合金或硅铁合金等，而且工作在非饱和状态下，其磁导率远大于空气隙的磁导率，故式（7-3）可简化为

$$L \approx \frac{W^2 \mu_0 A}{2\delta} \tag{7-4}$$

由式（7-4）可知，当铁芯的结构和材料确定后，自感 L 是气隙长度 δ 和气隙磁通截面积 A 的函数，即 L 与 A 成正比，与 δ 成反比。

7.1.2 结构类型

1. 变气隙式自感传感器

如果保持气隙磁通截面积 A 不变，则自感 L 为气隙长度 δ 的单值函数，可构成变气隙式自感传感器，其特性曲线如图 7-2 所示。设初始状态气隙长度为 δ_0，则自感为

$$L_0 = \frac{W^2 \mu_0 A}{2\delta_0} \tag{7-5}$$

当衔铁随外作用力向上移动 $\Delta\delta$ 时，气隙减少为 $\delta = \delta_0 - \Delta\delta$，则自感变为

$$L = \frac{W^2 \mu_0 A}{2(\delta_0 - \Delta\delta)} \tag{7-6}$$

自感变化量为

$$\Delta L = L - L_0 = \frac{W^2 \mu_0 A}{2(\delta_0 - \Delta\delta)} - \frac{W^2 \mu_0 A}{2\delta_0} = L_0 \frac{\Delta\delta}{\delta_0(1 - \Delta\delta/\delta_0)} \tag{7-7}$$

当 $\Delta\delta \ll \delta_0$ 时，将式（7-7）展开成泰勒级数形式，即

$$\Delta L = L_0 \frac{\Delta\delta}{\delta_0} \left[1 + \frac{\Delta\delta}{\delta_0} + \left(\frac{\Delta\delta}{\delta_0}\right)^2 + \left(\frac{\Delta\delta}{\delta_0}\right)^3 + \cdots \right] \tag{7-8}$$

同理，当衔铁随外作用力向下移动时，气隙增大为 $\delta = \delta_0 + \Delta\delta$，自感变化量为

$$\Delta L = L_0 \frac{\Delta\delta}{\delta_0} \left[1 - \frac{\Delta\delta}{\delta_0} + \left(\frac{\Delta\delta}{\delta_0}\right)^2 - \left(\frac{\Delta\delta}{\delta_0}\right)^3 + \cdots \right] \tag{7-9}$$

若忽略式（7-8）和式（7-9）中的高次项，则 $\Delta L \approx L_0(\Delta\delta/\delta_0)$，$\Delta L$ 与 $\Delta\delta$ 成正比，因此高次项的存在是产生非线性误差的主要原因。其灵敏度 S 为

$$S = \frac{\Delta L}{\Delta\delta} \approx \frac{L_0}{\delta_0} \tag{7-10}$$

为了改善非线性，$\Delta\delta/\delta_0$ 要很小，但 $\Delta\delta/\delta_0$ 过小，会降低传感器的灵敏度。可见变气隙式自感传感器的测量范围与灵敏度、线性度是相互矛盾的，所以要灵敏度与线性度二者兼顾，统筹考虑。

由于转换原理的非线性和衔铁正、反方向移动时自感变化的不对称性，变气隙式自感传感器（包括差动式结构），只有工作在很小的区域，才能得到一定的线性度，因此变气隙式自感传感器适用于测量微小位移场合。为了保证一定的测量范围与线性度，对于变气隙式自感传感器，常取 $\delta_0 = 0.1 \sim 0.5\text{mm}$，$\Delta\delta = (0.1 \sim 0.2)\delta_0$。

为了减小非线性误差，在实际测量中多采用差动式原理结构，如图 7-3 所示，由两个完全相同的电感线圈共用一个衔铁及相应磁路组成。衔铁与被测件相连，测量时被测件上下移动，带动衔铁以相同的位移上下移动，使两个磁回路中的磁阻发生大小相等、方向相反的变化，线圈的自感量一个增加，另一个减小，形成差动式结构。使用时，两个电感线圈接在交流电桥的相邻桥臂上，另外两个桥臂上接固定电阻 R_1 和 R_2。

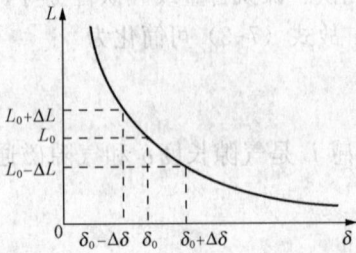

图 7-2　变气隙式自感传感器特性曲线

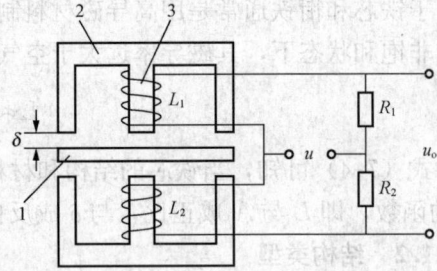

图 7-3　差动式变气隙自感传感器的原理结构
1—衔铁；2—铁芯；3—线圈

当衔铁向上下移动时，两个线圈的自感变化量 ΔL_1 与 ΔL_2 大小相等、符号相反，总自感变化量 $\Delta L = L_1 - L_2 = \Delta L_1 + \Delta L_2$，即

$$\Delta L = 2L_0 \frac{\Delta\delta}{\delta_0}\Big[1 + \Big(\frac{\Delta\delta}{\delta_0}\Big)^2 + \Big(\frac{\Delta\delta}{\delta_0}\Big)^4 + \cdots\Big] \approx 2L_0 \frac{\Delta\delta}{\delta_0} \tag{7-11}$$

差动式结构的灵敏度 S 为

$$S = \frac{\Delta L}{\Delta\delta} \approx 2\frac{L_0}{\delta_0} \tag{7-12}$$

比较以上各式得出如下结论：

(1) 差动式结构比单个线圈的灵敏度提高一倍；

(2) 差动式结构的非线性误差小，比单个线圈的线性度提高约一个数量级。

变气隙式自感传感器的灵敏度高，对电路的放大倍数要求低，但是非线性严重，为了减小非线性，量程必须限制在较小范围内，通常为气隙长度的 1/5 以下，并且这种传感器制造装配比较困难。

2. 变面积式自感传感器

变面积式自感传感器的原理结构如图 7-4 所示。气隙长度 δ 保持不变，铁芯与衔铁之间的相对覆盖面积（即磁通截面）随被测量的改变而改变，从而引起线圈的自感量变化。

设初始磁通截面（即铁芯截面）的面积为 $A = ab$（a、b 分别为铁芯截面的长度和宽度），当衔铁随外作用力沿铁芯截面长度方向上下移动 x 时，自感 L 为

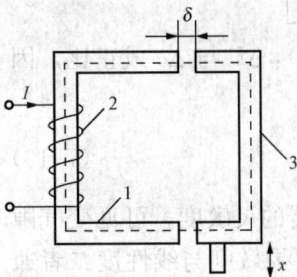

图 7-4　变面积式自感
传感器的原理结构
1—铁芯；2—线圈；3—衔铁

$$L = \frac{W^2 \mu_0 b}{2\delta}(a - x) \tag{7-13}$$

灵敏度 S 为

$$S = \frac{\Delta L}{\Delta x} = -\frac{W^2 \mu_0 b}{2\delta} \tag{7-14}$$

变面积式自感传感器在忽略气隙磁通边缘效应的条件下，灵敏度为一常数，输出呈线性关系，因此线性范围和量程较大，制造装配比较方便，但比变气隙式的灵敏度低。

3. 螺管式自感传感器

在线圈中放入圆柱形衔铁，当衔铁上下移动时，自感也将发生相应变化，这就构成了螺管式自感传感器，如图 7-5 所示。

图 7-5 (a) 所示为单个线圈螺管式自感传感器的原理结构图，由单个螺管线圈和一根

圆柱形衔铁组成。当传感器工作时，衔铁在线圈中伸入长度的变化，会引起螺管线圈的自感量变化。若使用恒流源作为激励，则线圈的输出电压与衔铁的位移量有关。

图 7-5（b）所示为单个螺管线圈内磁场强度 H 的分布曲线，衔铁在开始插入（$x=0$）或刚好离开线圈时的磁场强度，比衔铁插入线圈中段处的磁场强度要小得多，这说明只有在线圈中段处才能获得较高的灵敏度和较好的线性特性。

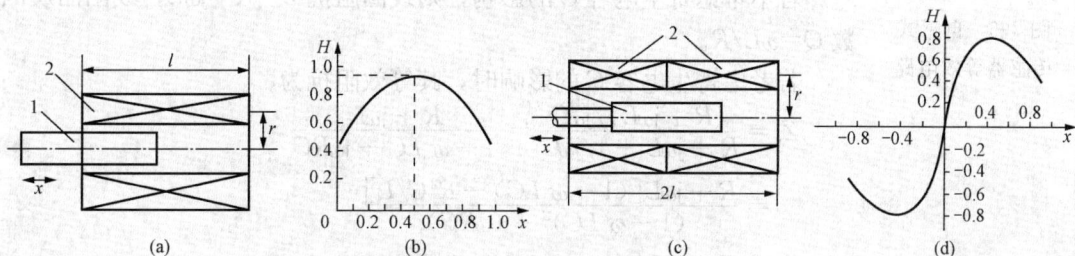

图 7-5　螺管式自感传感器

（a）单个线圈原理结构图；（b）单个线圈磁场分布曲线；（c）差动结构
原理结构图；（d）差动结构磁场分布曲线
1—衔铁；2—线圈

单线圈螺管式传感器的自感变化量可近似表示为

$$\Delta L = L_0 \frac{\Delta l_c}{l_c} \frac{1}{1+\left(\frac{l}{l_c}\right)\left(\frac{r}{r_c}\right)^2\left(\frac{1}{\mu_r-1}\right)} \tag{7-15}$$

式中　l_c、r_c、Δl_c——衔铁的长度、半径和位移量；

l、r——线圈的长度和半径（通常要求螺管线圈 $l \gg r$）；

μ_r——导磁体相对磁导率。

自感变化量 ΔL 与衔铁位移量 Δl_c 成正比，但由于螺管线圈内磁场分布并不均匀，所以输出与输入之间并非为线性关系。

为了提高灵敏度与线性度，多采用差动螺管式自感传感器，其原理结构如图 7-5（c）所示，磁场强度分布曲线如图 7-5（d）所示。设衔铁长度为 $2l_c$、半径为 r_c，线圈长度为 $2l$，半径为 r，当衔铁向左或向右移动 Δl_c 时，两个线圈的自感变化量 ΔL_1 与 ΔL_2 大小相等、符号相反，总自感变化量为

$$\Delta L = \Delta L_1 + \Delta L_2 = 2L_0 \frac{\Delta l_c}{l_c} \frac{1}{1+\left(\frac{1}{l_c}\right)\left(\frac{r}{r_c}\right)^2\left(\frac{1}{\mu_r-1}\right)} \tag{7-16}$$

差动螺管式自感传感器的自感变化量 ΔL 与衔铁的位移量 Δl_c 成正比，其灵敏度比单线圈螺管式提高一倍，具有以下特点：

（1）线性范围和量程较大，但空气隙大、磁路磁阻大，其灵敏度比变面积式的还低。

（2）磁路大部分为空气，易受外界磁场干扰。

（3）为达到一定的自感量，线圈的匝数较多，线路分布电容大。

（4）线圈的骨架尺寸和形状必须稳定，否则会影响其线性和稳定性。

（5）制造装配方便，批量生产的互换性强，应用越来越多。

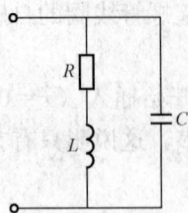

图 7-6　自感式
传感器等效电路

7.1.3　等效电路

自感式传感器并非纯电感 L，它既有串联损耗电阻 R，又有并联寄生电容 C，等效电路如图 7-6 所示。其中损耗电阻 R 包括线圈的铜损耗、铁芯的涡流及磁滞损耗，寄生电容 C 由线圈绕组的固有电容和引线电缆的分布电容构成。

若不考虑寄生电容 C 的影响，则线圈阻抗 $Z = R + \mathrm{j}\omega L$，线圈品质因数 $Q = \omega L / R$。

若考虑寄生电容 C 的影响时，其等效阻抗为

$$Z_e = \frac{(R + \mathrm{j}\omega L)/\mathrm{j}\omega C}{R + \mathrm{j}\omega L + 1/\mathrm{j}\omega C} = \frac{R + \mathrm{j}\omega L}{1 - \omega^2 LC + \mathrm{j}\omega RC}$$

$$= \frac{R + \mathrm{j}\omega L \left[(1 - \omega^2 LC) - R^2 C/L \right]}{(1 - \omega^2 LC)^2 + (\omega RC)^2}$$

$$= \frac{R + \mathrm{j}\omega L \left[(1 - \omega^2 LC) - \omega^2 LC/Q^2 \right]}{(1 - \omega^2 LC)^2 + (\omega^2 LC/Q)^2} \tag{7-17}$$

一般情况下 Q 值很大，式（7-17）中的 $1/Q^2$ 项可以忽略，即

$$Z_e \approx \frac{R}{(1 - \omega^2 LC)^2} + \mathrm{j}\omega \frac{L}{1 - \omega^2 LC} = R_e + \mathrm{j}\omega L_e \tag{7-18}$$

式中　R_e——等效损耗电阻；

　　　L_e——等效电感。

由式（7-18）可以看出，当自感式传感器存在并联寄生电容时，使等效损耗电阻 R_e 和等效电感 L_e 都将增加，而等效品质因数 $Q_e = \omega L_e / R_e = (1 - \omega^2 LC) Q$ 将下降。等效电感变化量为

$$\Delta L_e = \frac{\Delta L}{(1 - \omega^2 LC)^2} = \frac{L_e}{1 - \omega^2 LC} \frac{\Delta L}{L} \tag{7-19}$$

式（7-19）表明自感式传感器的等效电感变化量与传感器的电感 L、寄生电容 C 及电源角频率 ω 有关，因此在使用自感式传感器时，电缆长度和电源频率不能随便改变，否则会带来测量误差。若要改变电缆长度或电源频率时，必须对传感器重新标定。

7.1.4　信号调理电路

1. 调幅电路

（1）变压器电桥。图 7-7（a）所示为变压器电桥原理电路图，Z_1 和 Z_2 为传感器两个线圈的阻抗，接在电桥的相邻两臂，另外两臂为电源变压器二次绕组的一半，电压为 $U/2$。输出空载电压为

$$U_o = \frac{U}{Z_1 + Z_2} Z_1 - \frac{U}{2} \tag{7-20}$$

初始平衡状态下 $Z_1 = Z_2 = Z_0$，$U_o = 0$。当衔铁偏离中间位置时，设 $Z_1 = Z_0 \pm \Delta Z$，$Z_2 = Z_0 \pm \Delta Z$，代入式（7-20）得

$$u_o = \pm \frac{U}{2} \frac{\Delta Z}{Z_0} \tag{7-21}$$

两种情况的输出电压大小相等、方向相反，即相位相差 $180°$，其输出特性曲线如图 7-7（b）所示。由于变压器电桥输出为交流电压，如果用示波器观察波形，其结果相同，并且当衔铁在中间位置时输出电压 U_o 并不为零，此电压称为零点残余电压。为

了消除零点残余电压的影响，并判别衔铁的移动方向，需要在后续电路中使用相敏检波电路。

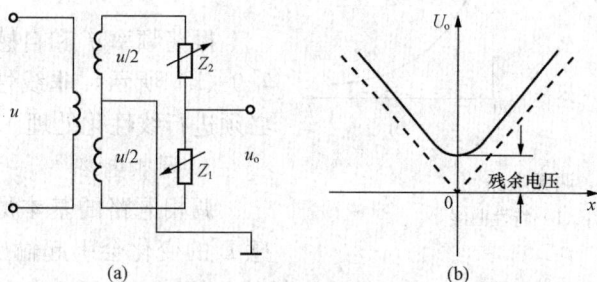

图 7-7 变压器电桥
（a）原理电路图；（b）输出特性曲线

（2）相敏整流电桥。图 7-8（a）所示是一种相敏整流电桥原理电路图，电桥由差动式自感传感器 Z_1、Z_2 和平衡电阻 R_1、R_2（$R_1 = R_2$）组成，VD1～VD2 构成相敏整流器。电桥的一条对角线接交流电源 u，另一个对角线接电压表 PV，当衔铁处于中间位置时，$Z_1 = Z_2 = Z_0$，输出电压 $U_o = 0$，消除了零点残余电压的影响，其输出特性曲线如图 7-8（b）所示。

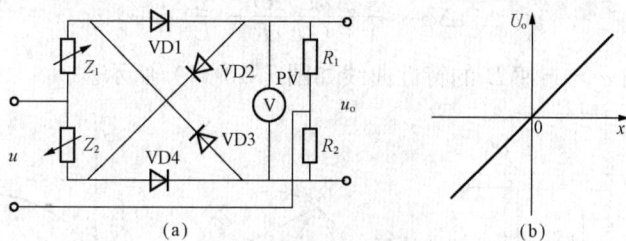

图 7-8 相敏整流电桥
（a）原理电路图；（b）输出特性曲线

当衔铁偏离中间位置而使 $Z_1 = Z_0 + \Delta Z$，$Z_2 = Z_0 - \Delta Z$ 时。若电源电压 u 上端为正，下端为负，VD1 和 VD4 导通，VD2 和 VD3 关断，电阻 R_2 上的压降大于 R_1 上的压降；若电源电压 u 下端为正，上端为负，VD1 和 VD4 关断，VD2 和 VD3 导通，电阻 R_1 上的压降大于 R_2 上的压降，则输出电压 u_o 下端为正，上端为负。

当衔铁偏离中间位置而使 $Z_1 = Z_0 - \Delta Z$，$Z_2 = Z_0 + \Delta Z$ 时，输出电压 U_o 与上述情况相反，即下端为负，上端为正。比较两种情况，相敏整流电桥输出电压 U_o 的大小相等、极性相反。输出电压的大小表示衔铁位移量 x 的大小，而极性反映了衔铁移动的方向。

2. 调频电路

调频电路也是一种常用的信号调理电路，如图7-9（a）所示。把传感器电感线圈 L 和固定电容 C 接入振荡回路中，其振荡频率 $f = \dfrac{1}{2\pi\sqrt{LC}}$，当 L 发生变化时振荡频率也随之变化，根据 f 的大小即可测出衔铁的位移量。当自感 L 发生微小变化量 ΔL 时，频率变化量 Δf 为

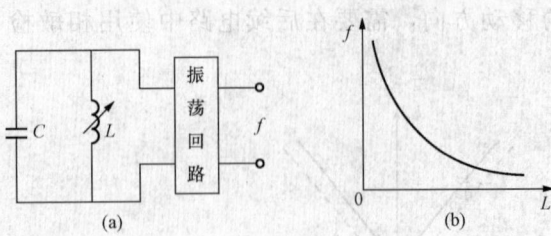

图 7-9　调频电路
(a) 电路图；(b) 特性曲线

$$\Delta f = -\frac{C}{4\pi}(LC)^{-3/2}\Delta L = -\frac{f}{2L}\Delta L$$

(7-22)

振荡频率 f 和自感 L 的特性曲线如图 7-9 (b) 所示，非线性很严重，后续电路必须进行线性化处理。

3. 调相电路

调相电路的基本原理是基于传感器自感 L 的变化会引起输出电压相位角 φ 的变化，把传感器电感线圈 L 和固定电阻 R 接入电桥的相邻臂，如图 7-10 (a) 所示。若忽略电感线圈的损耗电阻，则电感线圈与固定电阻上的压降 $\dot{U}_L$ 和 $\dot{U}_R$ 是互相垂直的两个相量，如图 7-10 (b) 所示。当自感 L 变化时，输出电压 u_o 的幅值不变，相位角 φ 随之变化。φ 与 L 的关系为

$$\varphi = 2\arctan\frac{\omega L}{R}$$

(7-23)

当自感 L 有微小变化量 ΔL 时，输出电压相位角的变化量 $\Delta\varphi$ 为

$$\Delta\varphi = \frac{2(\omega L/R)}{1+(\omega L/R)^2}\frac{\Delta L}{L}$$

(7-24)

输出电压相位角 φ 与自感 L 的特性曲线如图 7-10 (c) 所示。

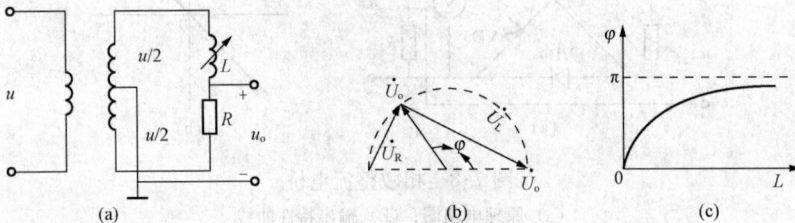

图 7-10　调相电路
(a) 电路图；(b) 矢量图；(c) 特性曲线

7.2　变压器式传感器

变压器式传感器也称为互感式传感器，把被测位移转换为传感器线圈的互感变化。这种传感器是根据变压器的基本原理制成的，并且二次绕组采用差动式结构，故称之为差动变压器式传感器，简称差动变压器。

差动变压器的结构多采用螺线管式，具有结构简单、灵敏度高和测量范围广等优点，广泛应用于位移及可转换为位移的参数测量。

7.2.1　工作原理

差动变压器主要由绕组、衔铁和绝缘框架组成，绝缘框架上绕一组一次绕组和两组二次绕组，并在中间圆柱孔中放入衔铁，其原理结构图如图 7-11 (a) 所示。当一次绕组加入适当频率的激励电压 u_1 时，两个二次绕组中就会产生感应电动势，感应电动势的大小与绕组之间的互感 M 成正比。若两个二次绕组的感应电动势分别为 e_{21} 和 e_{22}，输出接成反极性串

联，如图 7-11（b）所示，则传感器总输出电压 $u_2 = e_{21} - e_{22}$。

当衔铁处于中间位置时，由于两个二次绕组完全对称，通过两个二次绕组的磁力线相等，互感 $M_1 = M_2$，感应电动势 $e_{21} = e_{22}$，则总输出电压 $u_2 = e_{21} - e_{22} = 0$。

当衔铁向左移动时，左边二次绕组内所穿过的磁力线增加，互感 M_1 变大，感应电动势 e_{21} 随衔铁偏离中间位置而逐渐增加；而右边二次绕组的互感 M_2 变小，感应电动势 e_{22} 随衔铁偏离中间位置而逐渐减小，则总输出电压 $u_2 = e_{21} - e_{22} > 0$。

当衔铁向右移动时，与上述情况相反，则总输出电压 $u_2 = e_{21} - e_{22} < 0$。两种情况的输出电压大小相等、方向相反（相位差 $180°$）。大小反映衔铁的位移量大小，方向反映衔铁的运动方向，其特性曲线如图 7-11（c）所示，为 V 形特性曲线。

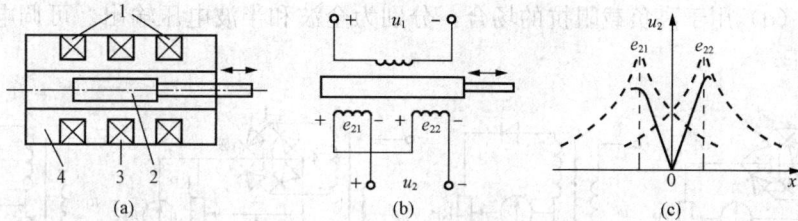

图 7-11 差动变压器

（a）原理结构图；（b）接线图；（c）特性曲线

1——次绕组；2—衔铁；3—二次绕组；4—绝缘框架

7.2.2 等效电路

在理想情况下，即不考虑绕组的寄生电容和衔铁损耗，差动变压器等效电路如图 7-12 所示。图中 L_1、R_1 分别为一次绕组的自感和有效电阻；M_1、M_2 分别为一次绕组与两个二次绕组之间的互感；L_{21}、R_{21}、L_{22}、R_{22} 分别为两个二次绕组的自感和有效电阻；一次绕组和二次绕组的匝数分别为 N_1、N_2。

一次绕组的电流为

$$i_1 = \frac{u_1}{R_1 + j\omega L_1} \quad (7-25)$$

一次绕组电流 i_1 在二次绕组中产生磁通 $\varphi_{21} = i_1 N_1 / R_{m1}$ 和 $\varphi_{22} = i_1 N_1 / R_{m2}$，$R_{m1}$ 和 R_{m2} 分别为两个二次绕组的磁阻。于是在两个二次绕组中产生感应电动势 e_{21} 和 e_{22}，即

图 7-12 差动变压器等效电路

$$e_{21} = -j\omega M_1 i_1 \quad (7-26)$$
$$e_{22} = -j\omega M_2 i_1 \quad (7-27)$$

一次绕组与两个二次绕组之间的互感为

$$M_1 = \frac{N_2 \varphi_{21}}{i_1} = \frac{N_1 N_2}{R_{m1}} \quad (7-28)$$

$$M_2 = \frac{N_2 \varphi_{22}}{i_1} = \frac{N_1 N_2}{R_{m2}} \quad (7-29)$$

空载输出电压为

$$u_2 = e_{21} - e_{22} = -j\omega(M_1 - M_2)\frac{u_1}{R_1 + j\omega L_1} \quad (7-30)$$

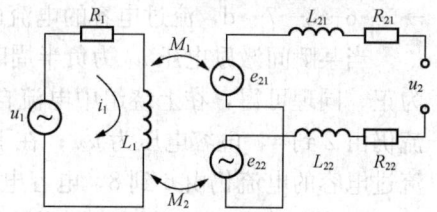

输出阻抗为

$$Z = (R_{21} + R_{22}) + j\omega(L_{21} + L_{22}) \tag{7-31}$$

7.2.3　信号调理电路

差动变压器的输出电压为交流，若用交流电压表测量，只能反映衔铁位移的大小，不能反映其移动方向。为了辨别衔铁移动方向，并消除零点残余电压，在实际测量中常采用差动整流电路和相敏检波电路。

1. 差动整流电路

差动整流电路是对差动变压器两个二次绕组的输出电压分别整流后输出，典型电路如图 7-13 所示。图 7-13（a）和（b）用于低负载阻抗的场合，分别为全波和半波电流输出。图 7-13（c）和（d）用于高负载阻抗的场合，分别为全波和半波电压输出。可调电阻 RP 调整零点输出电压。

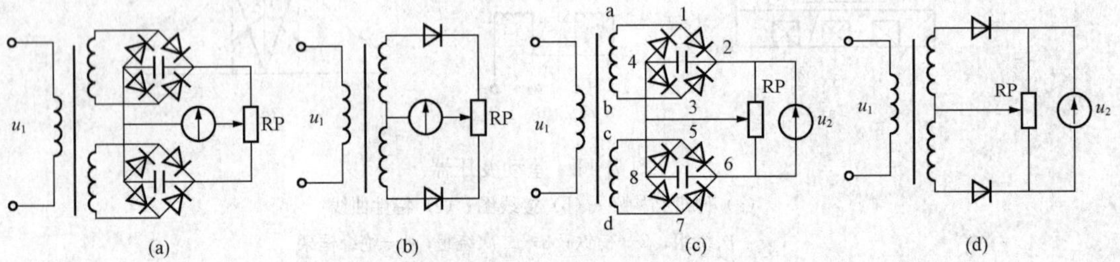

图 7-13　差动整流电路
（a）全波电流输出；（b）半波电流输出；（c）全波电压输出；（d）半波电压输出

如图 7-13（c）所示，当某瞬间激励电压 u_1 为正半周时，上绕组 a 端为正，b 端为负；下绕组 c 端为正，d 端为负。在上绕组中电流自 a 点出发，路径为 a→1→2→4→3→b，流过电容的电流由 2 到 4，电容上的电压为 u_{24}。同理，在下绕组中，电流自 c 点出发，路径为 c→5→6→8→7→d，流过电容的电流由 6 到 8，电容上的电压为 u_{68}。

当某瞬间激励电压 u_1 为负半周时，上绕组 a 端为负，b 端为正；下绕圈 c 端为负，d 端为正。同理可得，在上绕组中电流自 b 点出发，路径为 b→3→2→4→1→a，流过电容的电流仍由 2 到 4，电容电压为 u_{24}；在下绕组中，电流自 d 点出发，路径为 d→7→6→8→5→c，流过电容的电流仍由 6 到 8，电容电压为 u_{68}。

无论激励电压 u_1 为正半周还是负半周，通过电容的电流方向始终不变，因而总输出电压始终为 $u_2 = u_{24} - u_{68}$。当衔铁在零位时，记作位移 $\Delta x = 0$，上绕组电压 u_{ab} 与下绕组电压 u_{cd} 相等，则 $u_{24} = u_{68}$，$u_2 = 0$；当衔铁从零位向上移动时，记作位移 $\Delta x > 0$，上绕组电压 u_{ab} 大于下绕组电压 u_{cd}，则 $u_{24} > u_{68}$，$u_2 > 0$；当衔铁从零位向下移动时，记作位移 $\Delta x < 0$，上绕组电压 u_{ab} 小于下绕组电压 u_{cd}，则 $u_{24} < u_{68}$，$u_2 < 0$。

由以上分析可知，差动整流电路可以不考虑相位调整和零点残余电压的影响，并且具有结构简单、分布电容影响小、便于远距离传输等特点，因此应用十分广泛。

2. 相敏检波电路

相敏检波电路是利用参考信号来鉴别被测信号的极性，参考信号 u_r 与传感器的激励电压由同一振荡器供电，保证两者同频同相（或反相）。当传感器信号与参考信号同相时，相敏检波器的输出电压为正，反相时输出电压为负。相敏检波器输出电压的大小仅与传感器信号成比例，且与参考信号无关。这种检波方法既反映被测信号的大小，又可以辨别其极性，常见的相敏检波电路主要有半波相敏检波和全波相敏检波。

图 7-14（a）为开关式全波相敏检波电路，A1 为过零比较器，A2 为运算放大器。取 $R_2 = R_3 = R_4 = R_5 = R_6 = R_7/2$，参考信号 u_r 经过 A1 后转换为方波 u，$\bar{u}$ 为 u 经过反相器后的输出。其中 u_2 为来自差动变压器式传感器的输出信号，其大小和极性与差动变压器式传感器衔铁的位移大小和移动方向有关。根据图 7-13（c）的分析可知，当衔铁上移时，即 $\Delta x > 0$ 时，则 $u_2 > 0$，$u_o > 0$；当衔铁下移时 $\Delta x < 0$ 时，$u_2 < 0$，$u_o < 0$。

在图 7-14（a）中，若 $u_r > 0$，则 u 为低电平，$\bar{u}$ 为高电平，VT1 截止，VT2 导通，运算放大器 A2 的反相输入端接地，检测信号 u_2 从 A2 的同相输入端输入，输出电压 u_o 为

$$u_o = \frac{R_6}{R_2 + R_5 + R_6}\left(1 + \frac{R_7}{R_4}\right)u_2 = u_2 \tag{7-32}$$

若 $u_r < 0$，则 u 为高电平，$\bar{u}$ 为低电平，VT1 导通，VT2 截止，运算放大器 A2 的同相输入端接地，传感器输出电压 u_2 从 A2 的反相输入端输入，输出电压 u_o 为

$$u_o = -\frac{R_7}{R_3 + R_4}u_2 = -u_2 \tag{7-33}$$

由上述分析可知，相敏检波电路的输出电压 u_o 不仅反映了位移变化的大小，而且反映了位移变化的方向。输出电压 u_o 的波形如图 7-14（b）所示。

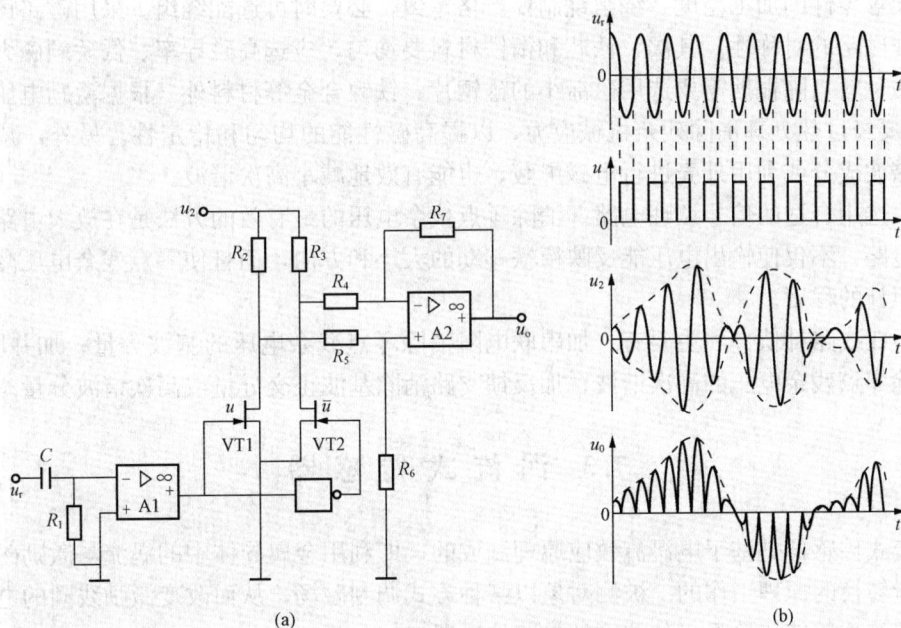

图 7-14　开关式全波相敏检波电路
(a) 电路图；(b) 波形图

7.2.4　零点残余电压

差动变压器的两个二次绕组是反向串联的，当衔铁处于中间位置时，输出电压应该为零，这只是理想特性。但实际情况中，在所谓"零点"时，输出电压并不是零，而且有一个很小的电压值，这个电压值称为零点残余电压。

零点残余电压的存在会造成零位误差，使传感器输出特性在零点附近不灵敏，限制分辨率的提高。零点残余电压过大，会使线性度变坏，灵敏度下降，甚至会使测量放大器提前饱和，阻塞有用信号的通过，使仪表无法反映被测量的变化。若传感器输出作为伺服系统的控制信号，零点残余电压还会使伺服电机发热，甚至产生零值误动作。因此，零点残余电压是判断差动变压器性能好坏的重要指标，必须设法减少或消除。

1. 零点残余电压产生的原因

零点残余电压由基波分量和高次谐波构成，其产生原因主要有以下几个方面：

(1) 基波分量主要是传感器两个二次绕组的电气参数和几何尺寸不对称，以及构成电桥另外两臂的电器参数不一致，从而使两个二次绕组感应电动势的幅值和相位不相等，即使调整衔铁位置，也不能同时使幅值和相位都相等。

(2) 高次谐波主要由导磁材料磁化曲线的非线性引起。当磁路工作在磁化曲线的非线性段时，激励电流与磁通的波形不一致，导致了波形失真；同时，由于磁滞损耗和两个绕组磁路的不对称，造成两绕组中某些高次谐波成分，于是产生了零位电压的高次谐波。

(3) 激励电压中包含的高次谐波及外界电磁干扰，也会产生高次谐波。

2. 零点残余电压的消除

根据零点残余电压产生的原因，可以从以下几方面消除：

(1) 从设计工艺上保证结构对称性。首先，要保证绕组和磁路的对称性，要求提高衔铁、骨架等零件的加工精度，绕组绕制要严格一致，必要时可选配绕组。采用磁路可调式结构，保证磁路的对称性。其次，铁芯和衔铁材料要均匀，应选高磁导率、低矫顽磁力、低剩磁的导磁材料，除根据需要选磁滞小的硅钢片、铁镍合金等材料外（根据激励电压频率选定），还要经过热处理消除残余机械应力，以提高磁性能的均匀和稳定性。另外，减小激励电压的谐波成分或利用外壳进行电磁屏蔽，也能有效地减小高次谐波。

(2) 选用合适的信号调理电路。消除零点残余电压的最有效的方法是在放大电路前加相敏检波电路，不仅使输出电压能反映衔铁移动的大小和方向，而且使零点残余电压减小到可以忽略不计的程度。

(3) 在线路补偿方面主要有：加串联电阻消除零点残余电压的基波分量；加并联电阻、电容消除零点残余电压的高次谐波；加反馈支路消除基波正交分量或高次谐波分量。

7.3 涡流式传感器

涡流式传感器是基于电涡流效应原理制成的，即利用金属导体中的涡流与激励磁场之间进行能量转换的原理工作的。被测对象以某种方式调制磁场，从而改变激励线圈的电感。因此，电涡流式传感器也是一种特别的电感传感器。

在测量过程中，电涡流式传感器主动发射能量，被测对象对能量吸收或反射，不需要被测对象做功，属于主动测量，可进行动态非接触测量，特别适用于测量运动物体。电涡流式传感器具有测量范围大、灵敏度高、抗干扰能力强、不受油污等介质的影响、结构简单、安装方便等特点，已广泛应用于工业生产和科学研究的各个领域。近几年来，在国内外各生产和科研部门尤其以测量位移、振幅等参数的电涡流式传感器应用最为广泛，也可以用于焊接部位的探伤，还可以检查金属材料的表面裂纹、砂眼、气泡、热处理裂痕等。另外，涡流式传感器还可以探测地下埋设的管道或金属体，包括探测带金属零件的地雷等。

7.3.1 电涡流效应

电涡流效应原理图如图 7-15 所示，在一个金属导体上方放置一个扁平线圈，当线圈中通入交变电流 i_1 时，线圈的周围空间就产生了交变磁场 H_1，若将金属导体置于此磁场范围内，则金属导体中将产生感应电流 i_2，这种电流在金属导体中是闭合的，呈旋涡状，称为电涡流或涡流。电涡流也将产生交变磁场 H_2，其方向与激励磁场 H_1 方向相反，由于磁场 H_2 的反作用使导电线圈的有效阻抗发生变化，因此这种现象称为电涡流效应。

线圈阻抗的变化与金属导体的电阻率 ρ、磁导率 μ、几何形状、线圈的几何参数、激励电流以及线圈到金属导体之间的距离 x 等参数有关。假设金属导体是匀质的，则金属导体与线圈共同构成一个系统，其物理性质用磁导率 μ、电阻率 ρ、尺寸因子 r、距离 x、激励电流强度 I 和角频率 ω 等参数来描述，线圈阻抗 Z 为

$$Z = F(x,I,r,\rho,\mu,\omega) \tag{7-34}$$

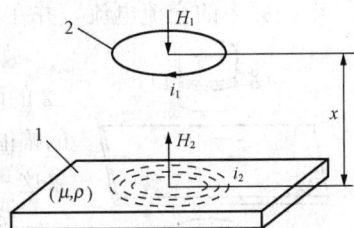

图 7-15　电涡流效应原理图
1—金属导体；2—线圈

如果控制式（7-34）中的某些参数恒定不变，只改变其中的一个参数，就构成了阻抗的单值函数，由此就可以通过阻抗的大小来测量被测参数。通常固定 I，r，ρ，μ，ω 不变，使阻抗 Z 成为距离 x 的单值函数，从而实现位移等参数的测量。

对磁场而言，其变化频率越高，涡流的趋肤效应越显著，即涡流穿透深度越小。穿透深度 h 与线圈的激励频率 f、金属导体材料的导电性质有关，即

$$h = \sqrt{\frac{\rho}{\pi\mu f}} \tag{7-35}$$

由式（7-35）可以看出，当激励频率 f 一定时，电阻率 ρ 越大，磁导率 μ 越小，穿透深度越大；当金属导体一定时，激励频率越低，穿透深度越大。例如，对于钢导体来说，当 $f=50\text{Hz}$ 时 $h=1\sim2\text{mm}$，当 $f=5\text{kHz}$ 时 $h=0.1\sim0.2\text{mm}$。因此，根据激励电流频率的高低，电涡流传感器又分为高频反射式和低频透射式两类。

1. 高频反射电涡流式传感器

高频反射电涡流式传感器结构比较简单，主要由一个安装在框架上的线圈构成，称为电涡流探头。线圈绕成扁平圆形，可以粘贴在框架上，也可在框架上开一条槽沟，将导线绕在槽内，形成一个线圈。线圈的导线一般采用高强度漆包铜线，要求高一些可用银或银合金线，若工作在较高温度下则用高温漆包线。图 7-16 所示为 CZF1 型涡流式传感器的结构简图，它就是将导线绕在聚四氟乙烯框架槽沟内，形成线圈的结构方式。

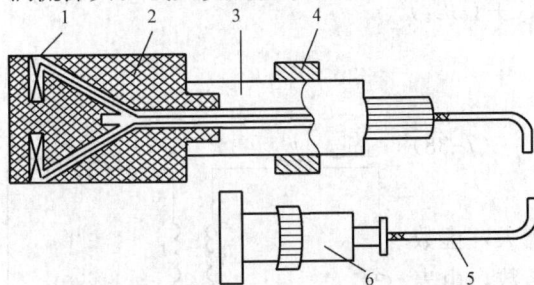

图 7-16　CZF1 型涡流式传感器的结构简图
1—线圈；2—框架；3—框架衬套；4—支架；
5—电缆；6—插头

高频电流施加在电感线圈上，线圈产生的高频磁场作用于被测金属导体表面，由于受到趋肤效应的影响，高频磁场不能穿透有一定厚度的金属导体，只能作用在表面的薄

层，形成电涡流。电涡流产生的电磁场又反作用于线圈，从而改变了线圈的电感。电感量主要由线圈与金属导体的距离决定，通过测量电感量的变化就可确定电涡流传感器探头与金属板之间的距离。

2. 低频透射电涡流式传感器

低频透射电涡流式传感器采用低频激励，贯穿深度较大，适用于测量金属材料的厚度，其工作原理如图 7-17 所示。图中的发射线圈 L1 和接收线圈 L2 是两个绕在胶木棒上的线圈，分别位于被测物体的上、下方。振荡器产生的低频电压 u 加到 L1 的两端，线圈中流过一个同频率的交流电流，并在其周围产生一个交变磁场。

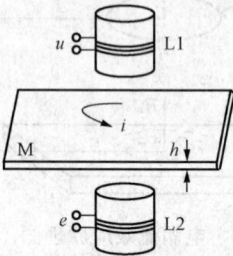

如果两个线圈之间不存在被测物体 M，L1 的磁场直接贯穿 L2，L2 的两端就会产生感应电动势 e。感应电动势 e 的大小与激励电压 u 的幅值、频率以及 L1 和 L2 匝数、结构和两者间的相对位置有关。如果这些参数都是确定不变的，那么感应电动势 e 就是一个确定值。

如果在 L1 和 L2 之间放置一块金属板，则 L1 产生的磁力线穿透金属板 M（M 可看成一匝短路线圈），并在金属板中产生涡流 i。涡流损耗了部分磁场能量，使到达 L2 的磁场变弱，从而使感应电动势 e 下降。被测物体 M 的厚度 h 越大，涡流损耗也越大，感应电动势 e 就越小。感应电势的大小间接反映了被测物体的厚度 h。

图 7-17 低频透射电涡流式传感器工作原理图

7.3.2 等效电路

把金属导体看作一个短路线圈，它和传感器线圈之间存在磁耦合，电涡流式传感器的等效电路如图 7-18 所示。图中，R_1 和 L_1 为传感器线圈的电阻和电感，R_2 和 L_2 为金属导体中电涡流等效短路环的电阻和电感，u 为激励电压，M 为传感器线圈和金属导体之间的互感。根据等效电路及所设电流方向，可以写出如下电压方程组

$$\begin{cases} R_1 i_1 + j\omega L_1 i_1 - j\omega M i_2 = u \\ -j\omega M i_1 + R_2 i_2 + j\omega L_2 i_2 = 0 \end{cases}$$

解此方程组可得传感器线圈受涡流影响后的等效阻抗为

$$Z = \left[R_1 + R_2 \frac{\omega^2 M^2}{R_2^2 + (\omega L_2)^2} \right] + j\omega \left[L_1 - L_2 \frac{\omega^2 M^2}{R_2^2 + (\omega L_2)^2} \right] \tag{7-36}$$

等效电感为

$$L = L_1 - L_2 \frac{\omega^2 M^2}{R_2^2 + (\omega L_2)^2} \tag{7-37}$$

等效品质因数为

$$Q = \frac{\omega L_1}{R_1} \frac{1 - \frac{L_2}{L_1} \frac{\omega^2 M^2}{R_2^2 + (\omega L_2)^2}}{1 + \frac{R_2}{R_1} \frac{\omega^2 M^2}{R_2^2 + (\omega L_2)^2}} \tag{7-38}$$

由于受涡流的影响，等效阻抗的实数部分增大，虚数部分减小。等效电气参数都是互感 M 平方的函数，由麦克斯韦互感的基本公式，可求得互感是两个磁耦合线圈之间距离的非线性函数。因此，Z、L、Q 均是非线性函数，但在较小范围内，可以将这些函数关系近似地用线性关系

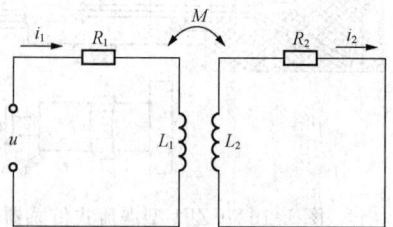

图 7-18 电涡流式传感器的等效电路

来表示，所以电涡流位移传感器只能在一定范围内呈线性变换关系。

7.3.3 信号调理电路

根据电涡流式传感器的基本原理，将传感器与被测物体之间的距离转换为传感器的品质因数 Q、等效阻抗 Z 及等效电感 L 三个参数。为了对传感器输出参数进行转换和处理，电涡流式传感器常采用电桥电路和谐振电路。

1. 电桥电路

电桥电路是一种常用的简单电路。通常把线圈的阻抗作为电桥的一个桥臂，或用两个相同的电涡流线圈组成差动形式。初始状态电桥平衡，测量时由于线圈阻抗发生变化，使电桥失去平衡，用电桥输出电压的大小来反映被测量的变化。

2. 谐振电路

谐振电路是将固定电容与传感器线圈并联，构成并联谐振回路。无被测导体时，传感器调谐到某一谐振频率 f_0。当被测导体接近（或远离）传感器线圈时，回路将失谐。若载波频率一定，则传感器 LC 回路的阻抗将发生变化，阻抗的大小既反映电感 L 的变化，又反映品质因数 Q 的变化。发生谐振时回路的等效阻抗最大，利用测量阻抗来确定被测量的大小。谐振电路通常有两种方式，即定频测距式（也称为恒定频率调幅式）和调频测距式（也称为调频调幅式）。

图 7-19（a）所示为定频测距式原理电路图。图中传感器线圈 L 和固定电容器 C 是谐振回路的基本元件，稳频稳幅正弦波振荡器的输出信号经由电阻 R 加到谐振回路上。传感器线圈 L 感应的高频电磁场作用于金属板表面，由于表面的涡流反射作用，使 L 的电感量发生变化，并使回路失谐，从而改变了检波电压的大小。

当没有被测导体时，回路谐振频率为 f_0，此时等效阻抗最大，对应检波电压最大。当被测导体接近传感器线圈时，使电感量变小，回路失谐，检波电压变小。检波电压和电感量 L 随距离 x 增加而增加或随 x 减少而减少，通过测量检波电压就可确定距离 x 的大小。

图 7-19（b）所示为调频测距式电路原理图。调频电路是把传感器线圈接在振荡器中，传感器作为其中的电感，当传感器线圈与被测物体之间的距离 x 发生变化时，引起传感器线圈的电感量 L 发生变化，从而使振荡器的频率改变。频率的测量可以直接用频率计，也可以通过鉴频器将频率变化再转换成电压后测量。

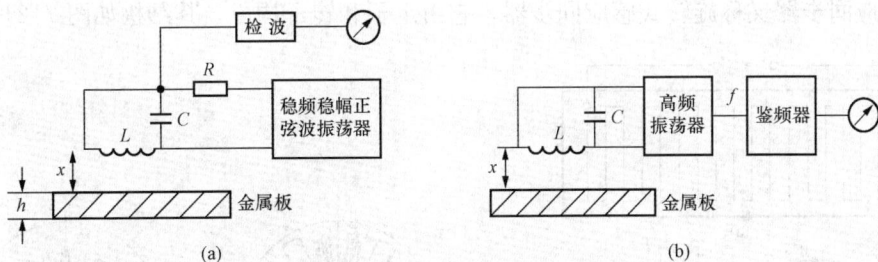

图 7-19 谐振原理电路图

(a) 定频测距式电路；(b) 调频测距式电路

使用调频测距电路时，不能忽视传感器电缆的分布电容影响，它将使振荡器的振荡频率发生变化，测量精度降低。为此可把固定电容 C 和线圈 L 都装在传感器内，这时电缆的分布电容并联在大电容上，对振荡频率的影响大大减小。另外，传感器尽量靠近测量电路，使电缆的分布电容影响更小。

7.4 感 应 同 步 器

感应同步器由两个平面形印刷电路绕组构成，两个绕组类似于变压器的一次绕组和二次绕组，故又称为平面变压器，它是利用两个绕组的互感随其位置变化的原理制成的。感应同步器一般由 $1\sim10\mathrm{kHz}$、几伏至几十伏的交流电激磁，而输出电压仅为激磁电压的几百分之一到几十分之一，具有精度和分辨率高、工作可靠、使用寿命长、抗干扰能力强等特点，广泛用于数控机床、三坐标测量仪等高精度测量装置中以及导弹制导、射击控制、雷达天线定位等高精度跟踪系统中。

7.4.1 结构及分类

感应同步器按其用途可分为直线感应同步器和圆感应同步器两大类，前者用于直线位移的测量，后者用于角位移的测量。

1. 直线感应同步器

直线感应同步器由定尺和滑尺组成，其结构如图 7-20 所示。定尺和滑尺上均有印刷电路绕组，定尺为一组均匀分布的单相连续绕组，滑尺为两组节距相等、空间相差 90°交替排列的分段绕组，S 称为正弦绕组，C 称为余弦绕组。使用时定尺安装在不动部件上，滑尺安装在运动部件上，两尺平面绕组相对放置，并留有微小间隙（0.25mm 左右），滑尺相对定尺移动。

定尺绕组表面喷涂一层耐腐蚀的绝缘清漆层，以保护尺面。滑尺绕组表面黏结绝缘层的铝箔。将滑尺用螺钉安装在机械设备上时，铝箔自然接地，起静电屏蔽作用，防止静电干扰。铝箔应足够薄，以免产生较大涡流，不仅损耗功率，而且影响电磁耦合，造成去磁现象，常选用带塑料的铝箔（铝金纸），总厚度约为 0.04mm。导电片常用电解铜箔构成平面绕组，要求厚薄均匀、无缺陷，一般为 0.1mm 以下。基体用磁导率高、矫顽磁力小的导磁材料制成，一般用优质碳素结构钢，其厚度为 10mm 左右。用绝缘黏结剂（如环氧树脂胶等）把铜箔粘牢在基体上，其粘结力强、绝缘性好。

2. 圆感应同步器

圆感应同步器又称旋转式感应同步器，它由定子和转子构成，其结构如图 7-21 所示。

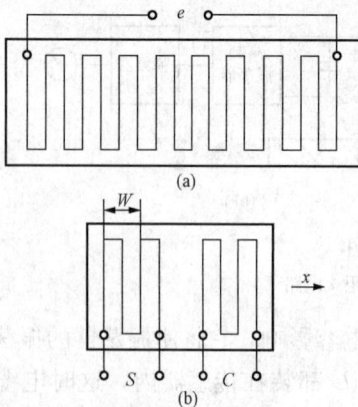

图 7-20　直线感应同步器的结构
（a）定尺；（b）滑尺

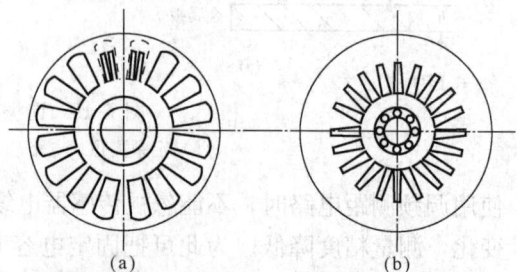

图 7-21　圆感应同步器的结构
（a）定子；（b）转子

在转子上分布着单相连续绕组，绕组的导电片沿圆周的径向分布；在定子上分布着两相扇形的分段绕组。定子和转子的截面构造与直线感应同步器相同，为防止静电感应，在转子绕组的表面也粘结绝缘层的铝箔，定子和转子之间也留有微小间隙。转子作为励磁绕组，加上交流励磁电压；定子的正弦、余弦绕组作为输出绕组。定子和转子可以直接安装在机械设备上，也可以将它们组装在一起，通过联轴器与机械运动轴连接起来。

圆感应同步器的直径有 302、178、76、50mm 四种，其径向导体数（也称极数）有360、512、720、1080 极等几种。在极数相同的情况下，圆感应同步器的直径越大，准确度和精度也就越高。

7.4.2　工作原理

以直线型感应同步器为例。当滑尺的两个绕组（励磁绕组）各供给一个交流励磁电压时，定尺上的绕组由于电磁感应现象而产生与励磁电压同频率的感应电动势。感应电动势与两绕组相对位置的关系如图 7-22 所示。当滑尺上的正弦绕组 S 通入励磁电压并和定尺上的绕组相差 W/4 时（A 点），耦合磁通最小，感应电动势也最小；当滑尺继续移动，感应电动势逐渐增加，移动到 B 点时感应电动势最大，继续移动到 C 点感应电动势逐渐减小到零；移动到 D 点时，可得到与 B 点极性相反的最大感应电动势。滑尺相对于定尺移动一个节距（E 点），感应电动势与初始状态完全相同，这样感应电动势随滑尺相对定尺的移动而周期性变化，变化规律如曲线 1 所示。

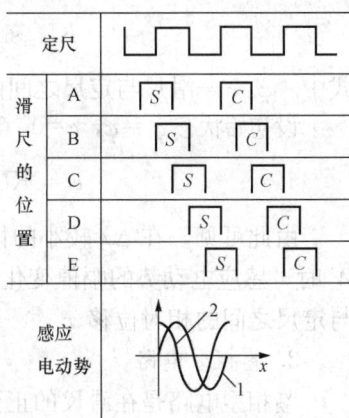

同理，若余弦绕组 C 中通入励磁电压，则感应电动势随滑尺位置的变化规律如曲线 2 所示。由上述分析可知，当结构一定、励磁电压一定时，感应电动势的大小取决于滑尺和定尺之间的相对位置，因而可通过测量感应电动势的变化来测量位移。

图 7-22　感应电动势与两绕组相对位置的关系

7.4.3　信号调理电路

定尺绕组输出的感应电动势，能够准确地反映一个空间周期内的位移（或角度）的变化。为了使输出感应电动势与位移（或角度）呈一定函数关系，必须对输出的感应电动势进行处理。感应同步器输出的感应电动势是一个交变信号，可以用幅值和相位两个参数来描述。因此感应电动势的测量电路有鉴幅型和鉴相型两种。

1. 鉴幅型电路

鉴幅型电路是在滑尺的正弦、余弦绕组上供给同频率、同相位但不同幅值的励磁电压，通过输出感应电动势的幅值来鉴别被测位移的大小。

设滑尺上正弦、余弦绕组的励磁电压分别为

$$u_s = -U_s\cos\omega t \tag{7-39}$$

$$u_c = U_c\cos\omega t \tag{7-40}$$

两个励磁绕组分别在定尺绕组上产生的感应电动势分别为

$$e_s = KU_s\sin\omega t\sin\frac{2\pi}{W}x \tag{7-41}$$

$$e_c = -KU_c \sin\omega t \cos\frac{2\pi}{W}x \tag{7-42}$$

式中　K——比例常数；

　　　W——绕组节距（如图7-20所示）；

　　　x——滑尺与定尺的相对位移。

定尺绕组上的总感应电动势为

$$e = e_s + e_c = K\sin\omega t\left(U_s\sin\frac{2\pi}{W}x - U_c\cos\frac{2\pi}{W}x\right) \tag{7-43}$$

采用函数变压器使励磁电压幅值为

$$U_s = U_m\cos\varphi \tag{7-44}$$

$$U_c = U_m\sin\varphi \tag{7-45}$$

则式（7-43）成为

$$e = KU_m\sin\left(\frac{2\pi}{W}x - \varphi\right)\sin\omega t = KU_m\sin(\varphi_x - \varphi)\sin\omega t \tag{7-46}$$

式中　φ_x——滑尺与定尺之间的相对位移角，$\varphi_x = 2\pi x/W$。

设初始状态 $\varphi_x = \varphi$，$e = 0$。当滑尺相对定尺移动 Δx，使 φ_x 变化 $\Delta\varphi_x$，则式（7-46）变为

$$e = KU_m\sin(\Delta\varphi_x)\sin\omega t \approx KU_m\left(\frac{2\pi}{W}\Delta x\right)\sin\omega t \tag{7-47}$$

由此可见，在 Δx 较小的情况下，感应电动势的幅值与 Δx 成正比。当 x 变化一个节距 W 时，感应电动势的幅值变化一个周期。通过检测感应电动势的幅值变化，即可测得滑尺与定尺之间的相对位移 x。

2. 鉴相型电路

鉴相型电路是在滑尺的正弦、余弦绕组上供给频率相同、幅值相同、相位差为 90° 的交流励磁电压，通过检测感应电动势的相位来鉴别被测位移量的大小。

设滑尺上正弦、余弦绕组的励磁电压分别为

$$u_s = U_m\sin\omega t \tag{7-48}$$

$$u_c = -U_m\cos\omega t \tag{7-49}$$

两个励磁绕组分别在定尺绕组上产生的感应电动势分别为

$$e_s = KU_m\cos\omega t\sin\frac{2\pi}{W}x \tag{7-50}$$

$$e_c = KU_m\sin\omega t\cos\frac{2\pi}{W}x \tag{7-51}$$

定尺上的总感应电动势

$$e = e_s + e_c = KU_m\sin\left(\omega t + \frac{2\pi}{W}x\right) = KU_m\sin(\omega t + \varphi_x) \tag{7-52}$$

式（7-52）表示了感应电动势的相位角 φ_x 随 x 的变化规律，当 x 变化一个节距 W 时，感应电动势的相位角 φ_x 变化一个周期，通过鉴别感应电动势的相位角 φ_x，例如同励磁电压 u_s 相比较，即可以测出定尺与滑尺之间的相对位移 x。

7.5　电感式传感器的应用

电感式传感器是传感器中的一个重要分支，因其结构简单可靠、输出功率大、抗干扰能

力强、对工作环境要求不高等特点，在各行各业都有着广泛的应用。

7.5.1 压力测量

1. 自感式压力测量

图 7-23 所示为自感式压力测量仪的原理结构图，主要由 C 型弹簧管、铁芯、衔铁和线圈等构成。当被测压力进入 C 型弹簧管 1 时，弹簧管发生变形，其自由端产生位移，带动与自由端刚性连接的衔铁 2 发生移动，使线圈中的自感量一个增加，另一个减小，产生大小相等、符号相反的变化量。自感量的变化通过电桥电路转化为电压输出，并经相敏检波电路处理，使输出信号与被测压力成正比，即输出信号的大小取决于衔铁位移量的大小，输出信号的相位取决于衔铁移动的方向。

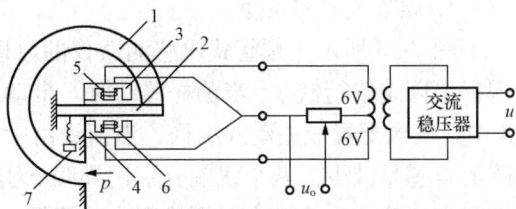

图 7-23 自感式压力测量仪的原理结构图
1—弹簧管；2—衔铁；3、4—铁芯；
5、6—线圈；7—调节螺钉

2. 差动变压器式压力测量

图 7-24（a）所示为差动变压器式压力测量仪的原理结构图，主要由膜盒、随膜盒的膨胀与收缩而移动的衔铁、感应绕组等组成。一次绕组与振荡电路相连，产生交流励磁电压，并在绕组周围产生磁场，两个二次绕组中产生感应电动势。图 7-24（b）所示为测量电路。

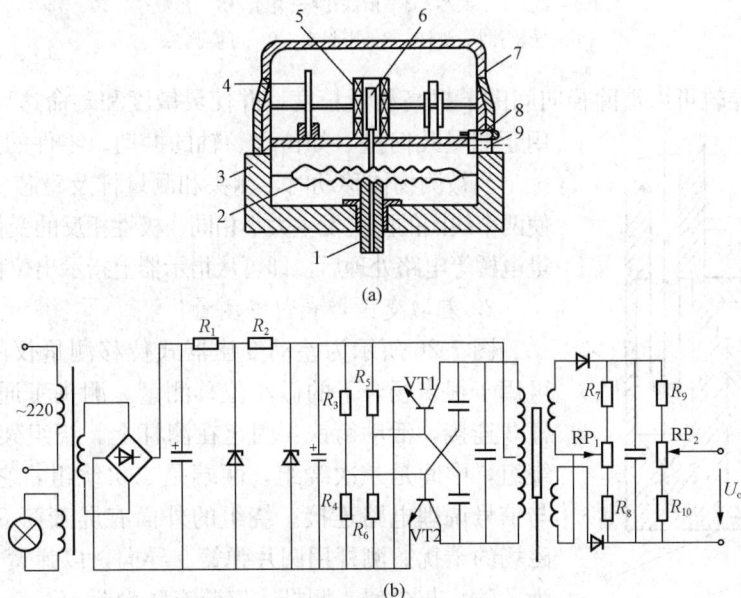

(a)

(b)

图 7-24 差动变压器式压力测量仪
(a) 原理结构图；(b) 测量电路
1—接头；2—膜盒；3—底座；4—线路板；5—绕组；6—衔铁；7—罩壳；8—插头；9—通孔

当被测压力为零时，膜盒 2 处于初始状态，衔铁处于差动变压器绕组的中间位置，两个二次绕组的感应电动势大小相等、方向相反，输出电压为零。被测压力经过接头 1 传入膜盒，使膜盒产生一定的位移，位移大小与被测压力成正比，并带动衔铁 6 在绕组 5 中移动，此时两个二次绕组的感应电动势一个增大，另一个减小，总输出电压为两个绕组感应电动势的代数和，其大小取决于衔铁的移动距离。经相敏检波等电路处理后，输出电压反映被测压力的数值。这种传感器多用来测量微小压力，测量范围为 $-4\times10^4\sim6\times10^4\mathrm{N/m^2}$，输出电压为 $0\sim50\mathrm{mV}$，精度为 1.5 级。

7.5.2　位移测量

1. 螺管式位移测量

图 7-25 所示为螺管式电感测微仪的原理结构图，测杆 7 可在钢球导轨 6 上做轴向移动，测杆上固定着衔铁 3。当测杆移动时，带动衔铁在电感线圈 4 中移动，线圈放在圆筒形铁芯 2 中，线圈配置成差动式结构，当衔铁由中间位置向左移动时，左线圈的自感量增加，右线圈的自感量减少。两个线圈分别用导线 1 引出，接入测量电路。另外，弹簧 5 施加测量力，密封套 8 防止尘土进入，可换测头 9 用螺纹固定在测杆上。

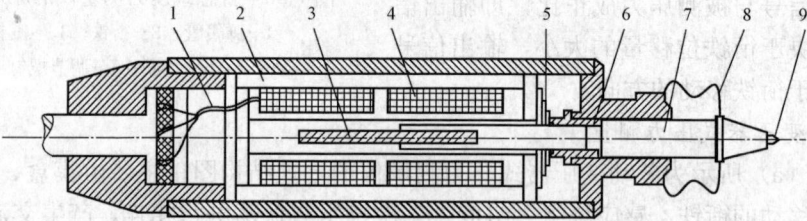

图 7-25　螺管式电感测微仪的原理结构图
1—导线；2—铁芯；3—衔铁；4—绕组；5—弹簧；
6—导轨；7—测杆；8—密封套；9—可换测头

钢球滚动导轨可以消除径向间隙，提高测量精度，并使灵敏度和寿命达到较高指标，多用于测量几何量，如位移、轴的振动、零件的热变形等。

当被测物体移动时，测头和测量杆及磁芯一起运动，从而使两个线圈的阻抗发生大小相同、极性相反的变化，该变化经测量电桥等电路处理后，即可从指示器上指示出位移的大小来。

2. 差动变压器式位移测量

图 7-26 所示为差动变压器式位移测量仪的原理结构图，可用于很多场合下的微小位移测量。测头 1 通过轴套 2 与测杆 3 连接，活动衔铁 4 固定在测杆上。绕组架 5 上绕有三组绕组，中间是一次绕组，两端是二次绕组，它们通过导线 7 与信号调理电路连接。绕组的外面有屏蔽筒 8，用来防止外磁场的干扰。测杆用圆片弹簧 9 导向，以弹簧 6 获得恢复力，为了防止灰尘侵入测杆，安装有防尘罩 10。

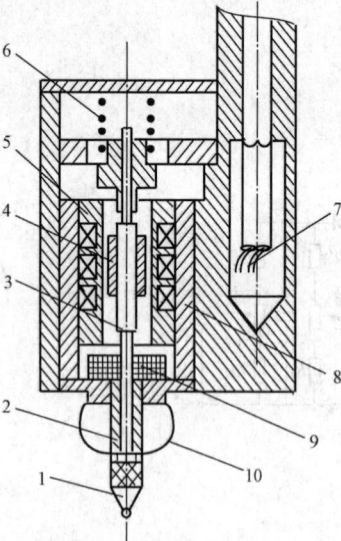

图 7-26　差动变压器式位移测量仪的原理结构图
1—测头；2—轴套；3—测杆；4—衔铁；5—绕组架；6—弹簧；7—导线；8—屏蔽筒；9—圆片弹簧；10—防尘罩

差动变压器式位移测量的分辨率可达 $0.1\sim0.5\mu\mathrm{m}$。中间部分的线性比较好，非线性误差约为 0.5%，灵敏度比差动自感式高。当信号调理电路输入阻抗较高时，用电压灵敏度来表示；当信号调理电路输入阻抗较低时，用电流灵敏度来表示。用 400Hz 以上高频激励时，其电压灵敏度为 $0.5\sim2\mathrm{V/(mm\cdot V)}$，电流灵敏度可达到 $0.1\mathrm{mA/(mm\cdot V)}$。由于其灵敏度较高，测量大位移时输出信号不用放大，因此信号调理电路较为简单,使用简单的电桥即可。

3. 涡流式位移测量

涡流式传感器可用来测量各种形式的位移量,测量范围为 0～5mm,分辨率可达测量范围的 0.1‰,图 7-27 所示为涡流式位移测量原理电路图。其中图(a)为汽轮机主轴的轴向位移测量,图(b)为先导阀的位移测量,图(c)为金属试件的热膨胀系数测量。

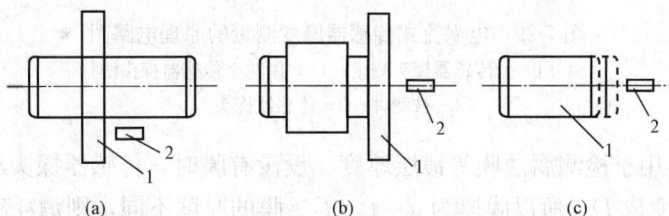

图 7-27 涡流式位移测量原理电路图
(a)轴向位移测量;(b)先导阀位移测量;(c)热膨胀系数测量
1—被测件;2—传感器探头

7.5.3 振幅测量

涡流式传感器可以无接触地测量各种振动的幅值,图 7-28 所示为使用涡流式传感器进行振幅测量的原理电路图。其中图(a)为汽轮机和空气压缩机的主轴径向振动测量,图(b)为发动机涡轮叶片的振幅测量,图(c)为轴的振动形状测量。在研究轴的振动时,通常要了解轴的振动形状,测量时用数个传感器探头并排地安置在轴的附近,用多通道测量仪进行测量记录。在轴振动时,可以获得轴在各传感器探头位置上的瞬时振幅,并画出轴的振形图。

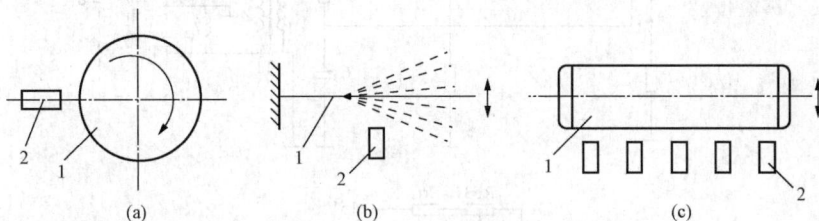

图 7-28 振幅测量原理电路图
(a)主轴径向振动测量;(b)涡轮叶片振幅测量;(c)振动形状测量
1—被测件;2—传感器探头

7.5.4 厚度测量

1. 涡流式传感器厚度测量

涡流式传感器可以无接触地测量金属板厚度和非金属板的镀层厚度,图 7-29 所示为使用涡流式传感器进行厚度测量的原理电路图。当金属板的厚度发生变化时,传感器探头与金属板之间的距离发生改变,从而引起输出电压变化。如图 7-29(a)所示为用一个传感器探头测量厚度的原理电路图。由于在工作过程中金属板上下波动,影响测量精度,所以常采用比较法测量,如图 7-29(b)所示。在被测金属板上、下方各装一个传感器探头,其间距为 D,它们与金属板上、下表面间距为 x_1 和 x_2,金属板厚 $h = D - (x_1 + x_2)$。两个传感器探头测得 x_1 和 x_2,通过信号调理电路转换成电压后相加,相加所得的电压值与传感器探头之间距离 D 对应的设定电压值相减,就得到与金属板厚对应的电压值。

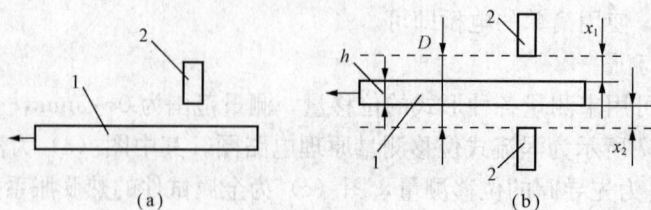

图 7-29　电涡流式传感器厚度测量的原理电路图
（a）用一个传感器探头测量；（b）用两个传感器探头测量
1—被测件；2—传感器探头

涡流式传感器用于检测腐蚀膜等镀层厚度。设没有膜时，传感器探头与金属表面距离为 L，有膜时，距离变成 D，所以膜厚为 $d=L-D$。膜的厚度不同，则消耗磁场能量不同，导致探头有效阻抗发生变化。采用这种方法检测只能获得微弱的信号变化，为了克服这一缺点，常采用不平衡电桥电路。图 7-30 是一种涡流式膜厚检测电路，IC1 和 IC2 是正弦波振荡器，将产生频率为 1～100kHz 的正弦波。正弦波加到变压器 T1 上。涡流变化量在检测放大器 IC3 中放大，再经 IC4 和 IC5 的适当放大并输出。RP1 用来调节灵敏度，RP2 调整零点，RP3 调整电平。

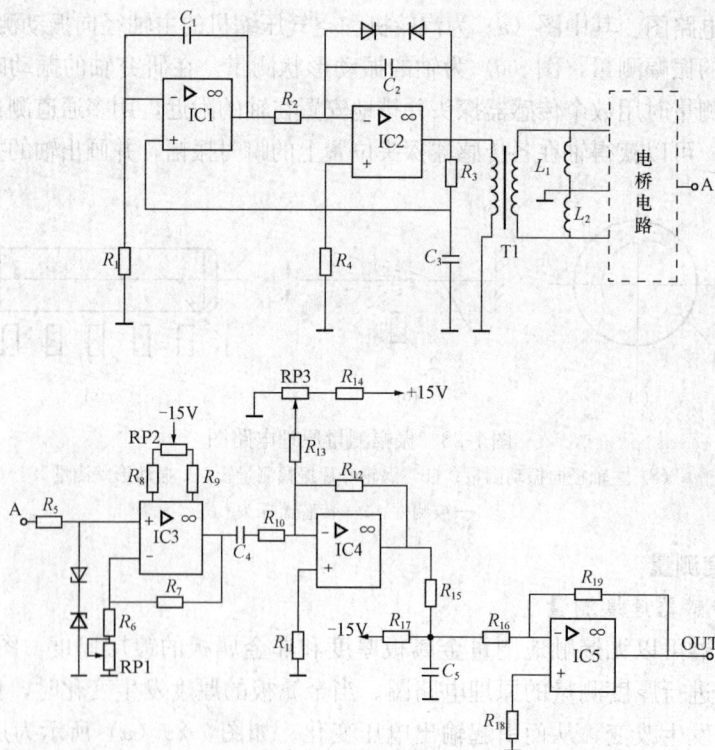

图 7-30　涡流式膜厚检测电路（图中 A—A 点相连）

2. 自感式厚度测量

当被测物体的厚度变化，使电感测厚仪的感辨头带动差动式结构的自感传感器的衔铁位置发生变化，从而引起 L 的差动变化。图 7-31 所示为自感式厚度测量仪检测电路。

自感传感器的两个差动线圈 L_1 和 L_2 作为电桥两相邻的桥臂，另两相邻的桥臂采用电容 C_1 和 C_2，并且使用 4 只二极管 VD1～VD4 作为相敏整流器。在相敏整流器的输出端，用指示器 V 指示。二极管中串联 4 个电阻 R_1～R_4 作附加电阻使用，目的是减少由于温度变化而引起的误差，故选温度系数小的线绕电阻。电桥的电源对角线是由变压器提供的。变压器的一次侧用磁铁和稳压器 R_5 和 C_4。C_3 起滤波作用，RP1 调节电桥电路的零位，RP2 用来调节指示器满刻度，SD 为指示灯。图中使用相敏整流电路的目的，是使输出电压的极性能真正反映衔铁的移动方向，从而确定厚度是增加还是减小。

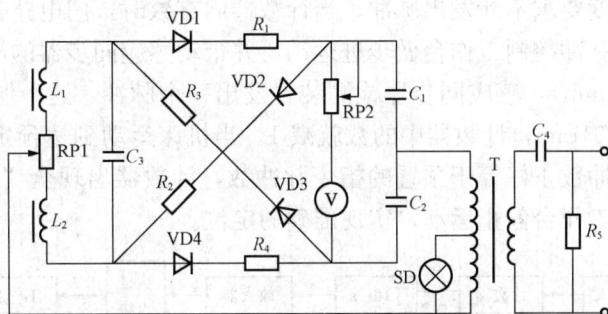

图 7-31　自感式厚度测量仪检测电路

7.5.5　转速测量

由于涡流式传感器具有动态非接触测量的特点，所以可以很方便地测量转速，图 7-32 所示为使用涡流式传感器进行转速测量的原理图。在旋转体旁边安装一个传感器探头，当旋转体转动时，传感器探头将输出周期性变化的电压，此电压经放大整形后用频率计指示出频率值。此频率值 f 与槽（齿）数 Z 及被测转速 n 的关系式为

$$n = \frac{60f}{Z} \qquad (\text{r/min}) \tag{7-53}$$

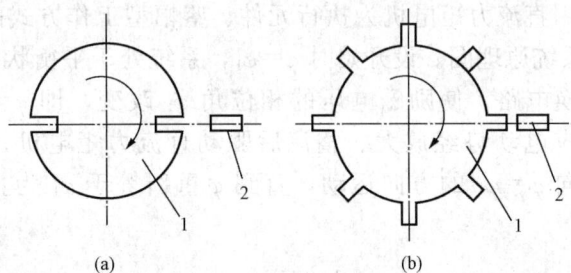

图 7-32　转速测量原理图
(a) 旋转体上开槽；(b) 旋转体做成齿状
1—被测旋转体；2—传感器探头

7.5.6　数控机床的定位

数控机床在当前制造业中的应用非常广泛，作为精密机械，其需要测量线位移、角位移以及与此相关的物理量等多项指标，而感应同步器在其中发挥着重要作用。直线感应同步器已经广泛用于大型精密坐标镗床、坐标铣床及其他数控机床的定位、数控和数显；圆感应同步器则常用于精密机床或测量仪器设备的分度装置等，同时在军事上的雷达天线定位跟踪方面也有较多应用。数控机床中的数字控制系统按控制刀具相对于工件移动的轨迹不同，可分

为点位控制系统和位置随动系统。

1. 点位控制系统

点位控制系统主要是控制刀具或工作台从某一加工点到另一加工点之间的准确定位，而对点与点之间所经过的轨迹不加控制。利用感应同步器作为点位控制的检测反馈元件，可以直接测出机床的移动量以修正定位误差，提高定位精度。

图 7-33 是感应同步器在点位控制系统中的应用示意图。系统的工作过程为：工作前通过输入装置（如可编程控制器），先给计数器预置工作台某一相应位置的指令脉冲数。脉冲发生器按机床移动速度要求不断发出脉冲。当计数器内有数时，门电路打开，步进电机按脉冲发生器发出的驱动脉冲控制工作台做步进运动，并带动感应同步器的滑尺移动，滑尺每移动一定距离（如 0.01mm），感应同步器检测装置发出一个脉冲，这个脉冲进入计数器，说明工作台已移动了 0.01mm，计数器中的数就减 1。当机床运动到达预定位置时，感应同步器检测装置发出的脉冲数正好等于预置的指令脉冲数，计数器出现全 "0" 状态，门电路关闭，步进电机停转，工作台停止运动，实现准确的定位。

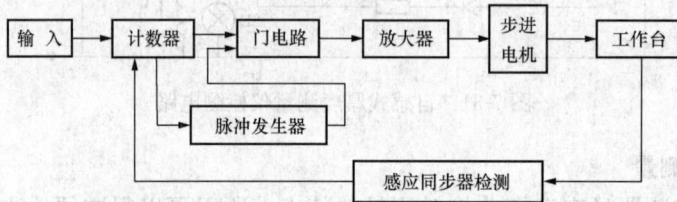

图 7-33　感应同步器在点位控制系统中的应用示意图

2. 位置随动系统

位置随动系统或称连续控制系统，它不仅要求在加工过程中实现点到点的准确定位，而且要保证运动过程中逐点的定位精度，即对运动轨迹上的各点都要求精确地跟踪指令。

图 7-34 是一种采用直流力矩电机为执行元件、鉴幅型工作方式的感应同步器为检测反馈元件的位置随动系统原理图。设开始时 $\varphi = \varphi_1$，系统处于平衡状态。当计数器送来指令脉冲时，经数模转换电路，使励磁电压的相位角 φ_1 改变，即 $\varphi \neq \varphi_1$，破坏了原有的平衡，定尺输出的感应电动势经放大、整流后驱动直流力矩电机，使工作台按预定方位运动，并带动滑尺向 $\varphi = \varphi_1$ 的方向运动，直到 φ 重新等于 φ_1 为止，从而实现了位置随动。

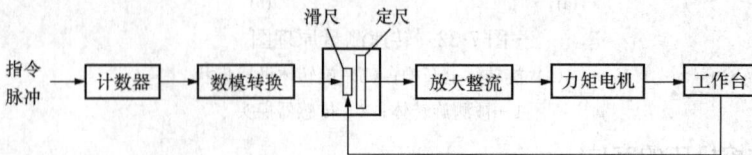

图 7-34　位置随动系统原理图

7.5.7　接近开关

电感式接近开关电路如图 7-35 所示。它主要由振荡器、开关输出电路、接近敏感元件及工作指示电路等组成。接近敏感元件由变压器 T 担任，振荡器由 VT1 等组成，VT2 组成开关输出电路，VT3 和发光二极管 VD 组成工作指示电路。

　　当无物体接近变压器 T 时，振荡器输出信号使 VT2 导通，VT2 集电极交流信号经 C_5，使输出为低电平。当被测物体接近变压器 T 时，由于电磁感应的作用破坏了 VT1 的振荡条件，使 VT1 停止振荡。VT2 由于失去偏压而截止，其集电极变为高电位，从而使输出电路输出高电平。当被测物件离去后，电路恢复振荡，VT2 又导通，输出端又变为低电平，发光二极管 VD 熄灭，完成一次检测过程。接近开关输出的开关信号可用于产品计数及报警电路。图 7-35 所示接近开关的有效作用距离较小，仅有 4mm。

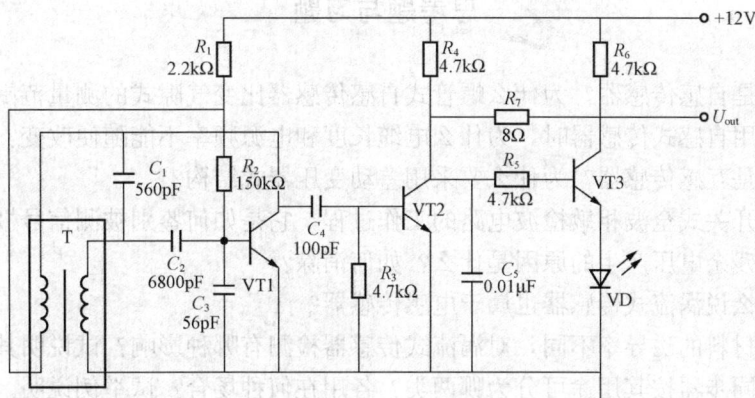

图 7-35　电感式接近开关电路

7.5.8　金属探寻器

　　金属探寻器电路如图 7-36 所示。电路中的 VT1、VT2、L_1、C_1 等组成探寻振荡器。L_1 是探寻的敏感元件。电路中的 VT1、VT3、L_2、C_3 等组成基频振荡器。集成电路 LM386 为音频放大器。

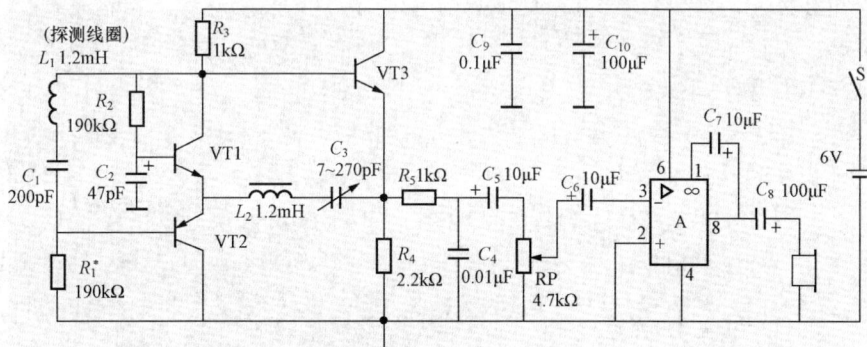

图 7-36　金属探寻器电路

　　半导体管 VT1 为共基极放大器，VT2 为射极输出器，因为它们是同相放大器，只要在 VT1 和 VT2 之间接入 L_1 和 C_1 串联谐振电路，便可产生振荡信号 f_1。同理，在 VT2 和 VT3 之间只要接入 L_2、C_3 串联谐振电路也可得到振荡信号 f_2。

　　当探测线圈 L_1 远离金属时，两个振荡信号频率相等，即 $f_1 = f_2 = 320\text{kHz}$。这两个信号经 VT1 差频后输出的是零拍信号，经音频放大器放大后，无音频信号输出，耳机无音频声响，表示没有探测到金属物。若探测线圈接近金属时，由于金属物的影响，使探测线圈 L_1 的电感量发生变化，引起振荡频率 f_1 的改变，此时 f_1 和 f_2 经 VT1 差频后，在 VT3 发射极上将会输出一个音频信号。这个音频信号的频率将随着探测线圈 L_1 与金属物的接近而改变，距离越近，音调频率越高。因此，可根据音调频率的高低来判断被测金属物的地点或埋入地下的深浅。金属探寻器可用于地下金属管道的走向定位，也可用于寻找地下埋藏的金属物品。

思考题与习题

7-1　什么是自感传感器？为什么螺管式自感传感器比变气隙式的测量范围大？

7-2　在使用自感式传感器时，为什么电缆长度和电源频率不能随便改变？

7-3　什么是互感传感器？为什么要采用差动变压器式结构？

7-4　分析开关式全波相敏检波电路的工作过程，它是如何鉴别被测信号极性的？

7-5　零点残余电压产生的原因是什么？如何消除？

7-6　为什么说涡流式传感器也属于电感传感器？

7-7　被测材料的磁导率不同，对涡流式传感器检测有哪种影响？试说明其理由。

7-8　感应同步器按其用途可分为哪两类？各用在何种场合？试举例说明。

7-9　感应同步器输出的感应电动势进行如何处理？简述各处理方式的原理。

第8章 电容式传感器

物体间的电容量与其结构参数密切相关。利用被测量的变化去改变电容的结构参数,从而改变物体间的电容量,通过测量电容量来实现对被测量的检测,这就是电容式测量原理。利用电容式测量原理实现的传感器称为电容式传感器。

8.1 电容式传感器的工作原理及类型

根据电工学理论,两平行板可组成一个电容器,在忽略边缘效应的条件下其电容量可表示为

$$C = \frac{\varepsilon S}{d} = \frac{\varepsilon_r \varepsilon_0 S}{d} \tag{8-1}$$

式中 C——电容,F;

S——极板间相互覆盖的面积,m^2;

d——极板间距离,m;

ε——极板间介质的介电常数,F/m;

ε_r——极板间介质的相对介电常数,无量纲;

ε_0——真空中的介电常数,$\varepsilon_0 = 8.85 \times 10^{-12}$ F/m,空气中的介电常数与 ε_0 相近。

由式(8-1)可见,在 S,d,ε_r 三个参量中,只要保持其中两个量不变,电容 C 就是另一个参量的单值函数。所有的电容式敏感元件都是通过改变其中一个参量来改变电容量 C,从而实现测量的,因此在应用中可以做成三种类型的电容传感器。变面积式电容传感器可用于检测位移、尺寸等参量;变间隙式电容传感器可以用来测量微小的线位移;变介电常数式传感器可以用来测定各种介质的物理特性(如湿度、密度等)。

8.1.1 变面积式电容传感器

变面积式电容传感器有多种结构形式,图 8-1 为两种常见的结构。(a)图为直线位移式,(b)图为角位移式。

对于直线位移式电容传感器,当动片沿 x 方向移动时,两极板间的覆盖面积 S 就发生变化,电容量 C 也随之发生改变,C 与 x 的关系可表示为

$$C = \frac{\varepsilon b(a - x)}{d} = C_0 \left(1 - \frac{x}{a}\right) \tag{8-2}$$

其中 $C_0 = \frac{\varepsilon ba}{d}$

由式(8-2)可见,电容量 C 与直线位移 x 成正比,此传感器的灵敏度 K 的表达式为

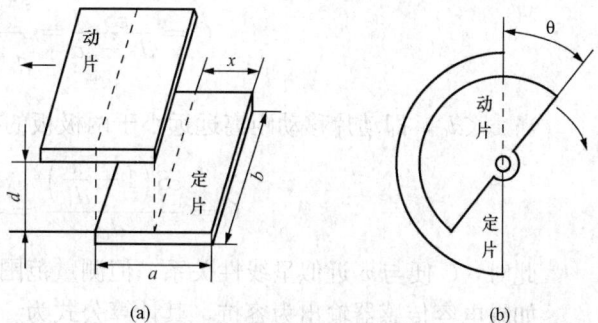

图 8-1 变面积式电容传感器结构

(a)直线位移式;(b)角位移式

$$K = \frac{\mathrm{d}C}{\mathrm{d}x} = -\frac{\varepsilon b}{d} \tag{8-3}$$

由此可见,要想提高传感器的灵敏度 K,可以通过增加 b 值或减小 d 值来实现,但是 b 值的增加受结构的限制,而 d 值减小到一定程度后会增加装配难度,而且受电容器能承受的击穿电压的限制。

对于角位移式电容传感器,当动片有一角位移 θ 时,两极板间的覆盖面积就改变,电容量 C 也随之发生改变。设两个半圆片极板完全重合时覆盖的面积为 S。则有:

当 $\theta = 0$ 时

$$C_0 = \frac{\varepsilon S}{d} \tag{8-4}$$

当 $\theta \neq 0$ 时

$$C = \frac{\varepsilon S(1 - \theta/\pi)}{d} = C_0\left(1 - \frac{\theta}{\pi}\right) \tag{8-5}$$

由式 (8-5) 可见,电容量 C 与角位移 θ 呈线性关系,此传感器的灵敏度 K 表达式为

$$K = \frac{\mathrm{d}C}{\mathrm{d}\theta} = -\frac{C_0}{\pi} = -\frac{\varepsilon S}{d\pi} \tag{8-6}$$

变面积式电容传感器还可以做成其他形式,如采用同心圆筒的直线位移式电容传感器,外圆筒不动,内圆筒在外圆筒内做上下直线运动,电容量与内圆筒的位移呈线性关系。变面积式电容传感器多用来检测位移、尺寸等参量。

8.1.2　变间隙式电容传感器

变间隙式电容传感器也称为变极距式电容传感器,其工作原理图如图 8-2 所示。当被测量变化引起动片移动时,就改变了两极板间的距离 d,从而使电容量 C 发生改变。设动片未动时的电容量为 C_0,极板间距离为 d_0,动片移动 x 后的电容为 C,在不考虑边缘效应的情况下可得

$$C_0 = \frac{\varepsilon S}{d_0} \tag{8-7}$$

$$C = \frac{\varepsilon S}{d_0 - x} \tag{8-8}$$

由式 (8-8) 可知,$C = f(x)$ 是一个双曲线函数,C 与 x 为非线性关系。式 (8-8) 也可写成

$$C = \frac{\varepsilon S}{d_0 - x} = \frac{\varepsilon S\left(1 + \dfrac{x}{d_0}\right)}{d_0\left(1 - \dfrac{x^2}{d_0^2}\right)} \tag{8-9}$$

当 $x \ll d_0$,即动片移动距离远远小于两极板的初始间距时,平方项可被忽略,则有

$$C = \frac{\varepsilon S\left(1 + \dfrac{x}{d_0}\right)}{d_0} = C_0\left(1 + \frac{x}{d_0}\right) \tag{8-10}$$

此时,C 便与 x 近似呈线性关系,但测量范围缩小了很多。

如果电容传感器输出为容抗,其计算公式为

$$X_C = \frac{1}{\omega C} = \frac{d_0 - x}{\varepsilon S\omega} \tag{8-11}$$

可见，X_C 与 x 呈线性关系，此时不必满足 $x \ll d_0$ 这一条件。

对于变间隙式电容传感器，要想提高其灵敏度，可减小初始间距 d_0，但同样应考虑电容器承受的击穿电压的限制及增加装配工作的难度。另外，传感器的非线性将随着相对位移的增大而增大，为保证线性度应当限制动片的位移幅度。为了改善非线性，提高灵敏度，往往采用差动形式。如图 8-3 所示，采用两个定片和一个动片，当一个电容增加时，另一个将减小，结合适当的信号变换电路可以得到非常好的特性。差动电容传感器的灵敏度是单电容的两倍，差动接法还可有效地消除信号中的共模成分。对于变面积式和变介电常数式电容传感器也可以做成差动形式。

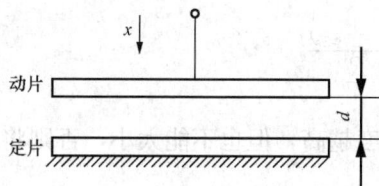

图 8-2　变间隙式电容传感器工作原理图　　　　　　　图 8-3　差动形式

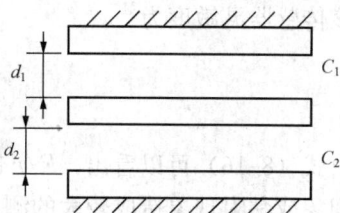

8.1.3　变介电常数式电容传感器

不同的介质具有不同的介电常数，与介质的成分和化学结构有很大关系。如空气的相对介电常数略大于 1，纯净水介电常数为 80，变压器油和干的纸介电常数为 2～4，环氧树脂介电常数为 3～10，聚四氟乙烯介电常数为 2。当改变两极板间的介质时，由于介电常数发生了变化，电容量也随之改变。这类传感器的结构形式一般有两种：一种方法是让不同介质在极板间的相对位置发生改变，常用来检测容器中的液面高度、片状材料的厚度等；另一种方法是利用一些高分子材料的介电常数随环境温度、湿度发生变化的特性，常用来检测湿度、密度等参数。

下面以电容式液位计为例来介绍这类传感器的工作原理。如图 8-4 所示，在被测介质（液体）中放入两个同心圆筒状的极板，外筒内半径为 R，内筒外半径为 r。若液体导电，极板还应做绝缘处理。设容器内液体介质的介电常数为 ε_1，液面上空气的介电常数为 ε_2，当容器内液面发生变化时，两极板间的电容量 C 就会发生变化。

图 8-4　电容式液位计工作原理图

设两个筒的高度均为 L，容器中液体介质浸没电极的高度为 L_1，气体介质的高度为 L_2。根据电容并联的性质，总电容 C 等于液体介质间电容量与气体介质间电容量之和。

液体介质间电容量 C_1 的计算公式为

$$C_1 = \frac{2\pi L_1 \varepsilon_1}{\ln \dfrac{R}{r}} \tag{8-12}$$

气体介质间的电容量 C_2 的计算公式为

$$C_2 = \frac{2\pi L_2 \varepsilon_2}{\ln \dfrac{R}{r}} = \frac{2\pi (L - L_1) \varepsilon_2}{\ln \dfrac{R}{r}} \tag{8-13}$$

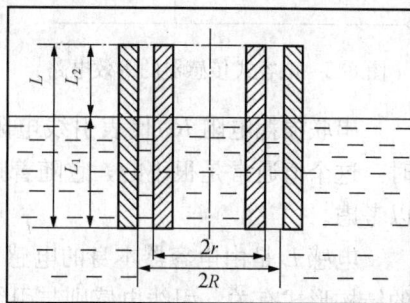

总电容 C 的计算公式为

$$C = C_1 + C_2 = \frac{2\pi L_1 \varepsilon_1}{\ln \dfrac{R}{r}} + \frac{2\pi (L - L_1) \varepsilon_2}{\ln \dfrac{R}{r}} = \frac{2\pi L \varepsilon_2}{\ln \dfrac{R}{r}} + \frac{2\pi L_1 (\varepsilon_1 - \varepsilon_2)}{\ln \dfrac{R}{r}} \tag{8-14}$$

令 $A = \dfrac{2\pi L \varepsilon_2}{\ln \dfrac{R}{r}}$，$B = \dfrac{2\pi (\varepsilon_1 - \varepsilon_2)}{\ln \dfrac{R}{r}}$，则式 (8-14) 可改写成

$$C = A + BL_1 \tag{8-15}$$

由于 A 和 B 均为常数，所以电容量 C 与液体深度 L_1 成正比。

该传感器灵敏度为

$$K = B = \frac{2\pi (\varepsilon_1 - \varepsilon_2)}{\ln \dfrac{R}{r}} \tag{8-16}$$

由式 (8-16) 可以看出，R/r 越小，测量灵敏度越高，但也不能太小，否则将会由于毛细管现象或黏附现象造成较大的测量误差。

8.2　电容式传感器的等效电路

在 8.1 节的分析计算中，电容式传感器都被当做纯电容来看待，这在大多数情况下是允许的。但是在高温、高湿和高频激励条件下，则需考虑附加损耗及电感效应等因素的影响，这时的等效电路可由图 8-5 所示的电路来表示。

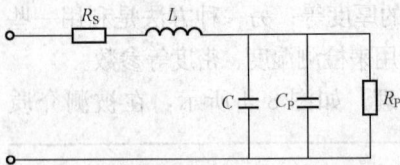

图 8-5 中，C 为传感器的电容，R_P 为并联损耗电阻，R_S 为串联损耗电阻，L 为电感，C_P 为寄生电容。

并联损耗电阻 R_P 代表极板间的泄漏电阻和极板间的介质损耗，这些损耗通常在低频时的影响较大，随着频率的增高，容抗逐步减小，其影响也相应减弱直至可以忽略不计。

图 8-5　电容式传感器的等效电路

串联损耗电阻 R_S 代表引线电阻，电容器支架和极板的电阻。在几兆赫兹频率下工作时，这个值通常是很小的，它随着频率增高而增大，因此，只有在工作频率很高时，才要加以考虑。

电感 L 是由电容器本身的电感和外部引线的电感所组成。电容器本身的电感与电容器的结构形式有关，引线电感则与引线长度有关，引线越短，电感越小。如果用电缆与电容式传感器相连接，则 L 中还应包括电缆的电感。

寄生电容 C_P 主要指电缆寄生电容，它与传感器电容 C 相并联。电容式传感器由于受结构与尺寸的限制，一般电容量都很小，几皮法到几十皮法，属于小功率、高阻抗器件，极易受外界干扰，尤其是电缆寄生电容。寄生电容比电容传感器的电容大几倍至几十倍，且具有随机性，又与传感器电容相并联，严重影响传感器的输出特性，甚至会淹没传感器的有用信号，使传感器无法使用。因此消灭寄生电容的影响，是电容式传感器实用化的关键。

由分析可知，电容式传感器等效电路有一谐振频率，通常为几十兆赫兹。在谐振或接近谐振时，电容传感器将不能正常工作，通常选取工作频率为谐振频率的 $1/3 \sim 1/2$。

设电容传感器的等效电容为 C_{eq}，在忽略 R_P 和 R_S 的情况下有

$$j\omega L + \frac{1}{j\omega C} = \frac{1}{j\omega C_{eq}} \tag{8-17}$$

计算可得

$$C_{eq} = \frac{C}{1 - \omega^2 LC} \tag{8-18}$$

可以看出，当 L 和 C 确定之后，等效电容 C_{eq} 是频率 ω 的函数。计算可得等效电容的相对变化量为

$$\frac{\Delta C_{eq}}{C} = \frac{\Delta C/C}{1 - \omega^2 LC} \tag{8-19}$$

这表明电容式传感器等效电容的实际相对变化量与电源频率 ω、固有电感 L（包括引线电感）有关。因此，在实际应用中，每当改变激励电源频率或更换传输电缆时，都必须对测量系统重新标定。

8.3　电容式传感器的信号转换电路

电容式传感器将被测量转换为电容的变化之后，还必须借助于信号转换电路将其转换为电压、电流或频率信号，以供系统显示、记录或传输。下面介绍几种典型的信号转换电路。

8.3.1　桥式转换电路

图 8-6 为采用差动接法的交流电桥转换电路，C_1 和 C_2 是差动电容传感器的两个电容，作为电桥的两个相邻的桥臂，桥臂阻抗分别为 $Z_1 = 1/j\omega C_1$，$Z_2 = 1/j\omega C_2$，电桥的另外两个桥臂是两个严格对称的变压器二次绕组（相当于固定电感）。

电桥的空载输出电压为

$$\dot{U}_o = \frac{Z_2}{Z_1 + Z_2}\dot{U} - \frac{\dot{U}}{2} = \frac{\dot{U}}{2}\left(\frac{Z_2 - Z_1}{Z_1 + Z_2}\right) = \frac{\dot{U}}{2}\left(\frac{C_1 - C_2}{C_1 + C_2}\right) \tag{8-20}$$

以图 8-3 所示的变间隙式差动电容传感器为例进行说明。当动片位于两定片之间的中间位置时，$d_1 = d_2 = d_0$，$C_1 = C_2 = \varepsilon S/d_0$，电桥平衡，开路输出电压为 0。

当动片上移 x 时，有

$$C_1 = \frac{\varepsilon S}{d_0 - x} = C_0 + \Delta C \tag{8-21}$$

$$C_2 = \frac{\varepsilon S}{d_0 + x} = C_0 - \Delta C \tag{8-22}$$

图 8-6　差动接法的交流电桥转换电路

将式（8-21）和式（8-22）代入式（8-20）可得

$$\dot{U}_o = \frac{\dot{U}}{2}\frac{\Delta C}{C_0} = \frac{\dot{U}}{2}\frac{x}{d_0} \tag{8-23}$$

当动片下移 x 时，同理可得

$$\dot{U}_o = -\frac{\dot{U}}{2}\frac{\Delta C}{C_0} = -\frac{\dot{U}}{2}\frac{x}{d_0} \tag{8-24}$$

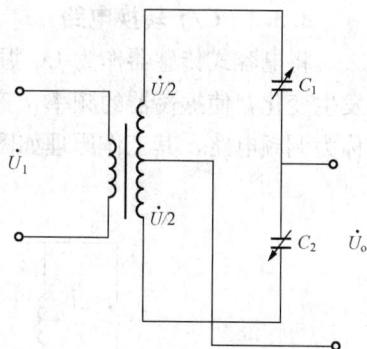

可见，输出电压与位移呈线性关系。但需注意，在该电路中桥供交流电压必须稳定，因电桥输出阻抗很高，其后必须接入高输入阻抗的放大器。

8.3.2 运算放大器式转换电路

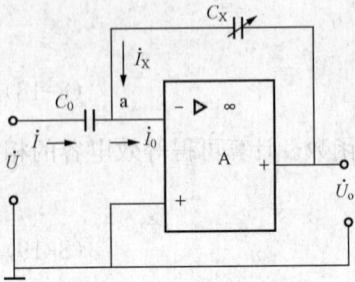

图 8-7 采用运算放大器
对电容进行测量的电路

图 8-7 为采用运算放大器对电容进行测量的电路，图中 A 为高增益、高输入阻抗的运算放大器，C_X 是传感器电容，作为电路的反馈元件，C_0 是固定电容，$\dot{U}$ 为信号源电压，$\dot{U}_o$ 为转换电路的输出电压。

由于 a 点为虚地点，可得

$$\frac{\dot{U}_o}{\dot{U}} = -\frac{C_0}{C_X} \tag{8-25}$$

以变间隙式电容传感器为例，将 $C_X = \dfrac{\varepsilon S}{d}$ 代入式(8-25)，得

$$\dot{U}_o = -\dot{U}\frac{C_0}{\varepsilon S}d \tag{8-26}$$

从式 (8-26) 可知，电路输出电压与动极板的机械位移 d（即板极间距）呈线性关系，这从原理上解决了采用单个变间隙式电容传感器输出特性的非线性问题。式 (8-26) 是在假设运算放大器的增益和输入阻抗很大的条件下得出的结论。实际上，电路的输出仍有一定的误差，只是在增益和输入阻抗足够大时，误差相当小。此外，输出电压还与 U，S，C_0 等参数有关，参数的波动将影响输出。因此，该电路对其他参数的稳定性要求较高。

8.3.3 C/f 转换电路

将电容式传感器作为 LC 振荡器谐振回路的一部分，当电容式传感器工作时，电容 C_X 发生变化，使振荡器的频率 f 产生相应的变化，这样就实现了 C/f 的转换，这样的电路也称为调频电路，其工作原理如图 8-8 所示。

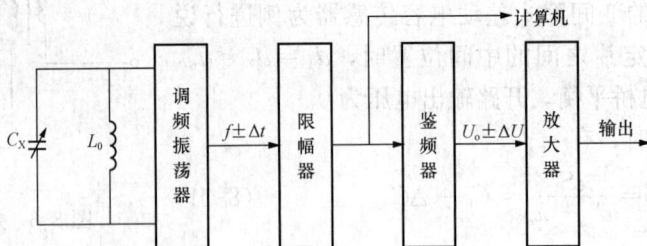

图 8-8 C/f 转换电路工作原理图

调频振荡器的频率计算公式为

$$f = \frac{1}{2\pi\sqrt{L_0 C}} \tag{8-27}$$

式中 L_0——振荡回路的固定电感；

C——振荡回路的固定电容，包括传感器电容 C_X、微调电容 C_1 和传感器电缆分布电容 C_C，即 $C = C_X + C_1 + C_C$。

调频振荡器输出一个受被测量控制的调频波，经限幅器限幅后被鉴频器变换为电压幅度的变化，最后经放大器放大后便可驱动显示仪表。也可将频率信号直接送入单片机的计数/定时器进行测量，这种方法不受电源电压波动的影响。

C/f 转换电路的抗干扰能力强，能取得较高电平的直流信号；缺点是振荡频率受电缆分布电容 C_C 的影响较大。为了克服电缆分布电容的影响，可直接将振荡器装在电容传感器旁边，省去传输电缆。

8.3.4 脉冲宽度调制转换电路

脉冲宽度调制电路适用于差动式电容传感器，电容变化导致电容充放电时间发生变化，从而使输出脉冲的宽度发生变化。电路如图 8-9 所示，它由两个比较器、一个 RS 触发器、电容充放电回路和低通滤波器组成。C_1 和 C_2 为差动式电容传感器的两个电容敏感元件。当双稳态触发器 Q 端输出高电平时，A 点高电位通过 R_1 对电容 C_1 充电，此时 $\overline{Q}$ 端输出为低电平，电容 C_2 经二极管 VD2 迅速放电，G 点电位被钳制在低电平。在充电过程中 F 点电位逐渐升高，当 F 点电位高于参考电压 U_R 时，比较器 IC1 产生脉冲使 RS 触发器翻转，Q 端输出低电平，$\overline{Q}$ 端输出高电平，此时 C_1 经二极管 VD1 迅速放电，F 点电位被钳制在低电平。B 点高电位通过 R_2 对电容 C_2 充电。当 G 点电位高于参考电压 U_R 时，比较器 IC2 产生脉冲使 RS 触发器再次翻转，此时 A 点成为高电位，B 点成为低电位，又重复上述过程。如此周而复始，在 RS 触发器的两端各产生一个宽度受 C_1 和 C_2 控制的脉冲波形。当 $C_1=C_2$ 时，线路上各点电压波形如图 8-10（a）所示，A、B 两点间的平均电压为零。当 C_1 和 C_2 不再相等时，如 $C_1>C_2$，则 C_1 的充电时间大于 C_2 的充电时间，电压波形如图 8-10（b）所示，A、B 两点间的平均电压不再为零。

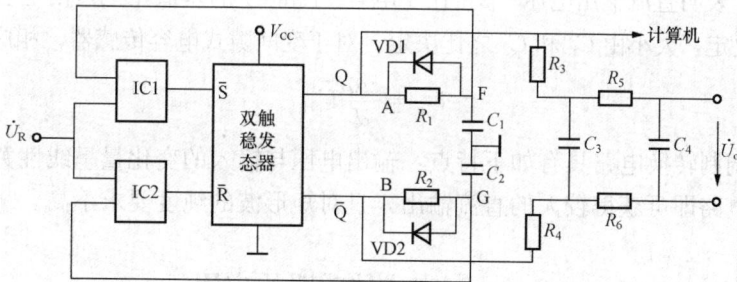

图 8-9 脉冲宽度调制转换电路

AB 间的电压经低通滤波器后得到一直流输出电压 U_o，在理想情况下该电压是 AB 间电压的平均值，U_o 的计算公式为

$$U_o = \frac{T_1 - T_2}{T_1 + T_2} U_H \tag{8-28}$$

式中　U_H——触发器输出的高电平；

T_1、T_2——C_1、C_2 的充电时间常数。

T_1、T_2 的计算公式为

$$T_1 = R_1 C_1 \ln \frac{U_H}{U_H - U_R} \tag{8-29}$$

$$T_2 = R_2 C_2 \ln \frac{U_H}{U_H - U_R} \tag{8-30}$$

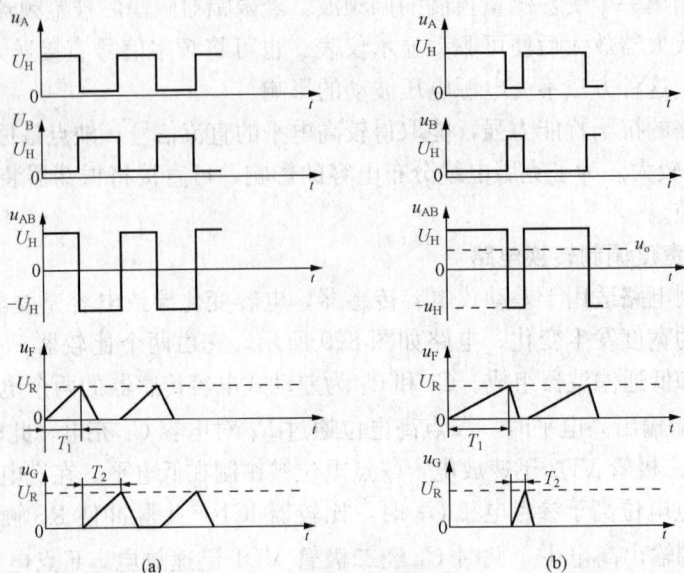

图 8-10　各点电压波形图

(a) C_1 与 C_2 相等时的电压波形图；(b) C_1 与 C_2 不等时的电压波形图

可见 T_1 和 T_2 分别与 C_1 和 C_2 成正比，在电阻 $R_1 = R_2 = R$ 时，有

$$U_o = \frac{T_1 - T_2}{T_1 + T_2} U_H = \frac{C_1 - C_2}{C_1 + C_2} U_H \tag{8-31}$$

式 (8-31) 表明直流输出电压 U_o 正比于电容 C_1 和 C_2 的差值，正负由电容传感器可变参数的变化方向决定，大小由 C_1 和 C_2 之比决定。对于变间隙式电容传感器，相应的计算公式为

$$U_o = \frac{\Delta d}{d_0} U_H \tag{8-32}$$

脉冲宽度调制转换电路具有如下特点：输出电压与输入的变化量呈线性关系；只需低通滤波器等简单电路即可获得较大的直流输出，且对矩形波的纯度要求不高。

8.4　电容式传感器的应用

电容式传感器应用广泛，可以直接测量的非电量有直线位移、角位移和介质的几何尺寸等。直线位移与角位移可以是静态的，也可以是动态的，例如可以测量直线振动和角振动。用来测量金属表面状况、距离尺寸、振幅时，一般采用单极变间隙式电容传感器，将被测物作为传感器的一个极板。在测量压力时，必须先将被测参数转换成电容的参数变化，如可用弹性元件先将压力转换成电容间距的变化。变介电常数式电容传感器常用于液位测量和温度湿度测量。

电容式传感器具有以下特点：结构简单，性能稳定，可在恶劣环境下工作；动态响应好，灵敏度高，分辨力强，可测量 $0.01\,\mu\mathrm{m}$ 甚至更小的位移；可实现非接触测量，无摩擦，不会干扰被测对象的运动状态；输出阻抗高，功率小；抗干扰能力差，易受电缆分布电容和高频寄生电容的影响，在具体应用时应采取相应的措施提高测量精度。下面介绍电容式传感器的几个应用实例。

8.4.1 荷重测量

图 8-11 为电容式荷重传感器的结构示意图，在镍铬钼钢块上加工出一排尺寸相同且等距的圆孔，在圆孔内壁上黏结有带绝缘支架的平板式电容器，各电容器以并联方式连接起来。当钢块端面承受重量 F 作用时，圆孔将产生形变，圆孔内电容的极板间距变小，电容量增大。电容量的增值正比于荷重 F 的大小。这种传感器的主要优点是，受接触面影响小、测量精度高。由于电容放于钢块的圆孔内，抗干扰能力明显增强。

8.4.2 加速度测量

图 8-12 为电容式加速度传感器的工作原理图，为提高灵敏度，传感器采用差动形式。悬臂梁位于两个固定极板之间，形成两个电容 C_1 和 C_2。当加速度 $a=0$ 时，悬梁处于上、下极板的中间位置，$C_1=C_2$；当加速度 $a \neq 0$ 时，悬臂梁产生形变，其与极板间的距离发生变化，于是 $C_1 \neq C_2$。测量电容的变化量即可反映加速度的大小。

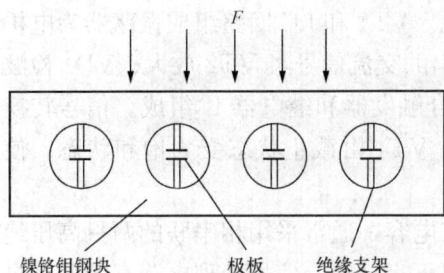

图 8-11 电容式荷重传感器结构示意图

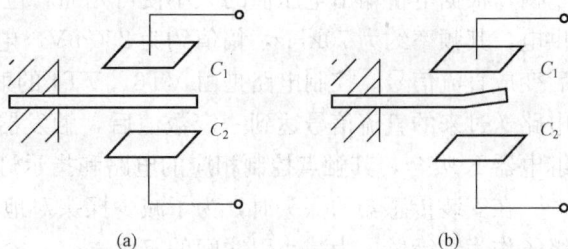

图 8-12 电容式加速度传感器的工作原理图
(a) C_1 与 C_2 相等；(b) C_1 与 C_2 不相等

随着微电子技术和微加工技术的发展，目前的电容式加速度传感器体积做得很小，而且传感器与转换电路封装在一起，外形酷似普通的集成电路。这类电容式加速度传感器的结构如图 8-13 所示，利用表面微加工技术在一块硅的衬底上制造出三个多晶硅电极。底层多晶硅和顶层多晶硅固定不动，中间层多晶硅是一个可以上下微动的振动片，它的一端固定在衬底上，相当于悬臂梁。由于硅的弹性滞后很小，且悬臂梁的质量很轻，传感器的频率响应范围可达 1kHz 以上，允许的加速度可达 100g 以上。

这类加速度传感器的应用十分广泛，如将它装在炸弹上可控制炸弹爆炸的延时时间，装在轿车上可作为碰撞传感器。当轿车正常刹车或出现小碰撞时，加速度传感器输出的信号很小，安全系统不采取措施。当通过传感器测得的负加速度超过设定值时，安全系统据此判定发生了严重碰撞，启动安全气囊并迅速充气，从而保护驾驶员和乘客的生命安全。

8.4.3 料位指示仪

电容式传感器可用来监视密封料仓内的料位，料仓内的物质应具有不导电且松散的特点。如图 8-14 所示，电容式传感器悬挂在料仓内，利用它对地形成的分布电容来进行检测。在仪器的面板上装有指示灯：红灯指示"料位上限"，绿灯指示"料位下限"。当料位到达设定的上限时，红灯亮，此时应人工或自动停止加料；当料位低于下限时，绿灯亮，这时应启动加料设备。

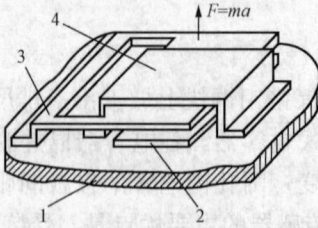

图 8-13　表面微加工电容式加速度传感器结构示意图

1—衬底；2—底层多晶硅（下极板）；3—多晶硅

悬臂梁；4—顶层多晶硅（上极板）

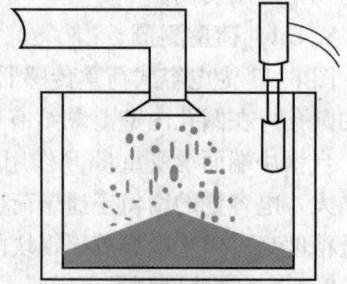

图 8-14　电容式传感器安装示意图

电容式料位指示仪的信号转换与控制电路如图 8-15 所示。信号转换采用阻抗平衡电桥实现，C_2 和 C_3 为固定电容，C_4 为可调电容，C_x 为探头对地的分布电容，它直接和料位相关。调整 C_4 使电桥平衡，即满足 $C_2C_4 = C_3C_x$。当料位增加时，C_x 随着增加，使电桥失去平衡，根据电桥输出电压值的大小便可判断料位的情况。VT1 和 LC 回路组成振荡器为电桥供电，其频率约为 70kHz，幅值约为 250mV。电桥输出的交流信号经 VT2 放大、VD1 检波后变成直流信号。控制电路是由 VT3、VT4 的射极耦合触发器和继电器 K 组成。信号转换电路送过来的直流信号达到一定数值后，触发器翻转，VT4 由截止状态变为饱和状态，使继电器 K 吸合，其触点控制相应的电路和指示灯。

在安装传感器的探头时，为了减少探头对地的固有电容，通常采用相串联的两只高压绝缘子作为绝缘体。为减小引线间的寄生电容，探头接线不宜过长，信号处理电路直接安装在探头上面的铁盒子里。仪器的调整是在料位较低时进行的，将图 8-15 中的 H、L 两点断开，串接微安电流表 PA，当电流为 $50\mu A$ 时调整 C_4 使表头指零。最后将表拆除，H、L 两点短接起来。

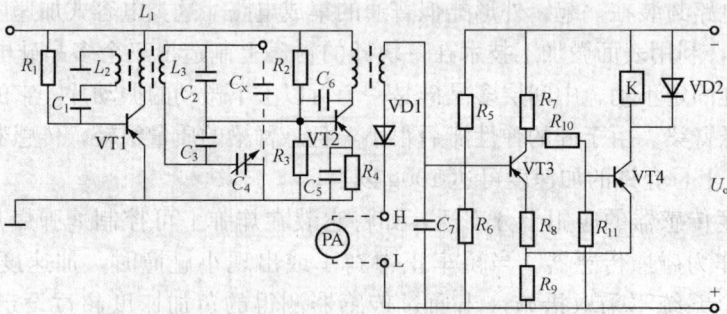

图 8-15　电容式料位指示仪的信号转换与控制电路

8.4.4　人体接近探测

电容式人体接近传感器是保护人身安全的一种非接触式检测传感器，用于切纸机、压模机、锻压机等机械设备。其工作原理图如图 8-16 所示，C_1 和 L_1 构成并联谐振电路，VT 采用共基极接法，C_4 是反馈电容，R_1 和 R_2 为偏置电阻，与 C_2 形成选频网络。C_5 是耦合电容，R_3 与 C_3 形成去耦电路。VD1、VD2、C_6 构成检波电路。C_0 为人体与金属棒形成的电容，若人体接近金属棒，C_0 变大，使反馈电容（C_4+C_0）增大，其与 L_2 形成振荡的条件不再满足，输出的交流信号的幅值降低，经 VD1、VD2 检波后输出低电平。当人体与设备的距离大于保护距离时，振荡器正常振荡，输出高电平。电位器 RP 用于调节人体接近的保护距离。

人体接近的保护距离 d 计算公式为

$$d = \frac{KR_\text{w}}{C_4} \tag{8-33}$$

式 (8-33) 中，K 一般取 $0.04 \sim 0.4$。

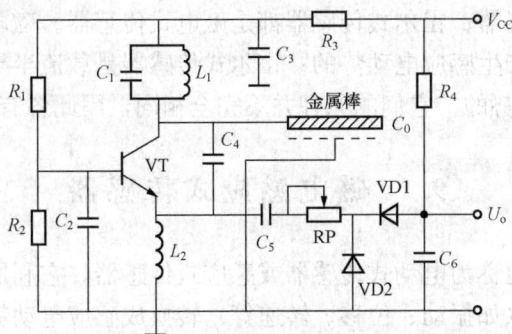

图 8-16　电容式人体接近探测传感器工作原理图

思考题与习题

8-1　电容式传感器有哪三大类？分别适用于测量哪些物理量？

8-2　推导差动式变间隙电容传感器的灵敏度，并与单一型传感器进行比较。

8-3　电容式传感器的寄生电容是怎样产生的？对传感器的输出特性有什么影响？

8-4　电容式传感器能否用来测量湿度？试说明其工作原理。

8-5　分析脉冲宽度调制转换电路的工作原理，画图分析 $C_1 < C_2$ 时的电压输出波形。

8-6　设计一个能检测钢板厚度的电容式传感器，说明其工作原理。

第9章　磁电式传感器

磁电式传感器是通过磁电作用将被测量（如振动、位移、转速等）转换成电信号的一种传感器。磁电感应式传感器、霍尔式传感器都是磁电式传感器。磁电感应式传感器是利用导体和磁场发生相对运动产生感应电动势的；霍尔式传感器是载流半导体在磁场中有电磁效应（霍尔效应）而输出电动势的。它们的原理并不完全相同，因此各有各的特点和应用范围。

9.1　磁电感应式传感器

磁电感应式传感器也称为电动式传感器或感应式传感器。它利用电磁感应原理，通过磁电相互作用，将被测量（如振动、位移、转速等）转换成感应电动势的传感器。因此它是一种机—电能量转换型传感器，不需供电电源，直接从被测物体吸取机械能量并转换成电信号输出。它电路简单、性能稳定、输出阻抗小，特别是输出功率大，因而大大简化了配用的二次仪表电路，但这种传感器的尺寸和质量都比较大。

9.1.1　工作原理

磁电感应式传感器的工作原理可认为是发电机原理。

磁电式传感器以导体和磁场发生相对运动而产生电动势为基础。根据电磁感应定律，具有 N 匝的线圈，其内的感应电动势 e 的大小取决于贯穿该线圈的磁通 Φ 的变化速率，即

$$e = -N\frac{\mathrm{d}\Phi}{\mathrm{d}t} \tag{9-1}$$

式中　N——线圈的匝数。

图 9-1 示出了磁电感应式传感器的基本结构。图（a）为线圈在磁场中作直线运动时产生感应电动势的磁电传感器，图（b）为线圈在磁场中做旋转运动时产生感应电动势的磁电传感器，它相当于一台发电机。

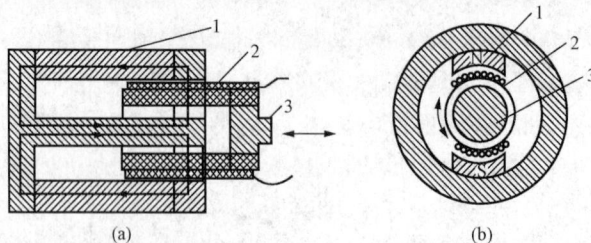

图 9-1　磁电感应式传感器结构图

（a）直线运动；（b）旋转运动

1—永久磁铁；2—线圈；3—运动部分

如果以运动的速度来表示，感应电动势 e 的大小也可以写成为

$$
\left.
\begin{aligned}
e &= Bl\,\frac{\mathrm{d}x}{\mathrm{d}t}\sin\alpha \\
e &= BS\sin\theta\,\frac{\mathrm{d}\theta}{\mathrm{d}t}\sin\alpha
\end{aligned}
\right\}
\tag{9-2}
$$

式中　B——磁插气隙磁感应强度，$\mathrm{T}(\mathrm{Wb/m^2})$；

$\quad\quad l$——线圈导线的总长度，m；

$\quad\quad S$——线圈所包围的面积，$\mathrm{m^2}$；

$\dfrac{\mathrm{d}x}{\mathrm{d}t}$——线圈和磁铁间相对直线运动的线速度，$\mathrm{m/s}$；

$\dfrac{\mathrm{d}\theta}{\mathrm{d}t}$——线圈和磁铁间的相对旋转运动的角速度，$\mathrm{rad/s}$；

$\quad\quad \alpha$——运动方向和磁感应强度间的夹角。

实际上，运动方向与磁感应强度的方向，在大多数情况下是互相垂直的，即 $\alpha=90°$，这时 $\sin\alpha=1$，则式（9-2）可写成

$$
\left.
\begin{aligned}
e &= Bl\,\frac{\mathrm{d}x}{\mathrm{d}t}=Blv \\
e &= BS\sin\theta\,\frac{\mathrm{d}\theta}{\mathrm{d}t}=BS\omega\,(\sin\theta=1)
\end{aligned}
\right\}
\tag{9-3}
$$

式（9-3）中，$\dfrac{\mathrm{d}x}{\mathrm{d}t}=v$，$\dfrac{\mathrm{d}\theta}{\mathrm{d}t}=\omega$。

在传感器中，当结构一定时，磁感应强度 B 和线圈总长度 l 都是常数，因此感应电动势 e 与线圈对磁场的相对运动速度成正比。所以从磁电传感器的直接应用来说，它可直接用来测定线速度或角速度，但因速度与位移或加速度存在积分或微分关系，因此，如果在感应电动势的测量电路中接一积分电路，那么其输出电压就与位移成正比；如果在测量电路中接一微分电路，那么输出电压就与运动的加速度成正比。这样，磁电传感器除可测量速度外，还可以用来测量位移和加速度。

在磁电传感器中，它的输出除了电动势幅值外，还可以是电动势频率值，磁电式转速表即为一例。

9.1.2　传感器的结构与测量电路

1. 结构

从磁电式传感器的基本原理可知，它的基本部件有以下几个：

（1）磁路系统。它产生一个恒定直流磁场，为了减小传感器体积，一般都采用永久磁铁。

（2）线圈。它与磁场中的磁通相交链产生感应电动势。

（3）运动机构。它使线圈与磁场产生相对运动，是线圈运动的称为动圈式，是磁铁运动的称为动铁式。

另外，作为一个完整的传感器，除了上述的基本部件外，还不可缺少的有壳体、支承、阻尼器、接线装置等。

图 9-2 为 ZI-A 型振动传感器的结构原理图，它是以一只线圈作为运动部分的磁电传感器。在图中，永久磁铁用铝架固定在圆筒形的壳体里面，借助于壳体的导磁性，形成一个磁路，在磁路中有两个环形气隙，在右边气隙里，放置着一个支承在弹簧片上的工作线圈，而在左边一个气隙里，放置着一个作阻尼用的电磁阻尼器。工作线圈和阻尼器用一心杆连在一起。使用时，把振动传感器与被测振动体固紧在一起，当振动体振动时，壳体也随之振动，此时线圈、

阻尼器和心杆的整体由于惯性关系，并不随它振动，因此它与壳体就产生相对运动，亦即使工作线圈在环形气隙中运动，从而切割磁力线产生了感应电动势，该电动势的大小由式(9-1)决定，电动势通过接头接到测量电路。这个传感器测量的基本参数是振动速度，其灵敏度为 $604mV/(cm \cdot s^{-1})$，但在测量电路中，接入积分电路和微分电路后，也可以测量振动体的振幅和加速度。它可测振幅范围为 $0.1 \sim 1000 \mu m$，可测加速度最大为 $5g$。

图 9-3 是一只磁电式转速传感器的结构原理图，它由转子、定子、磁钢、线圈等元件组成。传感器的转子和定子均用工业纯铁制成，在它们的圆形端面上都均匀地铣了一些槽子。

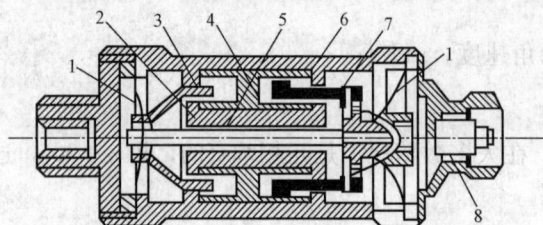

图 9-2　ZI-A 型振动传感器结构原理图

1—弹簧片；2—永久磁铁；3—阻尼器；4—铝架；
5—心杆；6—壳体；7—工作线圈；8—接头

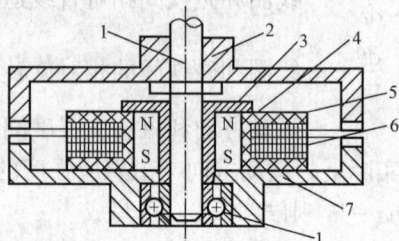

图 9-3　磁电式转速传感器结构原理图

1—转轴；2—转子；3—磁钢；4—环形永久
磁铁；5—线圈框架；6—线圈；7—定子

在测量时，将传感器的转轴与被测物转轴相连接，因而被测物就带动传感器转子转动。当转子与定子的齿凸凸相对时，气隙最小，磁通最大；当转子与定子的齿凸凹相对时，气隙最大，磁通最小，这样定子不动而转子转动时，磁通就周期性地变化，从而在线圈中感应出近似正弦波的电动势信号。

若该转速传感器的输出量是以感应电动势的频率来表示的，则其频率 f 与转速 n 间的关系式为

$$f = Nn/60 \tag{9-4}$$

式中　n——被测物转速，r/min；

　　　N——定子或转子端面的齿数。

2. 测量电路

根据磁电式传感器的工作原理，可知它的输出电动势大小与运动速度成正比，可以测量速度。但在实际测量中，需要用来测量位移（或振幅）或加速度，因此，为了能使信号大小与位移和加速度成正比，必须将信号加以变换，一般是在电路中接入一积分电路和微分电路，用开关切换。图 9-4 所示为磁电感应式传感器测量电路方框图。当开关 S 打在"1"位置时，经过一个积分电路，可测量位移的大小；当开关 S 打在"2"位置时，不经过运算电路直接输出，可用来测量速度；当开关打在"3"位置时，信号通过微分电路，可以测量加速度。

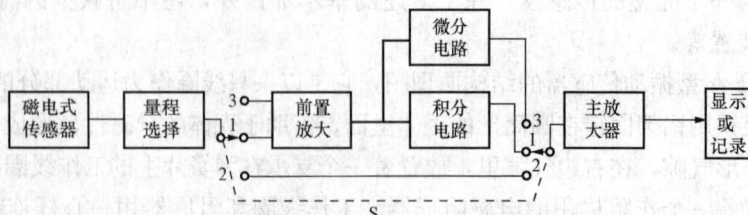

图 9-4　磁电感应式传感器测量电路方框图

实际电路中通常将微分电路或积分电路置于两级放大器中间，以利于级间的阻抗匹配。

9.1.3　磁电式传感器的误差分析

1. 温度误差

在磁电传感器中，温度影响是一个重要的问题，必须加以计算。现在以图 9-1 所示的传感器来说明。在指示器中通过的电流（传感器的输出电流）为

$$i = \frac{e}{R + R_{\mathrm{d}}} \tag{9-5}$$

式中，分子分母都会随着温度的改变而发生变化，且变化的方向是相反的。因为磁路中永久磁铁的磁感应强度随温度的升高而减小（如图 9-5 所示），所以线圈中的感应电动势 e 也随温度升高而减小，传感器线圈一般用铜线绕成，其电阻 R 的温度系数是正的，指示器（或测量电路）R_{d} 也具有正温度系数，其电阻值均随温度的升高而增加。

当温度升高 t℃时，传感器实际输出电流为

$$i' = \frac{e(1 - \beta t)}{R(1 + \alpha t) + R_{\mathrm{d}}(1 + \alpha_{\mathrm{d}} t)} \tag{9-6}$$

式中　β——磁铁磁感应强度的负温度系数；

$\quad\ \alpha$——线圈电阻的正温度系数；

$\quad\ \alpha_{\mathrm{d}}$——指示器（或测量电路）电阻的正温度系数。

温度误差 δ 的数值为

$$\delta = \frac{I' - I}{I} \times 100\% \tag{9-7}$$

温度误差的补偿方法在结构允许的情况下，在传感器的磁铁下设置热磁分路。热磁分路是用磁分路片搭装在磁系统的两个极靴上，把气隙中的磁通分出一部分（也就是把总磁通分出一部分），磁分路片是用特种的镍钢合金或镍铁合金制成。在温度 $-80 \sim 80$℃，这类合金有急剧下降的 $B = f(t)$ 曲线，图 9-5 第 4 根曲线为一种热磁合金的 $B = f(t)$ 曲线。由此可见，随着温度的增加，分支到热磁分路的磁通减少，因而磁通分支到气隙的部分增加起来，这使 e 的数值增加，结果使 I 增大，起到了温度补偿的作用。

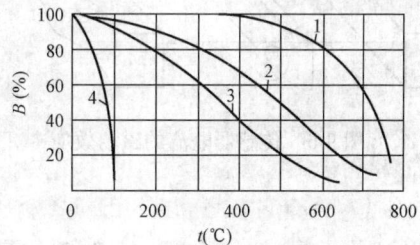

图 9-5　磁性材料磁感应强度
B 随温度 t 的关系曲线

1—镍铝钴合金；2—钛钢；3—钨钢；4—热磁合金

2. 永久磁铁的不稳定性误差

因为永久磁铁磁感应强度的稳定性直接影响工作气隙中的磁感应强度的稳定性，故此时永久磁铁的稳定性将成为误差的决定性因素，永久磁铁的磁性能随着时间的推移而发生变化。为提高永磁材料的时间稳定性，永磁材料在充磁前需要先进行退火处理，消除内应力。另外，为了提高永久磁铁耐受机械冲击或振动的能力，可以事先使永久磁铁经受约上千次的机械振动或冲击的环境实验，最后使材料的组织结构稳定下来。经过这些稳定措施之后，磁电式传感器的灵敏度就可以稳定在某一数值上，不随环境的变化而变化，可以提高测量精度，减小测量误差。

3. 磁电式传感器的非线性误差

磁电式传感器非线性误差产生的原因是由于传感器线圈内有电流 i 经过时,将产生一定的变化磁通 Φ_i,这种交变磁通使得永久磁铁所产生的工作磁通减弱,如图 9-6 所示。当传感器线圈相对于永久磁铁的运动速度增大时,将产生较大的感应电动势 e 和较大的电流 i,因此减弱磁场的作用也将加强,从而使得传感器的灵敏度随被测速度数值的增加而降低。当动圈的运动速度与图 9-6 所示方向相反时,感应电动势 e、线圈电流 i 及磁通 Φ 都反向,因此传感器的灵敏度将随被测速度 v 数值的增大而增大。其结果是使传感器灵敏度在动圈速度的不同方向上具有不同的数值,因而传感器输出的基波能量降低而谐波的能量增加,即这种非线性特性同时伴随着传感器输出的谐波失真。显然,若传感器灵敏度越高,线圈中电流越大,则这种非线性将越严重。

为了补偿这种磁场效应,常在传感器中加入"补偿线圈"。"补偿线圈"消耗传感器测量电路供电电源的能量,即"补偿线圈"中通以经放大后的电流 i_k,若传感器线圈中的电流为 i,放大倍数为 A,则电流 $i_k = Ai$,且使其产生的交变磁通与传感器线圈本身所产生的交变磁通相互抵消。"补偿线圈"原理图如图 9-7 所示。

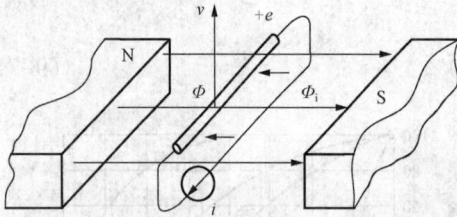

图 9-6 传感器电流的磁场效应

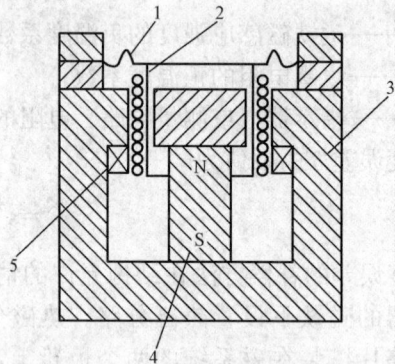

图 9-7 补偿线圈原理图
1—弹簧;2—绕组;3—磁轭;4—永久磁铁;5—"补偿线圈"

9.2 霍尔式传感器

霍尔效应早在 1879 年霍尔在金属材料中发现,但因为金属的霍尔效应太弱而没有得到广泛的应用。由于半导体材料制成的霍尔元件其霍尔效应十分显著,又具有结构简单、体积小、频率响应宽、动态范围大、非接触、使用寿命长、可靠性高、易于微型化和集成化的特点,在测量技术、自动化技术及信息处理等方面得到了广泛的应用。但霍尔式传感器有转换率较低、温度影响大等缺点。

9.2.1 霍尔效应

霍尔效应为若在某导体薄片的两端通过控制电流 I,并在薄片的垂直方向上施加磁感应强度为 B 的磁场,则在垂直于电流和磁场的方向上将产生电动势,称为霍尔电动势或霍尔电压,这种现象称为霍尔效应。

图 9-8 示出了霍尔效应原理图。一块长为 l、宽为 d、厚度为 h 的 N 型半导体薄片,位于磁感应强度为 B 的磁场中,B 垂直于 $l—d$ 平面。沿 l 通电流 I,N 型半导体中载流子——

电子将受到 B 产生的洛伦兹力 F_B 的作用。

在力 F_B 的作用下，电子向半导体片的一个侧面偏转，在该侧面形成电子的积累，而在相对的另一侧上因缺少电子而出现等量的正电荷。在这两个侧面产生霍尔电场 E_H，相应的电动势称为霍尔电动势 U_H。

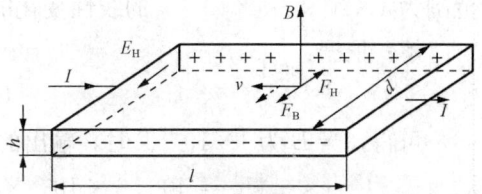

图 9-8　霍尔效应原理图

半导体中，电子受到的洛伦兹力 F_B 为

$$F_B = evB \qquad (9\text{-}8)$$

式中　v——半导体电子运动的速度；

　　　e——电子的电荷量。

霍尔电场产生的电场力 F_H 为

$$F_H = eE_H = \frac{eU_H}{d} \qquad (9\text{-}9)$$

霍尔电场阻止电子继续偏转，当电场力 F_H 与磁场力 F_B 相同时，电子积累就达到动态平衡，此时，两侧面建立的电场称为霍尔电场，则

$$eE_H = evB \qquad (9\text{-}10)$$

当电子运动的方向与外磁场强度的方向相互垂直时，则

$$U_H = dE_H = dvB \qquad (9\text{-}11)$$

由式（9-11）可得，霍尔电动势的大小决定于载流体中电子的运动速度，通常称为载流子迁移率，是指在单位电场强度作用下，载流子的平均速度值，该值与载流体材料有关。

由电流密度为 $Q = nev$，n 为单位体积中的载流子数，则流经载流体的电流为

$$I = Qdh = nevdh \qquad (9\text{-}12)$$

可得电子速度

$$v = \frac{I}{nedh} \qquad (9\text{-}13)$$

将式（9-13）代入式（9-11），可得霍尔电动势为

$$U_H = \frac{IB}{neh} = R_H \frac{IB}{d} = K_H IB \qquad (9\text{-}14)$$

式中　R_H——霍尔系数，该系数反映霍尔效应的强弱，由材料的物理性质决定；

　　　K_H——霍尔器件的灵敏度，表示霍尔器件在单位磁感应强度和单位励磁电流作用下霍尔电动势的大小。

由式（9-14）可知，霍尔器件的灵敏度不仅与霍尔器件的材料有关，还与尺寸有关。

另外，当外界磁场强度 B 和激励电流 I 中的一个量为常数，而另一个为输入量时，则输出霍尔电动势正比于 B 或 I。当 B 和 I 均为输入变量时，则输出霍尔电动势正比于 B 和 I 的乘积。这是霍尔效应的特点。

方向上，当 B 和 I 中的任意一个量发生方向上的变化时，则霍尔电动势的方向发生变化。当 B 和 I 同时发生方向变化时，则输出的霍尔电动势方向保持不变。

如果磁场方向与半导体薄片法线方向不垂直，其角度为 α 时，则霍尔电动势为

$$U_H = K_H IB\cos\alpha \qquad (9\text{-}15)$$

【例题 9-1】　霍尔元件灵敏度 $K_H=40V/(A\cdot T)$，控制电流 $I=3.0mA$，将它置于变化范围为 $1\times10^{-4}\sim5\times10^{-4}T$ 的线性变化的磁场中，它输出的霍尔电动势范围为多大？

解：根据：

$$U_H = K_H IB$$

可得，当 B 为 $1\times10^{-4}T$ 时，输出的霍尔电势为

$$U_H = 40\times3\times10^{-3}\times1\times10^{-4} = 1.2\times10^{-5}V = 12\mu V$$

当 B 为 $5\times10^{-4}T$ 时，输出的霍尔电势为

$$U'_H = 40\times3\times10^{-3}\times5\times10^{-4} = 6\times10^{-5}V = 60\mu V$$

所以输出的霍尔电势的范围为 $12\sim60\mu V$。

9.2.2　霍尔元件的基本结构与基本测量电路

1. 基本结构

霍尔元件一般用 N 型的锗、锑化铟和砷化铟等半导体单晶材料制成。锑化铟元件的输出较大，但受温度的影响也较大。锗元件的输出虽小，但它的温度性能和线性度却比较好。砷化铟元件的输出信号没有锑化铜元件大，但是受温度的影响却比锑化铟要小，而且线性度也较好。因此，采用砷化铟作霍尔元件的材料受到普遍重视。一般，在高精度测量中，大多采用锗和砷化铟元件；而作为敏感元件时，一般采用锑化铟元件。

霍尔元件的结构很简单，由霍尔片、引线和壳体组成。霍尔片是一块矩形半导体薄片，如图 9-9（a）所示。在其四个侧面各有一个金属欧姆接触电极，分别焊接两对导线。导线 1 和 2 称为控制电流引线端，与之焊接的一对电极称为控制电极；导线 3 和 4 称为霍尔电动势输出端，与之焊接的一对电极称为霍尔电极。在焊接处要求接触电阻小，而且呈纯电阻性质（欧姆接触）。霍尔片一般用非磁性金属、陶瓷或环氧树脂封装。

典型的外形如图 9-9（b）所示。一般控制电流引线端以红色导线标记，霍尔电动势输出端以绿色导线标记。霍尔元件在电路中常用 9-9（c）所示的两种符号之一表示。

国产霍尔元件型号的命名方法示意如图 9-10 所示。

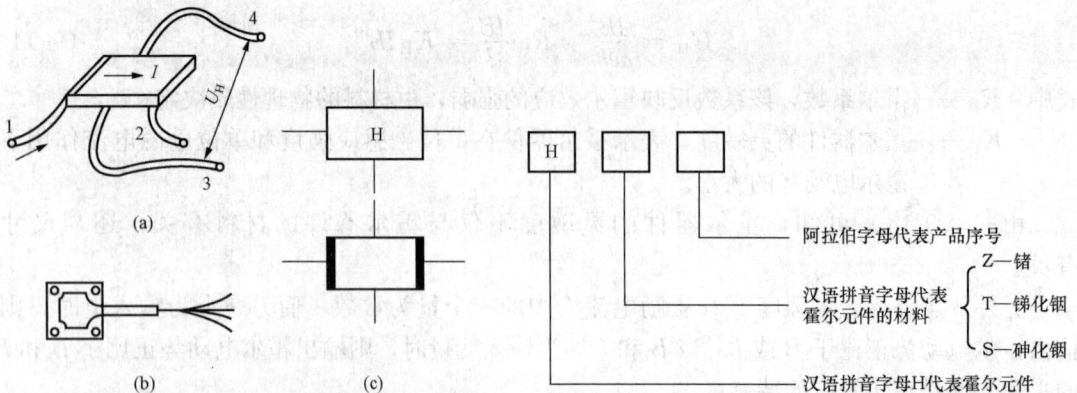

图 9-9　霍尔元件
（a）霍尔片；（b）外形；（c）符号
1，2—控制电流引线端；3，4—霍尔电动势输出端

图 9-10　国产霍尔元件型号的命名方法示意

阿拉伯字母代表产品序号

Z—锗
T—锑化铟
S—砷化铟

汉语拼音字母代表霍尔元件的材料

汉语拼音字母H代表霍尔元件

常见的国产霍尔元件型号有 HZ-1、HZ-2、HZ-3、HT-1、HT-2、HS-1 等。

2. 测量电路

霍尔元件的基本电路如图 9-11 所示，激励电流 I 由电源 E 供给，R 为调节电阻，用来调节激励电流的大小。霍尔元件输出端接负载电阻 R_L，它也可以是放大器的输入电阻或测量仪表的内阻等。

在实际使用中，可以把激励电流 I 或外磁场感应强度 B 作为输入信号，或同时将两者作为输入信号，而输出信号则正比于 I 或 B 或两者的乘积。由于建立霍尔效应的时间很短，因此激励电流用交流时，频率可高达 10^9 Hz 以上。

霍尔元件的转换效率较低，实际应用中，为了获得较大的霍尔电压，可将几个霍尔元件的输出串联起来，如图 9-12 所示，在这种连接方法中，激励电流极应该是并联的，如果将其接成串联，霍尔元件将不能正常工作，虽然霍尔元件的串联可以增加输出电压，但其输出电阻也将增大。

当霍尔元件的输出信号不够大时，也可采用运算放大器加以放大，如图 9-13 所示，但目前最常用的还是将霍尔元件和放大电路做成一起的集成电路，显然它有较高的性价比。

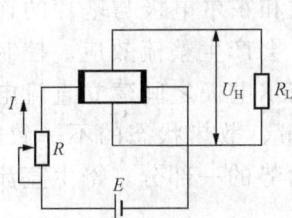

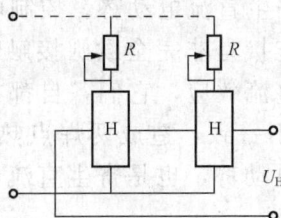

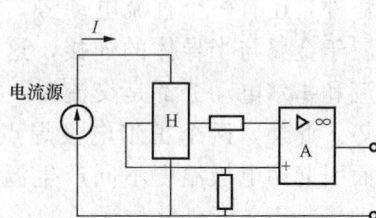

图 9-11 霍尔元件的基本电路　　图 9-12 霍尔元件的串联电路　　图 9-13 霍尔电动势的放大电路

9.2.3　霍尔元件的主要技术参数

1. 输入电阻 R_i 和输出电阻 R_o

霍尔片中两个控制电极之间的电阻称为输入电阻 R_i，两个霍尔电极之间的电阻称为输出电阻 R_o。R_i 和 R_o 均为纯电阻，故可用直流电桥或欧姆表直接测量。阻值一般为 $100 \sim 2000 \Omega$，而且输入电阻大于输出电阻，但两者相差不大，使用时需注意不要搞错。

2. 额定控制电流 I_H

使霍尔元件温升 10℃ 所施加的控制电流称为额定控制电流，通常用 I_H 表示。

通过电流 I_H 的载流体产生焦耳热 W_H

$$W_H = I^2 R = I^2 \rho \frac{l}{bh} \tag{9-16}$$

而霍尔元件的散热 W_H 主要由没有电极的两个侧面承担，即

$$W_H = 2lb\Delta TA \tag{9-17}$$

式中　ΔT——限定的温升；

　　　A——散热系数，$\mathrm{W/(cm^2 \cdot C)}$。

当达到热平衡时可求得

$$I_H = b\sqrt{2d\Delta TAl/\rho} \tag{9-18}$$

因此当霍尔元件做好之后限制额定电流的主要因素是散热条件。

3. 不等位电动势 U_o 和不等位电阻 R_o

由霍尔效应已知，霍尔电动势 $U_H \propto IB$，当 $I \neq 0$ 而 $B = 0$ 时，理论上应该 $U_H = 0$。但在

实际当中，由于两个霍尔电极安装位置不对称或不在同一等电位面上，半导体材料的电阻率不均匀或几何尺寸不均匀以及控制电极接触不良等原因，使得 $I\neq 0$ 和 $B=0$ 时，$U_H\neq 0$。出现这个电动势自然会给测量带来误差，但想要完全消除它也并不容易。因此引入了不等位电动势 U_o，即在额定直流控制电流 I 的作用下，不加外磁场时霍尔电极之间的空载（即开路）电动势。一般 $U_o\leqslant 10mV$。

不等位电动势 U_o 与额定控制电流 I 的比称为不等位电阻 R_o，即

$$R_o = \frac{U_o}{I} \tag{9-19}$$

4. 灵敏度 K_H

灵敏度是指在单位控制电流和单位磁感应强度下，霍尔电动势输出端开路时的电动势值。它反映了霍尔元件本身所具有的磁电转换能力，一般希望其值越大越好。

5. 寄生直流电动势 U_{0D}

当没有外加磁场，霍尔元件用交流控制电流时，霍尔电极的输出除了交流不等位电动势外，还有一个直流电动势，称寄生直流电动势。控制电极和霍尔电极与基片的连接属于金属与半导体的连接，这种连接是非完全欧姆接触时，会产生整流效应。控制电流和霍尔电动势都是交流时，经整流效应，它们各自都在霍尔电极之间建立直流电动势。此外，两个霍尔电极焊点的不一致，造成两焊点热容量、散热状态的不一致，因而引起两电极温度不同产生温差电动势，也是寄生直流电动势的一部分。寄生直流电动势是霍尔元件零位误差的一部分。

6. 霍尔电动势温度系数 α

α 为温度每变化1℃时霍尔电动势变化的百分率，这一参数对测量仪器十分重要。若仪器要求精度高时，要选择 α 值小的元件，必要时还要加温度补偿电路。

7. 电阻温度系数 β

β 为温度每变化1℃时霍尔元件材料的电阻变化的百分率。

8. 灵敏度温度系数 γ

γ 为温度每变化1℃时霍尔元件灵敏度的变化率。

9. 热阻 R_Q

它表示在霍尔电极开路情况下，在霍尔元件上输入 1mW 的电功率时产生的温升，单位为℃/mW。之所以称其为热阻是因为这个温升的大小在一定条件下与电阻有关，即

$$\Delta T = \frac{I^2 R}{2lbA} \tag{9-20}$$

可见，当 R 增加时，温升也要增加。表9-1列出了几种霍尔器件的特性参数。

表 9-1   几种霍尔器件的特性参数

品种	输入电流 I(mA)	空载霍尔电动势 U_H(mV)	输入电阻 r(Ω)	输出电阻 R_0(Ω)	灵敏度 K_H/10mV (mA·T)	不平衡电压 U_o(mV)	U_H 的温度系数 (%/℃)	输入，输出电阻 r_i，r_o 温度系数 (%/℃)
砷化铟 (InAs)	100	$\geqslant 8.5$	≈ 3	≈ 1.5	$\geqslant 0.085$	<0.5	≈ -0.1	≈ 0.2
	150	$\geqslant 12$	≈ 2	≈ 1.5	$\geqslant 0.08$	<0.3	≈ -0.1	≈ 0.2
	400	$\geqslant 30$	≈ 1.4	$=1.1$	$\geqslant 0.075$	<1.0	≈ -0.07	≈ 0.2

品种	输入电流 I(mA)	空载霍尔电动势 U_H(mV)	输入电阻 r(Ω)	输出电阻 R_0(Ω)	灵敏度 K_H/10mV (mA·T)	不平衡电压 U_o(mV)	U_H 的温度系数 (%/℃)	输入,输出电阻 r_i, r_o 温度系数 (%/℃)
磷砷化铟 (InAsP)	100	≥13	≈6.5	≈2.4	≥0.13	<0.15	≈−0.06	≈0.2
	100	≥15.5	≈5	≈3	≥0.145	<0.1	≈−0.04	≈0.2
	200	≥29.5	≈5	≈3	≥0.145	<0.2	≈−0.04	≈0.2
锗 (Gc)	20	≥5	40	30	≥0.25	0.5, 1.5, 3.0, 10.0	0.02	0.5
	15	≥43	300	200	≥3.0		0.02	0.5
锑化铟 (InSb)	5	250~550	240~550	240~550	50~110	10	−1.3~−1.0 −2.0(最大)	−1.3~−1.0 −2.0(最大)
	10	80~300	10~30	10~30	8~30	10		
砷化镓 (GaAs)	5	15~110	200~800	200~800	3~22	<U_H×20%	+0.05	0.5

9.2.4 测量误差及误差的补偿

1. 不等位电动势的产生及补偿

不等位电动势是一个主要的零位误差。造成不等位电动势的主要原因是：在制作霍尔元件时，不可能保证将霍尔电极焊在同一等位面上，如图 9-14 所示。此外，霍尔元件材料的电阻率不均匀，霍尔片的厚度和宽度都不一致，电极与片子的接触不良等也会产生不等位电动势。

在分析不等位电动势时，可以把霍尔元件等效为一个电桥，如图 9-15 所示。电桥的四个桥臂为 r_1、r_2、r_3、r_4。若两个霍尔电极在同一等位面上时，$r_1=r_2=r_3=r_4$，则电桥平衡，输出电压 U_o 为零。当霍尔电极不在同一等位面上时，四个桥臂电阻不相等，电桥处于不平衡状态，输出电压 U_o 不为零。可见，补偿的方法就是让电桥平衡起来，一般情况下，采用补偿网络进行补偿，效果良好。

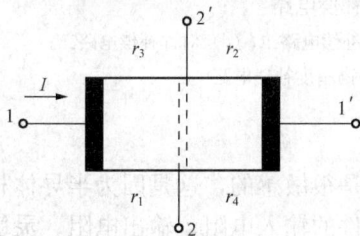

图 9-14　不等位电动势示意图　　　　　　　图 9-15　霍尔元件等效电路

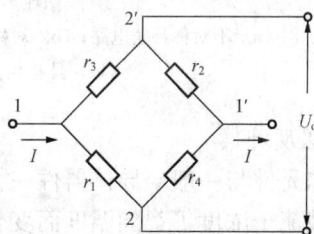

图 9-16 示出了几种常见的补偿网络。图（a）、（b）、（c）、（d）均为控制电流为直流的情况下的补偿。可见，虽然在电路上有所不同，但基本的补偿思想都是一致的，都是通过并联的可调电阻阻值的调整而使得电桥电阻达到平衡。图（e）所示为当控制电流为交流时，不仅能进行幅值的补偿，而且能进行相位的补偿。图（f）把不等位电动势 U_o 分为恒定部分 U_{OL} 和随温度变化部分 ΔU_o 分别进行补偿。U_{OL} 相应于允许工作温度下限 t_L 时电桥已调平衡，不平衡电动势 U_{OL} 用调节电阻 RP1 进行补偿。设工作温度

上限 t_H 时，不等位电动势增加了 ΔU_o，则调节 RP2 进行补偿。适当选择热敏电阻 R_t，可使从 $t_L \sim t_H$ 各温度下也能得到较好的补偿。若 R_t 与霍尔元件用相同的材料，则可达到相当高的补偿精度。

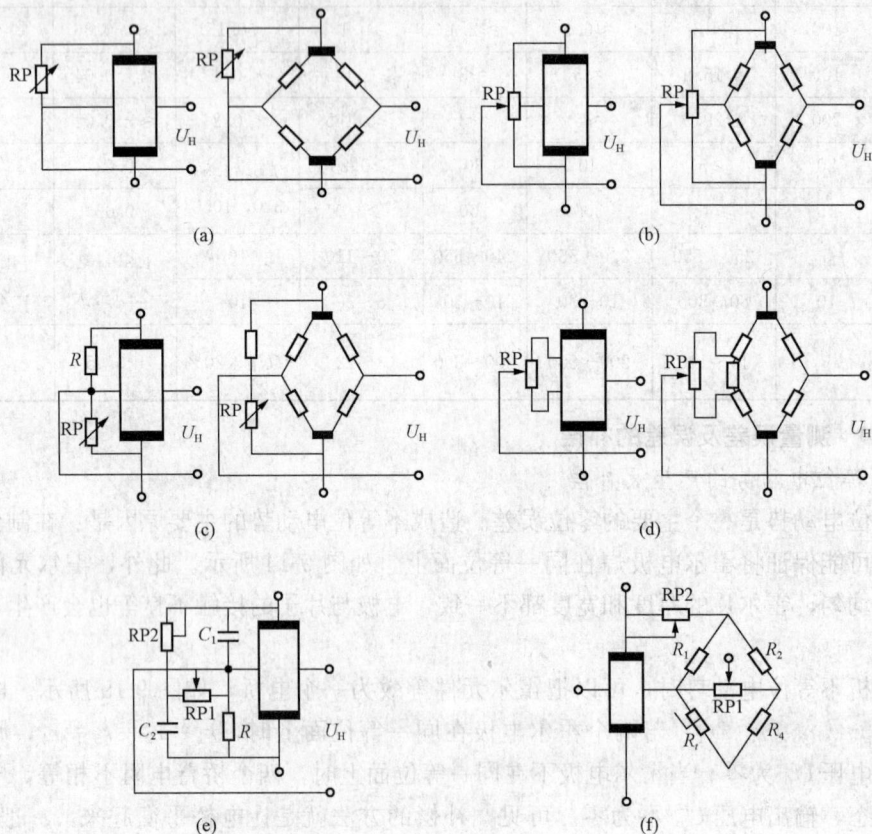

图 9-16　不等位电动势的补偿电路

(a) 不对称补偿电路；(b) 对称补偿电路一；(c) 对称补偿电路二；(d) 对称补偿电路三；
(e) 具有相位补偿能力的电路；(f) 高精度补偿电路

2. 温度补偿

霍尔元件与一般半导体器件一样，对温度的变化是很敏感的，这是因为半导体材料的电阻率、载流子浓度等都随温度而变化。因此，霍尔元件的输入电阻、输出电阻、灵敏度等也将受到温度变化的影响，从而给测量带来较大的误差。

为了减小测量中的温度误差，除了选用温度系数小的霍尔元件或采取一些恒温措施外，也可采用以下的一些温度补偿方法：

（1）采用恒流源提供控制电流和输入回路并联电阻。温度变化引起霍尔元件输入电阻 R_i 变化，在稳压源供电时，使控制电流变化，带来误差。为了减小这种误差，最好采用恒流源（稳定度 $\pm 0.1\%$）提供控制电流。但灵敏度系数 K_H 也是温度的函数，采用恒流源后仍有温度误差。为了进一步提高 U_H 的温度稳定性，对于具有正温度系数的霍尔元件，可在其输入回路并联电阻 R，如图 9-17 所示。

由图 9-17 可知，在温度 t_0 和 t 时

$$I_{H0} = I\frac{R}{R_{i0}+R} \tag{9-21}$$

$$I_{Ht} = I\frac{R}{R_{it}+R} \tag{9-22}$$

$$K_{Ht} = K_{H0}[1+\alpha(t-t_0)] \tag{9-23}$$

$$R_{it} = R_{i0}[1+\beta(t-t_0)] \tag{9-24}$$

图 9-17 恒流源及输入并联电阻温度补偿电路

式中　下标 0 和 t——温度为 t_0 和 t 时的有关值；

α——霍尔电压温度系数。

当温度影响完全补偿时，$U_{H0}=U_{Hi}$，则

$$K_{H0}I_{H0}B = K_{Ht}I_{Ht}B \tag{9-25}$$

将式（9-21）～式（9-24）代入式（9-25），整理得

$$1+\alpha(t-t_0) = \frac{R+R_{i0}+R_{i0}\beta(t-t_0)}{R_{i0}+R} \tag{9-26}$$

则

$$R = \frac{(\beta-\alpha)R_{i0}}{\alpha} \tag{9-27}$$

一般，$\beta\gg\alpha$，故

$$R \approx \frac{\beta R_{i0}}{\alpha} \tag{9-28}$$

（2）合理选择负载电阻。霍尔元件的输出电阻 R_o 和霍尔电动势都是温度的函数（设为正温度系数），霍尔元件应用时，其输出总要接负载 R_L（如电压表内阻或放大器的输入阻抗等）。当工作温度为 T 时，R_L 上的电压为

$$U_L = U_H\frac{R_L}{R_L+R_o} \tag{9-29}$$

当温度由 T 变为 $T+\Delta T$ 时，则 R_L 上的电压变为

$$U_L+\Delta U_L = U_H(1+\alpha\Delta T)\frac{R_L}{R_L+R_o(1+\beta\Delta T)} \tag{9-30}$$

对该式整理得

$$R_L = R_o\frac{\beta-\alpha}{\alpha} \tag{9-31}$$

对于一个确定的霍尔元件，α、β 和 R_o 的值均为已知，因此只要使负载电阻 R_L 满足式（9-31），就可在输出回路实现对温度误差的补偿了。虽然 R_L 通常是放大器的输入电阻或表头内阻，其值是一定的，但可通过串、并联的方法来调整 R_L 的值。

（3）采用热敏电阻进行温度补偿。这是一种常用的温度误差补偿方法，尤其对锑化铟材料的霍尔元件适用。图 9-18 给出了几种常用的采用热敏电阻进行温度补偿的不同连接方式的例子。其中图（a）、（b）、（c）为电压源激励时的补偿电路，图（d）为电流源激励时的补偿电路。R_i 为激励源内阻，$r(t)$、$R(t)$ 为热敏电阻，其阻值可通过

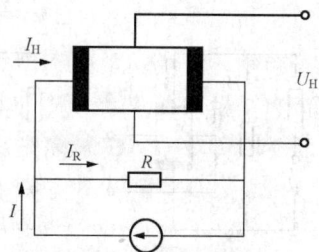

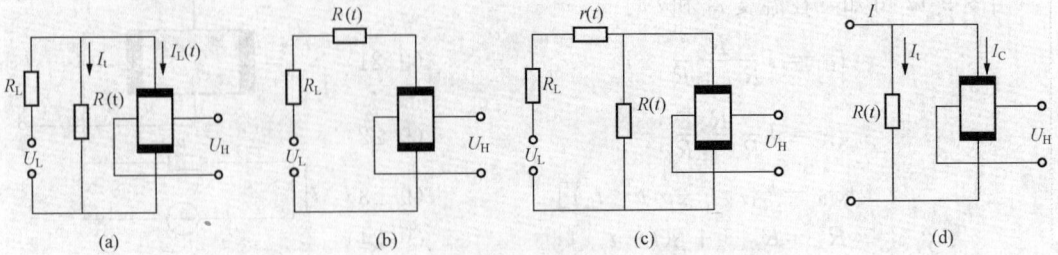

图 9-18　采用热敏元件的温度误差补偿电路
(a)、(b)、(c) 电压源激励时；(d) 电流源激励时

简单的电路计算即得。

（4）具有温度补偿及不等位电动势补偿的典型电路。图 9-19
是一种常见的具有温度补偿的不等位电动势补偿电路。该补偿电
路本身也接成桥式电路，其工作电压由霍尔元件的控制电压提
供；其中一个桥臂为热敏电阻 R_t，并且 R_t 与霍尔元件的等效电
阻的温度特性相同。在该电桥的负载电阻 RP2 上取出电桥的部
分输出电压（称为补偿电压），与霍尔元件的输出电压反向串联。
在磁感应强度 B 为零时，调节 RP1 和 RP2，使补偿电压抵消霍
尔元件时输出的不等位电动势，从而使 $B=0$ 时的总输出电压
为零。

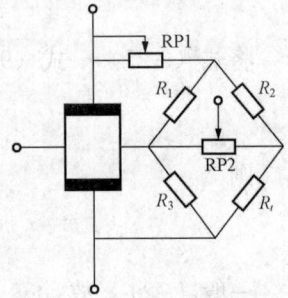

图 9-19　不等位电动势的
补偿电路

在霍尔元件的工作温度下限 T_1 时，热敏电阻的阻值为 R_t
(T_1)，电位器 RP2 保持在某一确定位置，通过调节电位器 RP1 来调节补偿电桥的工作电
压，使补偿电压抵消此时的不等位电动势 U。此时的补偿电压称为恒定补偿电压。

当工作温度由 T_1 升高到 $T_1+\Delta T$ 时，热敏电阻的阻值为 $R_t(T_1+\Delta T)$。RP1 保持不变，
通过调节 RP2，使补偿电压抵消此时的不等位电动势 $U+\Delta U$。此时的补偿电压实际上包含
了两个分量，一个是抵消工作温度为 T_1 时的不等位电动势 U 的恒定补偿电压分量，另一个
是抵消工作温度升高 ΔT 时不等位电动势的变化量 ΔU 的变化补偿电压分量。

根据上述讨论可知，采用桥式补偿电路，可以在霍尔元件的整个工作温度范围内对不等
位电动势进行良好的补偿，并且对不等位电动势的恒定部分和变化部分的补偿可相互独立地
进行调节，所以可达到相当高的补偿精度。

3. 寄生直流电动势

产生寄生直流电动势的原因，除控制电流极和霍尔电动势极的欧姆接触不良造成的整流
效应外，霍尔电动势极的焊点大小不同导致两焊点的热容量不同而产生的温差效应，也是形
成直流附加电动势的一个原因。

寄生直流电动势很容易导致输出产生漂移，为了减少其影响，在元件的制作和安装时应
尽量改善电极的欧姆接触性能和元件的散热条件。

4. 感应电动势

霍尔元件在交变磁场中工作时，即使不加控制电流，由于霍尔电动势极的引线布局不合
理，在输出回路中也会产生附加感应电动势，其大小不仅正比于磁场的变化频率和磁感应强
度的幅值，并且与霍尔电动势极引线所构成的感应面积成正比，如图 9-20 (a) 所示。为了

减小感应电动势，除合理布线外，如图 9-20（b）所示，还可以在磁路气隙中安置另一辅助霍尔元件，如果两个元件的特性相同，可以起到显著的补偿效果。

9.2.5 霍尔集成传感器

随着微电子技术的发展，目前大多数的霍尔元件都已集成化，就是将霍尔元件与放大整形等电路集成在同一芯片上。霍尔集成电路又叫霍尔 IC，它具有体积小、灵敏度高、温漂小、价格便宜、性能稳定、对电源稳定性要求低等优点。霍尔集成传感器可分为线性型和开关型两种。

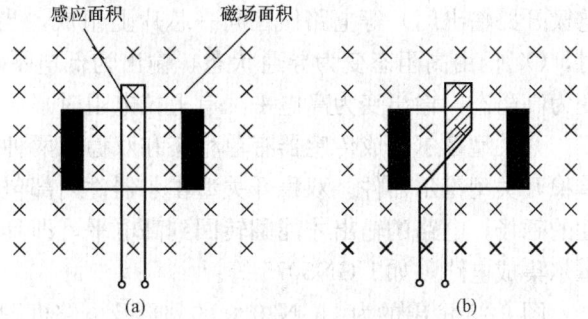

图 9-20 感应电动势及其补偿原理图
（a）产生感应电动势原理图；（b）补偿原理图

1. 线性型霍尔集成传感器

线性型霍尔集成传感器是将霍尔元件、恒流源和线性放大器等集成在一块芯片上，输出电压为伏级，比直接使用霍尔元件要方便得多，比较典型的线性霍尔器件有 UGN3501 等。

图 9-21 所示为 UGN3501T 的外形及内部电路框图，其输出特性曲线图如图 9-22 所示。

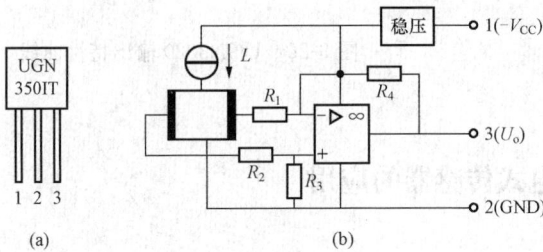

图 9-21 UGN3501T 集成电路
（a）外形；（b）电路框图

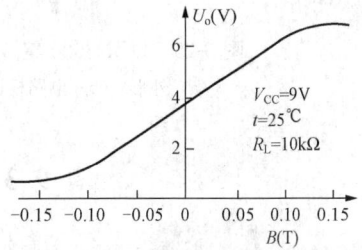

图 9-22 UGN3501T 输出特性曲线

UGN3501M 为具有双端差动输出的线性霍尔器件，其外形及内部电路如图 9-23 所示。其输出特性曲线如图 9-24 所示。当感受的磁场为零时，输出电压为零；当感受的磁场为正时（磁钢的 S 极对准 3501M 的正面），输出为正；当磁场反向时，输出为负。因此，它使用起来更加方便。它的第 5、6、7 脚外接一只微调电位器后，就可以微调并消除不等位电动势引起的差动输出零点漂移。

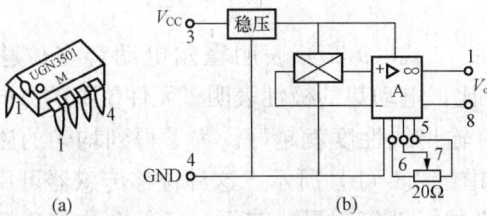

图 9-23 UGN3501M 集成电路
（a）外形；（b）电路框图

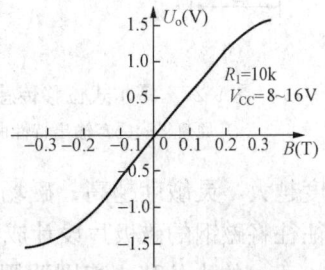

图 9-24 UGN3501M 输出特性曲线

2. 开关型霍尔集成传感器

开关型霍尔集成传感器由霍尔元件、稳压器、差分放大器、施密特触发器、OC门（集电极开路输出门）等电路做在同一芯片上组成。当外加磁场强度达到或超过规定的工作点时，OC门由高阻态变为导通状态，输出为低电平；当外加磁场低于释放点时，OC门重新变为高阻态，输出变为高电平（有上拉电阻时）。

开关型霍尔集成传感器有单稳态和双稳态两种。UGN(S)3019T 及 UGN(S)3020T 均为单稳开关型霍尔器件。双稳开关型霍尔器件内部包含双稳态电路，其特点是必须施加相反极性的磁场，电路的输出才能翻转回到高电平，即具有"锁键"功能，这类器件又称为锁键型霍尔集成电路，如 UGN3075 等。

图 9-25 示出的为 UGN3020 的外形及电路框图，图 9-26 为其输出特性曲线。

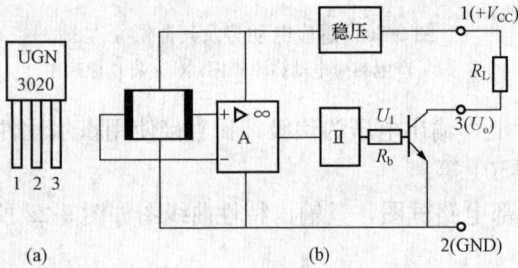

图 9-25　UGN3020 集成电路
（a）外形；（b）电路框图

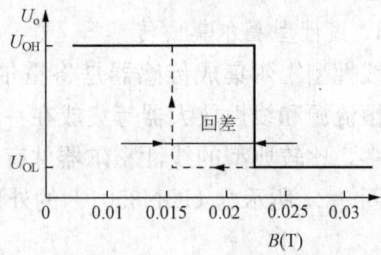

图 9-26　UGN3020 输出特性曲线

9.3　磁电式传感器的应用

1. 位移检测

保持霍尔元件的控制电流恒定，而使霍尔元件在一个均匀的梯度磁场中沿 x 方向移动，如图 9-27 所示。由上述可知，霍尔电动势与磁感应强度 B 成正比，由于磁场在一定范围内沿 x 方向的变化 dB/dx 为常数，因此元件沿 x 方向移动时，霍尔电动势的变化为

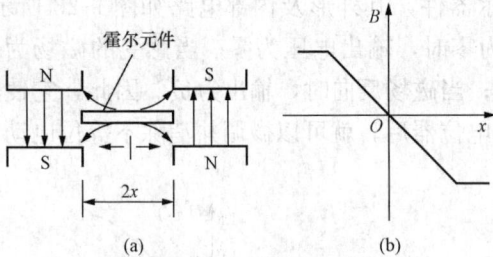

图 9-27　霍尔式位移传感器
（a）原理图；（b）输出特性曲线

$$\frac{dU_H}{dx} = K_H I \frac{dB}{dx} \quad (9-32)$$

将式（9-32）积分，可得

$$U_H = Kx \quad (9-33)$$

式（9-33）表明霍尔电动势与位移成正比，电动势的极性表明了元件位移的方向。磁场梯度越大，灵敏度越高；磁场梯度越均匀，输出线性度就越好。为了得到均匀的磁场梯度，往往将磁钢的磁极片设计成特殊形状，如图 9-28（b）所示。这种位移传感器可用来测量±0.5mm的小位移，特别适用于微位移、机械振动等测量。若霍尔元件在均匀磁场内转动，则产生与转角 θ 的正弦函数成比例的霍尔电压，因此可用来测量角位移。

2. 压力检测

任何非电量只要能转换成位移量的变化，均可利用霍尔式位移传感器的原理变换成霍尔电动势，霍尔式压力传感器就是其中的一种。它首先由弹性元件将被测压力变换成位移，由于霍尔元件固定在弹性元件的自由端上，因此弹性元件产生位移时将带动霍尔元件，使它在线性变化的磁场中移动，从而输出霍尔电动势。霍尔式压力传感器结构原理如图9-28（a）所示。弹性元件可以是波登管、膜盒或弹簧管。图中弹性元件为波登管，其一端固定，另一自由端安装于霍尔元件之中。当输入压力增加时，波登管伸长，使霍尔元件在恒定梯度磁场中产生相应的位移，输出与压力成正比的霍尔电动势。

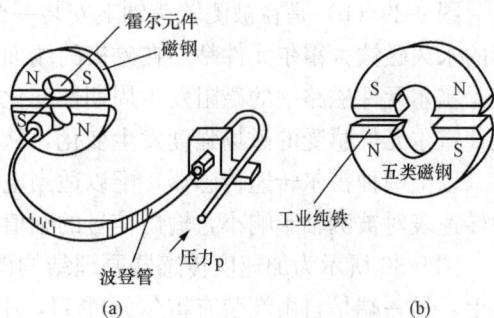

图 9-28 霍尔式压力传感器
（a）原理结构；（b）磁钢外形

3. 转速测量

当磁感应强度 B 与基片的法线方向之间的夹角为 θ 时 $\left(\theta \neq \dfrac{\pi}{2}\right)$，根据式（9-15）可得

$$U_H = K_H B I \cos\theta \tag{9-34}$$

由式（9-34）可知，当 θ 角变化时，也将引起霍尔电动势 U_H 的改变。利用这一原理可以制成方位传感器和转速传感器。霍尔元件在恒定电流作用下，感受的磁场强度变化时，输出的霍尔电动势 U_H 的值也要发生变化。霍尔式转速传感器就是根据这个原理工作的。

图 9-29（a）是将一个非磁性圆盘固定在被测轴上，圆盘的边上等距离嵌装着一些永磁铁氧体，相邻两铁氧体的极性相反。由磁导体和置于磁导体间隙中的霍尔元件组成测量头，如图 9-29（a）所示，测量头两端的距离与圆盘上两相邻铁氧体之间的距离相等。磁导体尽可能安装在铁氧体边上，当圆盘转动时，霍尔元件输出正负交变的周期电动势。

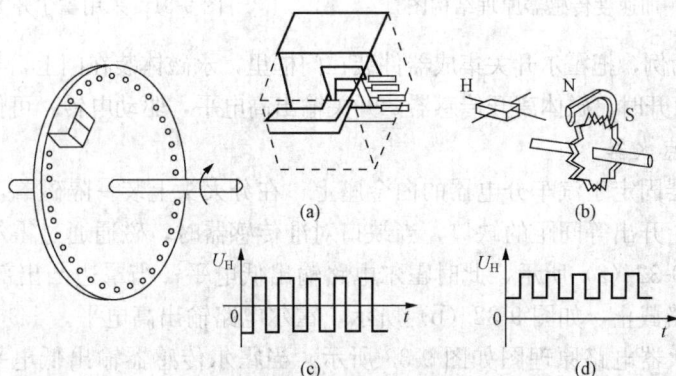

图 9-29 转速传感器
（a）结构一；（b）结构二；（c）结构一的周期与转速关系图；
（d）结构二的周期与转速关系图

图 9-29（b）是在被测转速轴上安装一个齿轮状的磁导体，对着齿轮，固定着一个马蹄形的永久磁铁，霍尔元件粘贴在磁极的端面上。当被测轴旋转时，带动齿轮状磁导体转动，于是霍尔元件磁路中的磁阻发生周期性变化，它的变化周期是被测轴转速的函数。磁阻的变化使霍尔元件感受的磁场强度发生变化，从而输出一列频率与转速成比例的单向电压脉冲。

以上两种霍尔转速传感器，配以适当电路即可构成数字式或模拟式非接触式转速表。这种转速表对被测轴影响小，输出信号的幅值又与转速无关，因此测量精度高。

图 9-30 所示为加速度传感器原理结构图。图中一个扁平长弹簧片一端固定在传感器壳体上，另一端是自由端装有霍尔元件 H，中间嵌有惯性块 M。霍尔元件的上、下方装有一对极性相同的磁钢，它固定在壳体上。加速度传感器的壳体固定在被测物体上，当被测物体做垂直加速度运动时，在惯性力作用下，惯性块 M 使弹簧片自由端产生位移，从而使霍尔元件产生霍尔电动势输出，由其大小可以得出被测物体加速度的大小。

4. 霍尔无触点开关

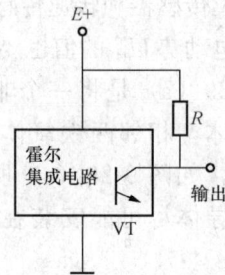

这种开关采用霍尔开关集成器件，其示意图如图 9-31 所示。当适当的磁场加在器件上时，内部晶体管导通，输出电压等于 VT 管的饱和压降，数值很小，即输出低电平。当不存在磁场时，VT 管截止，输出高电平。这种开关是一种无抖动的无触点开关，工作频率可达 100kHz，电源电压范围大，极易与各种不同的输出负载接口，所以使用广泛。

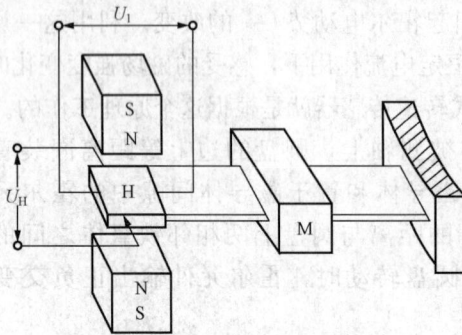

图 9-30 加速度传感器原理结构图   图 9-31 采用霍尔开关集成器件示意图

以保安系统为例，把霍尔开关集成器件装在门框里，永磁体装在门上，当门关闭时，开关输出低电平；门打开时，磁体离开传感器，开关输出高电平，驱动电铃，可作为报警设备。

5. 汽车霍尔点火器

将霍尔传感器固定于汽车分电器的白金座上，在分火头上装一隔磁罩，罩的竖边根据汽车发动机的缸数，开出等间距的缺口，当缺口对准传感器时，磁通通过霍尔电路闭合，所以电路导通，如图 9-32（a）所示，此时霍尔电路输出低电平；当罩边凸出部分挡在传感器与磁钢之间时，电路截止，如图 9-32（b）所示，霍尔电路输出高电平。

霍尔电子点火器电路原理图如图 9-33 所示。当霍尔传感器输出低电平时，VT1 截止，VT2、VT3 导通，点火线圈的初级有一恒定电流通过。当霍尔传感器输出高电平时，VT1 导通，VT2、VT3 截止，点火线圈的初级电流截断，此时储存在点火线圈的能量由次级线圈以高压放电形式输出，即放电点火。

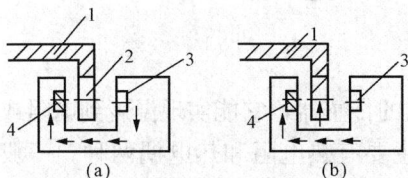

图 9-32　霍尔传感器磁路示意图
（a）磁通通过霍尔传感器；（b）磁通不通过霍尔传感器
1—隔磁罩；2—隔磁罩缺口；3—霍尔电路；4—磁钢

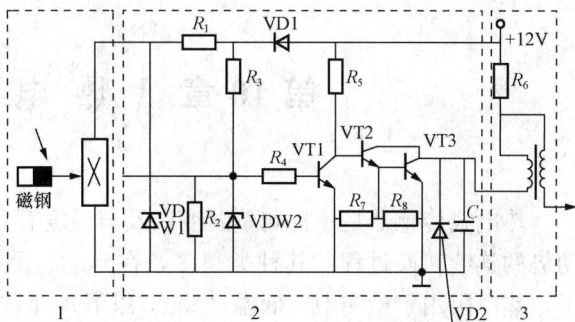

图 9-33　霍尔电子点火器电路原理图
1—带霍尔传感器的分电器；2—开关放大器；3—点火线圈

　　汽车电子点火器具有无触点、节油、能适应恶劣的工作环境和较广的车速范围、起动性能好、便于微电脑控制等优点，目前国外已广泛采用。

思考题与习题

9-1　磁电式传感器的基本原理是什么？

9-2　磁电式传感器产生非线性误差的原因是什么？

9-3　试举一磁电式传感器应用的例子，并画简图说明其工作原理。

9-4　什么是霍尔效应？为什么半导体材料适合于做霍尔元件？

9-5　霍尔元件产生不等位电动势的主要原因有哪些？怎样补偿？

9-6　温度变化对霍尔元件输出电动势有什么影响？如何补偿？

9-7　若一个霍尔器件的 $K_H = 40\text{mV}/(\text{mA}\cdot\text{T})$、控制电流 $I = 3\text{mA}$，将它置于 $10^{-4}\sim0.5\text{T}$ 变化的磁场中，它输出的霍尔电动势范围多大？

9-8　简述霍尔式压力传感器的工作原理。

9-9　试采用霍尔传感器，设计一个液位控制系统，画出结构原理图，并分析其原理。

第 10 章 热 电 式 传 感 器

热电式传感器是一种测量温度以及与温度有关参数的传感器,它能实现温度到电阻或电动势的连续转换过程。其种类很多,在自动检测中,主要有热电阻和热电偶两种。一般来讲,热电阻用于检测中、低温(500℃以下),而热电偶用于检测中、高温(500℃以上)。使用时可采用显示器直接显示温度值,也可以采用温度变送器将它们转换为标准电信号(420mA 或 1~5V)进行信号远传和实现工业温度控制。这两种传感器都具有结构简单、使用方便、测量精度高的优点。因此,在自动检测和工业控制中占有重要的地位。

10.1 热 电 阻 传 感 器

物质的电阻率随温度变化而变化的现象称为热电阻效应。当温度变化时,导体或半导体的电阻值随温度变化。对金属而言,温度上升时,金属的电阻值也随之增大。根据热电阻效应制成的传感器称为热电阻传感器。热电阻传感器按电阻—温度特性的不同通常分为金属热电阻和半导体热电阻两大类,一般把前者简称为热电阻,后者简称为热敏电阻。

10.1.1 热电阻

热电阻传感器主要用于对温度和与温度有关的参量进行测量。热电阻传感器广泛用来测量-120~500℃的温度。随着材料科学技术的发展,其使用范围也在不断扩展。例如,在特定情况下,可用于检测 1~5K(0℃=273K)的超低温和 1000~1300℃的高温,并表现出足够好的特性,其特点是准确度高。在检测中、低温时输出信号比热电偶大得多,灵敏度高,可实现远传、自动记录和多点检测。

热电阻一般是由热电阻丝、绝缘骨架、绝缘套管和接线盒等部分组成,其中热电阻丝是热电阻的最主要部分,是温度测量的敏感元件。虽然各种金属材料的电阻率均随温度变化,但适于制作热电阻丝的材料一般应满足以下的要求:

(1)电阻温度系数尽可能大,且要稳定,以便提高热电阻的灵敏度;

(2)电阻随温度的变化保持单值性,而且有良好的线性关系;

(3)电阻率要大,以便在相同灵敏度下减小电阻体的尺寸,同时也使热惯性减小;

(4)热容量要小,以便提高热电阻的响应速度;

(5)在测量范围内,热电阻材料的物理、化学性能基本保持不变;

(6)材料的复制性能好,价格便宜。

根据以上要求,纯金属是制作热电阻的主要材料。目前能满足上述条件要求的金属材料有铂、铜和镍,它们的电阻温度系数在 $(3\sim6)\times10^3/℃$ 范围内。另外随着低温和超低温测量技术的发展,已开始采用钢、锰、碳、铬等作为热电阻的材料。图 10-1 给出了铂、铜材料的电阻率 ρ 与温度 t 的关系曲线。

1. 热电阻测温原理

金属导体的电阻值是随温度的变化而变化的。实践证明,大多数金属在温度每升高

10℃时,电阻值要增加 $0.4\% \sim 0.6\%$。一般来说,它们之间的关系为

$$R_t = R_0[1 + \alpha(t + t_0)] \qquad (10\text{-}1)$$

或 $$\Delta R_t = R_t - R_0 = \alpha R_0 \Delta t \qquad (10\text{-}2)$$

式中 R_t——热电阻在温度 t℃时的电阻值;

R_0——热电阻在温度 t_0℃时的电阻值;

α——电阻温度系数,即温度变化 1℃时电阻值的相对变化量,℃$^{-1}$;

Δt——温度变化量,即 $\Delta t = t - t_0$;

ΔR_t——温度改变 Δt 时的电阻变化量。

式(10-2)表明,由于温度的变化,使金属导体的电阻值也变化,因此测量该电阻值的大小即可检测温度,且温度值和电阻值之间是一一对应关系,这就是热电阻的测量原理。

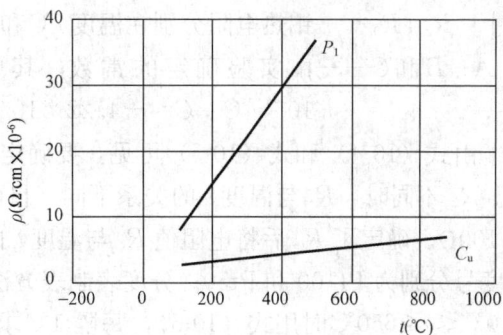

图 10-1 铂、铜材料的电阻率 ρ 与温度 t 的关系曲线

2. 常用热电阻

绝大多数金属电阻值随温度的变化而变化,但是它们并不都能作为测温用的热电阻,而是要必须满足上述适于制作热电阻丝的材料的基本要求。目前能满足上述条件要求的金属材料有铂、铜和镍等。

(1)铂热电阻。铂是一种贵金属,其物理、化学性能极为稳定,耐氧化能力很强,在一定温度范围内具有良好的线性度,甚至在很宽的稳定范围内(1200℃以下)均可保持上述特性;在制造方面,复制性好,有良好的工艺性,可以做成极细的纯铂丝(直径可达 0.02mm 或更细)或极薄的铂箔。其缺点是:电阻温度系数较小,在还原介质中使用易被玷污变脆,价格较贵。但由于铂具有上述一系列优点,因此目前它们仍是制造热电阻的最好材料,铂的测温范围一般为 $-200 \sim 650$℃。铂除了用于一般工业测温元件外,还可用于标准仪器。在 ITS—1990《1990 年国际温标》中规定 $13.8 \sim 961.78$K 温度范围内用标准铂电阻温度计来复现温标,作为内插仪器。

铂的电阻率与其纯度密切相关,纯度越高,电阻率越大。铂的纯度通常用 $W_{(100)}$ 来表示,即

$$W_{(100)} = \frac{R_{100}}{R_0} \qquad (10\text{-}3)$$

式中 R_{100}——水沸点(100℃)时的电阻值;

R_0——水冰点(0℃)的电阻值。

ITS—1990 规定,作为标准器的铂电阻,要求 $W_{(100)} \geqslant 1.392\,5$,目前技术水平已达到 $W_{(100)} = 1.393\,0$,与之相应的铂的纯度高达 99.999 5%,一般工业用铂热电阻要求 $W_{(100)} = 1.380 \sim 1.387$,标准值为 1.385。

铂热电阻值与温度之间的关系式,在不同温度范围内可以用不同数学公式表示。

当温度 t 在 $-200 \sim 0$℃范围内

$$R_t = R_0[1 + At + Bt^2 + Ct^3(t - 100)] \qquad (10\text{-}4)$$

当温度 t 在 $0 \sim 650$℃范围内

$$R_t = R_0(1 + At + Bt^2) \qquad (10\text{-}5)$$

式中 R_t、R_0——铂热电阻分别在温度 t℃和0℃时的电阻值；

A、B 和 C——由实验确定的常数，其中 $A = 3.968\ 47 \times 10^{-3}$/℃、$B = -5.847 \times 10^{-7}$/℃、$C = -4.22 \times 10^{-12}$/℃。

由式（10-4）和式（10-5）可见，要确定电阻 R_t 与温度 t 的关系，首先要确定 R_0 的数值。R_0 不同时，R_t 与温度 t 的关系不同。目前我国常用的铂电阻有两种，R_0 值分别为50Ω 和 100Ω。确定了 R_0 后将电阻值 R_t 与温度 t 的关系统一列成表格，称其为铂电阻的分度表，分度号分别为 Pt100 和 Pt50。分度表制表方法为：当在 -200℃ $\leqslant t \leqslant 0$℃时用式（10-4），而当 0℃ $\leqslant t \leqslant 650$℃时用式（10-5），每隔1℃求取一个相应的 R_t 值，即可制成铂热电阻分度表。使用标准分度表时，只要知道热电阻阻值 R_t，即可从分度表中取与 R_t 对应的温度值 t。最常用的是 Pt100，相应的分度表见表 10-1。

表 10-1 铂 电 阻 分 度 表 $R_0 = 100\Omega$

温度（℃）	0	10	20	30	40	50	60	70	80	90
	电阻值（Ω）									
−200	18.49	—	—	—	—	—	—	—	—	—
−100	60.25	56.19	52.11	48.00	43.37	39.71	35.53	31.32	27.08	22.80
0	100	96.09	92.16	88.22	84.27	80.31	76.32	72.33	68.33	64.30
0	100	103.90	107.79	111.67	115.54	119.40	123.24	127.07	130.89	134.70
100	138.50	142.29	146.06	149.82	153.58	157.31	161.04	164.76	168.46	172.16
200	175.84	179.51	183.17	185.82	190.45	194.07	197.69	201.29	204.88	208.45
300	212.02	215.57	219.12	222.65	226.17	229.67	233.17	236.65	240.13	243.59
400	247.04	250.48	253.90	257.32	260.72	264.11	267.49	270.86	274.22	277.56
500	280.90	284.22	287.53	290.83	294.11	297.39	300.65	303.91	307.15	310.38
600	313.59	316.80	319.99	323.18	326.35	329.51	332.66	335.79	338.92	342.03
700	345.13	348.22	351.30	354.37	357.37	360.44	363.50	366.52	369.53	372.52
800	375.51	378.48	381.45	384.40	387.34	390.26	—	—	—	—

（2）铜热电阻。铂热电阻由于价格昂贵，所以在测量精度要求不高且测量范围较小（$-50 \sim 150$℃）时，普遍采用铜热电阻。铜在上述的温度区域内有很好的线性、较大的温度系数等优点，且易于提纯，价格低廉。其缺点是电阻率小，约为铂的 1/5.8，因此铜电阻的铜丝细而长，机械强度低，此外铜容易被氧化，不宜用于腐蚀性介质中。

在 $-50 \sim 150$℃温度范围内，铜电阻与温度之间的关系近似为

$$R_t = R_0(1 + t\alpha) \tag{10-6}$$

式中 R_t、R_0——铜热电阻分别在温度 t℃和0℃时的电阻值。

$$\alpha = (4.25 \sim 4.28) \times 10^3 /℃ \tag{10-7}$$

我国工业用铜热电阻有两种初始电阻值，$R_0 = 50\Omega$ 和 $R_0 = 100\Omega$，分度号分别为 Cu50 和 Cu100。根据式（10-6）可制成铜热电阻的标准化分度表，见表 10-2，分度号为 Cu50。

表 10-2				铜 电 阻 分 度 表					$R_u=50\Omega$	
温度 （℃）	0	10	20	30	40	50	60	70	80	90
	电阻值（Ω）									
−50	39.74	—	—	—	—	—	—	—	—	—
0	50.00	47.85	45.70	43.55	41.40	—	—	—	—	—
0	50.00	52.14	54.28	56.42	58.56	60.70	62.84	64.98	67.12	69.26
100	71.40	73.54	75.68	77.83	82.13	—	—	—	—	—

铂和铜热电阻目前都已标准化和系列化，选用比较方便。

镍热电阻的测温范围为−100～300℃，它的电阻温度系数较大、电阻率也比较大，但它易氧化、化学温度性差、不易提纯、复制性差、非线件大，因此目前应用不多。

（3）其他热电阻。近年来在低温和超低温测量方面开始采用一些较为新颖的热电阻，现简述如下：

1）铟电阻。它是一种高精度低温电阻，铟的熔点约为 429K，在 4.2～15K 的温域内灵敏度比铂高 10 倍。故可用于铂电阻不能使用的低温范围。用 99.999％高纯度的铟丝制成的铟电阻在 4.2K 到室温的整个范围内，重现性可达±0.001K。其缺点是材料很软、复制性差。

2）锰电阻。锰电阻的特点是：在 63～2K 的低温范围内，电阻随温度变化很大，灵敏度高。在 16～2K 的温度范围内电阻率随温度平方变化，掺以 α^- 锰，这个平方的变化关系可以扩展到 21K，磁场对锰电阻的影响不大且有规律。锰电阻的缺点是脆性大、难以拉制成丝。

3）碳电阻。碳电阻很适合作液氮温域的温度计。这是因为碳电阻具有优良的特性，即低温下灵敏度高、热容量小、对磁场不敏感、价格便宜、操作方便；其缺点是热稳定性较差。

3. 热电阻的结构和类型

工业用金属热电阻的结构通常有三种类型：普通型热电阻、铠装热电阻和薄膜热电阻。

（1）普通型热电阻。普通工业用热电阻传感器主要由热电阻体（感温元件）、保护管、接线盒三部分组成，如图 10-2 所示。传感器内热电阻的结构随用途不同而各异，铜热电阻的结构形式如图 10-3 所示，铂热电阻的结构形式如图 10-4 所示。

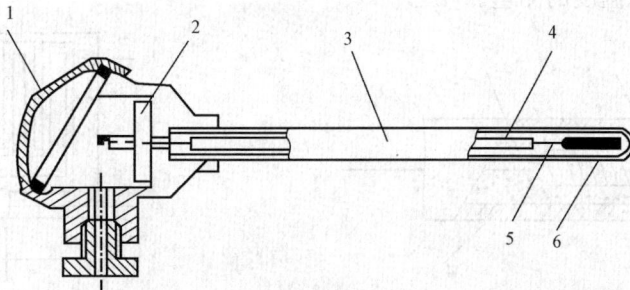

图 10-2　普通工业用热电阻传感器结构图
1—盒盖；2—接线盒；3—保护管；4—绝缘套管；5—内部导线；6—热电阻体

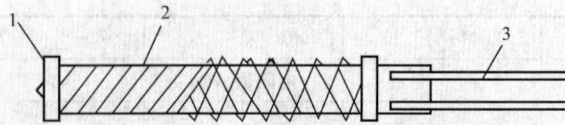

图 10-3　铜热电阻结构图

1—骨架；2—漆包铜线；3—引出线

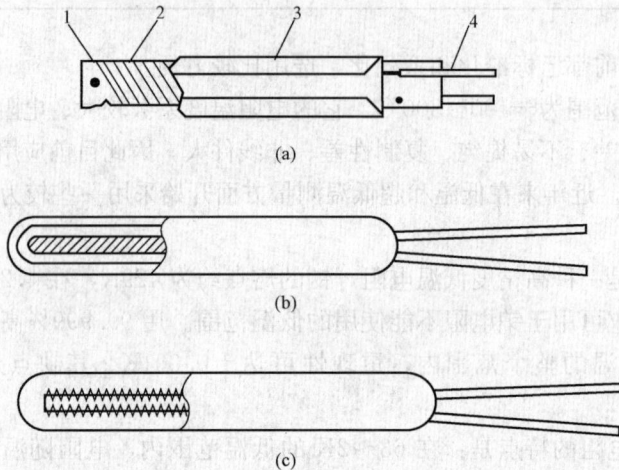

(a)

(b)

(c)

图 10-4　铂热电阻结构图

(a) 云母弹簧形；(b) 玻璃封装型；(c) 塑料型

1—云母骨架；2—铂丝；3—弹簧支承片；4—银引出线

（2）铠装热电阻。铠装热电阻的结构较为特殊，热电阻体与不锈钢保护套封装成一个整体，如图 10-5 所示。它具有良好的机械性能，耐振动与冲击，有良好的挠性，便于安装，不受有害介质侵蚀，外径尺寸可以做得很小，反应速度快，适用于安装在结构复杂的设备上进行测温，并且使用寿命较长。

（3）薄膜热电阻。薄膜热电阻是用真空镀膜法将铂直接蒸镀在陶瓷基体上制成的热电阻。薄膜热电阻有厚膜和薄膜两种，前者铂膜厚度为 $7\mu m$ 左右（如图 10-6 所示），后者铂膜厚度为 2pm 左右。薄膜热电阻减少了热惯性，提高了灵敏度和响应速度，适用于平面物体的表面温度和动态温度的测量。

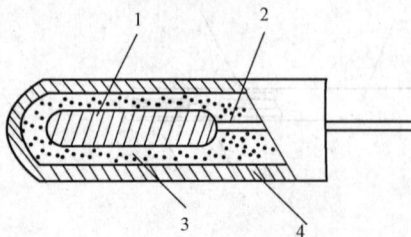

图 10-5　铠装热电阻结构图

1—热电阻体；2—引出线；3—绝缘材料；4—保护钢套

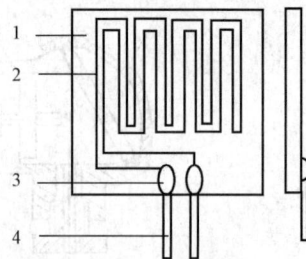

图 10-6　厚膜铂热电阻结构图

1—陶瓷片；2—铂膜；3—焊点；4—引线

4. 热电阻的测温电路

利用热电阻测量温度实际是测量热电阻在工作状态下的阻值，然后再由电阻和温度之间的关系，求出被测温度，所以整个测温系统主要由热电阻传感器、测量电桥、显示仪表及连接导线组成。由于热电阻的阻值较小（几欧姆到几十欧姆范围），这样热电阻本体的引线电阻和连接导线的电阻会给温度测量结果带来很大的影响。例如，50Ω 的铂电阻，若导线电阻为 1Ω，会产生 5℃的测量误差。为了解决这一问题，热电阻的连接线路从二线制发展到三线制和四线制，下面分别说明：

（1）三线制连接法测量电路。如图 10-7 所示，热电阻 R_t 用三根导线 L_1、L_2 和 L_G 引出，L_G 与指示仪表串联，L_1 和 L_2 分别串入测量电桥的相邻两臂。在测量过程中，当环境温度变化时，导线电阻发生变化。然而 L_G 的电阻变化不影响电桥的平衡，L_1 和 L_2 的电阻变化可以相互平衡而自动抵消。电桥调零时，应使 $R_3 + R_{t0} = R_1$，其中 R_{t0} 为热电阻在参考温度（如 0℃）时的电阻值。

（2）四线制连接法测量电路。三线制的缺点是可调电阻 R_3 的触点接触电阻不稳定，仍会导致电桥零点的变化。为了克服此缺点，进一步提高测量精度，可采用图 10-8 所示的四线制连接法，图中 R_P 不仅可调整电桥的平衡，而且其滑动触点的接触电阻的变化是与指示仪表串联，接在电桥的对角线内，其不稳定因素也不会影响电桥的平衡。

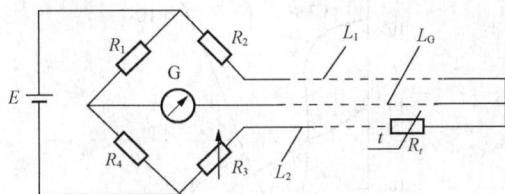

图 10-7　三线制连接法测量电路　　　　图 10-8　四线制连接法测量电路

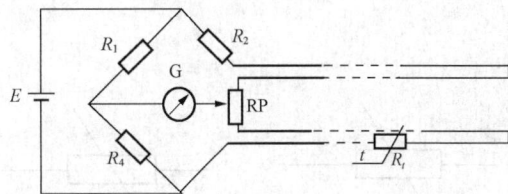

为了避免热电阻中流过电流时产生加热效应，在设计电桥时要使流过热电阻的电流尽量小些，一般要求小于 10mA。

10.1.2　热敏电阻

半导体热敏电阻是利用半导体材料的电阻率随温度而变化的性质制成的温度敏感元件。半导体和金属具有完全不同的导电机理。金属的电阻值随温度的升高而增大，而大多数半导体的电阻值随温度升高而急剧下降。在温度变化 1℃时，金属电阻的阻值变化 0.4%～6%，而半导体热敏电阻的阻值变化 3%～6%。半导体热敏电阻随温度变化的灵敏度高，因此可用它来测量 0.01℃或更小的温度差异。

1. 热敏电阻的结构

热敏电阻分直热式和旁热式两种。直热式热敏电阻多由金属氧化物（锰、镍、铜和铁的氧化物等）粉料按一定比例挤压成形，也有用小珠成形工艺、印刷工艺等制成的珠状、薄膜、厚膜、线状、塑料薄膜，经过 1273～1773K 高温烧结而成，其引出极一般为银电极。其结构形式如图 10-9 所示，它主要由热敏电阻、引出线和外壳组成。

旁热式热敏电阻除半导体外，还有金属丝绕制的加热器，两者紧紧耦合在一起，互相绝缘，密封于高真空的玻璃壳内。热敏电阻的符号如图 10-10 所示。

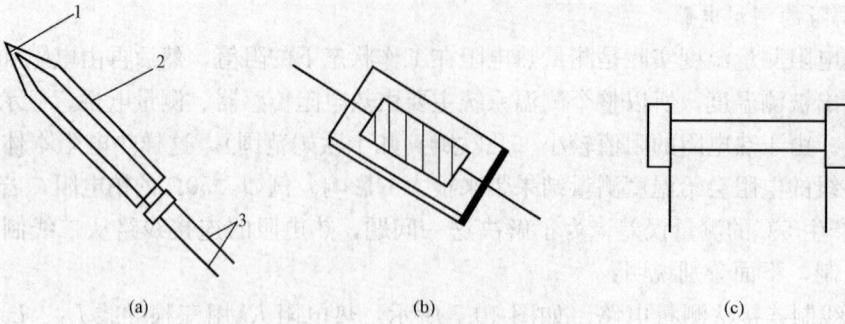

图 10-9　热敏电阻结构图
(a) 珠状；(b) 片状；(c) 杆状
1—热敏电阻；2—外壳；3—引出线

2. 热敏电阻的温度特性

按半导体电阻随温度变化的特性不同，热敏电阻基本可分为三种类型：负温度系数（NTC）型热敏电阻、正温度系数（PTC）型热敏电阻、临界温度系数（CTR）型热敏电阻，其温度特性曲线如图 10-11 所示。

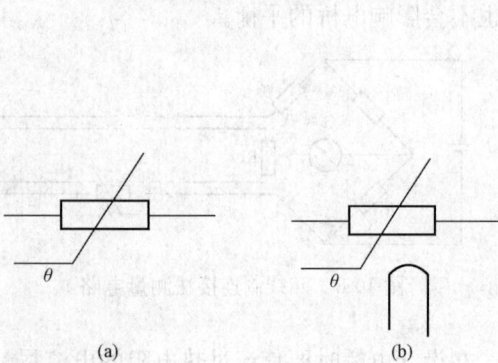

图 10-10　热敏电阻的符号
(a) 直热式；(b) 旁热式

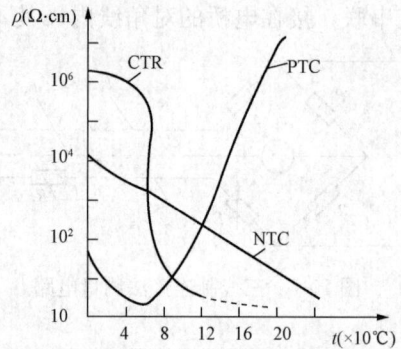

图 10-11　各种热敏电阻的温度特性曲线

（1）负温度系数型（NTC）热敏电阻，其阻值随温度的升高而下降。当温度升高时，由于参与导电的载流子数增多，导致热敏电阻的阻值下降。NTC 热敏电阻主要由 Mn、Co、Ni、Fe、Cu 等材料混合烧结而成。如果改变混合物的成分和配比就可以获得测温范围、阻值及温度系数不同的 NTC 热敏电阻。NTC 热敏电阻生产最早，最成熟，使用范围也广，它特别适用于$-100 \sim 300 ℃$之间的温度测量，目前已广泛应用于点温、表面温度、温差、温度场等测量中，同时也应用在自动控制及电子线路的热补偿电路中。

（2）PTC 热敏电阻。它主要采用 $BaTiO_3$ 系材料制成。从图 10-11 温度特性曲线可见，当温度超过某一数值（居里温度点）时，其电阻值随温度的升高而急剧增大，当温度低于居里温度点时，具有半导体特性。改变 PTC 的材料成分，可以得到不同的居里温度点。PTC 热敏电阻主要用于彩电消磁、各种电器设备的过载保护、发热源的定温控制，也可作为限流元件使用。

（3）CTR 热敏电阻。它采用 VO_3 系列材料制成。从图 10-11 温度特性曲线可见，其电阻值随温度变化的特性属剧变型，具有开关特性，其主要用于温度开关使用。

综上所述，半导体热敏电阻与金属热电阻相比较具有以下优点：

1）电阻温度系数大，比金属热电阻约高 4～9 倍，灵敏度很高；

2）电阻率很大，可以制成极小的测温电阻元件，热惯性小；

3）阻值很大，其连接导线的电阻和接触电阻可以忽略不计，因此测量电路无需采用三线制或四线制，可应用于长达几千米的远距离温度测量；

4）结构简单，使用寿命长，在应用过程中性能比较稳定。

目前半导体热敏电阻还存在一定的缺陷，主要是互换性和稳定性还不够理想，虽然近几年有明显的改善，但仍然比不上金属热电阻。其次是它的非线性严重，且不能在高温下使用，因此限制了其应用领域。几种常用的热敏电阻型号及主要电参数，见表 10-3、表 10-4。

表 10-3　　　　　　　　　几种常用的热敏电阻型号及主要参数（一）

型　　号	主要用途	主　要　电　参　数			电阻体形状及形式
		25℃标称阻值 （kΩ）	额定功率 （W）	时间常数 （s）	
MF11	温度补偿	0.01～15	0.5	≤60	片状、直热
MF13	温度、探温	0.82～300	0.25	≤85	杆状、直热
MF16	温度补偿	10～1000	0.5	≤115	杆状、直热
RRC2	温度、控温	6.8～1000	0.4	≤20	杆状、直热
RRC7B	温度、控温	3～100	0.03	≤0.5	珠状、直热
RRW2	稳定振幅	6.8～500	0.03	≤0.5	珠状、直热

表 10-4　　　　　　　　　几种常用的热敏电阻型号及主要参数（二）

型号	主要用途	主　要　电　参　数					形式
		25℃标称阻值 （kΩ）	时间常数 （s）	加热器电阻值 （Ω）	最大加热电流 （mA）	最大加热电流下阻体电阻值 （Ω）	
MF42	稳定高、低频振荡的	20～35	40±10	90～110	22	≤100	
RRP7	振幅和自动调节	30～50	80±20	350～420	12	≤100	旁热式
RRP9	放大器的放大系数	≤25	15±5	360～440	10	≤50	

10.1.3　热电阻传感器选用原则

现代传感器在原理与结构上千差万别，如何根据具体的测量目的、测量对象以及测量环境合理地选用传感器，是在进行某个量的测量时首先要解决的问题。当传感器确定之后，与之相配套的测量方法和测量设备就可以确定了。测量结果的成败，很大程度上取决于传感器的选用是否合理。

1. 根据测量对象与测量环境确定热电阻传感器的类型

要进行一个具体的测量工作，首先要考虑采用何种原理的传感器，这需要分析多方面的因素之后才能确定。因为即使是测量同一物理量，也有多种原理的传感器可供选用，哪一种原理的传感器更为合适，则需要根据被测量的特点和传感器的使用条件考虑以下一些具体问题。例如：量程的大小；被测位置对传感器体积的要求；测量方式为接触式还是非接触式；信号的引出方法是有线或是非接触测量；传感器的来源是国产还是进口，价格能否承受，还是自行研制。在考虑上述问题之后就能确定选用何种类型的传感器，然后再考虑传感器的具体性能指标。

温度是表征物体冷热程度的物理量，只能通过物体随温度变化的某些特性来间接测量。温度测量仪表按测温方式可分为接触式和非接触式两大类。通常来说接触式测温仪表测温比较简单、可靠，测量精度较高；但因测温元件与被测介质需要进行充分的热交换，需要一定的时间才能达到热平衡，所以存在测温的延时现象，同时受耐高温材料的限制，不能应用于很高的温度测量。非接触式仪表测温是通过热辐射原理来测量温度的，测温元件不需要与被测介质接触，测温范围广，不受测温上限的限制，也不会破坏被测物体的温度场，反应速度一般也比较快；但受到物体的发射率、测量距离、烟尘和水汽等外界因素的影响，其测量误差较大。

热电偶是工业上最常用的温度检测元件之一，10.2 节将专门介绍。

热电阻是中、低温区最常用的一种温度检测器，它的主要特点是测量精度高、性能稳定。其中铂电阻的测量精确度是最高的，它不仅广泛应用于工业测温，而且被制成标准的基准仪。金属铂具有电阻温度系数大，感应灵敏，电阻率高，元件尺寸小，电阻值随温度变化而变化基本呈线性关系，在测温范围内物理和化学性能稳定，长期复现性好，测量精度高，是目前公认制造热电阻的最好材料。但铂在高温下，易受还原性介质的污染，使铂丝变脆并改变电阻与温度之间的线性关系，因此使用时应装在保护套管中。用铂的此种物理特性制成的传感器称为铂电阻温度传感器，按 IEC 751 国际标准，温度系数 TCR=0.003 851，Pt100（R_0=100Ω）、Pt1000（R_0=1000Ω）为统一设计型铂电阻。铂电阻温度传感器精度高、稳定性好、应用温度范围广，是中、低温区（-200～650℃）最常用的一种温度检测器。热敏电阻是一种电阻元件，即电阻值随温度变化的电阻，一般分为负温度系数热敏电阻（NTC）和正温度系数热敏电阻（PTC）两种基本类型。NTC 热敏电阻表现为随温度的上升，其电阻值下降；而 PTC 热敏电阻正好相反。这两种热敏电阻均具有特定的特点和优点，以应用于不同的领域。

2. 根据灵敏度选择传感器

通常，在传感器的线性范围内，希望传感器的灵敏度越高越好，因为只有灵敏度高时，与被测量变化对应的输出信号值才比较大，有利于信号处理。但要注意的是，传感器的灵敏度高，与被测量无关的外界噪声也容易混入，也会被放大系统放大，影响测量精度。因此，要求传感器本身应具有较高的信噪比，尽量减少从外界引入的干扰信号。传感器的灵敏度是有方向性的：当被测量是单向量，而且对其方向性要求较高，则应选择其他方向灵敏度小的传感器；如果被测量是多维向量，则要求传感器的交叉灵敏度越小越好。由于温度测量的普遍性，温度传感器的数量在各种传感器中居首位，约占 50%。温度传感器是通过物体随温度变化而改变某种特性来间接测量的。不少材料、元件的特性都随温度的变化而变化，所以能作温度传感器的材料相当多。温度传感器随温度而引起物理参数变化的有膨胀、电阻、电容、电动势、磁性能、频率、光学特性及热噪声等。

NTC 热敏电阻一般由两种以上过渡金属氧化物按特定比例混合成型后，经高温烧结形成，属于一种电子陶瓷材料。价格便宜，灵敏度高，适用范围广泛。

NTC 热敏电阻一般测温精度在±1%，高精度 NTC 热敏电阻及温度传感器，精度最高可达±1‰，适用于−50～105℃的温度范围使用，年稳定性≤0.1%，电阻值互换精度可达±0.1%。目前它大量应用于空调、冰箱等的温度控制，粮食系统的储运、蔬菜大棚等的恒温控制，工业自动控制、建筑等行业的温度控制，以及温度变送器、数显温度仪、多点测温仪、汽车空调控制器等高精密温密仪表及设备中，精密可达±0.10℃。

3. 根据频率响应特性选择热电阻传感器

热电阻传感器的频率响应特性决定了被测量的频率范围，必须在允许频率范围内保持不失真的测量条件，实际上传感器的响应总有一定延时，希望延时越短越好。

热电阻传感器的频率响应高，可测的信号频率范围就宽，而由于受到结构特性的影响，机械系统的惯性较大，因有频率低的传感器可测信号的频率较低。在动态测量中，应根据信号的特点（稳态、瞬态、随机等）响应特性，以免产生过大的误差。常用的铂电阻有 Pt100，电阻温度系数为 $3.9×10^{-3}$/℃，0℃时电阻值为 100Ω，电阻变化率为 0.3851Ω/℃。在温度阶跃变化时，铂电阻温度传感器的输出变化至量程变化的 50% 所需的时间称为热响应时间，影响热响应时间的因素与保护管材料、直径、壁厚、长度有关，而且还与其结构型式、安装方法、置入深度以及被测介质的流速、种类有关。

NTC 热敏热电阻热响应时间一般跟封装形式、阻值、材料常数（热敏指数）、热时间常数有关。材料常数（热敏指数）B 值（K）被定义为：R_{T1} 为温度 T_1(K) 时的零功率电阻值；R_{T2} 为温度 T_2(K) 时的零功率电阻值；T_1 和 T_2 为两个被指定的温度（K）。对于常用的 NTC 热敏电阻，B 值范围一般在 2000～6000K。热时间常数是指在零功率条件下，当温度突变时，热敏电阻的温度变化了始末两个温度差的 63.2% 时所需的时间。热时间常数与NTC 热敏电阻的热容量成正比，与其耗散系数成反比。

4. 根据线性关系范围选择传感器

传感器的线性关系是指输出与输入的比例关系。以理论上讲，在线性关系范围内，灵敏度保持定值。传感器的线性范围越宽，则其量程越大，并且能保证一定的测量精度。在选择传感器时，当传感器的种类确定以后首先要看其量程是否满足要求。

5. 根据稳定性选择传感器

传感器使用一段时间后，其性能保持不变化的能力称为稳定性。影响传感器长期稳定性的因素除传感器本身结构外，主要是传感器的使用环境。因此，要使传感器具有良好的稳定性，传感器必须要有较强的环境适应能力。在选择传感器之前，应对其使用环境进行调查，并根据具体的使用环境选择合适的传感器，或采取适当的措施，减小环境的影响。传感器的稳定性有定量指标，在超过使用期后，在使用前应重新进行标定，以确定传感器的性能是否发生变化。在某些要求传感器能长期使用而又不能轻易更换或标定的场合，所选用的传感器稳定性要求更严格，要能够经受住长时间的考验。高精度 NTC 负温度系数热敏电阻及温度传感器，年稳定性≤0.1%。

6. 根据精度选择传感器

精度是传感器的一个重要的性能指标，它是关系到整个测量系统测量精度的一个重要环节。传感器的精度越高，其价格越昂贵，因此，传感器的精度只要满足整个测量系统的精度要求就可以，不必选得过高。这样就可以在满足同一测量目的的诸多传感器中，选择比较便宜和简单的传感器。如果测量目的是为了定性分析的，选用重复精度高的传感器即可，不宜选用绝对量值精度高的；如果是为了定量分析，必须获得精确的测量值，就需选用准确度等级能满足要求的传感器。对某些特殊使用场合，无法选到合适的传感器，则需自行设计制造传感器。自制传感器的性能应满足使用要求。高精度 NTC 负温度系数热敏电阻及温度传感器，精度最高可达±1‰，电阻值互换精度可达±0.1%。

7. NTC 热敏电阻选用注意事项

(1) 经过 5τ（s），最好 7τ（s）以上的时间再开始测量。

(2) 通电使用热敏电阻元件，会引起元件自身发热而产生测温偏差，选用时应充分考虑此因素。

(3) 为了防止热敏电阻元件过快老化，在使用中应尽量避免急剧的温度变化。

(4) 通过元件的电流过大会损坏元件，使用时应避免电路绝缘不良、静电感应、错误接线等失误。

(5) 用户应根据自己的测温要求，选用不同精度的热敏电阻元件。

(6) 热敏电阻元件应远离设备内部其他无关发热部件，否则，容易引发测温误差，甚至设备故障。

(7) 注意热敏电阻元件及传感器的安装形式，如压接、支撑、夹持、插入等方式，以防止因安装不良造成设备性能损失。

10.2　热电偶传感器

热电偶传感器是一种能将温度信号转换成电动势的传感器，它的主要用途是测量温度，由于它可以直接选用标准的显示仪表和记录仪表来进行显示和记录，因此在工农业生产和科学研究中得到了广泛的应用。热电偶属于电能量传感器，虽然它是一种古老的传感器，却因为其有一系列优点而被广泛使用至今。热电偶的主要优点有：

(1) 结构简单，易于制造，使用方便，热电偶的电极不受大小和形状的限制，可按照需要进行配制；

(2) 热电偶本身属于发电型传感器，因此测量时可以不要外加电源；

(3) 范围广，高温热电偶可测 1800℃以上的温度，低温热电偶可测—269℃的温度；

(4) 测量精度高，便于远距离测量、自动测量及多点测量。

本节首先介绍温度测量的基本概念，然后分析热电偶的工作原理、分类，并介绍其使用方法。

10.2.1　温度测量的基本概念

温度是一种在生产、科研、生活中需要测量和控制的重要物理量，是国际单位制七个基本量之一。我们在上节介绍过用于温度测量的铂热电阻，这里将系统地介绍有关温度、温标、测温方法等一些基本知识。

1. 温度的基本概念

温度是表征物体冷热程度的物理量。温度概念是以热平衡为基础的，如果两个相接触的物体的温度不相同，它们之间就会产生热交换，热量将从温度高的物体向温度低的物体传递，直到两个物体达到相同的温度为止。

温度的微观概念是：温度标志着物质内部大量分子的无规则运动的剧烈程度。温度越高，表示物体内部分子热运动越剧烈。

2. 温标

温度的数值表示方法称为温标。它规定了温度的读数的起点（即零点）以及温度的单位。各类温度计的刻度均由温标确定。国际上规定的温标有摄氏温标、华氏温标、热力学温标等。

(1) 摄氏温标（℃）。摄氏温标把在标准大气压下冰的熔点定为0℃，把水的沸点定为100℃。在这两个固定点间划分一百等份，每一等份为1℃，符号为 t。

(2) 华氏温标（℉）。它规定在标准大气压下，冰的熔点为32℉，水的沸点为212℉。两固定点间划分180个等份，每一等份为1℉，符号为 θ。它与摄氏温标的关系式为

$$\theta/F = (1.8t/℃ + 32) \tag{10-8}$$

例如：20℃时的华氏温度 $\theta = (1.8 \times 20 + 32)F = 68F$，西方国家在日常生活中普遍使用华氏温标。

(3) 热力学温标（K）。热力学温标是建立在热力学第二定律基础上的最科学的温标，是由开尔文（Kelvin）根据热力学定律提出来的，因此又称开氏温标。它的符号是 T，其单位是 K（开尔文）。热力学温标规定分子运动停止（即没有热存在）时的温度为绝对零度，水的三相点（气、液、固三态同时存在且进入平衡状态时）的温度为273.16℃，把从绝对零度到水的三相点之间的温度均匀分为273.16格，每格为1K。由于以前曾规定冰点的温度为273.15K，所以现在沿用这个规定，进行热力学温标和摄氏温标的换算公式为

$$t/℃ = T/K - 273.15 \tag{10-9}$$

或

$$T/K = t/℃ + 273.15 \tag{10-10}$$

例如，100℃时的热力学温度 $T = (100 + 273.15)K = 373.15K$。热力学温标是纯理论的，人们无法得到开氏零度，因此不能直接根据它的定义来测量物体的热力学温度（又称开氏温度）。因此需要建立一种实用的温标作为测量温度的标准，这就是国际实用温标。

(4) ITS—1990《1990年国际温标》。根据第18届国际计量大会的决议，从1990年1月1日开始在全世界范围内采用《1990年国际温标》，简称ITS—1990。它定义了一系列温度的固定点，测量和重现这些固定点的标准仪器以及计算公式。它规定了不同温度段的标准测量仪器。例如：在极低温度范围，用气体体积热膨胀温度计来定义和测量；在氢的三相点和银的凝固点之间，用铂电阻温度计来定义和测量；而在银凝固点以上用光学辐射温度计来定义和测量等。

3. 温度测量及传感器分类

常用的各种材料和元器件的性能大都会随着温度的变化而变化，具有一定的温度效应。其中一些稳定性好、温度灵敏度高、能批量生产的材料就可以作为温度传感器。

温度传感器的分类方法很多。按照用途可分为基准温度计和工业温度计；按照测量方法又可分为接触式和非接触式；按工作原理又可分为膨胀式、电阻式、热电式、辐射式等；按输出方式分有自发电型、非电测型等。总之，温度测量的方法很多，而且直到今天，人们仍在不断地研究性能更好的温度传感器。我们可以根据成本、精度、测温范围及被测对象的不

同，选择不同的温度传感器。表 10-5 列出了常用测温传感器的工作原理及特点。

表 10-5 　　　　　　　常用测温传感器的工作原理及特点

所利用的物理现象	传感器类型	测温范围（℃）	特　　点
体积膨胀	气体温度计 液体压力温度计 玻璃水银温度计 双金属片温度计	−250～1000 200～350 −50～350 −50～300	不需要电源，耐用；但感温部件体积大
接触热电动势	钨铼热电偶 铂铑热电偶 其他热电偶	1000～2100 200～1800 −200～1200	自发电型，标准化程度高，品种多，可根据需要选择，需注意冷端温度补偿
电阻的变化	铂热电阻 铜热电阻 热敏电阻	−200～900 −50～150 −50～200	标准化程度高，但需要接入桥路才能得到稳态电压
PN 结电压	硅半导体二极管 （半导体集成电路温度传感器）	−50～150	体积小，线性好；但测温范围小
温度—颜色	试温涂料 液晶	−50～1300 0～100	面积大，可得到温度图像；但易衰老，分辨率低
光辐射 热辐射	红外辐射温度计 光学高温温度计 热释电温度计 光子探测器	−50～1500 500～3000 0～1000 0～3500	非接触式测温，反应快，但易受环境及被测体表面状态的影响，标定困难

10.2.2　热电偶的基本原理

1. 热电效应

1821 年，德国物理学家赛贝克（T·J·Seekbeck）用两种不同金属组成闭合回路，并用酒精灯加热其中一个接触点（称为结点），发现放在回路中的指南针发生偏转，如图10-12所示。如果用两盏酒精灯对两个结点同时加热，指南针的偏转角反而减小。显然，指南针的偏转说明回路中有电动势产生并有电流在回路中流动，电流的强弱与两个结点的温度有关。

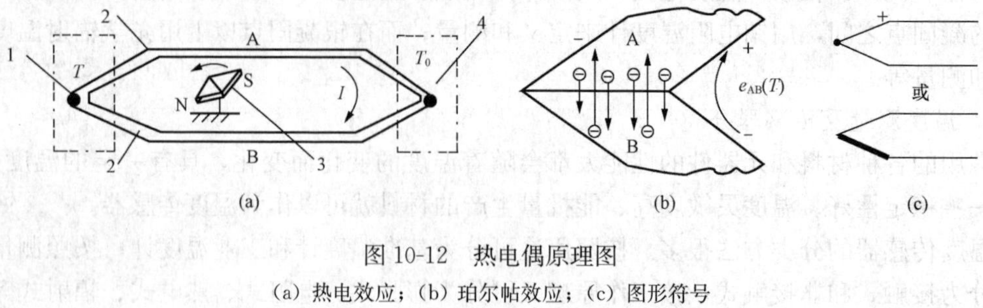

图 10-12　热电偶原理图

（a）热电效应；（b）珀尔帖效应；（c）图形符号

1—工作端；2—热电极；3—指南针；4—参考端

据此，赛贝克发现和证明了两种不同材料的导体 A 和 B 组成的闭合回路，当两个结点温度不相同时，回路中将产生电动势，这种物理现象称为热电效应。两种不同材料的导体所组成的回路称为"热电偶"，组成热电偶的导体称为"热电极"，热电偶所产生的电动势称为热电动势。热电偶的两个结点中，置于温度为 T 的被测对象中的结点称为测量端，又称为工作端或热端；而置于参考温度为 T_0 的另一结点称为参考端，又称自由端或冷端。

2. 导体的接触电动势、温差电动势和热电动势

上述回路中存在的电动势 $E_{AB}(T, T_0)$ 是由接触电动势和温差电动势组成的。

(1) 接触电动势。接触电动势也称为珀尔帖电动势，其产生的原因是：当两种不同的导体 A 和 B 接触后，由于它们有不同的自由电子浓度（$n_A > n_B$），在结点处就要发生电子迁移，电子浓度大的金属中的自由电子向电子浓度小的金属扩散。失去电子的金属端呈正电位，得到电子的金属端呈负电位，当扩散达到动态平衡时，在两种金属的接触处（结点处）形成电动势，这个电动势就是接触电动势，如图 10-12（b）所示。

当电子扩散达到动态平衡时，界面的电动势为

$$e_{AB}(T) = \frac{KT}{e} \ln \frac{n_A}{n_B} \tag{10-11}$$

$$e_{AB}(T_0) = \frac{KT_0}{e} \ln \frac{n_A}{n_B} \tag{10-12}$$

式中　$e_{AB}(T)$ ——材料 A 和 B 在温度 T 时的接触电动势；

　　　$e_{AB}(T_0)$ ——材料 A 和 B 在温度 T_0 时的接触电动势；

　　　K——波尔兹曼常数，$K = 1.38 \times 10^{-23} \text{J/K}$；

　　　T、T_0——接触处的绝对温度；

　　　n_A、n_B——材料 A 和 B 的电子浓度；

　　　e——电子电荷量，$e = 1.6 \times 10^{-19} \text{C}$。

由式（10-12）可见：接触电动势的大小与组成两极 A 和 B 的金属材料有关，而与热电极的几何尺寸无关。

(2) 温差电动势。温差电动势也称为汤姆逊电动势，它是由于在同一材料的两端因其温度不同而产生。由于两端温度不同，导体内自由电子的运动速度不同，高温端的电子运动速度要高。因此，电子从速度大的区域向速度小的区域扩散比相反方向的要多，结果高温端失去电子而带正电，低温端得到电子而带负电，从而在导体的两端形成电动势差，即为单一导体的温差电动势。

实践表明：热电偶回路的温差与热电材料 A 和 B 的性质有关，与材料两端的温差有关，而与热电极的几何尺寸和沿热电极分布无关。其温差电动势为

$$e_A = \sigma_A(T - T_0)$$
$$\text{或 } e_B = \sigma_B(T - T_0) \tag{10-13}$$

式中　e_A、e_B——材料 A 或 B 的温差电动势；

　　　σ_A、σ_B——材料 A 或 B 的汤姆逊温度系数。

(3) 热电动势。由前面所述已知，热电动势是由接触电动势和温差电动势组成的。将两种电动势综合起来研究，即由两种不同的金属导体 A 和 B 连接成闭合回路，两端的温度不同，$T > T_0$，且两金属导体的自由电子浓度也不同 $n_A > n_B$，则在这个回路中的两个结点处

各产生一个接触电动势，两金属导体中各产生一个温差电动势。回路中的总电动势为

$$E_{AB}(T, T_0) = e_{AB}(T) - e_{AB}(T_0) + e_A(T, T_0) - e_B(T, T_0) \tag{10-14}$$

热电偶就是根据上述原理做成的。

实践证明，在热电偶回路中起主要作用的是两个结点的接触电动势。如果将单一导体的温差电动势忽略不计，并取 $E_{AB}(T)$ 的方向为正方向，如图 10-13 所示，则有

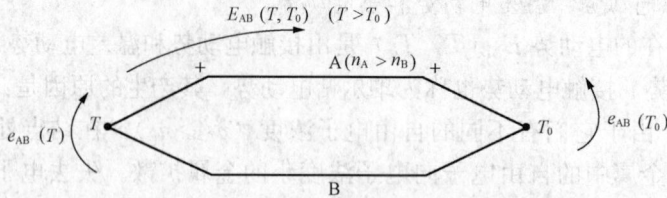

图 10-13　热电偶的热电动势

$$E_{AB}(T, T_0) \approx e_{AB}(T) - e_{AB}(T_0) = \frac{KT}{e}\ln\frac{n_A}{n_B} - \frac{KT_0}{e}\ln\frac{n_A}{n_B} = \frac{K}{e}(T - T_0)\ln\frac{n_A}{n_B}$$

$$\tag{10-15}$$

10.2.3　热电偶回路的基本定律和主要性质

热电偶回路的基本定律和主要性质如下：

(1) 两导体电极材料相同，其热电动势为零。如果组成电偶回路的两种导体相同（A＝B），则无论两结点温度如何，其热电动势为零。因此必须由两种不同材料才能构成热电偶。

(2) 热电偶两结点温度相同，其热电动势为零。如果两结点温度相同（$T = T_0$），则尽管两导体材料不同，其热电动势为零。

(3) 热电偶回路的热电动势 $E_{AB}(T, T_0)$ 只与两材料和两结点的温度有关，而与热电偶的尺寸形状及材料的中间温度无关。而热电偶的内阻与其长短、粗细、形状有关。热电偶越细，内阻越大。

(4) 中间温度定律：图 10-14 所示为与中间温度定律有关的热电偶电路。热电偶 AB 在结点温度为（T, T_0）时的电动势，等于热电偶在结点温度为（T, T_n）和（T_n, T_0）时的热电动势总和，即

$$E_{AB}(T, T_0) = E_{AB}(T, T_n) + E_{AB}(T_n, T_0) \tag{10-16}$$

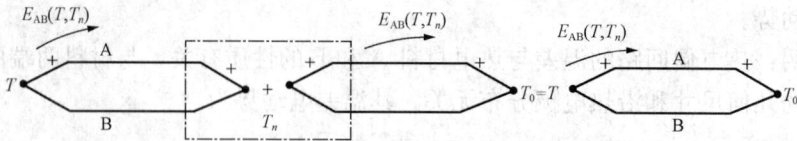

图 10-14　与中间温度定律有关的热电偶电路

证明如下：

$$\begin{aligned}
E_{AB}(T, T_n) + E_{AB}(T_n, T_0) &= [e_{AB}(T) - e_{AB}(T_n)] + [e_{AB}(T_n) - e_{AB}(T_0)] \\
&= e_{AB}(T) - e_{AB}(T_0) \\
&= E_{AB}(T, T_0)
\end{aligned}$$

中间温度定律为制定热电偶分度表奠定了理论基础。所谓分度表就是热电偶自由端（冷端）温度为 0℃ 时，热电偶工作端（热端）温度与输出热电动势之间的对应关系表格。

（5）中间导体定律：在热电偶回路中接入第三种材料的导体，只要第三种材料导体两结点温度相同，则这一导体的引入将不会改变原来热电偶的热电动势大小。

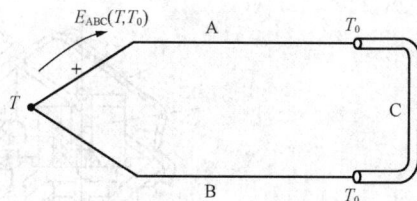

图 10-15 具有中间导体的热电偶回路

如图 10-15 所示，热电偶回路插入中间导体 C 后总的热电动势为

$$E_{ABC}(T,T_0) = e_{AB}(T) + e_{BC}(T_0) + e_{CA}(T_0) + e_B(T,T_0) - e_A(T,T_0)$$

$$\approx e_{AB}(T) + e_{BC}(T_0) + e_{CA}(T_0) = E_{AB}(T,T_0) \qquad (10\text{-}17)$$

由此可知，总的热电动势与 C 无关。同理，热电偶回路中插入多种导体（D、E、F、…），只要保证插入的每种导体的两端温度相同，则对热电偶的热电动势也无影响。

利用热电偶来实际测温时，连接导线、显示仪表和接插件等均可看成是中间导体，只要保证这些中间导体两端的温度各自相同，则对热电偶的热电动势没有影响。因此中间导体定律对热电偶的实际应用是十分重要的。在使用热电偶时，应尽量使上述元器件两端的温度相同，才能减少测量误差。

（6）参考电极定律（也称组成定律）：已知热电极 A、B 与参考电极 C 组成的热电偶在结点温度为（T，T_0）时的热电动势分别为 $E_{AC}(T,T_0)$、$E_{BC}(T,T_0)$，则在相同温度下，又 A、B 两种热电极配对后的电动势为 $E_{AB}(T,T_0)$，则

$$E_{AB}(T,T_0) = E_{AC}(T,T_0) - E_{BC}(T,T_0) \qquad (10\text{-}18)$$

参考电极定律大大简化了热电极选配工作。在成千上万种合金热电极中，只要我们获得有关热电极与参考电极配对的热电动势，那么任何两种热电极配对都可按式（10-18）求得，而不需逐个进行测定。

由于纯铂丝的物理化学性能稳定、熔点较高、易提纯，所以目前常用纯铂丝作为标准电极。

10.2.4 热电偶结构

1. 热电偶结构形式

工程上实际使用的热电偶大多是由热电极、绝缘套管、保护套管和接线盒等部分组成，如图 10-16 所示，图（a）为其内部剖视图，图（b）为其外形图。

现将各部分的构造和要求说明如下：

（1）热电极。热电偶常以热电极材料种类来定名，例如，铂铑—铂热电偶、镍铬—镍硅热电偶等热电极的直径由材料的价格、机械强度、电导率以及热电偶的用途和测量范围等来决定。贵金属热电偶的热电极多采用直径为 0.35～0.65mm 的细导线。非贵金属热电极的直径一般是 0.5～3.2mm。热电偶的长度由安装条件，特别是由工作端在介质中的插入深度来决定。通常为 350～2000mm，最长的可达 3500mm，热电极的工作端是焊在一起的。

（2）绝缘套管。绝缘套管又叫绝缘子，用来防止两根热电极短路。绝缘子一般做成圆形或椭圆形，中间有一个、两个或四个小孔，孔的大小由热电极的直径而定，绝缘材料主要根据测温范围及绝缘性能要求来选择，通常用陶瓷、石英等做绝缘套管。

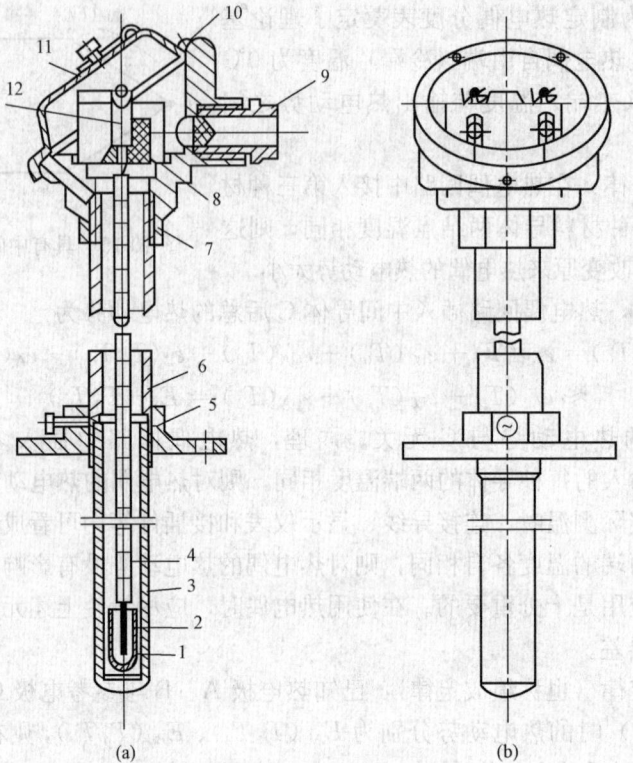

图 10-16　普通热电偶结构

(a) 剖视图；(b) 外形图

1—热电偶热端；2—绝缘套；3—下保护套管；4—绝缘珠管；5—固定法兰；
6—上保护套管；7—接线盒底座；8—接线绝缘座；9—引出线套管；
10—固定螺钉；11—接线盒外接；12—接线柱

（3）保护套管。保护套管的作用是使热电极与被测介质隔离，使之免受化学侵蚀或机械损伤。热电极在套上绝缘套后再装入保护套管内。对保护套管的要求是：经久耐用与传热良好。前者指的是能耐高温，耐急冷急热，耐腐蚀，不分解出对电极有害的气体，有足够的机械强度；后者指的是有良好的导热性，以改善热电极对被测温度变化的响应速度，减少滞后。常用的保护套管材料分为金属和非金属两大类，一般根据热电偶类型、测温范围等因素来选择保护套管材料。

（4）接线盒。接线盒供连接热电偶和测量仪表之用，多用铝合金制成。为了防止灰尘及有害气体进入内部，接线盒出线孔和接线盒都装有密闭垫片和垫圈。

由于工业自动化的发展以及航空和原子能等工业部门的需要，对热电偶提出了小型化、性能稳定、寿命长、结构牢固可靠、抗辐射、抗震等要求，普通结构的热电偶已不能满足这些要求。铠装式热电偶（或称套管式热电偶）是 20 世纪 60 年代初发展起来的，是一种由金属保护套管、绝缘材料和热电极三者组成一体的特殊结构的热电偶，目前已形成系列。铠装式热电偶的系列包括从测量 $-269\,℃$ 低温到测量 $1800\,℃$ 高温的各个品种。套管直径为 $0.25\sim12\,\text{mm}$，而且可以弯曲或做得更长。这种热电偶分为单芯和双芯两种，其截面如图 10-17 所示，它们的内电极周围被氧化物粉末所绝缘，形成对称间距。外套管和绝缘材料的选择将直接影响铠装式热电偶的绝缘电阻和使用寿命。这种热电偶的外径、长度和测量端的结构测量要求选定，一般有如图 10-18 所示的五种。图（a）为单芯结构，其外套管为一电极，因此，中心电极在顶端应与套管焊在一起。图（b）为碰底型结构，测量端与套管焊在一起，其动态响应比不碰底型快，但比露头型慢。图（c）为不碰底型，热电极套管之间绝缘，这是一种最常用的形式。图（d）为露头型，其测量端露在套管外面，动态响应快，但只能用在非腐蚀性介质中。图（e）为帽型，即把露头型的测量端套上一个套管材料做的保护帽，再用银焊密封起来。

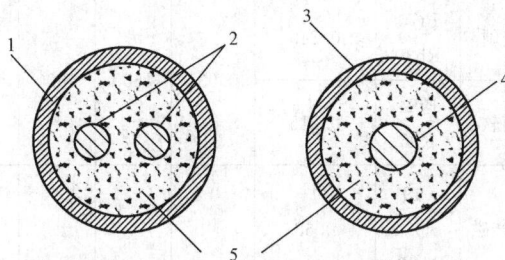

图 10-17　铠装热电偶截面图
1—套管；2—内电极；3—套管（外极）；4—内电极；5—绝缘物质

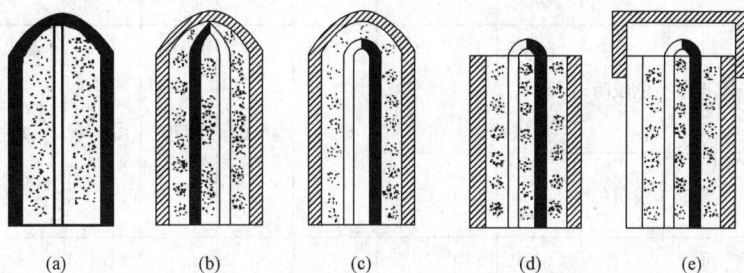

图 10-18　铠装热电偶工作端的结构图
（a）单芯；（b）碰底型；（c）不碰底型；（d）露头型；（e）帽型

　　实际生产中很难找到一种能完全满足各种要求的材料，一般而言，纯金属的热电极容易制作，但其热电动势小；非金属热电极的热电动势较大，熔点高，但制作困难且稳定性较差；合金热电极的热电性能和工艺性能介于前两者之间。选择热电极材料时，应根据具体情况和测量条件决定。

　　2. 热电偶的种类特点及选用方法

　　（1）热电偶的种类。热电偶的种类很多：按热电极材料种类可分为难熔金属热电偶、贵重金属热电偶、廉价金属热电偶和非金属热电偶；按使用温度范围来分有高温热电偶、中温热电偶、低温热电偶；按结构来分有普通热电偶、铠装热电偶、薄膜热电偶；按热电偶的用途来分有标准热电偶和工业用热电偶；按工业标准化来分有标准化热电偶和非标准化热电偶。

　　标准化热电偶工艺比较成熟，应用广泛，性能优良稳定，能成批生产，同一型号可以互换，统一分度，并有配套显示仪表。标准化热电偶有铂铑—铂热电偶、镍铬—镍铝热电偶、镍铬—考铜热电偶、铜—康铜热电偶等。标准化热电偶的主要性能见表 10-6～表 10-8。

表 10-6 标准化热电偶技术数据

热电偶名称	分度号	极性	识别	成分(%)	电阻系数20℃时(Ω·mm²/m)	100℃电动势(mV)	长期	短期	温度(℃)	误差±(%)	温度(℃)	误差±(%)
铂铑₁₀—铂	S(I.B3)	正	较硬	P190 Rh10	0.24	0.643	1300	1600	≤600	2.4	>600	0.4
		负	柔软	Pt100	0.16							
铂铑₃₀—铂铑	B(LL—2)	正	较硬	Pt70 Rh30	0.245	0.034	1600	1800	≤600	3	>600	0.5
		负	稍软	Pt94 Rh6	0.215							
镍铬—镍硅	K(EU—2)	正	稍亲磁	Cr9 Si0.4 Ni90	0.68	4.10	1000	1200	≤400	4	>400	0.75
		负	稍亲磁	Si3 Co0.6 Ni97	0.25~0.33							
镍铬—钙铜	E(EA—2)	正	色较暗	Cr9 Si0.4 Ni90	0.68	6.95	600	800	≤400	4	>400	1
		负	银白色	Cu56 Ni44	0.47							
铜—康铜	T(CK)	正	红色	Cu100	0.17	4.26	200	300	−200~40	2	−40~400	0.75
		负	银白色	Cu55 Ni45	0.49							

表 10-7 热电极在空气中连续使用的上限温度

热电偶类型	0.5	0.8	1.6	3.2
B(℃)	1700	—	—	—
S、R(℃)	1480	—	—	—
K、N(℃)	870	980	1090	1260
E(℃)	430	540	650	870
J(℃)	370	480	590	760
T(℃)	200	260	370	—

热电极直径(mm)

表 10-8	热电偶允差等级（参比端为 0℃）		单位：℃
类型	1 级允差	2 级允差	3 级允差
T 型			
温度范围	$-40\sim-125$	$-40\sim+133$	$-67\sim+40$
允差值	±0.5	±1	±1
温度范围	$125\sim+350$	$133\sim+350$	$-200\sim-67$
允差值	$\pm0.004\,|t|$	$\pm0.0075\,|t|$	$\pm0.015\,|t|$
E 型			
温度范围	$-40\sim+375$	$-40\sim+333$	$-167\sim+10$
允差值	±1.5	±2.5	±2.5
温度范围	$375\sim800$	$333\sim900$	$-200\sim-67$
允差值	$\pm0.004\,|t|$	$\pm0.0075\,|t|$	$\pm0.015\,|t|$
J 型			
温度范围	$-40\sim+375$	$-40\sim+333$	—
允差值	±1.5	±2.3	—
温度范围	$375\sim750$	$333\sim750$	—
允差值	$\pm0.004\,|t|$	$\pm0.0075\,|t|$	—
K 型 N 型			
温度范围	$-40\sim+375$	$-40\sim+333$	$-67\sim+40$
允差值	±1.5	±2.5	±2.5
温度范围	$375\sim1000$	$333\sim1200$	$-200\sim-167$
允差值	$\pm0.004\,|t|$	$\pm0.0075\,|t|$	$\pm0.015\,|t|$
R 型 S 型			
温度范围	$0\sim1100$	$0\sim600$	—
允差值	±1	±1.5	—
温度范围	$1100\sim1600$	$600\sim1600$	—
允差值	$\pm[1+0.003(t-1100)]$	$\pm0.0025\,|t|$	—
B 型			
温度范围	—	—	$600\sim800$
允差值	—	—	±4
温度范围	—	$600\sim1700$	$800\sim-1700$
允差值	—	$\pm0.0025\,|t|$	$\pm0.005\,|t|$

　　非标准化热电偶有镍钴—镍铝热电偶、铱铑热电偶、铁—康铜热电偶、钨铼热电偶等，它们的热电特性如图 10-19～图 10-21 所示。非标准化热电偶在高温、低温、超低温、真空和核辐射等特殊环境中具有良好性能，它们在节约贵重金属和稀有金属方面有重要意义。这类热电偶无统一的分度表。

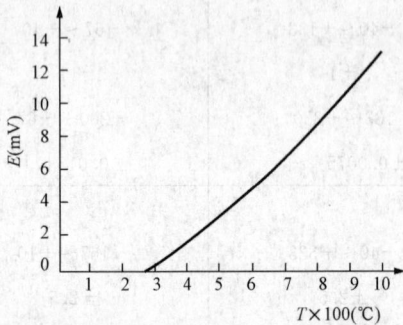

图 10-19　镍钴—镍铝热电偶热电特性

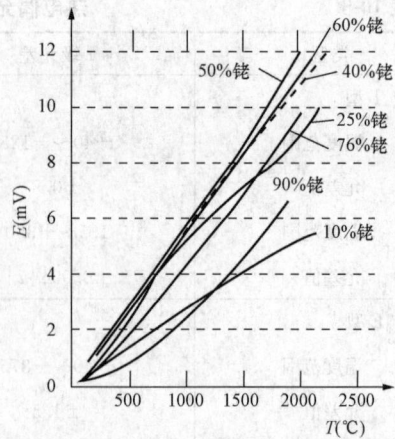

图 10-20　铱铑热电偶热电特性

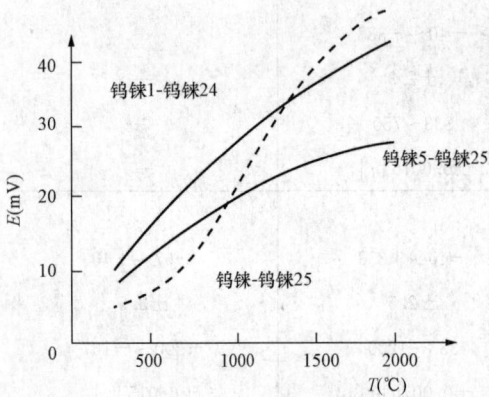

图 10-21　钨铼热电偶热电特性

（2）热电偶的选用方法。为了保证热电偶可靠稳定地工作，对热电偶的结构有如下要求：

1）热电偶的热电极结点焊接应牢固；

2）热电偶的热电极必须有良好的绝缘，以防短路；

3）导线与热电偶自由端的连接要方便可靠；

4）保护套管应能保证热电极与有害介质相隔离。

虽然任意两种导体（或半导体）材料都可以配制成热电偶，但是作为实用的测温元件，对它的要求是多方面的，并不是所有材料都适于制作热电偶，对热电极材料主要要求是：

1）配制成的热电偶应具有较大的热电动势，并希望热电动势与温度之间呈线性关系；

2）能在较宽的温度范围内使用，并且在长期工作后物理化学性能与热电性能都较稳定；

3）导电率要高，电阻温度系数要小；

4）易于复制，工艺简单，价格便宜。

为了使热电偶具有较长的使用寿命，热电偶一般都带有适当的保护装置，即保护套管，它可以使热电极和被测介质不直接接触，能防止或减少火焰和气流的冲刷与辐射。此外，它还起着固定和支撑热电极的作用。因此工业用的热电偶保护套管对延长热电极的使用寿命及提高测温准确度是很重要的。保护套管的材料一般应具备以下性能：

1）密封性好，勿使外部介质渗透到保护套管内部，以免热电极损坏或变质；

2）应有足够的机械强度，抗弯，抗压，不易损坏；

3）物理化学性能稳定，在长时间使用过程中不致与外部介质、绝缘材料及热电极等互相作用而变质；

4）实际热性能好，测温时尽量不使热电偶出现过大的滞后现象，保护套管臂内、外不应有过大的温差。

10.3 热电式传感器的应用

10.3.1 金属热电阻传感器的应用

工业上广泛应用金属热电阻传感器进行$-200\sim500℃$范围的温度测量。在特殊情况下，测量的低温可达 3.4K，甚于更低（1K 左右），高温可测到 1000℃。

金属热电阻传感器进行温度测量的特点是：精度高，适于测低温。下面介绍几种应用实例。

1. 真空度测量

把铂热电阻丝装入与介质相通的玻璃管内，如图 10-22 所示。

铂电阻丝由较大的（一般大负载工作状态为 $40\sim50$ mA）恒定电流加热，当环境温度与玻璃管内介质导热而散失的热量相平衡时，铂丝就有一定的平衡温度，则对应一定电阻值。当被测介质的真空度升高时，玻璃管内的气体变得更稀少，导致气体分子间碰撞进行热量传递的能力降低（热导率减小），铂丝的平衡温度和电阻值随即增大，其大小反映了被测介质真空度的高低。为了避免环境温度变化对测量结果的影响，在实际应用中附加恒温或温度补偿装置。通常真空度可测到 133.322×10^{-5} Pa。

2. 热电阻式流量计

图 10-23 是采用铂热电阻测量气体或液体流量的原理图。热电阻 R_{T1} 的探头放在被测气体或液体中，而另一个热电阻探头 R_{T2} 则放在温度与被侧介质相同但不受介质流速影响的连通室内。

设热电阻的温度为 t，介质温度为 t_0，当热电阻放入被测介质后，将会出现热传导现象。设热电阻与介质相接触的面积为 A，则热电阻耗散的热量 Q 可表示为

$$Q = KA(t - t_0) \tag{10-19}$$

式中　K——热传导系数。

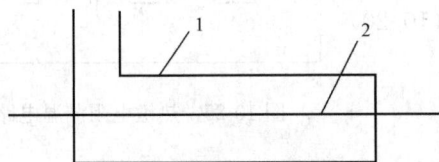

图 10-22　金属热电阻检测真空度原理图
1—连通玻璃；2—铂丝

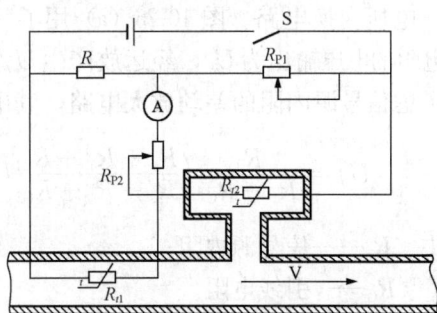

图 10-23　采用铂热电阻测量气体或
液体流量的原理图

实验表明：K 与介质的密度、黏度、平均流速等参数有关。当其他参数为定值时，K 仅与介质的平均流速有关。这样我们就可以通过测量热电阻耗散热量 Q，进而推算出介质的平均流速或流量。

一般设定电桥在介质静止不流动的状态下处于平衡，电流表中无电流通过。当介质

流动时，介质带走热量，使得热电阻 R_{T1} 与 R_{T2} 的散热情况出现差异，R_{T1} 的温度下降，电阻值相应减小，电桥失去平衡，产生一个与介质流量变化相对应的电流，该电流通过电流表。我们事先按平均流量将电流表标定，因此从电流表的刻度上即可知道被测介质流量的大小。

10.3.2　半导体热敏电阻的应用

半导体热敏电阻具有尺寸小、响应速度快、阻值大、灵敏度高等优点，因此它在许多领域得到广泛应用，尤其在家用电器方面应用更为广泛。根据产品型号不同，其适用范围也各不相同，具体有以下三方面。

1. 热敏电阻用于温度测量

热敏电阻传感器可用于液体、气体、固体、固熔体、海洋、高空气象、冰川等方面的温度测量。它的测温范围一般为 $-100\sim300℃$，也可以做到 $-200\sim10℃$ 和 $300\sim1200℃$。作为测量温度的热敏电阻一般结构较简单，没有外面保护层的热敏电阻只能应用在干燥的环境。密封的热敏电阻不怕湿气的侵蚀，可以使用在较恶劣的环境中。由于本身电阻值大，故其连接导线的电阻和接触电阻可以忽略。使用时采用二线制即可，检测电路多为桥路。图 10-24 是热敏电阻温度计的原理图。图 10-25 是热敏电阻测温电路。

图 10-24　热敏电阻温度计的原理图

图 10-25 中 R_t 是热敏电阻，它与 R_1、R_2、R_3 平衡电阻组成电桥；R_4 是满刻度电阻；R_5 和 R_6 是微安表 PA 的保护电阻；R_7、R_8、R_9 为分压电阻；这种测量电路测量精度可达 $0.1℃$，感温时间在 $10s$ 以下。

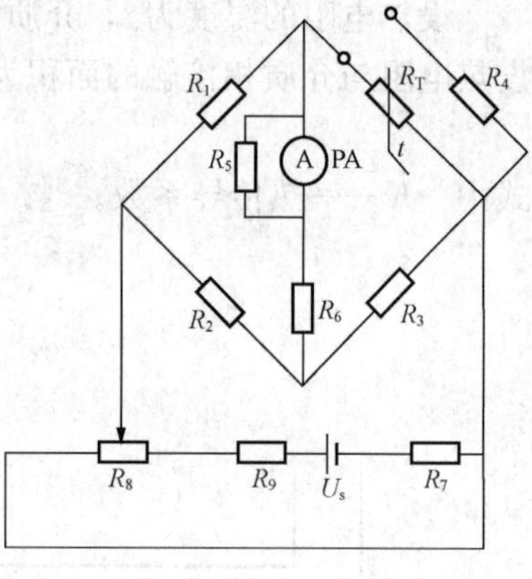

热敏电阻的实用测量电路可以采用图 10-26 所示的温度—电压变换电路。图 10-26（a）用了一个运算放大器，热敏电阻的电压输出为 U_x，经运放产生 U_o 输出。图 10-26（b）是考虑信号源内阻的差动放大电路，其中输出电压为

$$U_o = \frac{R_T}{R_s + R_{G1}}\left(\frac{R_s + R_1 + R_{G1}}{R_s + R_f + R_{G2}}U_{s2} - U_{s1}\right) \quad (10\text{-}20)$$

式中　R_s——信号源内阻；
　　　R_G——引线电阻。

图 10-25　热敏电阻测温电路

图 10-26（c）的输出特性线性度较好，是常用的 $0\sim50℃$ 的测量电路。其中 R_{P1}、R_{P2} 是调整零点和量程的电阻，通常输出电压在 $0\sim1V$。

2. 热敏电阻用于温度补偿

仪表中通常用的一些零件多数是用金属丝做成的，例如线圈、线绕电阻等，金属一般具有正的温度系数，温度升高，电阻增大，引起测量误差，如果将负温度系数的热敏电阻与阻值小的电阻串联，对电路进行补偿，则可以抵消温度变化所产生的误差。实际使用时，将热敏电阻与锰铜电阻并联后再与被补偿的元件串联，如图 10-27 所示。

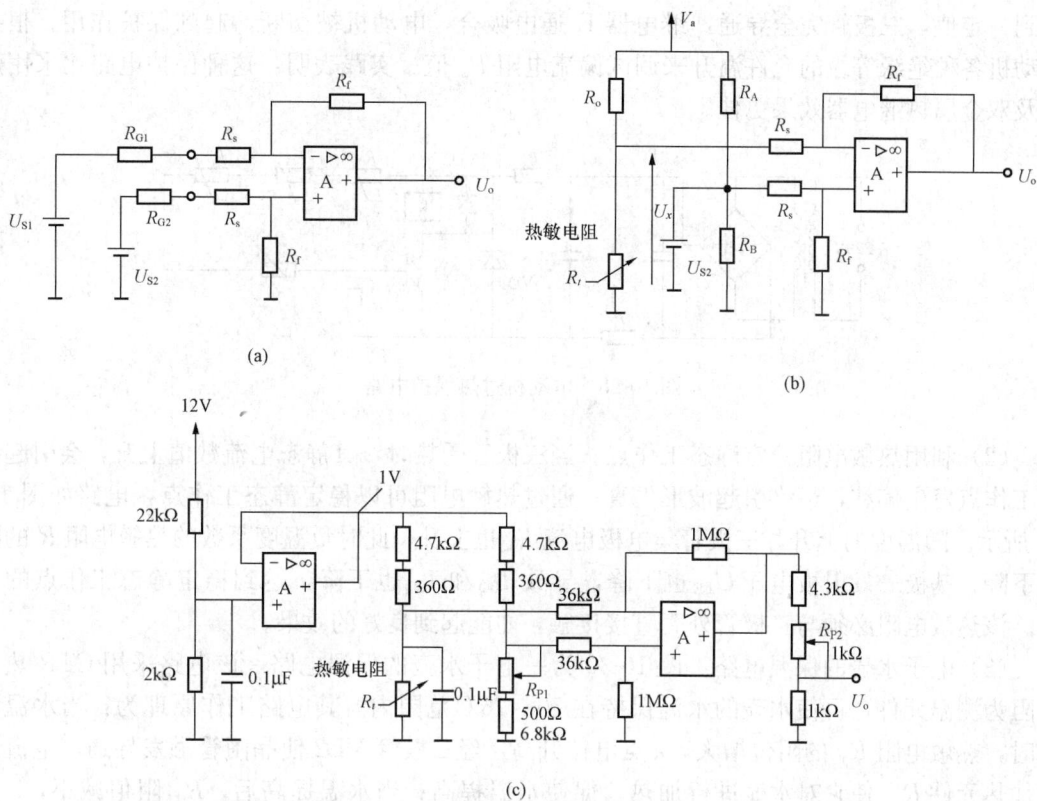

图 10-26 温度—电压变换电路

（a）用了一个运算放大器的电路；（b）考虑信号源内阻的差动放大器；

（c）常用的测量 0～50℃ 的电路

3. 热敏电阻用于温度控制

将突变型热敏电阻置于被测物中，并与继电器串联，给电路加上恒定电压。当周围介质温度上升到某一定数值时，电路中的电流可以由十分之几毫安突变为几十毫安，因此继电器动作，从而实现温度控制及过热保护。下面介绍几种应用实例。

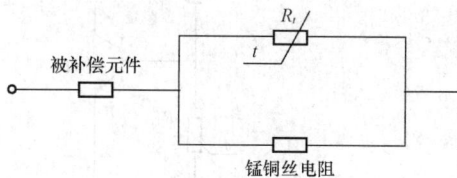

图 10-27 热敏电阻用于温度补偿的示意图

（1）电动机保护器。电动机往往由于超负载、缺相及机械传动部分发生故障等原因造成绕组发热，当温度升高到超过电动机允许的最高温度时，将会烧坏电动机。因此采用热敏电阻传感器组成的热敏继电器作为电动机绕组的过热保护，是一种非常有效的方法。

图 10-28 是电动机过热保护电路。把三只特性相同的负温度系数热敏电阻 R_{t1}、R_{t2}、R_{t3}（经测试阻值在 20℃ 时为 10kΩ，100℃ 时为 1kΩ，110℃ 时为 0.6kΩ）串联在一起，贴在三相电机绕组的附近（紧靠绕组的顶端），每相各放一只，用万能胶固定。当电动机正常运转时，绕组温度较低，热敏电阻值较高，三极管不通，继电器 K 不动作。当电动机过载或断相或一相与地短路时，电动机绕组温度剧增，与绕组相挨的热敏电阻的阻值将会急剧减小，

小到一定值,三极管完全导通,继电器 K 通电吸合,电动机被切断,起到保护作用。根据电动机各种绝缘等级的允许温升来调试偏流电阻 R_2 值。实践表明:这种保护电路比采用熔丝及双金属热继电器效果更佳。

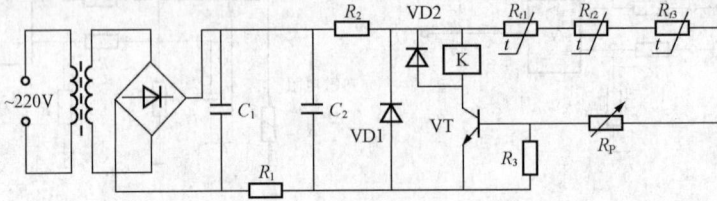

图 10-28 电动机过热保护电路

(2) 利用热敏电阻稳定静态工作点。当三极管受热时,其静态电流数值上升,会引起静态工作点发生偏移,最终引起波形失真。通过热敏电阻可以稳定静态工作点,电路如图 10-29 所示。随温度的上升,三极管集电极电流 I_{CQ} 也上升,此时负温度系数的热敏电阻 R_t 的阻值下降,基极—发射极电压 U_{BE} 也下降,导致 I_{BQ} 和 I_{CQ} 也下降,达到稳定静态工作点的目的。该热敏电阻必须与三极管外壳直接接触,才能起到良好的效果。

(3) 电子水壶的保温电路。图 10-30 为一电子水壶的保温电路,该电路采用 CTR 热敏电阻为测温元件,可使水壶的水温保持在 70～76℃ 范围内。其电路工作原理为:当水温降低时,热敏电阻 R_T 的阻位增大,a 点电位升高,经二极管 VD2 使晶闸管触发导通,电流通过加热元件 R,使它对水壶进行加热,促使水温提高;当水温提高后,R_T 阻值减小,a 点电动势降低,导致晶闸管关断,加热元件 R 停止加热。

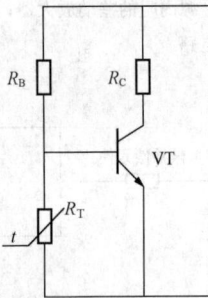

图 10-29 利用热敏电阻稳定静态工作点电路

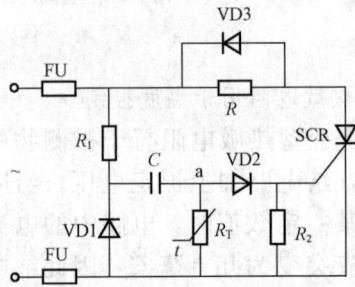

图 10-30 电子水壶的保温电路

10.3.3 热电偶的应用

1. 单只热电偶

用热电偶测温时,与其配用的仪表有动圈式仪表(如毫伏计)、自动电子电位计、直流电位差计、示波器及数字式测温仪表等。把热电偶与相应的仪表连接起来,就可构成不同的测量线路。

如图 10-31 所示,热电偶与动圈式仪表相连接,这时流过仪表的电流不仅与热电动势有关,而且也与测温线路的总电阻有关,为此要求测温线路的总电阻必须为恒定值,即

$$R_T + R_C + R_G = 常数 \tag{10-21}$$

式中 R_T——热电偶电阻；

      R_C——连接导线电阻；

      R_G——指示仪表内阻。

在测温过程中，为避免温度变化引起测温线路总电阻偏离规定值，需采取下列措施：

（1）在工作状态下配外接可调电阻；

（2）适当增大仪表内阻，以减小外接电阻变化对线路总电阻的影响。

上述动圈仪表常用于测量要求不高的场合，其优点是结构简单、价格便宜。

2. 多只热电偶的串联并联

为了提高灵敏度和测量精度，也可采用热电偶串联电路，如图 10-32 所示，这是把多只相同型号的热电偶依次正、负极相连的线路。线路的总电动势为 E_G，则

$$E_G = E_1 + E_2 + E_3 + \cdots + E_n = nE \tag{10-22}$$

式中 E_1、E_2、E_3、$\cdots$——单支热电偶的热电动势；

      E_n——第 n 支热电偶的热电动势。

串联线路配用的显示仪表，一般按温度值刻度，对动圈仪表来说，应使用整个线路电阻与仪表所要求的外接电阻值相等。

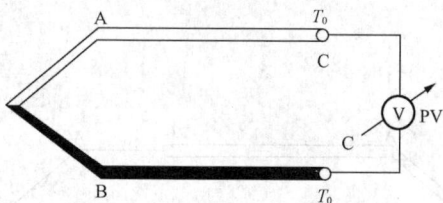

图 10-31   单只热电偶直接配一台仪表测温线路   图 10-32   多只热电偶串联测温线路
               PV—毫伏表

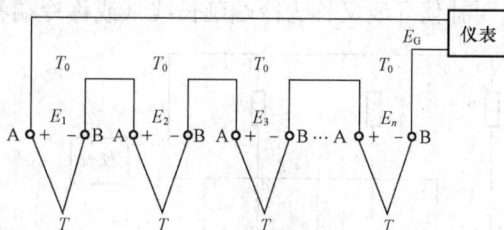

若每支热电偶的绝对误差为 ΔE_1、ΔE_2、ΔE_3、$\cdots$、ΔE_n，则整个串联线路的绝对误差为

$$\Delta E_G = (\Delta E_1^2 + \Delta E_2^2 + \Delta E_3^2 + \cdots + \Delta E_n^2)^{1/2} \tag{10-23}$$

如果

$$\Delta E_1 = \Delta E_2 = \Delta E_3 = \cdots = \Delta E_n = \Delta E \tag{10-24}$$

则

$$\Delta E_G = (n\Delta E^2)^{1/2} = n^{1/2} \Delta E \tag{10-25}$$

故串联线路的相对误差为

$$\frac{\Delta E_G}{E_n} = \frac{n^{1/2} \Delta E}{nE} = \frac{n^{-1/2} \Delta E}{E} \tag{10-26}$$

如果把 $\Delta E/E$ 看作单支热电偶的相对误差，则串联的相对误差为单支热电偶相对误差的 $n^{-1/2}$ 倍。

串联线路的主要优点是热电动势大、精度比单支热电偶高，因此可感受较小的信号，或者配用灵敏度较低的仪表。这种线路的缺点是：只要有一支热电偶发生断路，整个线路就不能工作；个别热电偶短路，将会引起测温值显著偏低。

图 10-33 所示是测量多点的平均温度时的连接电路图，通常用同型号的热电偶并联在一起，并要求热电偶都工作在线性段，在每一个热电偶线路中分别串联均衡电阻 R。根据电路理论，当仪表的输入电阻很大时，可得回路中总的热电动势 E_G 为

$$E_G = \frac{E_1 + E_2 + E_3 + \cdots + E_n}{n} \tag{10-27}$$

式中 E_1、E_2、E_3、$\cdots$、E_n——单个热电偶的热电动势。

使用此方法可测量多点的平均温度，其优点是仪表的分度仍和单独配用一个热电偶时一样，缺点是当有一个热电偶断开时，不能很快察觉出来。

3. 使用热电偶冷端延长的方法及补偿导线的使用

工业上应用时，被测点与指示仪表之间往往有很长的距离，这就要求热电偶有较长的尺寸。但这是不现实的，因为热电偶的材料价格昂贵，且实际测温时，热电偶的长度有限，冷端（接仪表端）温度受周围环境的影响。例如，将热电偶安装在电炉壁上，而冷端放在搪线盒内，当电炉开启时，电炉壁周围温度升高，波及接线盒骨的冷端，造成测量误差，显然这样安装热电偶是不行的。通常情况下可以采用补偿导线、冷端温度校正法、冰浴法和补偿电桥法四种方法解决这个问题。工业中一般采用补偿导线的方法来延长热电偶的冷端，使之远离高温区。

补偿导线又称为冷端延长线（或称冷端补偿导线），其测温线路如图 10-34 所示。

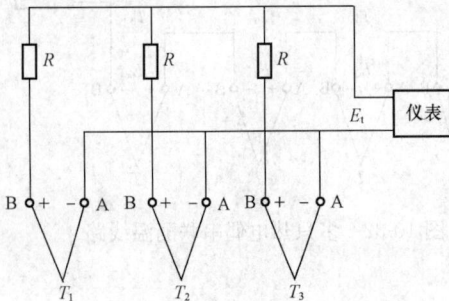

图 10-33 多只热电偶并联测温线路

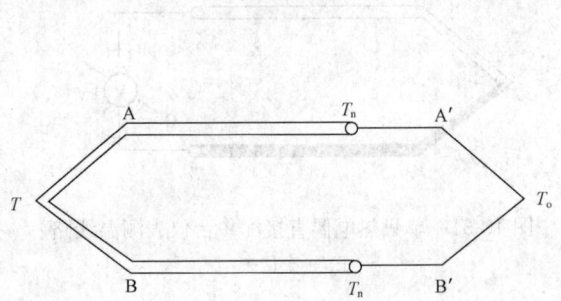

图 10-34 热电偶延长线补偿测温线路

所谓延长线实际上就是使在一定范围内（一般为 0~100℃）的热电动势等于工作热电偶在此温度范围内产生的热电动势

$$E_{AB}(T_0, T_n) = E_{A'B'}(T_n, T_0) \tag{10-28}$$

式中 T_n——工作热电偶冷端温度；

T_0——冷端延伸处温度；

$E_{AB}(T_0, T_n)$——工作热电偶产生的热电动势；

$E_{A'B'}(T_n, T_0)$——补偿导线产生的热电动势。

利用式 (10-28) 可以证明：回路中的总电动势等于 $E_{AB}(T, T_0)$，相当于冷端直接延伸到了温度为 T_0 处。解决了热电偶过短而无法与仪表配接以及被测物温度对冷端影响的问题。冷端的温度应该为 0℃，这是因为各种热电偶与热电动势的关系分度表都是在冷端温度为零时做出的，但实际测量时冷端温度往往不是 0℃。为了消除冷端温度不为 0℃时产生的影响，还应该用修正方法把冷端修正到 0℃。工业上制成了专用的延长线，并以不同颜色区

别各种特定热电偶的延长线，如表 10-9 所示。

表 10-9　　　　　　　　　　补偿导线色别及热电偶特性

配电热电偶		镍铬—镍铝、镍铬—镍硅	镍铬—铐铜	铂铑—铂	钨铼—钨铼
导线线芯用材料	正极	铜	镍铬	铜	铜
	负极	康铜	铐铜	铜镍	铜、1.7%镍
导线线芯绝缘着色规定	正极	红	红	红	红
	负极	黄	黄	绿	蓝
测量端为 100℃，参考端为 0℃时的热电动势（mV）		4.10±0.15	6.95±0.30	0.643±0.023	1.337±0.45

应用延长线时必须注意：

（1）延长线只能与相应型号的热电偶配用；

（2）注意极性，不能接反，否则会造成更大的误差；

（3）延长线和热电极连接处两结点的温度必须相同，不得超过规定范围（一般为 0～100℃），否则误差将显著增加。

思考题与习题

10-1　工业上铂热电阻为什么要采用三线制接线？

10-2　热电阻传感器有哪几种？各有何特点及用途？

10-3　常用热电阻有几种？各是什么？它们的结构类型有几种？各是什么？

10-4　热敏电阻有几种类型？它们的性能有何区别？

10-5　在图 10-28 所示电路中，试分析可变电阻 R_P、电阻 R_3、R_{T1}、R_{T3} 之间的关系。

10-6　在图 10-28 所示电路，应选择何种类型的热敏电阻效果最好？

10-7　某工业生产线要求测量 500、700、1000℃ 三个测量点的温度，试制定三种测量方案，并比较它们的优缺点。

10-8　铜热电阻的阻值 R_T 与温度 t 的关系式为

$$R_T \approx R_0(1 + \alpha t)$$

已知 0℃铜热电阻的 R_0 为 50Ω，温度系数 α 为 $4.28 \times 10^{-3}/℃$，求温度为 100℃时的电阻值？

10-9　什么是金属导体的热电效应？热电动势与导体的接触电动势、温差电动势之间有什么关系？

10-10　铠装热电偶系列测温范围是多少？它们的结构有几种形式？各是什么？

10-11　如何选用热电偶？在选用热电偶时应该注意些什么？

10-12　补偿导线的作用是什么？使用补偿导线应该注意些什么？

10-13　简述热电偶的几个重要定律，并分别说明其实用价值。

第11章 光电式传感器

光电式传感器是以光电效应为物理基础,把被测量的变化转换成光信号的变化,然后通过光电元件的作用转换为电量的变化。由于光电传感器具有非接触式测量、分辨力高、可靠性高、响应速度快、可测参数多、结构简单且使用灵活方便等优点,利用各种光电元件制成的光电式传感器广泛应用于转速、位移、温度、浓度、浊度、距离等参数的测量,还可用于产品的计数等。特别是随着激光光源、光栅、光学码盘、CCD 器件、光导纤维等的相继出现和成功应用,光电式传感器在检测和控制领域中的应用越来越广泛。

11.1 光 电 效 应

根据爱因斯坦的光子学说:光是由一群以光速 c 运动的光量子(简称光子)所组成,每个光子都具有一定的能量,光子的能量大小等于普朗克常数 h 乘以光的频率 γ_0,所以不同频率的光具有不同的能量。光的频率越高,其光子能量就越大。当光电传感器中的光电元件受到光线作用时,光电元件中的电子吸收光子能量,就会产生某些电特性的变化,光电元件的这种特性就是光电效应。

根据光电元件产生电特性变化的不同,光电效应一般分为外光电效应、光电导效应和光生伏特效应,根据这些效应可制成不同的光电转换器件(或称光敏元件)。

11.1.1 外光电效应

在光线照射作用下使物体的电子逸出表面的现象称为外光电效应。

光在物体上的照射可以看做是一连串具有一定能量的光子对这些物体的轰击。根据爱因斯坦光子学说,一个电子只能吸收一个光子的能量。因此,当一个光子的能量传给物体中的一个自由电子后,自由电子能量增加 $h\gamma$。这些能量首先用于电子克服束缚而逸出物体表面所需要的逸出功 A,剩余部分成为电子逸出的初动能 $\frac{1}{2}mv^2$。

按照能量守恒与转换定律有

$$h\gamma = \frac{1}{2}mv^2 + A \tag{11-1}$$

式中 h——普朗克常数,$h = 6.626 \times 10^{-31} \text{J} \cdot \text{s}$;

  γ——入射光的频率;

  m——电子质量;

  v——电子逸出物体表面时的初速度;

  A——某物体的逸出功。

这就是著名的爱因斯坦光电效应方程式。

从式(11-1)可以得出:

(1) 当光子能量大于逸出功时,才会产生外光电效应,才会有光电子逸出。当光子能量小于逸出功时，则不能产生外光电效应；当光子能量恰好等于逸出功时，光电子的初速度 $v=0$，此时光子相应的单色光频率为 γ_0，根据式（11-1）可得

$$h\gamma_0 = A \tag{11-2}$$

式中 γ_0——该物质产生光电效应的最低频率，该频率的光对应的波长也称为临界波长。

当入射光的频率低于最低频率 γ_0 时，光子能量就不足以克服逸出功的能量，无论光强度有多大，也不会使物质发射光电子。反之，入射光的频率高于最低频率时，光强再弱，该物体也能发射光电子，只是发射的光电子数较少，随着光强的增加，光电子的数目增加，光电流则会增大。

（2）逸出电子的初动能决定于入射光的频率。由式（11-1）可看出：对于一定的物质，电子逸出功是一定的，所以入射光子的能量 $h\gamma$ 越大，则逸出电子的初动能越大，且与入射光频率成正比。

（3）根据一个电子只能吸收一个光子能量的假说，电子吸收光子能量不需时间的积累，在物质受到光照射后，立刻有光电子发射。

利用外光电效应可制成光电管、光电倍增管等光电器件。

11.1.2 光电导效应

在光线的作用下物体导电率发生变化的现象称为光电导效应。大多数半导体和绝缘材料都具有光电导效应，而半导体的光电导效应尤为显著。

半导体材料导电能力的大小取决于半导体内部载流子的数目，载流子数目越多，则半导体导电率越高。半导体材料中参与导电的载流子有电子和空穴两种。而通常情况下被束缚在价带中的半导体原子的价电子，在从外界获得足够能量之后，受到激发就会从价带跃迁至导带，成为一个自由电子，同时价带原来的位置上就会形成一个自由空穴。它们都能参加导电，因此参与导电的载流子的数目增加了，半导体的导电率也随之增加。

但是，不是所有的光照射都能使半导体中的价电子受激发成为自由电子或空穴。只有当入射光的能量足以使价电子越过禁带能级宽度时，才能使该半导体材料产生光电导效应。而入射光的能量与光的频率（或波长）有关，因此产生光电导效应的光也有临界频率（波长）的限制，即大于临界频率的光才能产生光电导效应。不同的半导体材料产生光电导效应的临界光频率（或波长）是不同的。

利用光电导效应可制成半导体光敏电阻等光电元件。

11.1.3 光生伏特效应

物体表面受到光照射时，内部会激发出电子，而这些电子并不逸出物体表面，仍留在物体内部，并形成光生电动势，这种现象称为光生伏特效应。

当 N 型半导体和 P 型半导体用扩散的方法结合在一起构成一块晶体时，如图 11-1 所示，由于 P 型材料具有过剩的空穴，N 型材料具有过剩的电子，在热运动的作用下，它们分别向各自浓度低的一方自由扩散，即 N 区中的电子就向 P 区扩散，而 P 区中的空穴则向 N 区扩散，然后集结在 P-N 结的两旁，即在 P 区靠近交界处聚集起较多的电子，而在 N 区靠近交界处聚集起较多的空穴，于是在过渡区形成一个结电场。结电场的方向是由 N 区指向 P 区，该电场阻止电子进一步由 N 区向 P 区扩散和空穴

图 11-1 光生伏特效应工作原理图

进一步由 P 区向 N 区扩散，却能推动 N 区中的空穴（少数载流子）和 P 区中的电子（也是少数载流子）分别向对方运动。

而当光照射到 P-N 结上时，由于 P 层做得很薄，如果光子能量足够大，就能穿越 P 层到达 P-N 结上，P-N 结附近被束缚的价电子吸收光子能量，受激发跃迁至导带形成自由电子，而在价带则相应地形成自由空穴。这些电子—空穴对在结电场的作用下，N 区的光生空穴被拉向 P 区，P 区的光生电子被拉向 N 区，结果在 N 区就聚积了负电荷，带负电；P 区聚积了正电荷，带正电。于是在 P 区和 N 区之间形成电位差，称为光生电动势，这种现象就是光生伏特效应。

利用光生伏特效应制成的敏感元件主要有光电二极管、光电三极管和光电池等，其应用极为广泛。

11.2 主要光电器件及其特点

利用光电效应可以制成多种光电元件，典型的光电器件包括光电管、光电倍增管、光敏电阻、光电二极管、光电三极管和光电池等。

11.2.1 光电管

根据外光电效应制成的光电管类型很多，最典型的是真空光电管，其结构如图 11-2 所示。

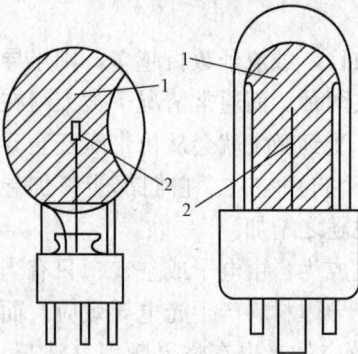

图 11-2 光电管的结构图

1—光电阴极 K；2—阳极 A

在一个真空的玻璃泡内封装着一个阴极 K 和一个阳极 A，阴极有的是贴附在玻璃泡内壁，有的是涂在半圆筒形的金属片上，和电源负极相连，阳极通过负载电阻与电源正极相连，并形成电场。当适当波长的光照射在阴极上时，阴极表面电子吸收光子的能量，当其自身能量足以克服阴极束缚力时，就会逸出阴极表面，电子便从阴极射出，在电场作用下被阳极收集，这样在光电管内就产生了电子流，在外电路中便产生了电流。该电流及负载上的电压随光照的强弱而变化，从而可以实现由光信号向电信号转换的目的。

除真空光电管外，还有一种充气光电管，它的构造与真空光电管基本相同，所不同的是在玻璃泡内充有少量的惰性气体（如氖或氩）。当光电极受到光照射而发射电子时，电子在被阳极吸收的途中将撞击惰性气体的原子，使其电离，从而使阳极电流急速增加，提高了光电管的灵敏度。图11-3和图11-4 分别给出了真空光电管和充气光电管的伏安特性曲线。可以看出充气光电管的优点是灵敏度高，但其灵敏度随电压显著变化的稳定性、频率特性等都比真空光电管差，因此通常选用真空光电管。

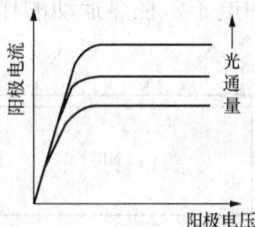

图 11-3 真空光电管的伏安特性曲线

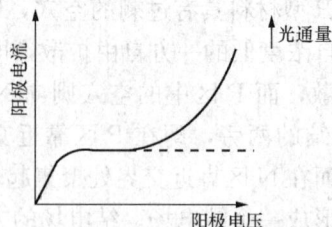

图 11-4 充气光电管的伏安特性曲线

11.2.2 光电倍增管

当入射光很微弱时,普通光电管产生的光电流很小(零点几微安),而且信噪比低,不易检测。为了克服这个缺点,常常采用光电倍增管对光电流进行放大,以提高灵敏度。如图 11-5 所示,光电倍增管是在普通光电管阴、阳极的基础上,又加入了光电二次发射的倍增极,由光电阴极 k、若干倍增极和阳极 A 三部分组成。光电倍增极上面有着 Sb-Cs 或 Ag-Mg 等光敏材料。在工作时,各个倍增电极上均加有电压,且逐级提高。阴极 K 电位最低,从阴极开始,各倍增极 D1、D2、D3、…电位依次升高,阳极 A 电位最高。

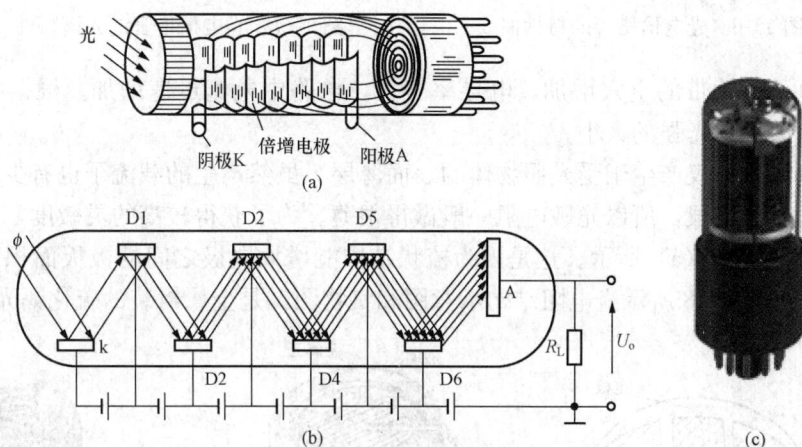

图 11-5　光电倍增管
(a) 外形;(b) 工作原理图;(c) 实物图

当入射光照射光电阴极上时,立刻有电子逸出,由于各极间有电场存在,所以从阴极逸出的电子被加速,并轰击第一倍增极。这些倍增极在受到一定数量的电子轰击后,能放出更多的二次电子。而且光电倍增管倍增极的几何形状被设计成每个极都能接收前一极的二次电子,这些电子就这样逐级前进且被逐步放大,直到这些电子最后被阳极所收集而在光电阴极与阳极之间形成电流。假设每个电子落到任一倍增极上都打出 σ 个电子,经过 n 个倍增极后,原先一个电子将变为 σ^n 个电子。由此可见,光电倍增管的放大倍数是很高的。

光电倍增管的倍增极数目一般有 $4 \sim 14$ 个不等。光电倍增管的特性曲线基本上是一条直线,如图 11-6 所示。伏安特性曲线的形状与光电管很相似。光电倍增管的光谱特性反应了光电倍增管的阳极输出电流与照射在光电阴极上的光通量之间的函数关系。对于较好的光电倍增管,在很宽的光通量范围之内,其光谱特性是线性的,即入射光通量小于 10^{-4} lm 时,有较好的线性关系。光通量大,开始出现非线性,如图 11-7 所示。

在激光测量中,光电倍增管的应用相当广泛。

11.2.3 光敏电阻

光敏电阻是一种基于半导体光电导效应、由光电导材料制成的没有极性的光电元件,也称为光导管。

当在黑暗的环境下,光敏电阻的阻值(暗电阻)很大,电路中电流很小。当光照辐射强度足够时,光子能量足以激发光导材料禁带中的电子,使电子由价带越过禁带而跃迁到导带,

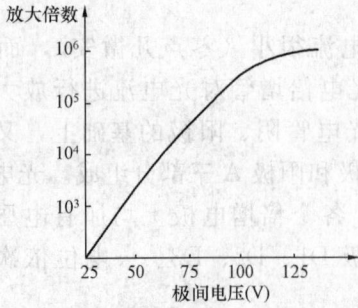

图 11-6　光电倍增管的特性曲线　　　　图 11-7　光电倍增管的光谱特性

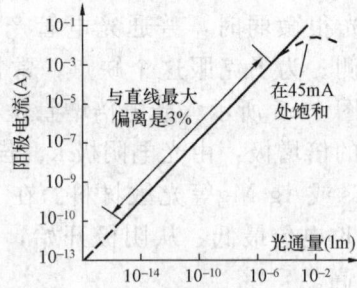

从而导带的电子和价带的空穴增加，电导率变大，电路中电流迅速增加。根据电流值的变化，即可推算出照射光强的大小。

由于光电导效应仅产生于受光照物体的表面薄层，虽然产生的载流子也有少数扩散到内部去，但深入厚度有限，所以光敏电阻一般做得很薄。为了获得较高的灵敏度，常常把电极做成梳状，如图 11-8（a）所示。这是因为梳状结构能增大电极之间的极板面积。光敏电阻结构很简单，如图 11-8 所示光电阻结构示意图和实物图，是金属封装的硫化镉光敏电阻。

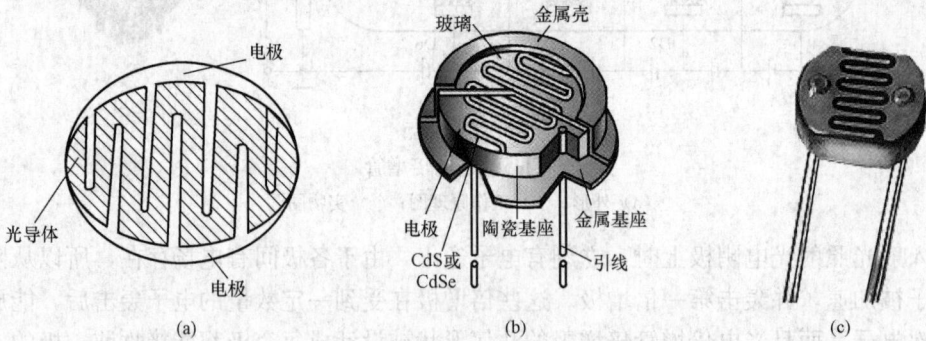

图 11-8　光电阻结构示意图和实物图
(a) 电极结构；(b) 结构示意图 ；(b) 实物图

光敏电阻的种类很多，制作的材料一般由金属的硫化物、硒化物等组成。所用材料和工艺过程不同，各种光敏电阻的光电性能存在很大差异。根据光敏电阻的光谱特性，可分为三种光敏电阻器：

（1）紫外线光敏电阻器：对紫外线较灵敏，包括硫化镉、硒化镉光敏电阻器等，用于探测紫外线。

（2）红外光敏电阻器：主要有硫化铅、碲化铅、硒化铅。锑化铟等光敏电阻器，广泛用于导弹制导、天文探测、非接触测量、人体病变探测、红外光谱，红外通信等国防、科学研究和工农业生产中。

（3）可见光光敏电阻器：包括硒、硫化镉、硒化镉、碲化镉、砷化镓、硅、锗、硫化锌光敏电阻器等。主要用于各种光电控制系统，如光电自动开关门户，航标灯、路灯和其他照明系统的自动亮灭，自动给水和自动停水装置，机械上的自动保护装置和"位置检测器"，极薄零件的厚度检测器，照相机自动曝光装置，光电计数器，烟雾报警器，光电跟踪系统等方面。

光敏电阻的主要参数包括：

（1）光电流、亮电阻。光敏电阻器在一定的外加电压下，当有光照射时，流过的电流称为光电流，外加电压与光电流之比称为亮电阻，常用"100lx"表示。

（2）暗电流、暗电阻。光敏电阻在一定的外加电压下，当没有光照射的时候，流过的电流称为暗电流。外加电压与暗电流之比称为暗电阻，常用"0lx"表示。

（3）灵敏度。灵敏度是指光敏电阻不受光照射时的电阻值（暗电阻）与受光照射时的电阻值（亮电阻）的相对变化值。

（4）光谱响应。光谱响应又称光谱灵敏度，是指光敏电阻在不同波长的单色光照射下的灵敏度。若将不同波长下的灵敏度画成曲线，就可以得到光谱响应的曲线。

（5）光照特性。光照特性指光敏电阻输出的电信号随光照度而变化的特性。从光敏电阻的光照特性曲线可以看出，随着的光照强度的增加，光敏电阻的阻值开始迅速下降。若进一步增大光照强度，则电阻值变化减小，然后逐渐趋向平缓。在大多数情况下，该特性为非线性。

（6）伏安特性曲线。伏安特性曲线用来描述光敏电阻的外加电压与光电流的关系，对于光敏器件来说，其光电流随外加电压的增大而增大。

（7）温度系数。光敏电阻的光电效应受温度影响较大，部分光敏电阻在低温下的光电灵敏较高，而在高温下的灵敏度则较低。

（8）额定功率。额定功率是指光敏电阻用于某种线路中所允许消耗的功率，当温度升高时，其消耗的功率就降低。

由于光敏电阻没有极性，可以看作是一个电阻器件，使用时可加直流偏压或交流电压。光敏电阻工作原理示意图如图 11-9 所示。

光敏电阻的种类很多，制作的材料一般由金属的硫化物、硒化物等组成。所用材料和工艺过程不同，各种光敏电阻的光电性能存在很大差异。光敏电阻结构很简单，其外壳封装结构如图 11-9 所示。该结构为金属封装的硫化镉光敏电阻的结构，管芯是一块安装在绝缘衬底上的带有两个欧姆接触电极的光电导体。

光敏电阻光谱响应范围很宽，且具有灵敏度高、体积小、耐冲击和振动、寿命长等优点，故应用范围广泛。在使用光敏电阻时应注意的问题：

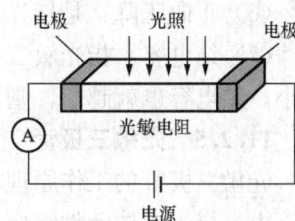

图 11-9 光敏电阻工作原理示意图

（1）用于测光的光源光谱特性必须与光敏电阻的光敏特性匹配；

（2）要防止光敏电阻受杂散光的影响；

（3）要防止使光敏电阻的电参数（电压、功耗）超过允许值；

（4）根据不同用途，选用不同特性的光敏电阻。

11.2.4 光敏二极管

光敏二极管是一种基于光生伏特效应的光电器件，其文字符号用 VD 表示。光敏二极管的结构与一般二极管相似，如图 11-10 所示，由两层半导体元件组成，具有一个 P-N 结，

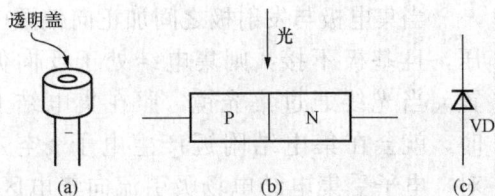

图 11-10 光敏二极管

(a) 外形；(b) 结构；(c) 符号

P-N结装在透明管的顶部，上面有一个用透镜制成的窗口，以便使入射光集中在 P-N 结上。P-N 结具有光电转换功能，故称 P-N 结光电二极管或光敏二极管。

光敏二极管在工作中往往处于反向偏置状态，同时由于 P 型材料中的电子和 N 型材料中的空穴很少，反向电阻很大，反向电流很小（暗电流），一般为 $10^{-9} \sim 10^{-8}$A。

当光照射在 P-N 结上时，P-N 结附近被束缚在价带中的电子获得能量，跃迁到导带成为自由电子，同时价带中产生自由空穴。这些电子—空穴对，对多数载流子影响不大，而对少数载流子来说，其数目大大增加，从而使少数载流子的浓度大大增加，产生光电流，这时光敏二极管导通，而且光电流与光照度成正比。如果入射光照度变化，光电元件中电子—空穴对的浓度也相应改变，通过外电路的光电流强度也随之变化。

光敏二极管体积很小，所需偏置电压容易实现（不大于几十伏）。所以在光耦合隔离器、光学数据传输装置和测试技术中得到广泛应用。

光敏二极管的主要参数包括：

（1）最高反向工作电压：是指光敏二极管在无光照的条件下，反向漏电流不大于 0.1μA 时所能承受的最高反向电压值。

（2）暗电流：是指光敏二极管在无光照及最高反向工作电压条件下的漏电流。暗电流越小，光敏二极管的性能越稳定，检测弱光的能力越强。

（3）光电流：是指光敏二极管在受到一定光照时，在最高反向工作电压下产生的电流。

（4）光电灵敏度：它是反映光敏二极管对光敏感程度的一个参数，用在每微瓦的入射光能量下所产生的光电流来表示，单位为 μA/μW。

（5）响应时间：光敏二极管将光信号转化为电信号所需要的时间。响应时间越短，说明光敏二极管的工作频率越高。

（6）正向压降：是指光敏二极管中通过一定的正向电流时，它两端产生的压降。

（7）结电容：指光敏二极管 PN 结的电容，它是影响光电响应速度的主要因素。结面积越小，结电容也就越小，则工作频率越高。

11.2.5　光敏三极管

光敏三极管的工作原理与普通三极管相似，其结构和电路符号如图 11-11 所示。光敏三极管由三层半导体元件组成，分别构成发射区、基区、集电区。其中发射区和基区形成一个 PN 结（发射结），基区和集电区形成一个 PN 结（集电结）。由于大多数光敏三极管的基极因其泄漏电流很小（一般小于 10^{-9} A），无外接引脚，所以光敏三极管与普通三极管不同，通常只有两个引脚。

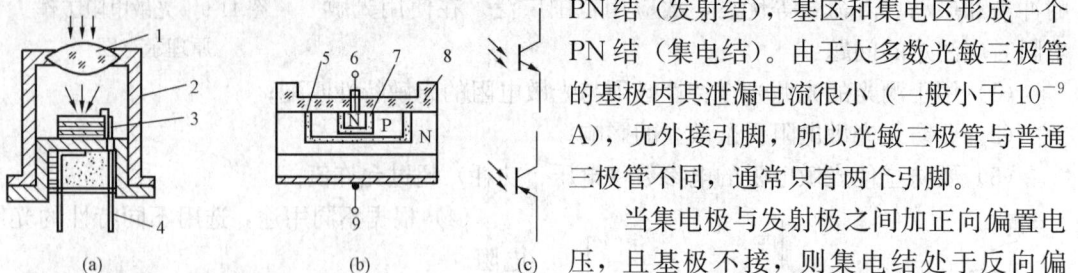

图 11-11　光敏三极管
(a) 光敏三极管内部结构图；(b) 管芯结构；
(c) 光敏三极管符号
1—玻璃凸镜；2—外壳；3—管芯；4—引脚；5—集电结；
6—发射极；7—发射结；8—SiO$_2$ 绝缘层；9—集电极

当集电极与发射极之间加正向偏置电压，且基极不接，则集电结处于反向偏置。当光线通过集光镜，照在集电结上时，就会在集电结附近产生电子—空穴对。电子受集电结电场吸引流向集电区，基区留下空穴。由于空穴带正电，使得基区电位升高，驱动电子从发射区流向基区。由于基区很薄，只有少量从发射区来的电子与基区的空穴复合，大部分电子越过基区流向集电区，从而形成光电流，并得到放大。这与普遍三极管放大基极电流的过程很相似，因此集电极电流是光生电流的 β 倍，所以光敏三极管具有放大作用，而且大大提高了灵敏度。

由硅和锗半导体材料制成的 P-N 结在反向偏置下的暗电流十分微弱，因此常用这两种材料制成结型光敏二极管和光敏三极管。尤其是用硅材料制成的光敏管，其暗电流和温度系数比锗管要小得多，而且制作硅管的平面工艺易于精确地控制管芯结构，因此硅管的发展超过了同类型的锗管。

光电三极管的主要参数包括：

（1）光谱特性：光敏三极管的光谱特性与光敏二极管是相同的。

（2）伏安特性：光敏三极管的伏安特性是指在给定的光照度下光敏三极管上的电压与光电流的关系。

（3）光电特性：光敏三极管的光电特性反映了当外加电压恒定时，光电流 I_L 与光照度之间的关系。光敏三极管的光电特性曲线的线性度不如光敏二极管好，且在弱光时光电流增加较慢。

（4）温度特性：温度对光敏三极管的暗电流及光电流都有影响。由于光电流比暗电流大得多，在一定温度范围内温度对光电流的影响比对暗电流的影响要小。

（5）暗电流：在无光照的情况下，集电极与发射极间的电压为规定值时，流过集电极的反向漏电流称为光敏三极管的暗电流。

（6）光电流：在规定光照下，当施加规定的工作电压时，流过光敏三极管的电流称为光电流，光电流越大，说明光敏三极管的灵敏度越高。

（7）集电极—发射极击穿电压：在无光照下，集电极电流 I_C 为规定值时，集电极与发射极之间的电压降称为集电极—发射极击穿电压。

（8）最高工作电压：在无光照下，集电极电流 I_C 为规定的允许值时，集电极与发射极之间的电压降称为最高工作电压。

（9）最大功率：最大功率指光敏三极管在规定条件下能承受的最大功率。

光敏三极管的带宽较窄，但作为一种高电流响应器可以做成简单的光电开关器件，应用十分广泛。

11.2.6 光电池

光电池也称为太阳能电池，是一种基于光生伏特效应的自发电式有源光电器件，能够将光能转换为电能，制作材料通常是硒和硅，也可使用锗、氧化亚铜、硫化铜、砷化镓等。由于由硅制成的硅光电池具有结构简单、不会产生气体或热污染、易于适应环境、工作时性能稳定、光谱范围宽、频率特性好、换能效率高、耐高温辐射等一系列优点，在测量中应用最为广泛，尤其适合做宇宙飞行器上各种仪表的电源。

硅光电池又称为硅太阳能电池。其基体材料为一薄片 P 型单晶硅，其厚度在 0.44mm 以下，在它的表面上利用热扩散法生成一层 N 型受光层，基体和受光层的交接处形成 PN 结。在 N 型层受光层上制作有栅状负电极。另外在受光面上还均匀覆盖有抗反射膜，它是一层很薄的天蓝色一氧化硅膜，可以使电池对有效入射光的吸收率达到 90% 以上，并使硅光电池的短路电流增加 25%～30%。图 11-12 所示为光电池结构示意图和实物图。

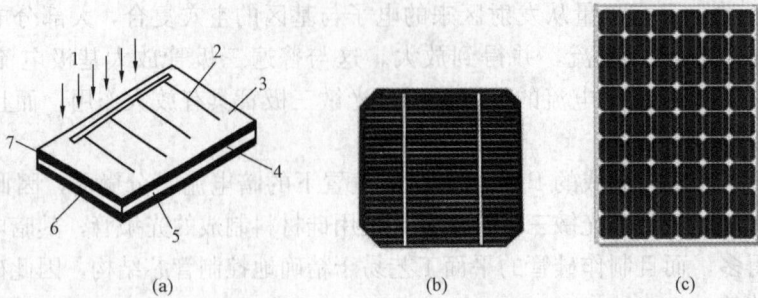

图 11-12 光电池

(a) 结构示意图 ；(b) 单块光电池；(c) 光电池组

1—入射光；2—栅状电极 ；3—抗反射膜；4—PN 结 ；5—P 型硅层；6—金属电极；7—N 型层

由于 N 层做得很薄，从而使光线能穿透到 PN 结上。如果光子能量足够大，将在 PN 结区附近激发电子—空穴对。在 PN 结电场作用下，N 区的光生空穴被拉向 P 区，P 区的光生电子被拉向 N 区。结果在 N 区就聚积了负电荷，带负电；P 区聚积了正电荷，带正电。这样 N 区和 P 区之间就出现了电位差，即光生电动势，如图 11- 13 所示。在 PN 结两端安装电极，并与负载构成闭合电路，则会形成回路电流。显然，光照的强度不同，则回路电流 I 与 PN 结间的光生电动势也不同。

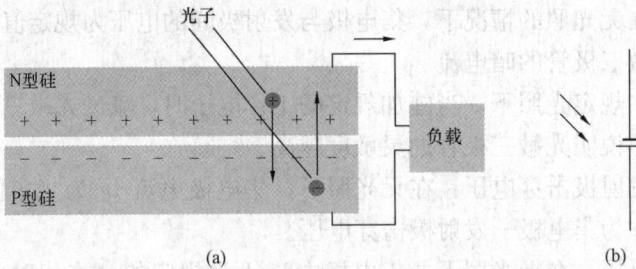

图 11-13 光电池工作原理

(a) 光电池工作原理；(b) 光电池符号

硅太阳能电池的性能参数：

(1) 短路电流：当将太阳能电池的正负极短路，此时的电流就是电池片的短路电流，短路电流的单位是安培（A），短路电流随着光强的变化而变化。

(2) 开路电压：当将太阳能电池的正负开路，此时太阳能电池正负极间的电压就是开路电压，开路电压的单位是伏特（V）。单片太阳能电池的开路电压不随电池片面积的增减而变化，一般为 $0.5\sim0.7\text{V}$。

(3) 峰值电流：峰值电流也叫最大工作电流或最佳工作电流。峰值电流是指太阳能电池片输出最大功率时的工作电流。峰值电流的单位是安培（A）。

(4) 峰值电压：峰值电压也叫最大工作电压或最佳工作电压。峰值电压是指太阳能电池片输出最大功率时的工作电压，峰值电压的单位是 V。峰值电压不随电池片面积的增减而变化，一般为 $0.45\sim0.5\text{V}$，典型值为 0.48V。

(5) 峰值功率：峰值功率也叫最大输出功率或最佳输出功率。峰值功率是指太阳能电池片正常工作或测试条件下的最大输出功率，也就是峰值电流与峰值电压的乘积。峰值功率的单位是 W。太阳能电池的峰值功率取决于太阳辐照度、太阳光谱分布和电池片的工作温度，因此太阳能电池的测量要在标准条件下进行。

（6）填充因子：填充因子也叫曲线因子，是指太阳能电池的最大输出功率与开路电压和短路电流乘积的比值。填充因子是评价太阳能电池输出特性好坏的一个重要参数，它的值越大，表明太阳能电池输出特性越趋于矩形，电池的光电转换效率越高。串、并联电阻对填充因子有较大影响，太阳能电池的串联电阻越小，并联电阻越大，填充因子的系数越大。填充因子的系数一般在 0.5～0.8 之间，也可以用百分数表示。

（7）转换效率：转换效率是指太阳能电池受光照时的最大输出功率与照射到电池上的太阳能量功率的比值。

11.3 光 栅 式 传 感 器

光栅很早以前就被人们所熟知，类似于刻线标尺或刻度盘那样，就是在玻璃尺（或金属尺）或玻璃盘上刻画上密集的长刻线（一般为 10～20mm），形成黑白相间、间隔细小的条纹，没有刻画的地方透光（或反光），刻画的发黑处不透光（或不反光）。早期人们仅仅是利用光栅的衍射效应进行光谱分析和光波波长的测量，到了 20 世纪 50 年代人们才开始利用光栅的莫尔条纹现象进行精密测量，从而出现了光栅式传感器。由于光栅式传感器可实现动态测量且具有测量精度高、分辨率高、易于实现测量数据处理的自动化、有较强的抗干扰能力等优点，因此在精密测量领域中得到了广泛应用，主要应用于位移测量及与位移相关的物理量，如速度、加速度、振动、质量、表面轮廓等方面的测量。

11.3.1 光栅传感器的基本结构

光栅传感器一般由光源、透镜、光栅副（主光栅和指示光栅）和光电接收元件组成，如图 11-14 所示。

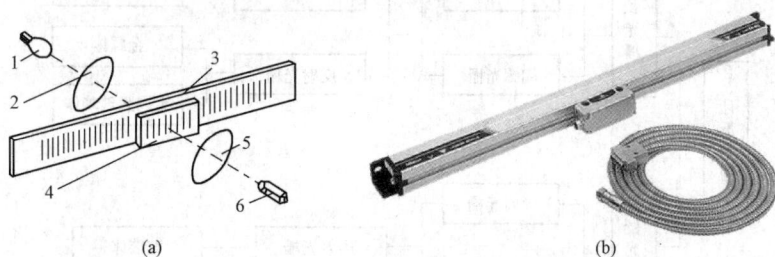

图 11-14 光栅传感器

(a) 光栅传感器结构图；(b) 光栅尺

1—光源；2—透镜；3—表尺光栅；4—指示光栅；5—透镜；6—光电元件

（1）光栅副：是光栅传感器的主要组成部分。在长度计量中应用的光栅通常称为计量光栅，它主要由标尺光栅（也称主光栅）和指示光栅组成。二者刻线面相对，中间留有很小的间隙相叠合，便组成了光栅副。当标尺光栅相对于指示光栅移动时，形成的莫尔条纹产生亮暗交替变化。利用光电接收元件接受莫尔条纹亮暗变化的光信号，并转换成电脉冲信号，经电路处理后用计数器计数可得到标尺光栅移过的距离。

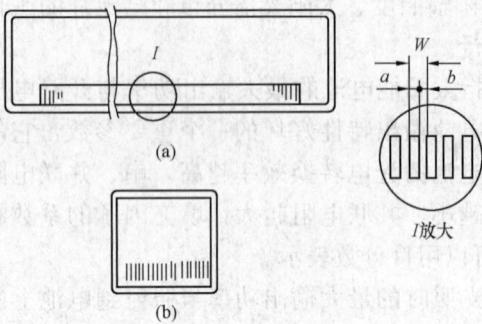

图 11-15　光栅副
(a) 主光栅；(b) 指示光栅

如图 11-15 所示，主光栅是一个长光栅，在一块长方形的光学玻璃上均匀地刻上许多条纹，形成规则的明暗线条。图中光栅上的刻线称为栅线，栅线的宽度为 a，缝隙宽度为 b，一般都取 $a=b$，也可以做成 $a:b=1.1:0.9$，而 $W=a+b$，W 称为光栅的栅距（也称光栅常数或光栅的节距），它是光栅的重要参数。指示光栅一般比主光栅短的多，通常刻有与主光栅同样密度的线纹，一般为每毫米 10、25、50、100 线。

（2）光源：一般用钨丝灯泡，它有较大的输出功率，工作范围较宽：$-40\sim130℃$，但是它与光电元件相组合转换效率低。在机械振动冲击条件下工作时，使用寿命较短。随着近年半导体发光器件的快速发展，一些新的光源不断涌现，如砷化镓发光二极管可以在 $-66\sim100℃$ 的温度下工作，发出的光为近似红外光（$91\sim94\,\mu m$），接近硅光敏三极管的敏感波长。虽然砷化镓铝发光二极管的输出功率比钨丝灯泡低，但是它是与硅光敏三极管相结合，有很高的转换效率，最高可达 30% 左右。

（3）光电元件：包括光电池和光敏三极管等部分。当采用固态光源时，需选用敏感波长与光源相接近的光敏元件，以获得高的转换效率。同时，为了得到足够的信号输出以防止干扰的影响，通常在光敏元件的输出端接上放大器。

11.3.2　计量光栅的种类

光栅的种类很多，若按工作原理分，有物理光栅和计量光栅两种。前者用于光谱仪器，作色散元件；后者主要用于精密测量和精密机械的自动控制中。计量光栅的分类框图如图 11-16 所示。在几何量精密测量领域内，光栅按其用途分为长光栅和圆光栅两类。

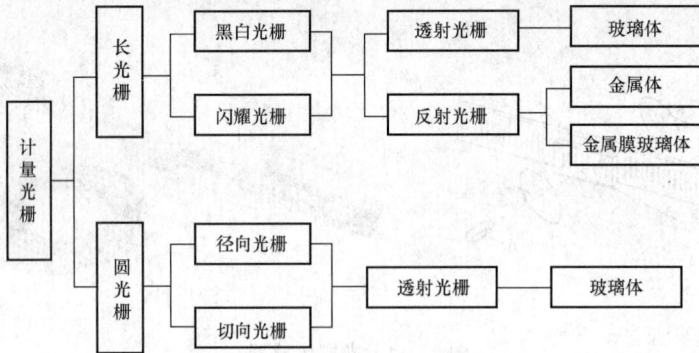

图 11-16　计量光栅的分类框图

1. 长光栅

刻画在玻璃尺上的光栅称为长光栅，也称为光栅尺，条纹密度（也称栅线密度）为每毫米 25、50、100、250 条等，主要用于测量长度或直线位移，其结构如图 11-17 所示。

根据栅线型式的不同，长光栅分黑白光栅和闪耀光栅。黑白光栅是指只对入射光波的振幅或光强进行调制的光栅，所以也称为振幅光栅或幅值光栅。图 11-17 所示的透射长光栅就

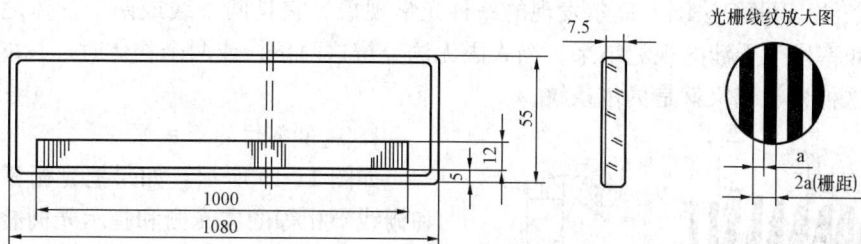

图 11-17　长光栅结构图

是黑白光栅的一种。闪耀光栅是对入射光波的相位进行调制，也称相位光栅。闪耀光栅的线槽断面分对称型和不对称型两种。在长度测量中主要采用对称型线槽。黑白光栅的栅线密度一般为 20～125 线/mm,闪耀光栅的栅线密度常在 600 线/mm 以上。

根据光线的走向，长光栅还分为透射光栅和反射光栅。透射光栅是将栅线刻制在透明材料上，反射光栅的栅线则刻制在具有强反射能力的金属（如不锈钢或玻璃镀金属膜）上。

2. 圆光栅

圆光栅是指被刻画在玻璃圆盘上的光栅，因此该玻璃圆盘也称为光栅盘，主要用来测量角度或角位移。图 11-18（a）所示是一种圆光栅的结构图。栅距角 δ，也称节距角，是圆光栅的主要参数之一，它是指圆光栅上相邻两条栅线所夹的角。需要说明，因光栅的栅距 W 是指栅线内端之间的距离，如图 11-18（a）中的放大图所示。由于栅线的宽度在全长上一致，所以栅线外端的缝宽 b 要大一些。

根据栅线刻画的方向圆光栅分两种：一种是径向光栅，其栅线的延长线全部通过光栅盘的圆心，如图 11-18（b）所示；另一种是切向光栅，其全部栅线与一个和光栅盘同心的直径只有零点几或几个毫米的同心小圆相切。圆光栅主要用透射的，它主要用来测量角度或角位移。

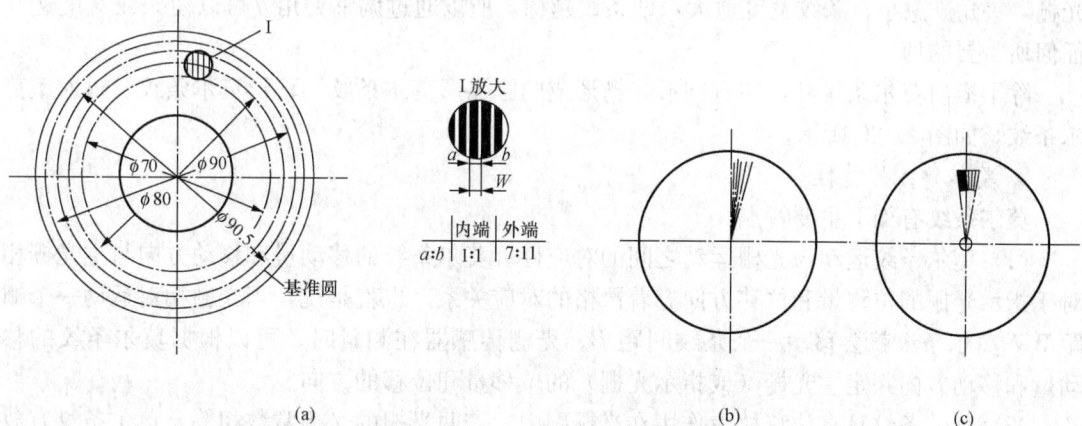

(a)　　　(b)　　　(c)

图 11-18　圆光栅
（a）结构图；（b）径向光栅；（c）切向光栅

11.3.3 莫尔条纹

莫尔条纹 18 世纪法国人莫尔发现的一种光学现象。它是两条线或两个物体之间以恒定的角度和频率发生干涉的视觉结果。当人眼无法分辨这两条线或两个物体时，只能看到干涉的花纹，这种光学现象就是莫尔条纹。

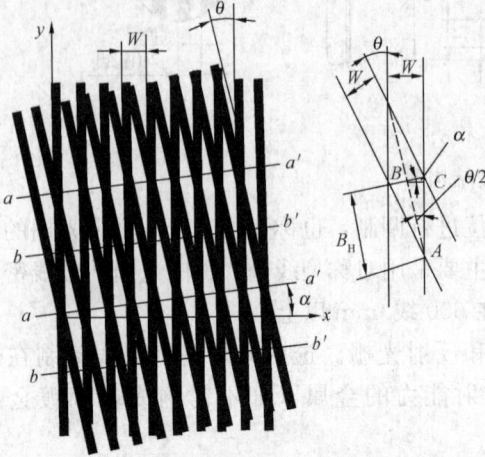

图 11-19　横向摩尔条纹

1. 莫尔条纹的形成原理

如图 11-19 所示，如果把光栅常数（栅距和栅线）相等的主光栅和指示光栅叠加在一起（片间留有很小的间隙），并使两者栅线之间保持很小的夹角 θ，于是在垂直栅线的方向上出现明暗相同的条纹。在 $a-a'$ 线上两光栅的栅线彼此重合，光线从缝隙中通过，形成亮带。在 $b-b'$ 线上，两光栅的栅线彼此错开，形成暗带。这种明暗相间的条纹就称为莫尔条纹，莫尔条纹方向与刻线方向垂直，故又称横向莫尔条纹。栅线的形状和排列方向不同，能够形成各种形状的莫尔条纹。

横向莫尔条纹的斜率为

$$\tan \alpha = \tan \frac{\theta}{2} \tag{11-3}$$

式中：α 为亮（暗）带的倾斜角，θ 为两光栅的栅线夹角。亮带与暗带（横向莫尔条纹）之间的距离为：

$$B_{\mathrm{H}} = AB = \frac{BC}{\sin \frac{\theta}{2}} = \frac{W}{2\sin \frac{\theta}{2}} \approx \frac{W}{\theta} \tag{11-4}$$

式中：B_{H}——横向莫尔条纹之间的距离，W 为光栅常数。

由此可见，莫尔条纹的宽度 B_{H} 栅常数与光栅的夹角 θ 决定。对于给定光栅常数 W 的两光栅，夹角 θ 愈小，条纹宽度愈大，即条纹越稀。所以通过调整夹角 θ 可以使条纹宽度达到任何所需要的值。

除了横向莫尔条纹外，还有圆形光栅形成的圆弧形莫尔条纹、环形莫尔条纹、辐射型莫尔条纹。如图 11-20 所示。

2. 莫尔条纹的特性

莫尔条纹有如下主要特点：

（1）莫尔条纹运动与光栅运动之间的对应性。莫尔条纹的移动量和移动方向与主光栅相对于指示光栅的位移量和位移方向有着严格的对应关系。也就是说，当光栅相对运动一个栅距 W，莫尔条纹就会移动一个条纹间距 B。光栅传感器在测量时，可以根据莫尔条纹的移动量和移动方向判定主光栅（或指示光栅）的位移量和位移的方向。

（2）莫尔条纹具有位移放大作用在光栅副中，若两光栅的光栅常数相等，莫尔条纹有放大作用，其放大倍数为

$$K = \frac{B}{W} \approx \frac{1}{\theta} \tag{11-32}$$

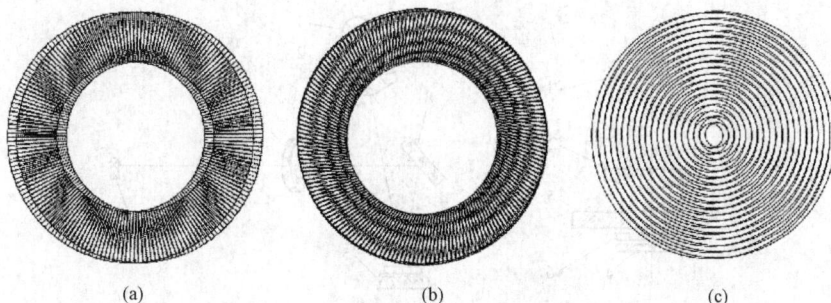

图 11-20　圆形光栅构成的莫尔条纹

(a) 圆弧形莫尔条纹；(b) 环形莫尔条纹；(c) 辐射型莫尔条纹

因为夹角很小，所以放大倍数一般很大。尽管栅距很小，难以观察到，但莫尔条纹却清晰可见，这样就可以把一个微小移动量的测量转变成一个较大移动量的测量，既方便又提高了测量精度。

（3）可提高测量精度。莫尔条纹的光强度变化近似正弦变化，因此便于将电信号做进一步细分，即采用"倍频技术"。将计数单位变成比一个周期 W 更小的单位，例如，变成 $\frac{W}{10}$ 记一个数，这样可以提高测量精度或可以采用较粗的光栅。

（4）莫尔条纹具有误差平均效应。莫尔条纹是由光栅的大量栅线（常为数百条）共同形成的，而光电元件接收的并不只是固定一点的条纹，而是在一定长度范围内所有刻线产生的条纹。因此对光栅的刻画误差有平均作用，从而可以在很大程度上消除刻线的局部误差和短周期误差的影响。这样，对于光栅刻线的误差起到了平均作用，也就是说，刻线的局部误差和周期误差对于测量精度没有直接的影响，因此，就有可能得到比光栅本身的刻线精度高的测量精度。这是用光栅测量和普通标尺测量的主要差别。

11.3.4　计量光栅的光路

计量光栅的光路可分为透射式和反射式，且计量光栅的读数头可分为直读式和相位式两种。

1. 直读式光栅读数头

直读式光栅读数头是指利用垂直照明光束获得莫尔条纹信号的读数头，也称为垂直入射式光栅读数头，如图 11-21 所示。图中是两种典型的光路布局形式，其中，(a) 图为透射式读数头，(b) 图为反射式读数头。直读式读数头以硅光电池接收系统为代表。由于它结构简单和紧凑，并且硅光电池性能稳定，安装方便，因此得到广泛采用。直读式读数头适用于栅距大于 0.01 mm 的照相黑白光栅（即振幅光栅）。增加光栅间隙并调宽光束可以使输出波形更接近正弦。

近年来，钢带或钢基板上制出的反射光栅的应用日益增多，反射式钢带光栅坚固耐用、线膨胀系数与工件相近等优点。对于反射光栅，应采用图 11-21 (b) 形式的光路布局。

2. 分光式读数头

分光式读数头适用于相位光栅系统，其典型的光路如图 11-22 所示。其中，(a) 图为透射式光路，(b) 图为反射式光路。在此仅说明图透射式光栅的工作原理：从点（或线）光

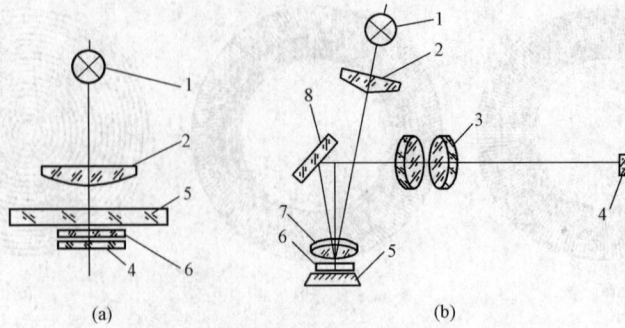

图 11-21 直读式光栅读数头

(a) 透射式 ；(b) 反射式

1—光源；2—聚光镜；3—物镜；4—光电池；5—主光栅；

6—指示光栅；7—场镜；8—反光镜

源 1 发出的光经由聚光镜 2 形成平行光照明主光栅 3 和指示光栅 4，由两块光栅产生多级衍射。经由聚光镜 5 和狭缝 6，最后由光电管 7 接收，转换成光栅电信号。狭缝 6 的作用是挡住除需要以外的衍射线，以提高输出信号的反差。为了克服两光栅间隙变化而造成的测量误差，应采用最小偏角布局光路，即应令 $\beta=a$。由于衍射的影响可以通过狭缝而大大削弱，因此这类读数头可采用较大的光栅间隙。

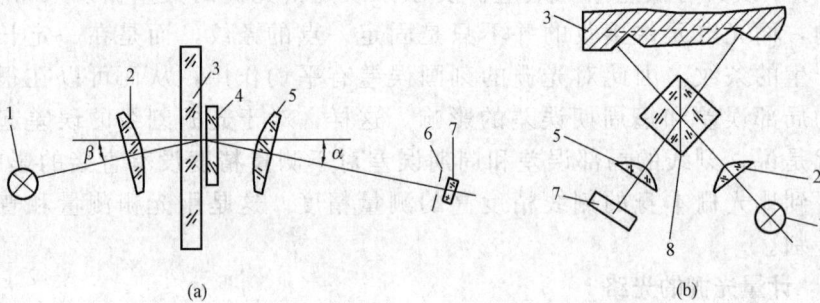

图 11-22 分光式读数头

(a) 透射式 ；(b) 反射式

1—光源；2—聚光镜；3—主光镜；4—指示光栅；

5—聚光镜；6—狭缝；7—光电管；8—折光棱镜

11.4 光电编码器

光电编码器是一种通过光电转换器件将输出轴上的机械几何位移量转换成脉冲或数字量的传感器。光电编码器具有分辨率高、精度高、结构简单、体积小、使用可靠等优点，使其在数控机床、机器人、高精度闭环调试系统、伺服系统等领域得到广泛应用。

11.4.1 工作原理

光电编码器由光栅盘和光电检测装置组成，其原理如图 11-23 所示。光栅盘是在一定直径的圆板上等分地开通若干个长方形孔。光源发出的光，经过透镜后到达码盘。由于光电码盘与电动机同轴,电动机旋转时,光栅盘与电动机同速旋转。光线透过码盘上的孔,通过透镜被光敏元件接收到转变成电信号。电信号经过放大整形输出。由于透过码盘的光线时断时续,故输出电信号为脉冲信号。通过计算每秒光电编码器输出脉冲的个数就能反映当前电动机的转速。此外,为判断旋转方向,码盘还可提供相位相差 90°的两路脉冲信号。

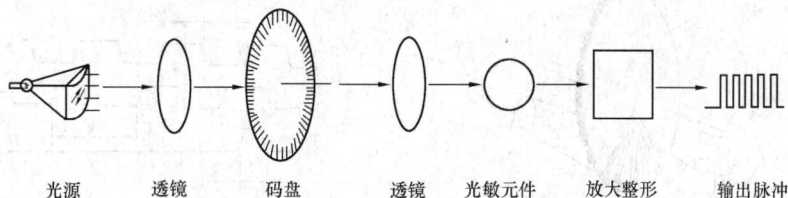

　　光源　　　透镜　　　码盘　　　透镜　　光敏元件　　　放大整形　　　输出脉冲

图 11-23　光电编码器工作原理图

　　根据刻度方法及信号输出形式,光电编码器可分为增量式、绝对式以及混合式三种。本节详细介绍增量式编码器和绝对式编码器。

11.4.2　增量式编码器

1. 增量式编码器的结构

　　增量式编码器是指随转轴旋转的码盘给出一系列脉冲,然后根据旋转方向用计数器对这些脉冲进行加减计数,以此来表示转过的角位移量。增量式编码器的光电码盘结构如图 11-24 所示。

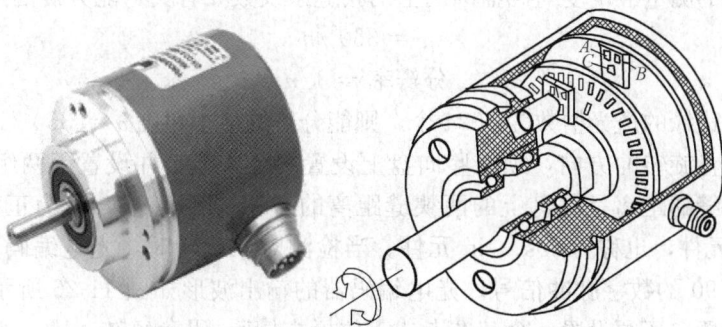

图 11-24　增量式编码器光电码盘结构示意图

　　光电码盘与转轴连在一起,码盘可用玻璃材料制成,表面镀上一层不透光的金属铬,然后在边缘制成向心的透光狭缝。透光狭缝在码盘圆周上等分,数量从几百条到几千条不等。这样,整个码盘圆周上就被等分成 n 个透光的槽。增量式光电码盘也可用不锈钢薄板制成,然后在圆周边缘切割出均匀分布的透光槽。

2. 增量式编码器的工作原理

　　增量式编码器的工作原理如图 11-25 所示。它由主码盘、鉴向盘、光学系统和光电变换器组成。在图形的主码盘(光电盘)周边上刻有节距相等的辐射状窄缝,形成均匀分布的透明区和不透明区。鉴向盘与主码盘平行,并刻有 a、b 两组透明检测窄缝,它们彼此错开 1/4 节距,以使 A、B 两个光电变换器的输出信号在相位上相差 90°。工作时,鉴向盘静止不动,主码盘与转轴一起转动,光源发出的光投射到主码盘与鉴向盘上。当主码盘上的不透明区正好与鉴向盘上的透明窄缝对齐时,光线被全部遮住,光电变换器输出电压为最小;当主码盘上的透明区正好与鉴向盘上的透明窄缝对齐时,光线全部通过,光电变换器输出电压为最大。主码盘每转过一个刻线周期,光电变换器将输出一个近似的正弦波电压,且光电变换器 A、B 的输出电压相位差为 90°。

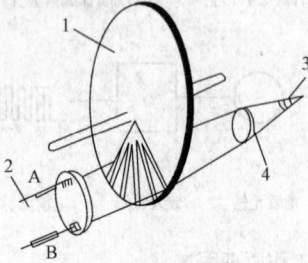

图 11-25 增量式编码器工作原理
1—主码盘;2—光电变换器;3—光源;4—透镜

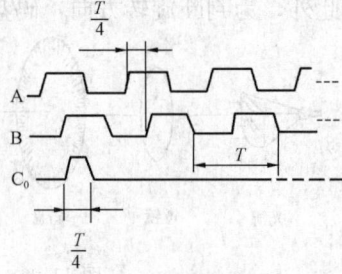

图 11-26 光电编码器的输出波形

光电编码器的光源最常用的是自身有聚光效果的发光二极管。当光电码盘随工作轴一起转动时,光线透过光电码盘和光栅板狭缝,形成忽明忽暗的光信号。光敏元件把此光信号转换成电脉冲信号,通过信号处理电路后,向数控系统输出脉冲信号,也可由数码管直接显示位移量。

光电编码器的测量准确度与码盘圆周上的狭缝条纹数 n 有关,能分辨的角度 α 为

$$\alpha = 360°/n \tag{11-6}$$
$$分辨率 = 1/n \tag{11-7}$$

例如,码盘边缘的透光槽数为 1024 个,则能分辨的最小角度 $\alpha = 360°/1024 = 0.352°$

为了判断码盘旋转的方向,须在鉴向盘上设置两个狭缝,并设置了两组对应的光敏元件。鉴向盘上狭缝的距离是码盘上的两狭缝距离的 $(m+1/4)$ 倍,m 为正整数。图 11-26 中,A、B 光敏元件,也称为 cos、sin 元件。当检测对象旋转时,光电编码器便会输出 A、B 两路相位相差 90° 的数字脉冲信号。光电编码器的输出波形如图 11-26 所示。为了得到码盘转动的绝对位置,还须设置一个基准点"零位标志槽"。码盘每转一圈,零位标志槽对应的光敏元件产生一个脉冲,称为"一转脉冲",见图 11-27 中的 C_0 脉冲。

图 11-27 给出了编码器正反转时 A、B 信号的波形及其时序关系,当编码器正转时,A 信号的相位超前 B 信号 90°,如图 11-27(a)所示;反转时则 B 信号相位超前 A 信号 90°,如图 11-27(b)所示。A 和 B 输出的脉冲个数与被测角位移变化量呈线性关系,因此,通过对脉冲个数计数就能计算出相应的角位移。根据 A 和 B 之间的这种关系正确地解调出被测机械的旋转方向和旋转角位移/速率,就是所谓的脉冲辨向和计数。脉冲的辨向和计数既可用软件实现也可用硬件实现。

11.4.3 绝对式编码器

绝对式编码器是把被测转角通过读取码盘上的图案信息直接转换成相应代码的检测元件。编码盘有光电式、接触式和电磁式三种。光电式码盘是目前应用较多的一种,它是在透明材料的圆盘上精确地印制上二进制编码。图 11-28 所示为四位二进制的码盘,码盘上各圈圆环分别代表一位二进制的数字码道,在同一个码道上印制黑白等间隔图案,形成一套编码。黑色不透光区和白色透光区分别代表二进制的"0"和"1"。在一个四位光电码盘上,

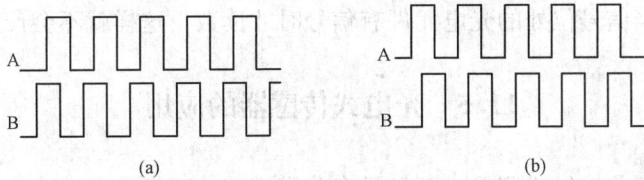

图 11-27 光电编码器的正转和反转波形

(a) 正转波形；(b) 反转波形

有四圈数字码道，每一个码道表示二进制的一位，里侧是高位，外侧是低位，在 360°范围内可编数码数为 $2^4 = 16$ 个。

工作时，码盘的一侧放置电源，另一边放置光电元件，每个码道都对应有一个光电管及放大、整形电路。码盘转到不同位置，光电元件接收光信号，并转成相应的电信号，经放大整形后，成为相应数码电信号。但由于制造和安装精度的影响，当码盘回转在两码段交替过程中，会产生读数误差。例如，当码盘顺时针方向旋转，由位置 "0111" 变为 "1000" 时，这四位数要同时都变化，可能将数码误读成 16 种代码中的任意一种，如读成 1111、1011、1101、…0001 等，产生了无法估计的很大的数值误差，这种误差称非单值性误差。为了消除非单值性误差，可采用以下的方法。

（1）循环码盘。

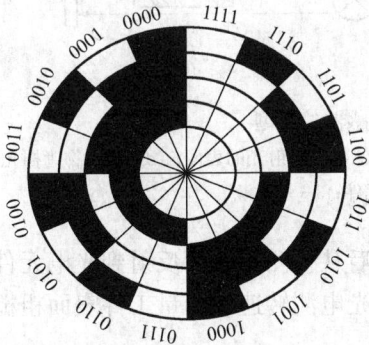

图 11-28 四位二进制的码盘

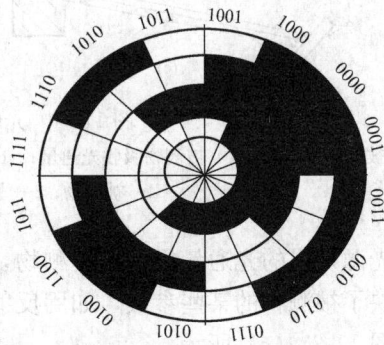

图 11-29 四位二进制循环码盘

循环码习惯上又称格雷码，它也是一种二进制编码，只有 "0" 和 "1" 两个数。图 11-29 所示为四位二进制循环码。这种编码的特点是任意相邻的两个代码间只有一位代码有变化，即 "0" 变为 "1" 或 "1" 变为 "0"。因此，在两数变换过程中，所产生的读数误差最多不超过 "1"，只可能读成相邻两个数中的一个数。所以，它是消除非单值性误差的一种有效方法。

（2）带判位光电装置的二进制循环码盘。

这种码盘是在四位二进制循环码盘的最外圈再增加一圈信号位。图 11-30 所示就是带判位光电装置的二进制循环码盘。该码盘最外圈上的信号位的位置正好与状

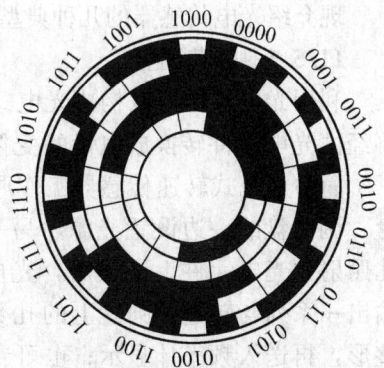

图 11-30 带判位光电装置的二进制循环码盘

态交线错开，只有当信号位处的光电元件有信号时才读数，这样就不会产生非单值性误差。

11.5 光电式传感器的应用

光电传感器属于非接触式测量，而且具有分辨率高、可靠性高、响应速度快、可测参数多、结构简单等优点，目前越来越多地用于生产的各领域。根据被测物、光源、光电元件三者之间的关系，可以将光电传感器分为下述四种类型，如图 11-31 所示。

（1）光源本身是被测物，被测物发出的光投射到光电元件上，光电元件的输出反映了光源的某些物理参数，如高温比色温度计、光照度计、照相机曝光量控制等，如图 11-31（a）所示。

（2）恒光源发射的光通量穿过被测物，一部分光由被测物吸收，剩余部分投射到光电元件上，吸收决定于被测物的某些参数，如透明度计、浊度计等，如图 11-31（b）所示。

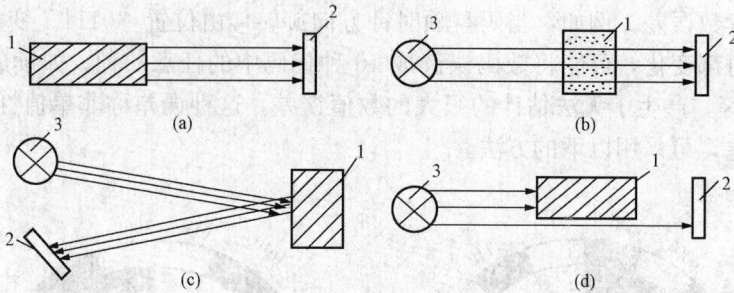

图 11-31 光电传感器的类型
（a）被测物是光源；（b）被测物吸收光通量；（c）被测物有反射光的表面；（d）被测物遮挡光通量
1—被测物；2—光电元件；3—恒光源

（3）恒光源发出的光通量投射到被测物，然后从被测物表面反射到光电元件上，光电元件的输出反映了被测物的某些参数，如用反射式光电测转速、测量工件表面粗糙度、纸张的白度等，如图 11-31（c）所示。

（4）恒光源发出的光通量在到达光电元件的途中遇到被测物，照射到光电元件上的光通量被遮蔽掉一部分，光电元件的输出反映了被测物的尺寸，如振动测量、工件尺寸测量等。

现介绍光电传感器的几种典型应用。

11.5.1 转速测量

利用光电器件可以构成光电式转速传感器，可以将转速的变化转换成光通量的变化，再经由光电元件转换成电量的变化。

简易光电式转速传感器工作原理如图 11-32 所示，在被测转速的电机上固定一个调制盘，调制盘的一边设置光源，另一边设置光电元件，调制盘随电机转动，当光线通过小孔照射到光电元件上一次时，光电元件就产生一个电脉冲。电机连续转动，光电元件就输出一系列与转速及圆盘上的孔数成正比的电脉冲数。电脉冲输入测量电路后被放大和整形，再送入频率计显示；也可专门设计一个计数器进行计数和显示。

假设调制盘上有很多个小孔（如 20，30，60，…），调制盘每转一周，光电元件接收光的次数等于盘上的开孔数。如开孔数为 60，记录过程的时间为 t 秒，总脉冲数为 N，

则转速为

$$n = \frac{N}{60t} \times 60 = \frac{N}{t} \, (\text{r/min}) \qquad (11\text{-}38)$$

11.5.2 速度反馈

在高精度随动控制系统中，要求提取速度反馈信号，并根据相应算法，能在较大速度范围内实现高分辨率、稳定、准确的速度反馈及控制。传统的以模拟量作为速度反馈参数的系统，由于受非线性、温度变化和元件老化等因素的影响，很难满足控制过程的快速性和准确性的要求。而光电式测速系统具有低惯量、低噪声、高分辨率和高精度的优点，常用于高精度力矩电机的速度反馈。控制系统框图如图 11-33 所示。

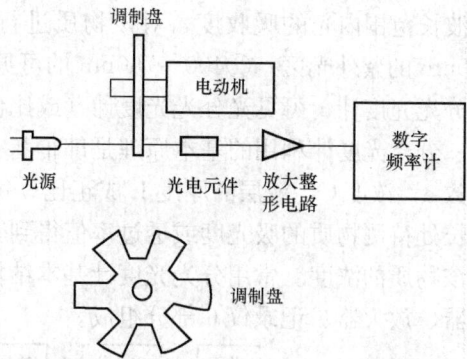

图 11-32　光电式转速传感器工作原理图

常用的测速方法有三种，分别为 T 法、M 法和 M/T 法。T 法是通过计量编码器两个相邻脉冲的时间间隔来确定转速，该方法在转速高时准确性较差，一般适用于速度比较低的场合。M 法是通过测量一段固定时间内编码器的脉冲数来确定转速，适合于高速场合。而 M/T 法则是前两种方法的结合，在整个速度范围内都有较好的准确性。

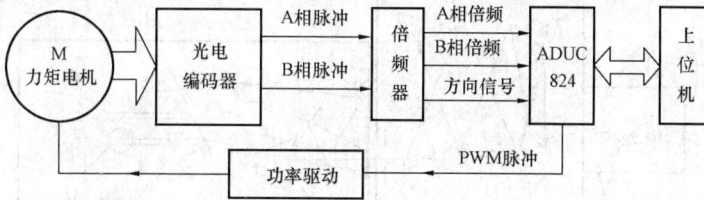

图 11-33　速度反馈与控制系统框图

11.5.3 溶液浓度检测

图 11-34 所示为溶液浓度检测系统的光电式检测部分，变压器的两个二次绕组以及两只光敏电阻作为检测电桥的四个桥臂。用相同强度的光通过被测溶液和标准溶液，分别照射在两只光敏电阻上，当两只光敏电阻上所感受到的光的强度一致时，两只光敏电阻呈现同样的阻值，电桥平衡，光电传感器无信号输出，这时被测溶液和标准溶液浓度是相同的。如被测溶液浓度变化时，透过溶液的两束光强度不一样，两只光敏电阻呈现不同的阻值，使电桥不平衡，有输出信号，

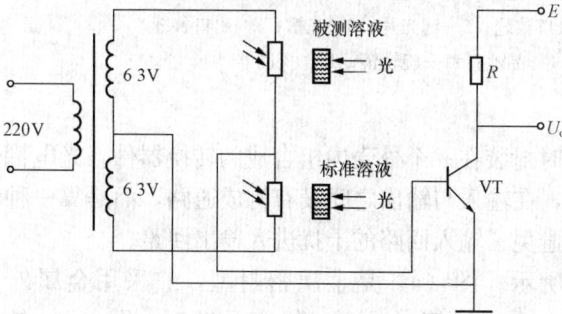

图 11-34　溶液浓度检测系统的光电式检测部分

该信号经晶体管 VT 放大后，送给指示仪表显示，或带动伺服电机进行自动调整。

11.5.4 液体分析

在物理、化学及生物试验中，常常要定性和定量分析液体。分光光度计就是利用分光光度法对物质进行定量定性分析的仪器。分光光度法则是通过测定被测物质在特定波长处或一

定波长范围内光的吸收度，对该物质进行定性和定量分析。常用的波长范围为：①200～400nm的紫外光区；②400～760nm的可见光区；③2.5～25μm的红外光区。所用仪器为紫外分光光度计、可见光分光光度计（或比色计）、红外分光光度计或原子吸收分光光度计。

分光光度计利用的基本原理是郎伯特—比尔定律，即溶液的吸光度 Abs 与溶液的吸收系数 a，浓度 C，液层的厚度 L 成正比。每种物质都有特定的吸收光谱曲线，通过测量不同波长处待测物质的吸光度或透过率值得到其吸收谱线，与已知谱线比较即可鉴别该物质或测定该物质的浓度。常用分光光度计基本结构如图 11-35 所示，由光源、单色仪、样品池、探测器、放大器、记录仪 6 部分组成。

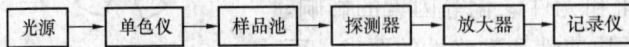

图 11-35　分光光度计基本结构框图

双光束分光光度计光路结构如图 11-36 所示。由钨灯和氘灯分别提供可见光和紫外光的连续光源。单色仪将光束分为单色光后，通过一个快速转动的扇形旋转镜，将光一分为二，分别打到样品池和参照池上，以此消除光源变化带来的误差。用同一个探测器（光电倍增管）交替接收透过的光强信号。

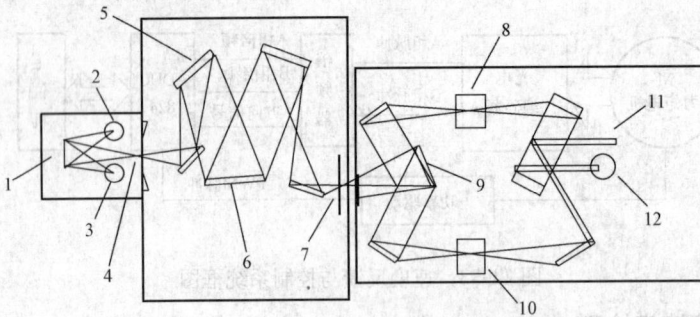

图 11-36　分光光度计信号特征

1—聚光镜；2—氘灯；3—钨灯；4—入口狭缝；5—滤光片；6—光槽；7—出口狭缝；
8—参考池；9—旋转镜；10—样品池；11—旋转镜；12—探测器

11.5.5　光电耦合器

光电耦合器是由发光元件和光电元件同时封装在一个外壳内组合成的转换器件。光电耦合器输入的是直流电流，输出的也是直流电流，在输入与输出之间没有构成通路，而是靠一种电量转换，将输出回路与输入回路隔离，因此避免了输入回路的干扰进入输出回路。

光电耦合器有两种结构，如图 11-37 所示。图（a）是金属密封型，它采用金属外壳和玻璃绝缘，其中心装片用环焊保证发光管和光敏管对准，以提高灵敏度；图（b）是塑料封装型，管心先装于管角上，中间用透明树脂固定，具有聚光作用，这种结构灵敏度较高。

光电耦合器的发光元件常用砷化镓发光二极管。当 PN 结加正向电压，引起载流子的相遇、复合而释放出能量，并以发光的形式表现出来的。

常用的光电耦合器有以下四种组合方式，如图 11-38 所示。图（a）的结构简单、成本低，常用于 50Hz 以下的工作装置内。图（b）是高速光电耦合器，主要用于较高频率装置内。图（c）采用三极管构成高传输效率的光电耦合器，用于较低频率装置中。图（d）是具有高速高效率的光电耦合器，它是用固定功能器件构成的。无论哪种结构，为保证灵敏度，发光元件与光电元件在波长上，都要达到最佳匹配。

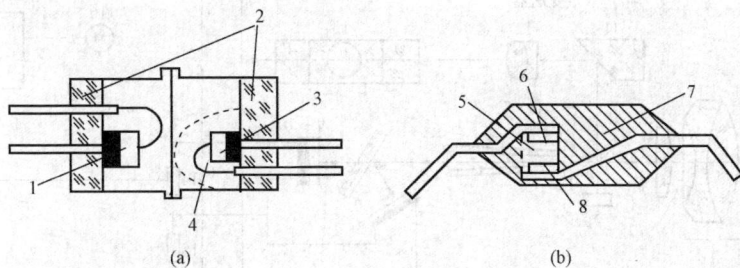

图 11-37　光电耦合器的结构示意图

（a）金属密封型；（b）塑料封装型

1—光敏三极管；2—玻璃绝缘；3—砷化镓发光二极管；

4—透明绝缘体；5—透明树脂；6—发光二极管；

7—黑色塑料；8—光敏管

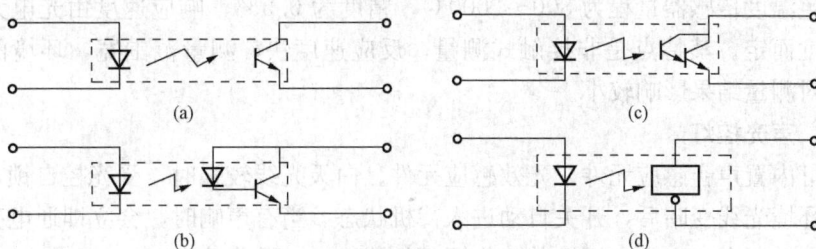

图 11-38　光电耦合器的组合方式

（a）简单式；（b）高速式；（c）高传输效率式；（d）高速高效率式

随着半导体技术和集成技术的发展，有的光电耦合器已经实现光敏元件和发光元件做在同一半导体基片上。光电耦合器在工业控制中应用非常广泛。例如，为了提高抗干扰能力，光电耦合器被作为可编程控制器输入部件使用，为防止感性负载尖噪声的干扰，光电耦合器在逻辑信号驱动电路中作为反馈元件来使用，特别在计算机中二进制数的输入、输出信号传输和数字逻辑电路的开关信号传输中应用更为广泛。

11.5.5　温度检测

光电比色温度传感器主要是利用滤色片或光栅和光电元件的频谱特性来保证辐射线的不同波长，以两个不同波长的辐射能量之比值来测量温度。如图 11-39 所示，被测对象经物镜 1 在光阑 3 上成像，再经光导棒 4 投射到分光镜 6 上，分光镜作用是使长波（红外线）辐射线通过，而使短波（可见光）部分反射。透过分光镜的辐射线再经滤光片 9 将残余的短波滤去，然后被红外光电元件硅光电池 10 接收，并转换成电量输出；由分光镜反射的短波辐射线经滤光片 7 将长波长滤去，而被可见光硅光电池 8 接收，转换成与此波长亮度成函数关系的电量输出。将这两个电信号输入自动平衡显示记录仪进行比较即可得出光电信号比，同时可读出被测对象的温度值。光阑 3 前的平行平面玻璃片 2 将一部分光线反射到瞄准反射镜 5

上，再经圆柱反射镜11、目镜12和棱镜13，便能从观察系统看到被测对象的状态，以便校准仪器的位置。

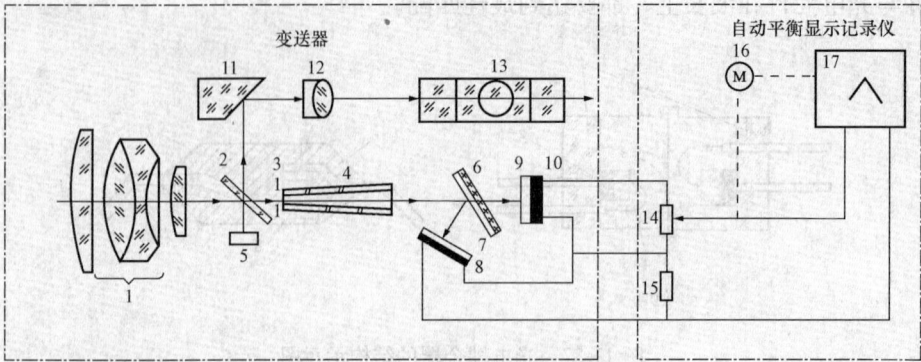

图 11-39　光电比色温度传感器原理结构图

1—物镜；2—平行平面玻璃片；3—光阑；4—光导棒；5—瞄准反射镜；6—分光镜；7，9—滤光片；
8，10—硅光电池；11—圆柱反射镜；12—目镜；13—棱镜；14，15—硅光电池负载电阻；
16—可逆电机；17—显示仪表

光电比色温度传感器量程为 $800 \sim 2000℃$，精度为 0.5%，响应速度由光电元件及二次仪表记录速度而定。其特点是非接触式测量，反应速度快，测量范围宽，环境的粉尘、水气、烟雾等对测量结果影响较小。

11.5.6　声光控灯

声光控灯内置声音感应元件，光效感应元件。白天光线较强时，受光控自锁，灯处于关闭状态；当环境光线变暗后，开关自动进入待机状态。当有声响时，会立即通电亮灯，延时一段时间后自动断电。方便实用。其工作原理如图 11-40 所示。

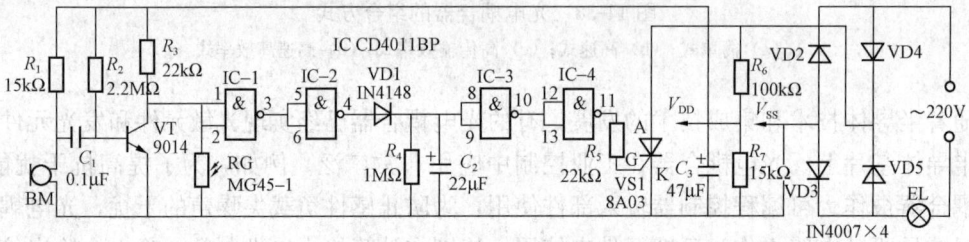

图 11-40　声光控灯电路图

声光控灯控制电路包括：驻极体话筒 BM、三极管 VT 等组成话筒传感放大电路，集成电路 IC、单向晶闸管 VS1 等组成控制开关电路，VD2～VD5 组成全波桥式整流电路，及负载照明灯 EL 和 IC 工作电源电路。在话筒传感放大电路中，C1 电容量取值较小，对脉冲音频信号敏感，输入的负脉冲信号使 VT 集电极上升到高电位。在控制电路中，IC-1 输入端连接有负载电阻器 R3 与光敏电阻器 RG 组成的分压电路。

当环境光线较暗时，RG 呈现出较高电阻值。使输入端第 1、2 脚电位上升，但达不到门开启电压。只有声控信号使 VT 集电极呈现高电位，IC-1 输入端电平才上升到门开启电压。通过控制开关电路使晶闸管导通，照明灯点亮，延迟一定时间 EL 自动熄灭。当环境光线较强时，RG 呈现出较低电阻值，尽管有声控信号使 VT 截止，也达不到 IC1 门开启电压，EL 不能被点亮，即白天声控作用被禁止。

思考题与习题

11-1 光电效应有哪些？各自有什么不同的物理现象？

11-2 光敏电阻、光电二极管和光电三极管的工作原理各是什么？其光电特性有何不同？

11-3 简述光敏倍增管的工作原理。

11-4 简述光栅式传感器的基本工作原理。分析为什么光栅式传感器有较高的测量精度？

11-5 光电编码器的种类有哪些？并简述其工作原理。

第12章 新型传感器

从 20 世纪 80 年代以来,基于新型传感效应、新型敏感材料、新加工工艺的各种新型传感器陆续出现,各种实用型器件也在不断涌现。新型传感器如生物传感器、微波传感器、超声波传感器、机器人传感器等,已经成为当今信息技术中信息获取的重要器件,它们能够在各种特定环境和特殊要求下,发挥巨大的作用。

12.1 生物传感器

生物传感器是一类特殊的化学传感器,是以生物体成分(如酶、抗原、抗体、激素等)或生物体本身(如细胞、微生物、组织等)作为生物敏感元件,对被测目标物具有高度选择性的检测器件。通过物理、化学型信号转换器捕捉目标物与敏感元件之间的反应,并将反应的程度用离散或连续的电信号表达出来,从而得出被测量。这类用固定化的生物体成分或生物体本身作为敏感元件的传感器称为生物分子传感器,简称生物传感器。

20 世纪 60 年代,Clark 最先提出酶电极的设想。20 世纪 70 年代,生物传感器主要以研制酶电极等电化学生物传感器为主。20 世纪 80 年代后,由于生命科学得到极大重视,西方发达国家及很多发展中国家都对生命科学及获取生命信息的生物传感器加大了投入。欧洲把生物传感器的研究列为尤里卡计划,美国各大学也都设立了相关研究机构,各国都充分认识到生物传感器的重要地位。

生物传感器大致经历了三个发展阶段:20 世纪 60 年代为第一阶段,这一时期的生物传感器是由固定了生物成分的非活性基质膜和电化学电极所组成,主要代表是酶电极;20 世纪 70 年代为第二阶段,这时的生物传感器是将生物成分直接吸附或共价结合到转换器的表面,无需非活性的基质膜,测定时不必向样品中加入其他试剂,主要代表有微生物传感器、免疫传感器、组织传感器等;从 20 世纪 80 年代至今,生物传感器进入了将生物技术和电子技术相结合的生物电子学时期,传感器把生物成分直接固定在电子元件上,使它们可以直接感知和放大界面物质的变化,从而把生物识别和信号的转换处理结合在一起,场效应酶传感器、酶光二极管是其中的典型代表。

生物传感器的分类方法有很多,常用的有两种分类方法,即按生物活性物质(分子识别元件)和变换器来分,其分类框图如图 12-1 所示。

按生物活性物质不同可分为五类:酶传感器、微生物传感器、细胞器传感器、免疫传感器和组织传感器,如图 12-1 (a) 所示。

按变换器不同可分为六类:生物电极、热生物传感器、介体生物传感器、半导体生物传感器、压电晶体生物传感器、光生物传感器,如图 12-1 (b) 所示。

随着生物传感器技术的发展,有很多新型生物传感器出现,因此也出现一些新的分类方法。例如:直径在微米级甚至更小的生物传感器称为微型生物传感器;以分子之间特异识别为基础的生物传感器称为亲和生物传感器;可同时测定两种以上指标或综合指标的生物传感器称为多功能传感器，如滋味传感器、血液成分传感器等；由两种以上分子识别元件组成的生物传感器称为复合传感器等。

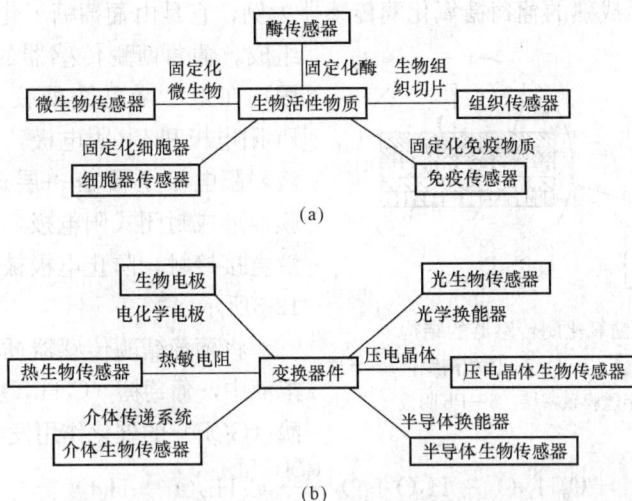

图 12-1　生物传感器分类框图
(a) 按生物活性物质分类；(b) 按变换器分类

12.1.1　结构原理

生物传感器由生物敏感膜与变换器构成，其框图如图 12-2 所示。被测物质经扩散作用进入生物敏感膜层，经过分子识别发生生物学（物理、化学）反应，产生物理、化学现象或热、光、声等信号，然后由相应的变换器将其转换为易于检测、传输与处理的电信号。

图 12-2　生物传感器构成框图

下面以两种酶传感器的结构为例说明。酶是生物体内产生的，具有催化活性的一类蛋白质。分子量可以从一万到几十万，甚至数百万以上。酶是生物催化剂，能催化许多生物化学反应，生物细胞的代谢就是由成千上万个不同的酶来控制的。酶的催化效率极高，且具有高度选择性，只对特定的待测生物量（底物）进行选择性催化，并有化学放大作用。因此利用酶的特性可以制造灵敏度高、选择性好的传感器。

酶传感器是利用固定化酶作为敏感元件的生物传感器。根据信号转换器的类型，酶传感器大致分为酶电极、场效应管酶、酶热敏电阻、光纤酶等传感器。根据输出信号方式的不同，酶传感器分为电流型和电位型两种。其中电流型是通过测量电流来确定与催化反应有关的各种物质浓度，如氧电极、过氧化氢（H_2O_2）电极等。电位型是通过测定敏感膜电位来确定反应物浓度，如 NH_3 电极、CO_2 电极等。

1. 电流型酶电极

酶催化反应产生的有关物质会在电极上发生氧化或还原反应，电流型酶电极是利用氧化或还原反应所得的电流来确定反应物的浓度,其基础电极可采用氧、过氧化氢等,或采用铂、钯和金等。

以研究最早、最成熟的葡萄糖氧化酶传感器为例,它是由葡萄糖氧化酶膜和电化学电极组成。葡萄糖酶传感器的葡萄糖酶敏感膜,固定在聚乙烯酰胺凝胶上,电化学器件为Pt阳电极和Pb阴电极,中间溶液为强碱溶液,阳电极上覆盖一层透氧的聚四氟乙烯膜,形成封闭式阳电极,避免电极与被测溶液直接接触,防止电极被毒化。其结构如图12-3所示。

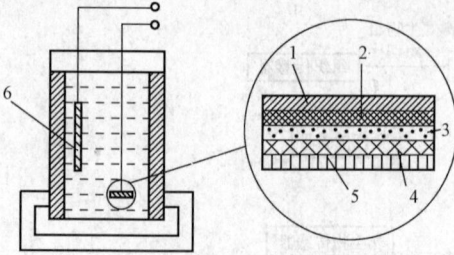

图 12-3　葡萄糖氧化酶传感器的结构
1—聚四氟乙烯膜;2—Pt阳极;3—固相酶膜;4—半透膜多孔层;5—半透膜致密层;6—Pb阴极

将葡萄糖酶传感器插入到被测的葡萄糖溶液中,葡萄糖($C_6H_{12}O_6$)受到葡萄糖氧化酶(GOD)的催化作用发生如下反应

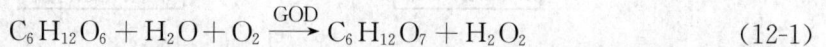

$$C_6H_{12}O_6 + H_2O + O_2 \xrightarrow{\text{GOD}} C_6H_{12}O_7 + H_2O_2 \tag{12-1}$$

葡萄糖在反应中消耗氧,生成葡萄糖酸($C_6H_{12}O_7$)及H_2O_2,H_2O_2通过选择性半透气膜,在Pt电极上氧化并产生电流,其电流与进入氧化膜的葡萄糖量成正比关系。对浓度为1000mg/mL的葡萄糖溶液,反应时间约为20s,测量精度可达1%。如果在Pt电极上加0.6V的电压,则H_2O_2在Pt电极上产生氧化电流的过程可表示为

$$H_2O_2 \xrightarrow{0.6V} O_2 + 2H^+ + 2e \tag{12-2}$$

式中　e——形成氧化电流的电子。

2. 场效应管酶传感器

场效应管酶传感器(ENFET)是由有机物敏感膜和氢离子场效应管(ISFET)构成。将FET栅极金属去掉,把酶固定在栅极氢离子敏感膜表面,样品溶液的待测底物扩散进入酶膜。例如,检测酶催化反应后的产物(反应速率取决于底物浓度),产物向离子选择性膜扩散的分子浓度不断积累,在酶膜和离子选择膜的界面达到恒定。酶FET传感器通常有两支栅极,一支栅极涂酶膜作为指示用FET,另一支涂非活性酶膜作为参比FET。两支FET在同一芯片上,并对pH值、温度及溶液电场变化具有相同敏感性,两支FET漏电流的差值,是由酶FET中的催化反应导致,与环境温度、pH值、电场噪声等因素无关,所以此差值与被测产物的浓度呈比例关系。

FET-脲酶传感器结构如图12-4所示。其原理是利用FET检测脲酶水解尿素时溶液pH值发生的变化,基片采用电阻率为3~7Ω·cm的P型硅片。芯片顶部的源级和漏级间形成沟道,沟道上的绝缘物形成栅极,栅极对溶液中的氢离子产生响应。在源极与漏极焊上导线后,用树脂封装,FET露出前端,用浸渍涂敷法在其上形成有机薄膜,把脲酶固定在膜上。由于栅极对氢离子敏感,脲酶水解尿素时膜内pH值发生变化,使氢离子浓度改变,进而引起栅极电位变化,通过对漏极电流进行调制,即可获得所需信号。

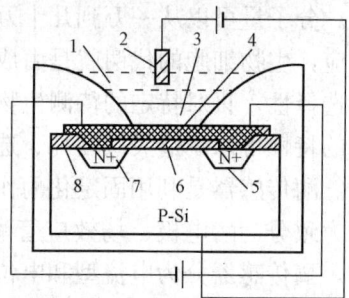

图 12-4　FET-脲酶传感器的结构
1—电解液;2—参比电极;3—酶膜;
4—氢离子敏感膜;5—源极;
6—栅极;7—漏极;8—SiO₂

12.1.2 生物传感器的应用

生物传感器目前已经是由生物、物理、化学、电子技术等多学科互相渗透的高新技术，具有选择性好、灵敏度高、分析速度快、成本低、可以进行连续监测和活体分析的特点，在生物、医学、环境监测、食品及军事等领域都有重要应用。随着生物传感器的自动化、微型化与集成化，减少了对使用技术的要求，更加适合在复杂体系下进行在线监测和野外现场分析。

1. 酶电极传感器

酶电极传感器由酶敏感膜与电化学器件构成，具有酶的分子识别和选择催化功能，又有电化学电极响应快、操作简便的特点，只需少量的样品就能快速测定试液中某一给定化合物的浓度。下面以电位型酶电极和光纤酶传感器两种酶电极为例，说明其应用。

电位型酶电极是将酶反应所引起的物质变化转换成电位信号输出，电位信号的大小与底物浓度的对数之间有线性关系。其基础电极有 pH 电极、气敏电极等，它影响酶电极的响应时间、检测下限等性能。电位型酶电极的适用范围，不仅取决于底物的溶解度，更取决于基础电极的检测限值。

例如，$CO(NH_2)_2$（尿素）电极是一种属于水解酶体系的酶电极。在医学临床上，用于分析患者的血清和体液中的尿素，对肾功能进行诊断。另外，对尿毒症患者进行人工透析时，确定透析次数和透析时间，必须依靠尿素的定量分析。尿素在脲酶作用下发生水解反应

$$CO(NH_2)_2 + H_2O \xrightarrow{\text{脲酶}} 2NH_3 + CO_2 \tag{12-3}$$

尿素的含量可用氨气敏电极或二氧化碳电极等基础电极测定，在实际应用中常用氨气敏电极，其灵敏度高、线性范围宽。尿素电极多用于临床血清、尿液中的尿素含量测定以及尿素生产线的监测分析。

被测底物与酶电极酶膜发生酶反应，生成的阳离子被离子选择性电极所识别，在电极上转换输出的电位与被测离子浓度的对数呈线性关系，即

$$E = E_0 - \frac{2.303RT}{F}\lg(C_1 + KC_2) \tag{12-4}$$

式中　E_0——初始电位；

R——摩尔气体常数，$R = 8.3145 \text{J/K} \cdot \text{mol}$；

F——法拉第常数，$F = 96485 \text{J/V} \cdot \text{mol}$；

T——热力学温度；

K——选择性系数，由所测的离子决定；

C_1、C_2——被测离子和干扰离子的浓度。

电位型酶电极的线性范围为 $10^{-4} \sim 10^{-2} \text{mol/L}$。有些上限可延伸到 10^{-1}mol/L，有些下限可延伸到 10^{-5}mol/L 或更低。

电位型酶电极的变质可以通过三个响应特性来观测：

（1）随使用时间的增加，上限减小；

（2）电位对浓度的对数曲线斜率逐渐变小；

（3）电极响应时间开始一般为 30s～4min（与转换器的时间大致相同），随着酶的老化变质，响应时间会变长。

光纤酶传感器主要由光纤和酶敏感膜组成，其工作原理如图 12-5 所示。测量时将传感

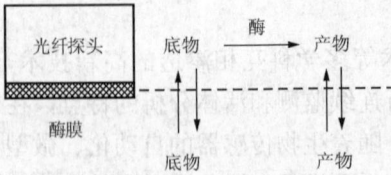

图 12-5 光纤酶传感器的工作原理

端插入待测溶液中，当光通过光纤达到传感端时，由于酶敏感膜中生物活性成分和待测成分之间的相互作用引起传感层光学性质变化。这种传感器利用了酶的高选择性，待测物质从样品溶液中扩散到生物催化层，在酶的催化下生成某种待测物质。酶敏感膜安装在光纤上，对待测物质进行选择性的分子识别，再转换成各种光信息，如紫外光、可见光及红外光等信号输出。当底物扩散速度与催化产物生成速度达到平衡时，可得到一个稳定的光信号，信号大小与底物浓度成正比。

例如，利用固定化酯酶或脂肪酶做成生物催化层进行分子识别，再通过所生成产物的光吸收对底物浓度进行生物传感。以测定对硝基苯磷酸酯含量为例，用固化的碱性磷酸酶进行分子识别，待测的对硝基苯磷酸酯在催化作用下生成对硝基苯酚和磷酸，并在光纤中传送 404nm 波长的光到达传感端，得到稳定的光信号，通过测量在 404nm 波长下光吸收的变化，可确定对硝基苯磷酸酯的含量，其线性范围为 $0\sim400\mu mol/L$，生物体内很多酯类和脂肪类物质都可用类似传感器进行测定

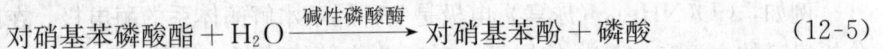

$$对硝基苯磷酸酯 + H_2O \xrightarrow{碱性磷酸酶} 对硝基苯酚 + 磷酸 \tag{12-5}$$

目前应用最多的是检测烟酰胺 6—氨基嘌呤双核苷酸（NADH）的光纤酶传感器，这种传感器的探头用脱氢酶进行分子识别。在含有乳酸（$C_3H_6O_3$）的溶液中加入氧化型烟酰胺腺嘌呤双核苷酸（NAD^+），当 pH 值为 8.6 时，在探头中固定化乳酸脱氢酶的催化作用下，发生如下反应，生成丙酮酸（$C_3H_4O_3$）和 NADH。

$$C_3H_6O_3 + 2NAD^+ \xrightarrow{乳酸脱氢酸} C_3H_4O_3 + 2NADH \tag{12-6}$$

此反应是可逆的，增高溶液 pH 值，有利于 NADH 的生成。在含有乳酸的试液中加入 NAD^+（氧化态辅酶），当 pH 为 8.6 时，在探头中固定化乳酸脱氢酶的催化作用下生成的 NADH 含量，可用荧光法进行检测。激发波长为 350nm，荧光发射波长为 450nm，荧光强度与 NADH 含量成比例，测定范围为 $0\sim0.1m\cdot mol/L$，检测下限为 $2\mu\cdot mol/L$。当溶液 pH 值为 7.4 时，上述反应逆向进行，在含有丙酮酸的试液中加入少量 NADH，则可根据生物催化层中荧光信号的降低，测定丙酮酸的含量。测定范围为 $0\sim1.10m\cdot mol/L$，检测下限为 $1\mu\cdot mol/L$。

2. 免疫传感器

免疫传感器是近年来生物传感器研究中的前沿课题，它具有广阔的应用前景。免疫传感器不仅能灵敏地检测低分子量的激素、毒素、药物等，而且可以灵敏地检测高分子量的各种病毒、细菌甚至细胞。

免疫是生物体对侵入自身的微生物（如细菌、病毒等）产生特异性抵抗力的现象，这种生物化学过程称为免疫反应。为了防御外界病原体和异物入侵，机体有一个完善而严密的防御系统，即免疫系统。机体对病原体或异物，通过免疫系统做出的防御反应，叫免疫反应。免疫传感器就是利用免疫反应来测定物质的。

在免疫反应中，引起生物体免疫反应的物质称为抗原，生物体内因抗原的侵入而产生的、与抗原产生特异性结合而发生免疫反应的物质称为抗体。利用抗原与抗体的反应，即免疫反应来进行分子识别的方法称为免疫识别。免疫识别是最为重要的生物化学分析方法之

一，可用于测定各种抗体、抗原以及能进行免疫反应的多种生物活性物质（如激素、蛋白质、药物、毒物等）。

利用抗体具有识别抗原并与抗原结合的双重功能，将抗体或抗原和换能器组合而成的装置称为免疫传感器。由于蛋白质分子（抗体或抗原）携带有大量电荷、发色基团等，当固定化抗体（或抗原）与相应的抗原（或抗体）结合时，会产生电学、化学、光学等变化，通过适当的传感器可检测这些参数，从而构成不同的免疫传感器。

免疫传感器具有三元复合物的结构，即感受器、转换器和电子放大器。在感受器单元中，抗体与抗原选择性结合产生的信号敏感地传送给换能器，抗体与被分析物的亲和性结合具有高度的特异性。免疫传感器的优劣取决于抗体与待测物结合的选择性和亲和力。

免疫传感器根据其换能器的种类不同，可分为电化学免疫传感器、光纤免疫传感器、场效应晶体管免疫传感器、压电晶体免疫传感器等。下面以电化学免疫传感器和光纤免疫传感器为例，说明免疫传感器的具体应用。

（1）电化学免疫传感器。电化学免疫传感器是由分子识别系统和电化学转换器组合而成。分子识别系统是指固定化的抗体或抗原。固定化的抗体或抗原在与相应的抗体或抗原结合时，自身发生变化，但变化比较小。为此利用酶的化学放大作用，使抗体与抗原结合时产生明显的化学量变化。

电化学免疫传感器所用的电极可以是电流型，也可以是电位型，取决于标记酶的底物或底物的反应产物的种类。根据所选电极的不同，电化学免疫传感器分为电位型、电流型。

1）电位型免疫传感器：1975 年 Janata 首次提出用电位测量来监测免疫化学反应，其原理是先用聚氯乙烯膜将抗体固定于金属电极上，然后用相应的抗原与抗体特异性结合，抗体膜中的离子迁移率随之变化，从而使电极上的膜电位也发生相应变化，膜电位的变化与待测物浓度之间有对数关系。但由于灵敏度较低，没能投入实际应用中。到了 20 世纪 80 年代，Rechnitz 把离子选择性电极、pH 电极等引入到电位型免疫传感器中，提高了传感器的灵敏度。如离子选择性电极，它是将抗原和离子载体共价结合，然后固定在电极表面膜上，当底物中的抗体与固定抗原选择性结合时，膜内离子载体性质发生改变，导致电极上电位变化，由此可测得抗体浓度。

人绒毛膜促性腺激素（hCG）是鉴定早期妊娠的标志化合物。将一根长 15cm、直径 1mm 的钛丝通氧加热到 500℃，在其表面形成二氧化钛薄层。用环氧树脂将钛丝封入玻璃管中，露出部分长 1.5cm，将其浸入溴化氰中使其表面活化，然后浸入 hCG 抗体溶液中，使抗体结合到二氧化钛层上，制成 hCG 传感器的工作电极。将另一根完全相同的钛电极经过同样处理，但不结合抗体并浸入尿素溶液中，使其结合尿素分子，作为参比电极。将上述两电极插入缓冲溶液中，测量工作电极的电位。当待测溶液中加入抗原溶液时，由于抗原与抗体的结合，电位逐渐下降，根据电位的下降速度，可以计算出 hCG 的浓度。

电位型免疫传感器普遍存在的问题是信噪比偏低，这是由于多数生物分子上的电荷密度比背景干扰低。另外，信号响应对 pH 值和离子强度等条件有依赖性，从而对复现性有影响。

2）电流型免疫传感器：电流型免疫传感器的原理是利用抗原与抗体结合来催化氧化还原反应，反应产生电活性物质，引起电流值变化，从而确定样品中抗原的浓度。

甲胎蛋白（AFP）是胚胎肝细胞所产生的一种特殊蛋白质，为胎儿血清的正常组成成分。健康成年人，除孕妇和少数肝炎患者外，血清中测不出 AFP，但在原发性肝癌和胚胎性肿瘤患者的血清中可测出 AFP。因此，常采用检测病人血清中 AFP 的方法来诊断原发性肝癌。

用氧电极作转换器，将过氧化氢酶标记在 AFP 分子上制成酶标抗原，将 AFP 抗体共价结合制成抗体膜，抗体膜固定在氧电极的聚四氟乙烯透氧膜上，构成 AFP 酶免疫传感器。将该传感器插入含有一定量酶标 AFP 的待测溶液中，37℃下培养 2h，这时溶液中待测 AFP 和酶标记 AFP 对膜上抗体发生竞争结合，取出传感器用磷酸盐缓冲液（缓冲液是有着恒定 pH 值的溶液）洗涤，然后置于该缓冲液中测定膜上结合的过氧化氢酶的酶活性。传感器在缓冲液中由于存在溶解氧产生电流，待其稳定后，注入定量过氧化氢，膜上的过氧化氢酶催化产生氧，使传感器电流增加很快，30s 内可达到另一个稳定状态，而这一电流值的改变与被测溶液中 AFP 浓度呈反比关系。

（2）光学免疫传感器。酶可以作为标记物催化生成一些产物，这些产物能吸收光线，发出荧光或磷光。其中磷光的灵敏度很高，荧光团也可作标记物，它在被激发后可直接发出荧光。因此，这类光学免疫传感器无需光源，设计简单，但检测的光强度很低，需要复杂的检测仪器。为了减小传感器的体积、简化检测仪器，引入了光导纤维，从而构成了光纤免疫传感器。

茶叶碱光纤免疫传感器是根据荧光能量转移的原理工作的。将一段长 5mm、一端用氰基丙烯酸胶黏剂密封的渗析管套在双叉光导纤维的公共端，内装茶叶碱单克隆抗体（TR—Ab）和茶叶碱（THEO—BPE），两者通过免疫反应结合成复合物。此复合物中，茶叶碱（THEO—BPE）在 514nm 波长激发下产生 577nm 荧光，通过能量转移给茶叶碱单克隆抗体（TR—Ab）并造成荧光淬灭。试样中的茶叶碱透过渗析膜进入分子识别系统后，将竞争抗体的键合位置，使一部分 THEO—BPE 释放出来，当达到反应平衡时，荧光强度增加，其增加值与试样中茶叶碱的浓度成正比，测定范围为 0～300p·mol/L，并且传感器具有很好的可逆性。

　　3. 生物传感器的发展趋势

生物传感器是用以监控生命体系的器件。它是当代信息科学的组成部分，是新型生化检测方法和生产流程的计测、控制手段，也是逐渐融入人们日常生活的"家用电器"。如生产过程的自动控制装置、医疗中的血气监控仪、糖尿病人使用的血糖仪，都已经出现在人们的生活中。

发展生物传感器最初的目的是为了利用生化反应的专一性、高选择性去分析目标物。但由于生物单元的引入，生物结构固有的不稳定性、易变性，生物传感器的实用化还存在着不少问题。在今后的发展中，生物传感器以下三个方面的性能还有待提高。

（1）选择性。改善生物单元与信号转换器之间的联系以减少干扰。选择、设计新的活性单元以增加其对目标分子的亲和力，如在酶电极中加入介体或对酶进行化学修饰可以提高这类电极的选择性，其中介体或用于修饰的物质大都具有一定的电子运载能力。目前，杂环芳烃的低聚物是研究的热点，它们极有可能成为这一设想的突破口。

随着计算科学的发展，更精确地模拟、计算生物分子之间的结合作用已经成为可能。在此基础上，可以根据目标分子的结构特点设计、筛选出选择性和活性更强的敏感元件。

（2）稳定性。为了克服生物单元结构的易变性，增加其稳定性，最常用的手段是采用对生物单元具有稳定作用的介质、固定剂或膜材料，应用能保持酶活性的固化方法。研究表明用溶胶—凝胶法固化生物单元，可以大大提高生物单元的稳定性。但就目前的技术水平而言，很多生物单元的稳定性远远不能满足实际应用的需要。这种情况下，寻求生物酶模拟技术的帮助是一种值得尝试的途径。

（3）灵敏度。对一些特定的分析对象已发展了一些能大幅度降低检测限的技术。如基于酚—醌氧化还原电对进行循环氧化还原来放大信号，而将苯酚的检测限降至 10^{-9} 数量级的气相微型生物传感器。另外，以 DNA 为敏感源的传感器，利用液晶分散技术将 DNA 固定在换能器上，所有能影响 DNA 分子间交联度的化学和物理因素均能被灵敏地捕获，在用 DNA—鱼精蛋白配合物测量胰蛋白时检测限低至 10^{-14} mol/L。

随着以上问题的解决，相信在不久的将来，会有越来越多的高性能生物传感器不断出现并服务于我们的生产生活。

12.2 微 波 传 感 器

微波传感器是根据微波特性来检测一些物理量的器件或装置，广泛应用于液位、物位、厚度、温度以及含水量等物理量的测量当中。

12.2.1 微波传感器的原理、结构和特点

1. 微波

微波是波长为 1mm～1m 的电磁波，它既具有电磁波的特性，又与普通的无线电波及光波不同。微波具有下列特点：

（1）可定向辐射的装置，容易制造；

（2）遇到各种障碍物易于反射；

（3）绕射能力差；

（4）传输特性好，传输过程中受烟雾、火焰、灰尘、强光等影响很小；

（5）介质对微波吸收和反射与介质的介电常数成比例，水对微波的吸收作用最强。水的相对介电常数最大，幅值约 80，空气的介电常数最小，其他物质均介于两者之间。

2. 微波振荡器与微波天线

微波振荡器是产生微波的装置，由于微波的波长很短，而频率又很高（300MHz～300GHz），要求振荡回路中具有非常微小的电感和电容，因此不能用普通的电子管与晶体管构成微波振荡器。构成微波振荡器的器件有速调管、磁控管或某些固态器件。小型微波振荡器也可以采用体效应管。

由微波振荡器产生的振荡信号需要用波导管（波长为 10cm 以上可用同轴电缆）传输，并通过天线发射出去。为了使发射的微波具有尖锐的方向性，天线具有特殊的结构。常用的天线如图 12-6 所示，有喇叭形天线、抛物面天线、介质天线与隙缝天线等。

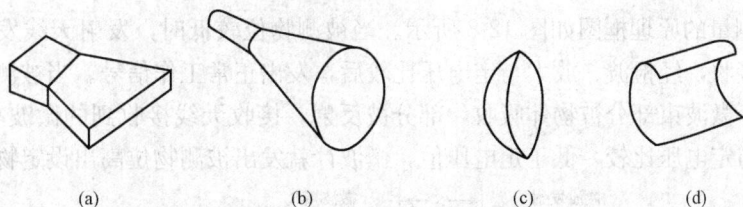

图 12-6　常见微波天线

（a）扇形喇叭天线；（b）圆锥喇叭天线；（c）旋转抛物面天线；（d）抛物柱面天线

喇叭形天线结构简单、制造方便，可以看做是波导管的延续。喇叭形天线在波导管与敞

开的空间之间起匹配作用，可以获得最大能量输出。抛物面天线如同凹面镜产生平行光，可以使微波发射的方向性得到改善。

3. 微波传感器的结构与分类

微波传感器由发射天线发出微波，遇到被测物体时将被吸收或反射，使微波功率发生变化。若利用接收天线，接收到通过被测物或由被测物反射回来的微波，并将它转换成电信号，再经过信号调理电路后，即显示出被测量，从而实现微波检测过程。

与一般传感器不同，微波传感器的敏感元件是具有微波场的传输线或天线，其他部分可以作为一个转换器（微波电路或谐振器）和接收器（检波器或功率探头），如图 12-7 所示。

图 12-7 微波传感器的结构

转换器可以是一个微波场的有限空间，被测物即处于其中。如果微波源与转换器合二为一，称之为有源微波传感器；如果微波源与接收器合二为一，则称为自振式微波传感器。

根据检测原理，可将微波传感器分为反射式和遮断式两类：

（1）反射式微波传感器。它是通过检测被测物反射回来的微波功率或经过的时间间隔来测量被测物的位置、厚度等参数。

（2）遮断式微波传感器。它是通过检测接收天线接收到的微波功率大小，来判断发射天线与接收天线之间有无被测物或被测物的位置与含水量等参数。

4. 微波传感器的特点

微波传感器的优点：

（1）可以实现非接触测量，因此可进行活体检测，大部分测量不需要取样；

（2）检测速度快、灵敏度高，可以进行动态检测与实时处理，便于自动控制；

（3）可以在恶劣环境条件下检测，如高温、高压、有毒、有放射线环境条件；

（4）输出信号可以方便地调制在载频信号上进行发射与接收，便于实现遥测和遥控。

微波传感器的缺点：零点漂移和难于标定，目前尚未得到很好的解决；其次，使用时外界影响因素较多，如温度、气压、取样位置等。

12.2.2 微波传感器的应用

1. 微波物位测量

微波物位测量的原理框图如图 12-8 所示。当被测物位较低时，发射天线发出的微波束全部由接收天线接收，经检波、放大与定电压比较后，发出正常工作信号。当被测物位升高到天线所在高度时，微波束部分被物体吸收，部分被反射，接收天线接收到的微波功率相应减弱，经检波、放大与定电压比较，低于定电压值，微波计就发出被测物位高出设定物位的信号。

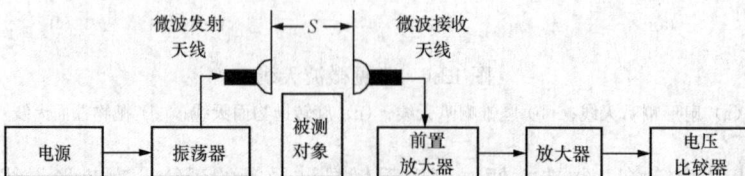

图 12-8 微波物位测量原理框图

当被测物位低于设定物位时，接收天线接收的功率为

$$P_0 = \left(\frac{\lambda}{4\pi S}\right)^2 P_t G_t G_r \tag{12-7}$$

式中　P_t——发射天线的发射功率；

　　　G_t——发射天线的增益；

　　　G_r——接收天线的增益；

　　　S——两天线间的水平距离；

　　　λ——微波的波长。

当被测物位升高到天线所在高度时，接收天线接收的功率为

$$P_r = \eta P_0 \tag{12-8}$$

式中　η——由被测物形状、材料性质、电磁性能及高度所决定的系数。

2. 微波液位测量

微波液位测量的原理示意图如图 12-9 所示。相距为 S 的发射天线与接收天线间构成一定角度。波长为 λ 的微波从被测液面反射后进入接收天线。接收天线接收到的功率将随着被测液面的高低不同而发生变化。接收天线接收到的功率 P_r 为

$$P_r = \left(\frac{\lambda}{4\pi}\right)^2 \frac{P_t G_t G_r}{S^2 + 4d^2} \tag{12-9}$$

式中　P_t——发射天线的发射功率；

　　　G_t——发射天线的增益；

　　　G_r——接收天线的增益；

　　　S——两天线间的水平距离；

　　　d——两天线与被测液面间的垂直距离；

　　　λ——微波波长。

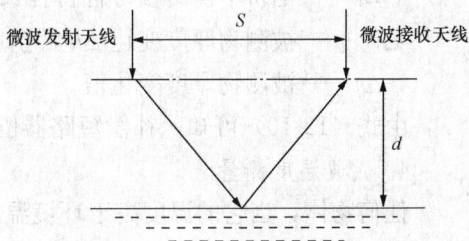

图 12-9　微波液位测量原理示意图

由式（12-9）可知，当发射功率、波长、增益均为恒定时，只要测定接收功率 P_r，就可获得被测液面的高度 d。

3. 微波厚度测量

微波测厚度原理示意如图 12-10 所示。这种测厚仪是利用微波在传播过程中遇到被测物金属表面被反射，且反射波的波长与速度都不变的特性进行厚度测量。

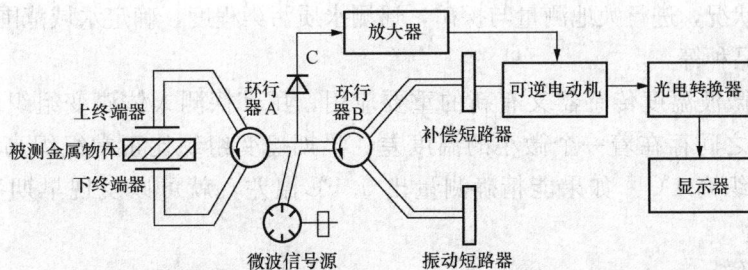

图 12-10　微波测厚度原理示意图

如图 12-10 所示，在被测金属物体上下两个表面各安装一个终端器，微波信号源发出的微波，经过环行器 A 和上传输波导管传输到上终端器，由上终端器发射到被测物上表面，

微波在被测物上表面发生全反射后,又回到上终端器,再经上传输波导管、环行器 A、下传输波导管传输到下终端器。由于终端器发射到被测物下表面的微波,经全反射后,又回到下终端器,再经过传输波导管回到环行器 A。因此被测物的厚度与微波传输过程中的行程长度有密切关系,当被测物厚度增加时,微波传输的行程长度便减小。

一般情况,微波传输过程的行程长度的变化非常微小。为了精确地测量出这一微小行程的变化,通常采用微波自动平衡电桥法。前面讨论的微波传输行程作为测量臂,而完全模拟测量臂微波的传输过程设置一个参考臂。若测量臂与参考臂行程完全相同,则反相叠加的微波经检波器 C 检波后,输出为零;若两臂行程长度不同,则反射回来的微波的相位角不同,经反相叠加后不相互抵消,经检波器检波后便有不平衡信号输出。

此差值信号经过放大器后控制可逆电机旋转,带动补偿短路产生位移,改变补偿短路器的长度,直到两臂行程长度完全相同为止。

补偿短路器的位移与被测物厚度增加量之间的关系为

$$\Delta S = L_B - (L_A - \Delta L_A) = L_B - (L_A - \Delta h) = \Delta h \tag{12-10}$$

式中　L_A——电桥平衡时测量臂行程长度;

　　　L_B——电桥平衡时参考臂行程长度;

　　ΔL_A——被测物厚度变化 Δh 后引起测量臂行程长度变化的值;

　　　Δh——被测物厚度变化值。

由式(12-10)可知,补偿短路器位移值 ΔS 即为被测量变化值 Δh。

4. 微波温度测量

任何物体,当它的温度高于环境温度时,都能够向外辐射热量。当该辐射热到达接收机输入端口时,若仍然高于基准温度(或室温),在接收机的输出端将有信号输出,这就是辐射计或噪声温度接收机的基本原理。

微波频段的辐射计就是一个微波测温装置。图 12-11 给出了微波测温的原理框图,其中 T_{in} 为输入温度(被测温度);T_c 为基准温度;C 为环行器;BPF 为带通滤波器,LNA 为低噪声放大器;IFA 为中频放大器;M 为混频器;LO 为本机振荡器。这个测温装置的关键部件是低噪声放大器,它决定了整个测量装置的灵敏度。

微波温度传感器最有价值的应用是微波遥测。将微波温度传感器装在航天器上,可以遥测大气对流层状况,进行大地测量与探矿,遥测水质污染程度,确定水域范围,判断土地肥沃程度和植物品种等。

近年来,微波温度传感器又有新的重要应用,用其探测人体癌变组织。癌变组织与周围正常组织之间存在着一个微小的温度差。早期癌变组织比正常组织高 0.1℃,癌瘤组织比正常组织高 1℃。如果能精确测量出 0.1℃ 温差,就可以发现早期癌变,从而早日治疗。

5. 微波定位

图 12-12 为微波定位的原理框图。微波源 MS 发射的微波,经环行器 C 从天线发射出微波信号。当物料远离小孔时,反射信号很小;当物料移近小孔时,反射信号突然增大,该信号经转换器 T 变换为电压信号,然后送显示器 D 显示出来。也可将此信号送至控制器用于控制执行器的工作,使物料停止运动或加速运动。

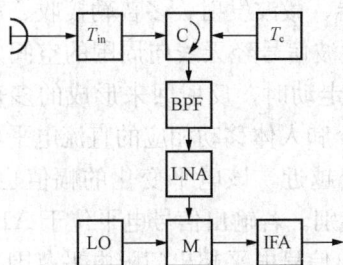

图 12-11 微波测温原理框图

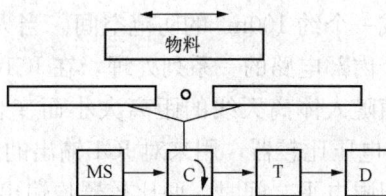

图 12-12 微波定位原理框图

6. 微波速度测量

利用微波的多普勒效应可以探测运动物体的速度、方向与方位。微波多普勒频移为

$$f_d = \frac{2v\cos\theta}{\lambda} \tag{12-11}$$

式中　v——物体的运动速度；

　　　λ——微波信号波长；

　　　θ——方位角。

确定 v、λ、θ 中任意两个参数后，即可测出第三个参数。

对于微波多普勒效应的测速应用非常广泛，例如，使用多普勒测速仪可用于交通管制的车辆测速雷达，水文站用的流速测定仪，海洋气象站用来测定海浪与热带风暴，火车进站速度监控等。

7. 微波报警器

微波报警器可在人体接近防范区时，将人体位移信号转换成电声信号，由扬声器发出"危险，请勿靠近"的报警声。微波报警器的电路如图 12-13 所示，主要由微波发射与探测电路、比较器、触发延时电路、放大及语音报警电路等组成。

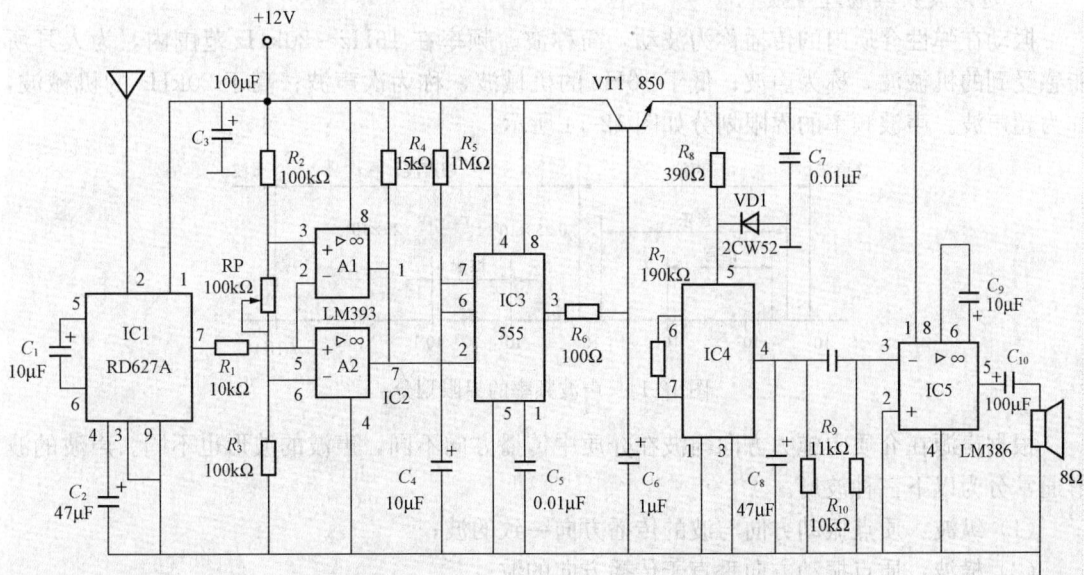

图 12-13 微波报警器电路

IC1 为 RD627A 多普勒传感器模块，它内部由振荡器、微波发射、多普勒接收、放大检波及限幅等电路组成。工作时，IC1 内部振荡器产生的微波信号经天线向周围的空间发射出去，形成一个约 100m² 的防范空间。当人体在这个区域走动时，反射回来形成的多普勒频率经 IC1 内部电路的一系列处理，在 IC1 的 7 脚输出一个和人体移动相应的直流电平，该电平的幅值随人体离天线的距离大小而变化，人体离天线越近，该电平变化的幅值也越大。IC2 为双电压比较器，用来对 IC1 输出的电平进行比较鉴别。若输出信号电平位于 A1 和 A2 比较器门限电平之间时，两比较器均输出高电平；当输出信号电平超出门限电平范围，两比较器均输出低电平。用此低电平触发 IC3 组成的单稳延时电路，在暂稳的时间内，IC3 的 3 脚输出高电平，使 VT1 导通，由 IC4 和 IC5 组成的语音及功率放大电路得电工作，报警语音信号经放大后由扬声器发出报警声。待 IC3 暂稳态过后，IC3 的 3 脚恢复低电平，使 VT1 截止，IC4 和 IC5 失电，报警停止。此时，若防范区内仍有人在，则重复上述过程，直到来人离开防范区后，报警才结束。

12.3　超声波传感器

超声波技术是一门以物理、电子、机械及材料学为基础的、广泛使用的通用技术之一，它是通过超声波产生、发射、传播和接收的物理过程完成的。目前，超声波技术广泛应用于各行各业超声探测、超声检测、超声清洗、超声焊接和超声医疗等方面。

利用超声波在超声场中的物理特性和各种效应而研制的装置可称为超声波换能器、探测器或传感器。在超声波传感器中，常将换能器称为探头。超声波探头按其工作原理可分为压电式、磁致伸缩式、电磁式等，而以压电式最为常用。本节将以压电式转换器为主，介绍其结构和工作原理。

12.3.1　超声波传感器的原理与结构

1. 超声波及其物理性质

振动在弹性介质内的传播称为波动，简称波。频率在 16Hz～20kHz 范围内，为人耳所能感受到的机械波，称为声波；低于 16Hz 的机械波，称为次声波；高于 20kHz 的机械波，称为超声波。声波频率的界限划分如图 12-14 所示。

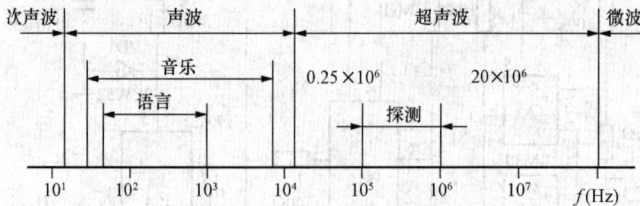

图 12-14　声波频率的界限划分

根据声源在介质中施力方向与波在介质中传播方向不同，声波的波形也不同。声波的波形通常分为以下三种波形。

（1）纵波：质点振动方向与波的传播方向一致的波；
（2）横波：质点振动方向垂直于传播方向的波；
（3）表面波：质点的振动介于纵波与横波之间，沿表面传播的波。

横波只能在固体中传播，纵波在固体、液体和空气中都能传播。因此，为了测量各种状态下的物理量，应多采用纵波。表面波传播的特点是随深度增加衰减很快。

无论纵波、横波，还是表面波，其传播速度均取决于介质的弹性常数及介质的密度。例如，在气体中声波的速度为 344m/s，在液体中声波的速度在 900～1900m/s。

当纵波以一定角度入射到第二介质（固体）的界面上时，不但产生纵波的反射和折射，还会产生横波的反射和折射，在某种条件下还能产生表面波。

2. 超声波的反射与折射

当声波从一种介质传到另一种介质时，在两种介质的分界面上，一部分声波被反射，另一部分则透射过界面，在另一种介质中继续传播，这种情况称为声波的反射和折射。

设超声波在介质 I 中的入射角为 α，反射角为 α'；在介质 II 中的折射角为 β，如图 12-15 所示。根据物理学知识可知，当超声波在界面上产生反射时，入射角 α 的正弦与反射角 α' 的正弦之比等于波速之比。当波在界面处产生折射时，入射角 α 的正弦与折射角 β 的正弦之比，等于入射波在介质 I 中的速度 c_1 与折射波在介质 II 中的速度 c_2 之比

$$\frac{\sin\alpha}{\sin\beta} = \frac{c_1}{c_2} \tag{12-12}$$

图 12-15　超声波的反射与折射

3. 超声波传播中的衰减

超声波在介质中传播时，随着传播距离的增加，能量逐渐衰减，其衰减程度与声波扩散、散射和吸收等因素有关。声压和声强的衰减规律为

$$P_x = P_0 e^{-\alpha x} \tag{12-13}$$

$$I_x = I_0 e^{-2\alpha x} \tag{12-14}$$

式中　P_x——距声源 x 处的声压；

　　　I_x——距声源 x 处的声强；

　　　α——衰减系数，NP/m（奈培/米）。

在理想介质中传播时，超声波衰减仅来自声波的扩散，随着超声波传播的距离增加而引起超声波能量的减弱。超声波能量的扩散衰减是由于固体介质中的颗粒界面或流体介质中悬浮粒子使超声波扩散造成的，介质吸取超声波声能而转换成热能。

4. 超声波传感器的结构

超声波传感器是利用超声波在超声场中的物理特性和各种效应而研制的装置，通常称为超声波换能器、探测器或统称超声波传感器，有时也简称为换能器。大多数换能器是可逆的，既可用作发射声信号，也可用作接收声信号。例如：在空气中，常将发射换能器称为扬声器（俗称喇叭）；常将接收换能器称为微音器（俗称话筒）。在水中，常将接收换能器称为水听器。在超声中，常将换能器称为超声波探头。

按照转换工作原理，可将换能器分为电动式、电磁式、磁致伸缩式和压电式等。压电式超声波传感器最为常用，本节主要以此为例介绍超声波传感器及其应用。

压电式超声波探头常用的材料是压电晶体和压电陶瓷，这种传感器统称为压电式超声探头。它利用压电材料的逆压电效应，将高频电振动转换为高频机械振动，从而产生超声波，因此可作为超声波发射探头；也可利用其正压电效应，将超声振动波转换成电信号，用作超

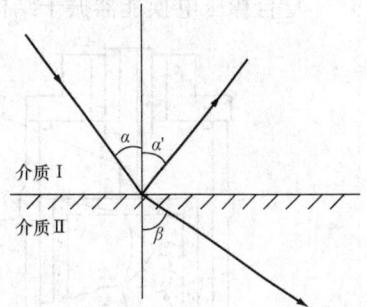

声波接收探头。

　　压电式超声波探头结构如图 12-16 所示，主要由压电晶片、吸收块（阻尼块）、保护膜组成。压电晶片多为圆板形，厚度为 δ。超声波频率 f 与其厚度 δ 成反比。压电晶片的两面镀有银层，作导电的极板。吸收块的作用是降低晶片的机械品质，吸收声能量。如果没有吸收块，当激励的电脉冲信号停止时，晶片将会继续振荡，加长超声波的脉冲宽度，使分辨率变差。保护膜的作用是防止晶片与外界接触和磨损，并起声阻抗匹配作用。

　　复合棒压电换能器，又称夹心式压电换能器或喇叭形压电换能器。这种换能器是一种常用的大功率发射换能器，它以较小的质量和体积获得大的声能密度而广泛用于水声和超声技术中。复合棒压电换能器用作接收换能器，也有较高的灵敏度。

　　复合棒压电换能器振子结构示意图如图 12-17 所示。

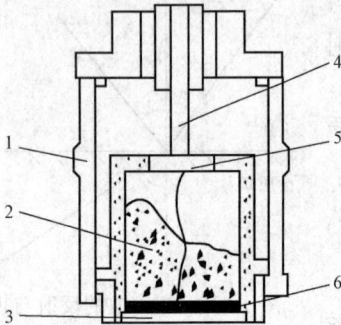

图 12-16　压电式超声波传感器结构
1—金属壳；2—吸收块；3—保护膜；
4—导电螺杆；5—接线片；
6—压电晶片

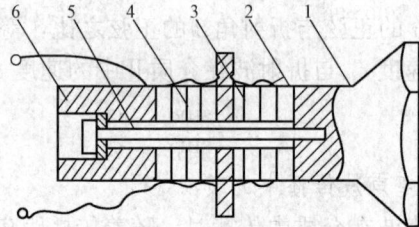

图 12-17　复合棒压电换能器振子结构示意图
1—前盖板；2—电极引线；3—金属节板；
4—压电陶瓷晶片堆；5—预应力螺钉；
6—后盖板

　　压电陶瓷片安装时，必须使两相邻陶瓷晶片的极化方向相反，且晶片数目一般成偶数，以便使前后金属盖板与同一极性的电极相连，否则在前后盖板与晶片之间要垫一个绝缘垫圈。在两晶片之间以及晶片和金属盖板之间通常夹以＜0.1mm 厚的薄黄铜片，作为焊接电极引线用。振子通过节板固定在外壳或支架上，金属节板的位置设计在振子振动的节面上。为了尽量减轻振子与外壳的机械耦合，在保证节板支撑强度的情况下，节板尽可能做得薄一些。晶片、电极铜片、金属节板和金属前后盖板之间用环氧树脂胶合。由于压电陶瓷的抗压应力远大于抗拉应力，胶合层在大振幅情况下也在拉伸阶段遭到破坏，因此用预应力螺钉把板子的晶片和胶合部分加上预压应力。加上预应力螺钉对共振频率有小的影响，但电声效率不变，所承受的最大功率却要增加数倍。

　　金属前盖板采用轻金属（硬铝或镁铝合金等），后盖板采用重金属（铜或黄铜），其目的是为了得到大的前后盖板的位移比。根据动量守恒定律，节板两边的动量要相等，则其速度与密度成正比。用铝和钢做前盖和后盖板时，其位移比为 3∶1。在这种情况下，轻金属表面（辐射面）位移较大，将辐射出振子中储存的振动能量的较大部分。

　　金属前盖板设计成喇叭形，目的是降低机械 Q 值和调节换能器的指向性。在超声加工等技术中，为在工作端得到大位移，通常将金属前盖板设计成锥形、指数形或悬链形，称其为变幅杆。

压电陶瓷晶片的厚度和片数的选取，需要综合考虑换能器的电阻抗、机械 Q 值、指向性以及机电耦合系数等因素。一般取压电陶瓷晶片的总长（片厚乘以片数）为换能器振子总长的 1/3 左右较为适宜。

5. 分类

超声波传感器通常分为通用型、宽频带型、封闭型、高频型等。

（1）通用型：超声波传感器频带宽一般可达数千赫兹，并有对频率的选择性。通用型超声波传感器频带窄，但灵敏度高、抗干扰性强。如 MA40A3R（接收）和 MA40A3S（发射）均为通用型。

（2）宽频带型：宽频带超声波传感器在工作频带内有两个共振点，因而加宽了频带，如 MA23L3 即为宽频带型，它兼作发射与接收传感器。

（3）封闭型：封闭型超声波传感器用于室外环境下，有较好的防潮性能，可用于汽车尾侧的检测装置上，如 MA40EIR（接收）和 MA40ELS（发射）均属于封闭型。

（4）高频型：超声波传感器的中心频率一般都在几十千赫兹，高频型传感器的中心频率则高达 200kHz。它既可以用作接收，也可以用作发射，而且方向性相当强，可用于高分辨率的测量。

超声波传感器应用中最基本的电路是超声波发射电路和超声波接收电路。如图 12-18 所示为超声波传感器典型应用装置的一般电路框图。

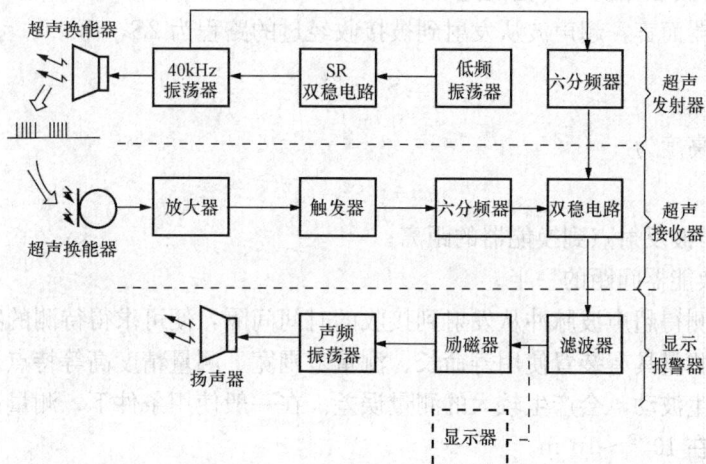

图 12-18 超声波传感器典型应用装置的一般电路框图

12.3.2 超声波传感器的应用

振动频率在 20kHz 以上的机械波称为超声波，超声波穿透性较强，具有一定的方向性，传输过程中衰减较小，反射能力较强。超声波用途十分广泛，可用于探伤、测距、测流量和遥控等。

1. 超声波物位测量

超声波物位测量是利用超声波在两种介质分界面上的反射特性实现的。如果从发射超声波脉冲开始，到接收换能器接收到反射波为止的这个时间间隔为已知，就可求出分界面的位置。利用这个方法可以对物位进行测量。

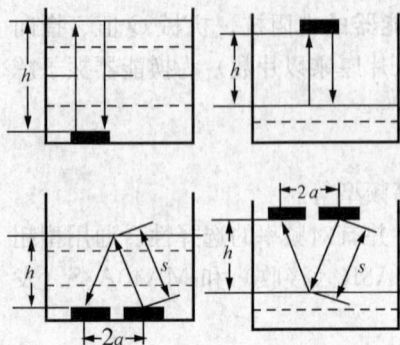

图 12-19   几种超声波物位传感器的
结构原理示意图

根据发射和接收换能器的功能，传感器又可分为单换能器和双换能器。单换能器的传感器发射和接收超声波均使用一个换能器，而双换能器的传感器发射和接收各由一个换能器完成。

如图 12-19 所示为几种超声波物位传感器的结构原理示意图。超声波发射和接收换能器可设置在水中，让超声波在液体中传播。由于超声波在液体中衰减比较小，所以即使发生的超声波脉冲幅度较小也可以传播。超声波发射和接收换能器也可以安装在液面的上方，让超声波在空气中传播，这种方式的优点是便于安装和维修，其缺点是超声波在空气中的衰减比较严重。

对于单换能器而言，超声波从发射到液面，然后又从液面反射到换能器的时间为

$$t = \frac{2h}{v} \tag{12-15}$$

则

$$h = \frac{vt}{2} \tag{12-16}$$

式中 h——换能器距液面的距离；

v——超声波在介质中传播的速度。

对于双换能器而言，超声波从发射到被接收经过的路程为 $2S$，而

$$S = \frac{vt}{2} \tag{12-17}$$

因此，液位高度为

$$h = \sqrt{S^2 - a^2} \tag{12-18}$$

式中 S——超声波反射点到换能器的距离；

a——两换能器间距的一半。

显然，只要测得超声波脉冲从发射到接收的时间间隔，便可求得待测的物位。

超声波物位测量具有装置使用寿命长、测量范围宽、测量精度高等特点。但如果液体中有气泡或液面发生波动，会产生较大的测量误差。在一般使用条件下，测量误差为 $\pm 0.1\%$，检测物位的范围在 $10^{-2} \sim 10^4 \mathrm{m}$。

2. 超声波流量测量

超声波流量测量的测定原理是多种多样的，如传播速度变化法、波速移动法、多普勒效应法、流动听声法等。但目前应用较广的主要是超声波传输时间差法。

利用超声波传输时间差法测量液体的流量，其原理是根据超声波在流体中传输时，在静止流体和流动流体中的传播速度不同，利用这一点可以求出流体的速度，再根据管道流的截面积，便可得出流体的流量。超声波流量测量的原理如图 12-20 所示。

在被测流体管道中设置两个收、发两用的超声波传感器，一个装在上游，一个装在下游，其距离为 L。设顺流方向的传输时间为 t_1，逆流方向的传输时间为 t_2，流体静止时的超声波传输速度为 c，流体流动速度为 v，则

顺流时

$$t_1 = \frac{L}{c+v} \tag{12-19}$$

逆流时 $$t_2 = \frac{L}{c-v} \qquad (12\text{-}20)$$

一般来说，流体的流速远低于超声波在流体中的传播速度，则超声波传播时间差为

$$\Delta t = t_2 - t_1 = \frac{2Lv}{c^2 - v^2} \qquad (12\text{-}21)$$

因为 $c \gg v$，根据式（12-21）可得出流体的流速为

$$v = \frac{c^2}{2L} \Delta t \qquad (12\text{-}22)$$

在实际应用中，超声波传感器是安装在管道外部的，从管道的外面透过安装孔发射和接收超声波不会给管道内流动的流体带来影响。如图 12-21 所示为一种工业用超声波流量传感器的示意图。此种流量计具有不阻碍流体流动的特点，可测流体的种类很多，无论是导电的流体、高黏度的流体、浆状流体、腐蚀性流体等，只要能传输超声波的流体都可以进行测量。

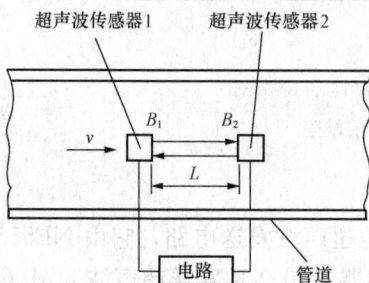

图 12-20　超声波流量测量的原理图

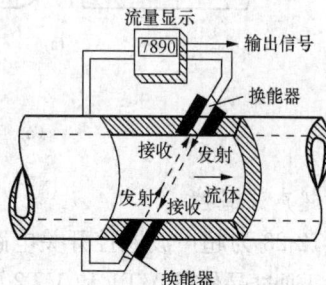

图 12-21　工业用超声波流量传感器示意图

设管道直径为 D，两传感器探头中心连线与管壁垂直方向的夹角为 θ，此时超声波的传输时间计算公式为

$$t_1 = \frac{\dfrac{D}{\cos\theta}}{c + v\sin\theta} \qquad (12\text{-}23)$$

$$t_2 = \frac{\dfrac{D}{\cos\theta}}{c - v\sin\theta} \qquad (12\text{-}24)$$

根据同一原理，超声波还可用于直接测量随海洋深度而变化的声速分布，即以一定距离放置两个正对着的陶瓷换能器，一个为发射器，一个为接收器。根据测定的发射和接收的时间差随海水深度的变化，便可得到声速随深度的分布情况。

3. 超声波探伤

超声波探伤是无损探伤技术中的一种主要检测手段。它主要用于检测板材、管材、锻件和焊缝等材料中的缺陷（裂缝、气孔、夹渣等），测定材料的厚度，检测材料的晶粒，配合断裂力学对材料使用寿命进行评价等。超声波探伤因具有检测灵敏度高、速度快、成本低等优点，因而得到人们普遍的重视，并在生产实践中得到广泛应用。

超声波探伤方法多种多样，最常用的是脉冲反射法，而脉冲反射法根据超声波波形不同，可分为纵波探伤、横波探伤和表面波探伤。

以纵波探伤为例。纵波探伤使用直探头，测试前，先将探头插入探伤仪的连接插座上。

探伤仪面板上有一个荧光屏，通过荧光屏可知工件中是否存在缺陷、缺陷大小及缺陷的位置。测试时探头放于被测工件上，并在工件上来回移动进行检测。探头发出的纵波超声波，以一定速度向工件内部传播，如工件中没有缺陷，则超声波传到工件底部才发生反射，在荧光屏上只出现始脉冲 T 和底脉冲 B，如图 12-22（a）所示。如工件中有缺陷，一部分声脉冲会在缺陷处产生发射，另一部分继续传播到工件底面产生反射，在荧光屏上除了始脉冲 T 和底脉冲 B 外，还出现缺陷脉冲 F，如图 12-22（b）所示。通过缺陷脉冲在荧光屏上的位置可以确定缺陷在工件中的位置，也可通过缺陷脉冲的幅度高低来判别缺陷的大小。如缺陷面积大，则缺陷脉冲的幅度高，通过移动探头可确定缺陷大致长度。

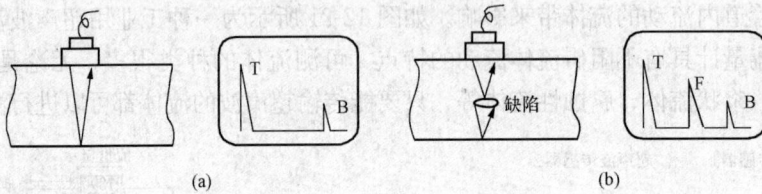

(a)　　　　　　　　　　　　　(b)

图 12-22　超声波探伤
（a）工件中无缺陷；（b）工件中有缺陷

4. 超声波遥控

图 12-23 为超声波遥控开关电路。其中，图（a）是超声波发送电路，它由 NE555 构成振荡器，通过晶体管 VT1 和 VT2 驱动超声波发送传感器 T40-XX 发送超声波。图（b）是超声波接收电路，超声波接收传感器 R40-XX 将接收到的超声波转换成电信号，通过晶体管

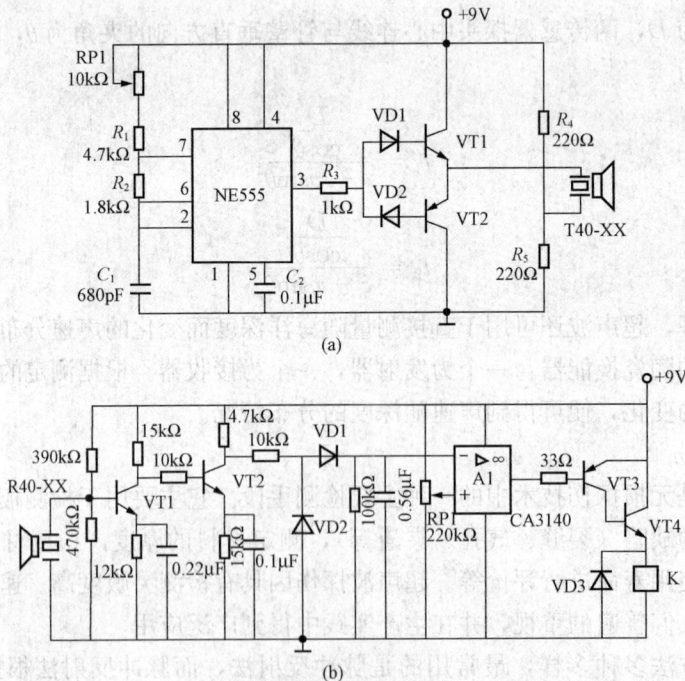

(a)

(b)

图 12-23　超声波遥控开关电路
（a）发送电路；（b）接收电路

VT1 和 VT2 放大，经 VD1 和 VD2 整流来控制运算放大器 A1，A1 的输出通过 VT3 和 VT4 放大并驱动继电器 K 工作，继电器 K 的触点控制相应的电路，从而达到遥控的目的。

5. 超声波物体探测

图 12-24 为直接探测方式的超声波物体探测电路。发送超声波传感器的驱动电路采用 NE555 构成的他励式振荡电路。调整电位器 RP1 使接收超声波传感器的输出电压最大，RP2 用于调节时滞电压。

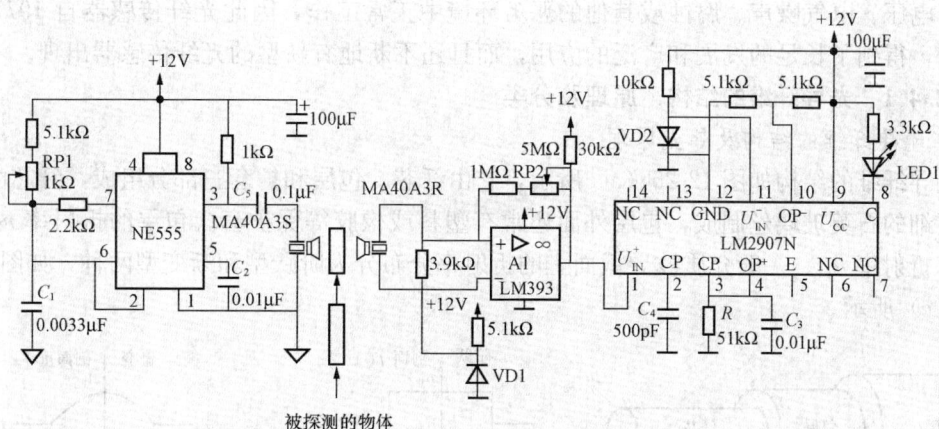

图 12-24　直接探测方式的超声波物体探测电路

用比较器 LM393 放大信号，超声波传感器 MA40A3R 的输出信号作为其输入，LM393 的输出是方波。LM393 的输出接到转速表专用 LM2907N。LM2907N 片内没有频率/电压转换电路和比较电路，LM2907N 的输入要求随频率变化的信号，此要求与 LM393 的输出方波信号相适应。

LM2907N 的频率/电压转换电压为 $U_0 = U_{CC} f_{IN} C_4 R_1$，该电压与片内比较器电压进行比较，并经过比较器输出。根据图中的电路参数，当 $f_{IN} = 40 \text{kHz}$ 时，满度转换输出电压为 12V。如果比较器（10 脚）加入 $U_{CC}/2 = 12\text{V}/2 = 6\text{V}$ 的比较电压时，则高于 20kHz 时，比较器的输出为高电平，晶体管导通，LED 发光。即如果平时无物体挡住超声波时，输入频率为 40kHz。如果有物体挡住超声波，MA40A3R 没有接收信号，LM2907N 比较器输出低电平，片内晶体管截止，LED 熄灭。

12.4　光　纤　传　感　器

光纤是一种能够传输光频电磁波的介质波导。光纤的典型结构如图 12-25 所示。波导的性质由纤芯和包层的折射率分布决定，工程上定义 Δ 为纤芯和包层间的相对折射率差

$$\Delta = \left[1 - \left(\frac{n_2}{n_1} \right)^2 \right] / 2 \tag{12-25}$$

式中：n_1 为纤芯的折射率；n_2 为包层的折射率。

当 $\Delta < 0.01$ 时，式（12-25）简化为

$$\Delta \approx \frac{n_1 - n_2}{n_1} \tag{12-26}$$

即为光纤波导的弱导条件。光纤的弱导特性是光纤与微波圆波导之间的重要差别之一。弱导的基本含义是指很小的折射率差就能构成良好的光纤波导结构，而且为制造提供了很大的方便。

利用光纤可以制成检测温度、振动、压力、位移、速度、加速度、液位、流量、水声、电流，电压、磁场和核辐射等多种不同物理量的传感器。由于光纤传感器具有灵敏度较高；重量轻、体积小、几何形状变化多样、抗电磁干扰能力强、可遥测等优点，特别是能在高温、高电压、电气噪声、腐蚀或其他的恶劣环境中正常工作，因此光纤传感器自 1977 年出现至今，得到了长足的发展和广泛的应用，而且还不断地有新型的光纤传感器出现。

12.4.1 光导纤维的结构、原理及分类

1. 光导纤维的结构及导光原理

光导纤维的结构如图 12-25 （a）所示，它由纤芯、包层和护套三部分组成，纤芯由比头发丝还细的石英玻璃丝制成，包层外面还常有塑料或橡胶等保护套。包层的折射率 n_2 略小于纤芯折射率 n_1 。一般介质波导截面上的折射率分布分为阶跃型和渐变型两种，如图 12-25 （b）、（c）所示。

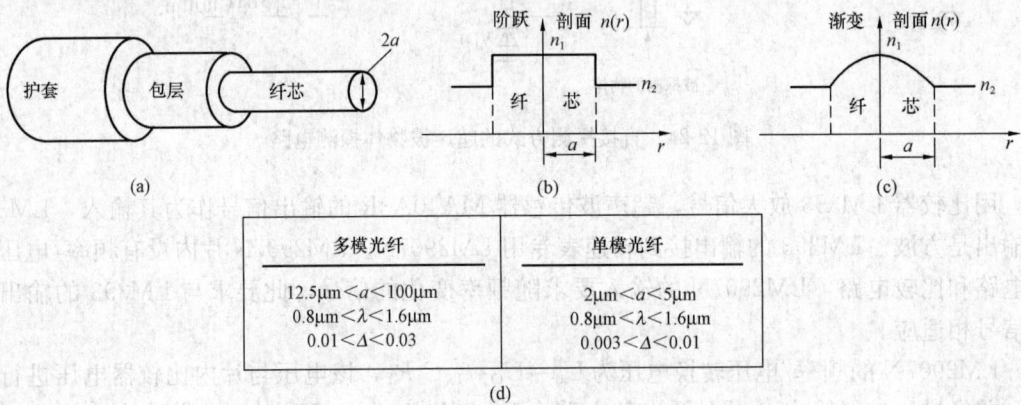

多模光纤	单模光纤
12.5μm<a<100μm 0.8μm<λ<1.6μm 0.01<Δ<0.03	2μm<a<5μm 0.8μm<λ<1.6μm 0.003<Δ<0.01

(d)

图 12-25 典型光纤的结构、折射率分布和尺寸范围
（a）结构；（b）阶跃型；（c）渐变型；（d）单、多模光纤参数范围比较

光纤是基于光的全内反射进行传光的。斯乃尔定理指出：当光由光密物质（折射率大）出射至光疏物质（折射率小）时，发生折射，其折射角大于入射角，即

$$n_1 > n_2 \text{ 时}, \theta_r > \theta_i$$

n_1，n_2，θ_r，θ_r 间的数学关系为

$$n_1 \sin\theta_i = n_2 \sin\theta_r \tag{12-27}$$

可以看出：入射角 θ_i 增大时，折射角 θ_r 也随之增大，且始终 $\theta_r > \theta_i$ 时，θ_i 仍小于 90°，当 $\theta_r = 90°$，此时出射光线沿界面传播，称为临界状态，这时有 $\sin\theta_r = \sin90° = 1$。

同时还有

$$\sin\theta_{i0} = \frac{n_2}{n_1} \tag{12-28}$$

$$\theta_{i0} = \arcsin\left(\frac{n_2}{n_1}\right) \tag{12-29}$$

式中：θ_{i0} 为临界角。

当 $\theta_i > \theta_{i0}$ 时，即 $\theta_r > 90°$ 时便发生全反射现象，如图 12-26 所示，出射光不再发生折射而全部反射回来。

由图 12-26 可知，入射光线 AB 与纤维轴线 OO' 相交角为 θ_i，入射后折射（折射角为 θ_j）至纤芯与包层界面 C 点，与 C 点界面法线 DE 成 θ_k 角，并由界面折射至包层，CK 与 DE 夹角为 θ_r。由图可得出

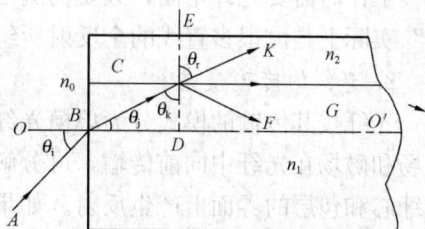

图 12-26 光纤导光示意图

$$n_0 \sin\theta_i = n_1 \sin\theta_j \tag{12-30}$$

$$n_1 \sin\theta_k = n_2 \sin\theta_r \tag{12-31}$$

可以推出

$$\sin\theta_i = \left(\frac{n_1}{n_0}\right)\sin\theta_j \tag{12-32}$$

由 $\theta_j = 90° - \theta_k$ 可得

$$\sin\theta_i = \left(\frac{n_1}{n_0}\right)\sin(90° - \theta_k) = \frac{n_1}{n_0}\cos\theta_k = \frac{n_1}{n_0}\sqrt{1 - \sin^2\theta_k} \tag{12-33}$$

由式（12-31）可推出

$\sin\theta_k = \left(\dfrac{n_2}{n_1}\right)\sin\theta_r$，并代入式（12-33）得

$$\sin\theta_i = \frac{n_1}{n_0}\sqrt{1 - \left(\frac{n_2}{n_1}\sin\theta_r\right)^2} = \frac{1}{n_0}\sqrt{n_1^2 - n_2^2 \sin^2\theta_r} \tag{12-34}$$

式中：n_0 为入射光线 AB 所在空间的折射率，一般空间中为空气，故 $n_0 \approx 1$；n_1 为纤芯折射率；n_2 为包层折射率。

当 $n_0 = 1$，可得

$$\sin\theta_i = \sqrt{n_1^2 - n_2^2 \sin^2\theta_r} \tag{12-35}$$

当 $\theta_r = 90°$ 的临界状态时，$\theta_i = \theta_{i0}$ 可得

$$\sin\theta_{i0} = \sqrt{n_1^2 - n_2^2} \tag{12-36}$$

纤维光学中将式（12-36）中的 $\sin\theta_{i0}$ 定义为数值孔径（Numerical Aperture，NA）。由于 n_1 与 n_2 相差较小，即 $n_1 + n_2 \approx 2n_1$，式（12-36）又可分解为

$$\sin\theta_{i0} \approx n_1\sqrt{2\Delta} \tag{12-37}$$

其中，$\Delta = (n_1 - n_2)/n_1$ 称为相对折射率差。

因此可以看出：

当 $\theta_r = 90°$ 时，$\sin\theta_{i0} = NA$ 或 $\theta_{i0} = \arcsin NA$；

当 $\theta_r > 90°$ 时，光线发生全反射，有如图 12-26 所示的夹角关系可以看出 $\theta_i < \theta_{i0} = \arcsin NA$；

当 $\theta_r < 90°$ 时，可以看出，这时 $\sin\theta_i > NA$，$\theta_i > \arcsin NA$，光线消失。

这说明 $\arcsin NA$ 是一个临界角，凡入射角 $\theta_i > \arcsin NA$ 的那些光线进入光纤后都不能传播，而在包层消失；相反，只有入射角 $\theta_i < \arcsin NA$ 的那些光线才可以进入光纤被全反射传播，并在光纤内部以同样的角度反复逐次反射，直至传播到另一端面。

工作时需要光纤弯曲，只要仍满足全反射定律，光线仍继续前进。可见这里的光线"转弯"实际上是由很多直线的全反射所组成。

2. 光纤的传输模式

光纤按其传输的模式分为单模光纤和多模光纤两类。光在纤芯中传播实际上就是交变的电场和磁场在光纤中向前传输，可分解为沿轴向和径向传播的平面波。沿径向传播的平面波在纤芯和包层的界面上产生反射。如果此波在一个往复（入射和反射）中相位变化为 2π 的整数倍，就能形成驻波。只有驻波并在 $2\theta_0$ 光锥角内射入光纤的光才能在光纤中传播，一种驻波就是一个模。在光纤中只能传输一定量的模．如纤芯直径为 $5\mu m$ 时只能传播一个模，便称为单模光纤；多模光纤纤芯直径为 $50\mu m$ 以上。

光纤按其中的折射率分布不同可分为阶跃型、梯度型和单孔型。

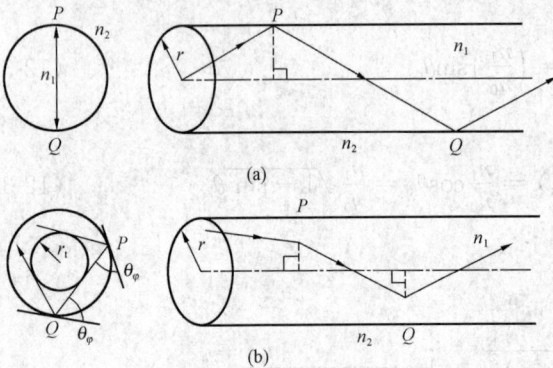

图 12-27　阶跃折射率光纤纤芯内的光纤路径
(a) 子午光线的锯齿路径；(b) 偏斜光线的螺旋路径及其在纤芯横截面上的投影

（1）阶跃型，也称为台阶型。为多模光纤，n_1 与 n_2 在界面处是突变的，如图 12-27（b）所示。均匀介质中光线轨迹是直线，光纤的传光机理在于光的全反射。光纤可视为圆柱波导，在圆柱波导中，子午光线的锯齿路径如图 12-27（a）所示，偏斜光线的螺旋路径及其在纤芯横截面上的投影如图 12-27（b）所示。为完整的确定一条光线，必须用两个参量，即光线在界面的入射角 θ 和光线与光纤轴线的夹角 φ。

1）子午光线。当入射光线通过光纤轴线，且入射角 θ_1 大于界面临界角 $\theta_0 = \arcsin\frac{n_2}{n_1}$ 时，光线将在柱体界面上不断发生全反射，形成曲折回路，而且传导光线的轨迹始终在光纤的主截面内。这种光线称为子午光线，包含子午光线的平面称为子午面。

设光线从折射率为 n_0 的介质通过波导端面中心点入射，进入波导后按子午光线传播。根据折射定律，当产生全反射时，要求 $\theta_1 > \theta_0$，因此有

$$\sin\varphi_0 \leqslant \frac{1}{n_0}(n_1^2 - n_2^2)^{1/2} \tag{12-38}$$

一般情况下，$n_0 = 1$（空气），则子午光线对应的最大入射角称为光纤的数值孔径

$$\sin\varphi_{0m}^{(m)} = (n_1^2 - n_2^2)^{1/2} = NA \tag{12-39}$$

它代表光纤的集光本领。在弱导条件下

$$NA \approx n_1(2\Delta)^{1/2} \tag{12-40}$$

2）斜射光线。当入射光线不通过光纤轴线时，传导光线将不在一个平面内，这种光线称为斜射光线。如图 12-28（a）所示。如果将其投影到端截面上，就会更清楚地看到传导光线将完全限制在两个共轴圆柱面之间，其中之一是纤芯-包层边界，另一个在纤芯中，其位置由角度 θ_1 和 φ_1 决定，称为散焦面。

显然，随着入射角 θ_1 的增大，内散焦面向外扩大并趋近为边界面。在达到极限条件下，

光纤端面的光线入射面与圆柱面相切（$\theta_1 = 90°$），在光纤内传导的光线演变为一条与圆柱表面相切的螺线，两个散焦面重合。如图 12-28（b）所示。

当满足全反射条件 $\sin\theta_1 \geqslant n_2/n_1$ 时，得到波导内允许的最大轴线角 $\varphi_{0m}^{(s)}$ 为

$$\sin\varphi_{0m}^{(s)} = \frac{(n_1^2 - n_2^2)^{1/2}}{n_1\cos\gamma} = \frac{\sin\varphi_{0m}^{(m)}}{n_1\cos\gamma} \tag{12-41}$$

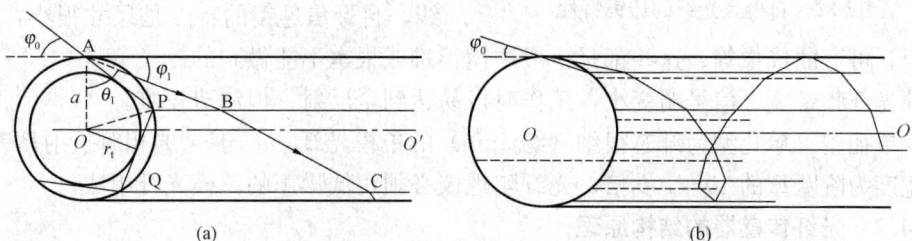

图 12-28　阶跃光纤中的斜射光线

(a) 入射角不为 90°；(b) 入射角为 90°

当 $n_0 = n_2 = 1$（空气）时，最大入射角为

$$\sin\varphi_{0m}^{(s)} = \frac{\sin\varphi_{0m}^{(m)}}{\cos\gamma} \tag{12-42}$$

式中：$\varphi_{0m}^{(m)}$ 是传导子午光线的最大入射角。

（2）梯度型，也称为渐变型。如图 12-29（c）所示，其折射率在中心轴上最大，沿径向逐渐变小，其分布大多数呈抛物线规律。采用这种光纤时，光射入光纤后会自动地从界面向轴心处会聚，故也称为自聚焦光纤。

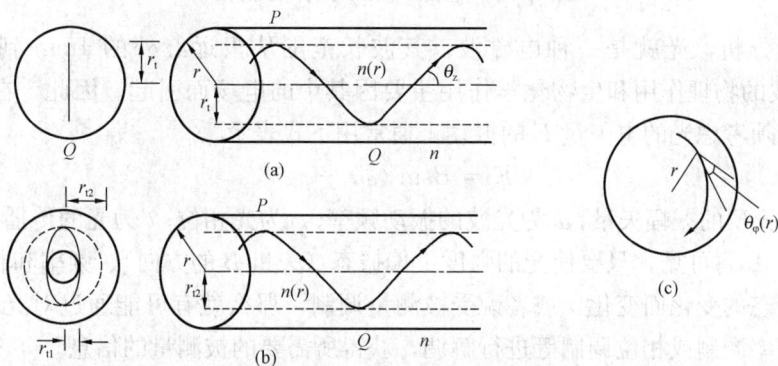

图 12-29　渐变折射率分布光纤纤芯内光线的路径及其在纤芯横截面上的投影

(a) 子午光线路径；(b) 斜射光线路径；(c) 投影和角向间的夹角 $\theta_\varphi(r)$

我们这里以平方率梯度光纤为例讨论光波的传播特性。平方率折射率分布光纤的 $n(r)$ 可表示为

$$n^2(\gamma) = n_1^2\left[1 - 2\Delta\left(\frac{\gamma}{a}\right)^2\right] \tag{12-43}$$

由光纤理论可以证明子午光线轨迹按正弦规律变化为

$$\gamma = \gamma_0\sin(\Omega z) \tag{12-44}$$

式中：γ_0、Ω 由光纤参量决定。

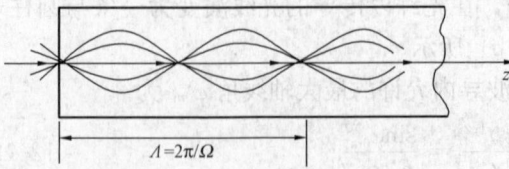

图 12-30　自聚焦光纤的透镜特性

一段 $\Lambda/4(\Lambda = 2\pi/\Omega)$ 长的自聚焦光纤与光学透镜作用相似，可以会聚光线和成像，其透镜特性如图 12-30 所示。两者的不同之处在于，一个是靠球面的折射来弯曲光线；一个是靠折射率的梯度变化来弯曲光线。自聚焦透镜的特点是尺寸很小，可获得超短焦距，可弯曲成像等。这些都是一般透镜很难或根本不能做到的。

这种光纤频带宽、信号畸变小，工作时极易达到全反射，但制造较难。

（3）单孔型。单孔型为纤芯很细（约 5pm）的单模光纤，n_1 与 n_2 的相对折射率差很小，其频带宽度为阶跃型的 $10\sim100$ 倍。光纤陀螺仪必须用低噪声的单模光纤组成。

12.4.2　光纤传感器的结构原理

光纤传感器则是一种把被测量的状态转变为可测光信号的装置，由光发送器、敏感元件（光纤或非光纤的）、光接收器、信号处理系统以及光纤构成，如图 12-31 所示。由光发送器发出的光经源光纤引导至敏感元件。在这一过程中，光的某一性质受到被测量的调制，调制后的光经接收光纤耦合到光接收器，使光信号变为电信号，最后经信号处理系统得到所期待的被测量。下面简单地分析光纤传感器光学测量的基本原理。

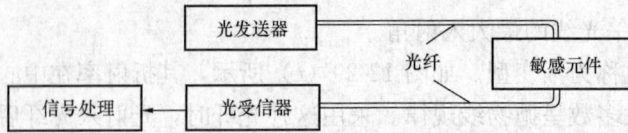

图 12-31　光纤传感器的结构示意图

从本质上分析，光就是一种电磁波，其波长范围从极远红外的 1mm 到极远紫外的 10nm。电磁波的物理作用和生物化学作用主要因其中的电场而引起。因此，在讨论光的敏感测量时，必须考虑光的电矢量 E 的振动。通常用下式表示

$$E = B\sin(\omega t + \varphi) \tag{12-45}$$

式中：B 为电场 E 的振幅矢量；ω 为光波的振动频率；φ 为光相位；t 为光的传播时间。

由式（12-45）可见，只要使光的强度、偏振态（矢量 B 的方向）、频率和相位等参量之一随被测量状态的变化而变化，或者说受被测量调制，那么就有可能通过对光的强度调制、偏制调制、频率凋制或相位调制等进行解调，获得所需要的被测量的信息。

12.4.3　光导纤维的主要参数

1. 数值孔径［NA］

数值孔径反映纤芯接收光量的多少，是标志光导纤维接收性能的一个重要参数。其意义是无论光源发射功率有多大，只有 $2\theta_i$ 张角之内的光功率能被光纤接收传播。理论上希望有大的数值孔径，这有利于耦合效率的提高，但在工程上数值孔径越大，光信号畸变也越严重，所以选择数值孔径的大小要综合考虑。

2. 光纤模式

光纤模式就是光波沿光导纤维传播的途径和方式。光的波动理论认为：在给定的光导纤维中，光线只是以某些角度入射时，所传播的光才会发生全反射，以不同角度入射的光线，

在界面上的反射次数是不同的，传递的光波之间的干涉所产生的横向强度分布叫做模式。在光导纤维中传播模式很多对信息的传输是不利的，因为同一光信号采取很多模式传播，就会使这一光信号分为不同时间到达接收端的多个小信号，从而导致合成信号的畸变，因此我们希望模式数量越少越好。阶跃型的圆筒波导内传播的模式数量可以简单表示为

$$V = \frac{\pi d \, (n_1^2 - n_2^2)^{\frac{1}{2}}}{\lambda_0} \tag{12-46}$$

式中：d 为光纤芯直径；λ_0 为光波波长。

我们希望 V 小，所以 d 不能太大，通常为几微米，一般不能超过几十微米。另外，n_2 与 n_1 之差应该很小，所以要求 n_2 与 n_1 之差不大于 1%。

3. 传播损耗

由于光纤纤芯材料的吸收、散射、光纤弯曲处的辐射损耗等的影响，光信号在光纤中的传播不可避免地要有损耗。以 A 来表示传播损耗（单位为 dB），则

$$A = aL = 10\lg \frac{I_0}{I} \tag{12-47}$$

式中：L 为光纤长度；a 为单位长度的衰减；I_0 为光导纤维输入端光强；I 为光导纤维输出端光强。

12.4.4 光纤传感器的分类

光纤传感器技术领域内，可以利用光学性质或光学现象制成很多光纤传感器。在过去短短的几十年内，已经研制出了百余种光纤传感器。归纳起来见表 12-1 所示的几类：其分类方法可根据光受被测量调制的形式或光纤在其中的作用，也可以根据光纤传感器中对光信号的检测方法的不同进行划分。

1. 根据被测对象对光的调制形式不同进行分类

（1）相位调制光纤传感器。如果敏感元件在被测对象的作用下折射率或传播常数发生变化，从而导致光的相位变化，并通过干涉仪检测这种相位变化而得到被测对象的信息，这种传感器称为相位调制传感器。常用的相位调制传感器有利用磁致伸缩效应的电流、磁场传感器，利用光弹效应的声、压力或振动传感器，利用电致伸缩的电场、电压传感器，利用 Sagnac 效应的旋转角速度传感器（光纤陀螺）等。这类传感器的灵敏度很高，但由于需用特殊光纤及特殊的检测技术，因此成本很高。

（2）频率调制光纤传感器。主要是利用由被测对象引起的光频率的变化进行监测。常用的频率调制传感器有：利用光致发光的温度传感器，利用物质受强光照射时的喇曼散射构成的测量气体浓度或监测大气污染的气体传感器，利用运动物体反射光和散射光的多普勒效应的光纤速度、流速、振动、压力、加速度传感器等。

表 12-1   光纤传感器的原理及分类

传感器		光学现象	被测量	光纤	分类
干涉型	相位调制光线传感器	干涉（磁致伸缩）	电流、磁场	SM、PM	a
		干涉（电致伸缩）	电场、电压	SM、PM	a
		Sagnac 效应	角速度	SM、PM	a
		光弹效应	振动、压力、加速度、位移	SM、PM	a
		干涉	温度	SM、PM	a

续表

传感器		光学现象	被测量	光纤	分类
非干涉型	强度调制光纤温度传感器	遮光板遮断光路	温度、振动、压力、加速度、位移	MM	b
		半导体透射率的变化	温度	MM	b
		荧光辐射、黑体辐射	温度	MM	b
		光纤微弯损耗	振动、压力、加速度、位移	SM	b
		振动膜或液晶的反射	振动、压力、位移	MM	b
		气体分子吸收	气体浓度	MM	b
		光纤漏泄膜	液位	MM	b
	偏振调制光纤温度传感器	法拉第效应	电流、磁场	SM	b, a
		泡克尔斯效应	电场、电压	MM	b
		双折射变化	温度	SM	b
		光弹效应	振动、压力、加速度、位移	MM	b
	频率调制光纤温度传感器	多普勒效应	速度、流速、振动、加速度	MM	b
		受激喇曼散射	气体浓度	MM	b
		光致发光	温度	MM	b

注　MM—多模；SM—单模；PM—偏振保持；a—功能型；b—非功能型。

（3）强度调制型光纤传感器。如果被测对象的变化能够引起敏感元件的折射率、吸收或反射等参数的变化，从而导致光强度变化，我们把利用这种现象做成的传感器称为强度调制型光纤传感器。常用的强度调制传感器有利用光纤的微弯损耗，各物质的吸收特性，振动膜或液晶的反射光强度的变化，物质的荧光辐射或光路的遮断等构成压力、振动、位移、气体等各种强度调制型光纤传感器。这类光纤传感器的优点是结构简单、容易实现、成本低。其缺点是受光源强度的波动和连接器损耗变化等的影响较大。

（4）偏振调制光纤传感器。这种传感器主要是利用光的偏振态的变化传递被测对象信息。常用的偏振调制光纤传感器有利用光在电场中的压电晶体内传播的泡克尔斯效应做成的电场、电压传感器，利用光纤的双折射性构成温度、压力、振动等传感器，利用物质的光弹效应构成的压力、振动或声传感器，以及利用光在磁场中媒质内传播的法拉第效应做成的电流、磁场传感器。这类传感器由于可以避免光源强度变化的影响，因此灵敏度较高。

2．根据光纤在传感器中的作用不同进行分类

（1）功能型光纤传感器。光在光纤内受被测量调制，光纤作为导光介质，同时也是敏感元件。因此这种传感器也称作全光纤型光纤传感器。功能型光纤传感器结构紧凑、灵敏度高，但是，它需用特殊光纤和先进的检测技术，成本较高，主要应用于光纤陀螺、光纤水听器等。

（2）非功能型光纤传感器。照在光纤型敏感元件上的光受被测量调制，光纤在其中仅起导光作用，因此这种传感器也称作传光型光纤传感器。非功能型光纤传感器无需特殊光纤及其他特殊技术，比较容易实现，因此成本较低，但是灵敏度也较低，主要应用于对灵敏度要求不太高的场合。目前大部分光纤传感器都是非功能型的。

（3）拾光型光纤传感器。拾光型光纤传感器工作时，被测对象辐射的光或被其反射、散射的光被光纤探头所接收，这里光纤仅作为接受器件，故称为拾光型光纤传感器。这类传感器主要应用于光纤激光多普勒速度计、辐射式光纤温度传感器等。

12.5 CCD 图像传感器

电荷耦合器件（Charge Coupled Device，CCD）是一种典型的固体图像摄像器件，由贝尔实验室的 W·S. Boyle 和 G. E·Smith 在 1970 年发明，它将光敏二极管阵列集成为一体，把入射到传感器光敏面上按空间分布的光强信息（可见光、红外辐射等），转换为按时序串行输出的电信号——视频信号，而视频信号能再现入射的光辐射图像，从而构成具有自扫描功能的 CCD 图像传感器。

CCD 图像传感器具有光电转换、信息存储和传输等功能，具有集成度高、功耗小、结构简单、寿命长、性能稳定等优点，因此在固体图像检测、信息存储与处理等方面得到了广泛的应用。作为高质量固体化的摄像器件成功地应用于广播电视、可视电话、无线电传真、军事、天文、医疗等领域，而且在生产过程自动检测和自动控制等领域已显示出广阔的前景和巨大的潜力。

12.5.1 电荷耦合器件的基本原理

1. 电荷存储

CCD 是一种半导体器件，其基本单元是 MOS（金属—氧化物—半导体）电容器。首先是在 N 型或 P 型硅衬底上生长一层很薄的 SiO_2，然后在 SiO_2 薄层上依次序沉积金属电极，这种按照一定规律紧密排列的 MOS 电容阵列组成的移位寄存器再加上两端的输入及输出二极管就构成了 CCD 芯片。需要注意的是，CCD 中的 MOS 电容器与 MOS 晶体管的工作原理不同，MOS 晶体管是利用栅极下的半导体表面形成的反型层（即沟道）进行工作. 而 CCD 是利用在栅极下半导体表面形成深耗尽状态工作的。CCD 的 MOS 结构及工作原理图如图 12-32 所示。以 P 型硅为例，在 P 型硅衬底上通过氧化在表面形成 SiO_2 层，然后在 SiO_2 上淀积一层金属为栅极，当在金属电极上加正偏压时，其所形成的电场穿过 SiO_2 薄层排斥 Si—SiO_2 界面附近的多数载流子—空穴，留下带负电的固定不动的同样数量的少数载流子。形成耗尽层（带负电荷区），此时称 MOS 电容器处于耗尽状态。如图 12-32（b）所示，与此同时，半导体表面处的电动势（称表面势或界面势）比内部高，故若附近有电子存在，将移向表面处。栅压 U_G 增加，表面势增加，表面积聚的电子浓度也增加。但在耗尽状态，耗尽区中电子浓度与体内空穴浓度相比可以忽略不计。当栅压 U_G 增大到超过某个特定电压 U_{th} 时，表面势进一步增加。此时，半导体表面上的电子层称为反型层。特定电压 U_{th} 是指半导体表面积累的电子浓度等于体内空穴浓度时的栅压，通常把 U_{th} 称为 MOS 管的开启电压。当 MOS 电容器栅压大于开启电压 U_g 时，由于表面势升高，如果周围存在电子，并迅速地聚集到电极下的半导体表面处，形象地说，在 Si—SiO_2 界面处形成电子势阱，势阱积累电子的容量取决于势阱的"深度"，势阱的深浅取决于栅电压的大小。

CCD 在工作过程中，会往表面势阱中注入电子，这些电子就是信号电荷。势阱中有信号电荷注入时，耗尽层深度和表面势将随电荷的增加而减小，如图 12-32（b）所示。信号电荷可用光注入或电注入两种方法。在 CCD 在用做图像传感时，常采用光注入方式。光注入信号电荷的过程是 CCD 器件受光照后，光子被半导体吸收，产生电子-空穴对；这时. 多数载流子流入硅底内。而少数载流子——电子被吸引，存贮在较深的势阱中，形成"电荷包"。光越强. 势阱中收集的电子越多。光越弱，势阱中的电子越少。因此势阱中电子的多

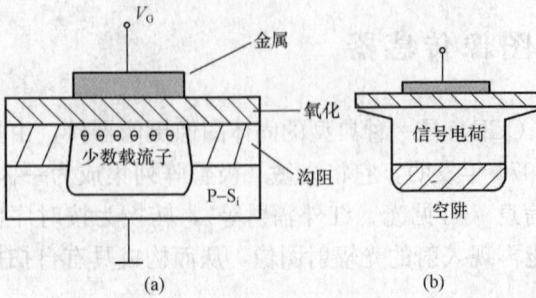

图 12-32　CCD 半导体器材
（a）结构；（b）工作原理图

少就反映像的明暗程度，实现了光与电子之间的转换。CCD 在用做信号处理或存储器件时，电荷输入采用电注入。所谓电注入就是 CCD 通过输入结构对信号电压或电流进行采样，将信号电压或电流转换为信号电荷。常用的输入结构是采用一个输入二极管、一个或几个控制输入栅实现电输入。

值得注意的是，在形成势阱时，没有外来的信号电荷，则势阱中或势阱附近由于热效应产生的少数载流子将积聚到势阱口，逐渐填满势阱。其产生的电流叫"暗电流"。通常，这个过程是非常缓慢的。因此，如果加上阶跃的栅压 $U_G > U_{th}$，则在短时期内，如果没有外来的电子填充，半导体就处于非平衡状态，此时称为深耗尽。上面提到的势阱就是指深耗尽条件下的表面势。

当热运动产生的多数载流子通过衬底跑掉，称此时的 MOS 结构达到了稳定状态（热平衡态）。这一过程的建立需要一定时间，也就是需要一段过渡过程，才能达到热平衡稳定状态。这一时间常数称为存储时间。优质的硅材料的存储时间长达数秒到数秒甚至分的数量级。此时，不能再向势阱注入信号电荷。

因此，利用反型前的"非平衡态"，人为地注入信号电荷（电注入或光注入），这就是 CCD 的工作条件。

2. 电荷转移

CCD 不仅能实现信号电荷的存储，还能实现信号电荷的转移。根据加在 MOS 电容器上的电压愈高，产生的势阱愈深的原理，通过控制相邻 MOS 电容栅极电压的高低调节势阱的深浅，使信号电荷由势阱浅处流向势阱深处。制造时需 MOS 电容紧密排列，使相邻的 MOS 电容势阱相互"沟通"，即相互耦合。当相邻 MOS 电容两电极之间的间隙足够小（目前工艺可做到 $0.2\mu m$），在信号电荷自感生电场的库仑力推动下，就可使信号电荷由浅处流向深处，实现信号电荷转移。

同时为了使 CCD 中电荷的转移必须按照确定的方向，在 MOS 阵列上所加的各路电压脉冲（即时钟脉冲），必须严格满足相位要求，使得任何时刻势阱的变化总是朝着一个方向。例如，电荷是向右转移的，则任何时刻，当存有信号的势阱抬起时，在它右边的势阱总比它左边的深，这样就保证了电荷始终朝右边转移。

为了实现这种定向转移，在 CCD 的 MOS 阵列上划分成以几个相邻 MOS 电荷为单元的无限循环结构。每一单元称为一位，将每一位中对应位置上的电容栅极分别连到各自共同的电极上，此共同电极称相线。例如，把 MOS 线列电容划分成相邻三个为一单元，其中第 1、4、7、⋯电容的栅极连接在同一根相线上，第 2、5、8、⋯连接到第二个共同相线上，第 3、6、9、⋯则连接到第三个共同相线上。显然，一位 CCD 中含有的电容个数即为 CCD 的相数。每相电极连接的电容个数一般来说即为 CCD 的位数。通常 CCD 有二相、三相、四相等几种结构，它们所施加的时钟脉冲也分别为二相、三相、四相。二相脉冲的两种脉冲相位相差 180°，三相脉冲及四相脉冲的相位差分别为 120° 及 90°。当这种时序脉冲加到 CCD 的无限循环结构上时，将实现信号电荷的定向转移。

下面我们着重介绍三相 CCD 结构及工作原理。图 12-33 所示为信号电荷的转移原理图。在时刻 t_1 第一相时钟 ϕ_1 处于高电压，ϕ_2、ϕ_3 处于低压。这时第一组电极（1、4、7…）下面形成深势势阱，在这些势阱中可以贮存信号电荷形成"电荷包"，如图 12-33 所示。在 t_2 时刻 ϕ_1 电压线性减小，ϕ_2 为高电压，在第一组电极下的势阱变浅，而第二组电极（2、5、8…）下形成深势阱，信号电荷从第一组电极下面向第二组电极转移，直到 t_3 时刻，ϕ_3 为高压，ϕ_1、ϕ_2 为低压，信息电荷全部转移到第二组电极下面。而 ϕ_1 电极下形成的势垒可防止电

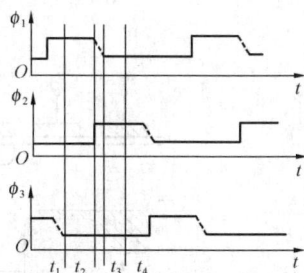

图 12-33　信号电荷的转移
原理图

荷向左运动，至此，信息电荷已全部转移到 ϕ_2 电极下的势阱中。重复上述类似过程，信号电荷可从 ϕ_2 转移到 ϕ_3，然后从 ϕ_3 转移到 ϕ_1 电极下的势阱中，当三相时钟电压循环一个时钟周期时，电荷包向右转移一级（一个像元），依次类推，信号电荷不断向右转移，直到最后位依次不断地向外输出。

3. 电荷输出

为了便于检测信号电荷的大小，还应该有一个输出结构，将 CCD 中的信号电荷变换为电流或电压输出。输出二极管电流法和电荷积分选通输出法是 CCD 信号电荷读出的常用方法。

输出二极管电流法在线列阵末端衬底上扩散形成输出二极管，当二极管加反向偏置时，PN 结区产生耗尽层。当信号电荷通过输出栅 G_0 转移到二极管耗尽区时，将作为二极管的少数载流子而形成反向电流输出。输出电流的大小与信息电荷大小成正比，并通过负载电阻 R_L 变为信号电压 U_0 输出。

图 12-34 所示为一种简单的输出结构，它由集成在 CCD 芯片上的输出栅 G_0、输出反偏二极管、复位管 VT1 和输出跟随器 VT2 组成。VT1 和 VT2 为 MOS 场效应晶体管。其中 MOS 管的栅电容起到对电荷积分的作用。该电路的工作原理为：当在复位管栅极加上一正脉冲时，VT1 导通，其漏极直流偏压 U_{RD} 预置到 A 点。当 VT1 截止后，ϕ_3 变为低电平时，信号电荷被送到 A 点的电容上，使 A 点的电位降低。输出 G_0 上可以加上直流偏压，以使电荷通过。A 点的电压变化可从跟随器 VT2 的源极测出。A 点的电压变化量 ΔU_A 与 CCD 输出的电荷量有一定关系。

如果要检测下一个电荷包，则必须在复位管 VT1 的栅极再加一正脉冲，使 A 点电位恢复。因此，检测一下电荷包，在输出端就得到一个负脉冲，该负脉冲的幅度正比于电荷包的大小，这相当于信号电荷对输出脉冲幅度进行调制，所以，在连续检测从 CCD 中转移出来的信号电荷包时，输出为脉冲调幅信号。

CCD 输出信号的特点是：信号电压是在浮置电平基础上的负电压，而且每个电荷包的输出占有一定的时间长度 T，同时在输出信号中叠加有复位期间的高电平脉冲。对 CCD 的输出信号进行处理时，为了去除浮置电平、复位高脉冲及抑制噪声，常常采用采样技术。

12.5.2　CCD 图像传感器的工作原理

将 CCD 的电荷存储、转移的概念与半导体的光电性质相结合，就构成了 CCD 图像传感器。电荷耦合摄像器件可以有很多种分类方法，按结构可分为线阵 CCD 和面阵 CCD，按光

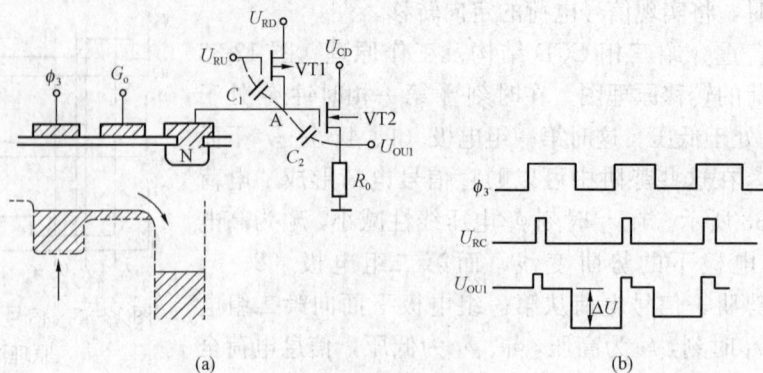

图 12-34　电荷积分选通输出电路及时钟波形

(a) 选通电荷积分输出电路；(b) 驱动时钟波形和输出波形

谱可分为可见光 CCD、红外 CCD、X 光 CCD 和紫外 CCD。可见光 CCD 又可分为黑白 CCD、彩色 CCD 和微光 CCD。我们主要介绍线阵 CCD、面阵 CCD 和彩色 CCD 的工作原理。

1. 线阵 CCD

线阵 CCD 可分为双沟道传输与单沟道传输两种结构，如图 12-35 所示。两种结构的工作原理基本相同，但性能略有差别，在同样光敏元数情况下，单沟道转移次数为双沟道的两倍。但是双沟道传输的两路输出总有一定的不对称。

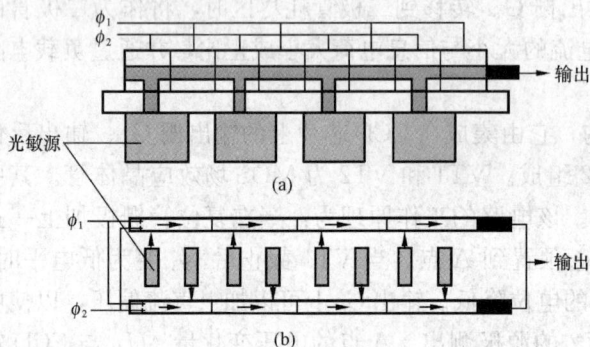

图 12-35　线阵 CCD 的两种传输结构

(a) 单沟道传输结构；(b) 双沟道传输结构

下面以单沟道传输器件为例说明工作原理。图 12-36 所示一个有 N 个光敏元的线阵 CCD，主要有光敏区、转移栅、模拟移位寄存器（即 CCD）、电荷注入电路、信号读出电路等几部分组成。光敏区的 N 个光敏元排成一列，光敏元主要有 MOS 结构和光电二极管结构（CCPD）两种结构。由于 CCPD 无干涉效应、反射损失以及对短波段的吸收损失等，在灵敏度和光谱响应等光电特性方面优于 MOS 结构光敏元，因此目前普遍采用光电二极管结构。转移栅位于光敏区和 CCD 之间，用来控制元势阱中的信号电荷向 CCD 中转移。模拟移位寄存器（即 CCD）通常有二相、三相等几种结构，我们以两相结构为例，一相为转移相，即光敏元下的信号电荷先转移到第一个电极下面。排列上，N 位 CCD 与 N 个光敏元一一对齐，每一位 CCD 有两相。最靠近输出端的那位 CCD 称为第一位，对应的光敏元为第一个光敏元，依次及远。各光敏元向 CCD 的各转移沟道之间有沟阻隔开，而且只能通向每位 CCD 中的第一相。电荷注入部分，主要用来检测器件的性能，在表面沟道器件中则用来注入"胖零"信号，填充表面态，以减小表面态的影响，提高转移效率。

图 12-37 所示为两相线阵 CCPD 器件工作波形图，光敏单元始终进行光积分，当转移栅

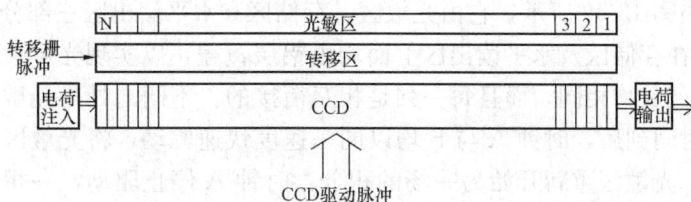

图 12-36　单沟道传输器件工作原理图

加高电平时, ϕ_1 电极下也为高电平, 光敏区和 ϕ_1 电极下的势阱接通, N 个光信号电荷包并行转移到相对应的那位 CCD 中, 然后, 转移栅加低电平, 将光敏区 ϕ_1 电极下的势阱隔断, 进行下一行积分。而 N 个电荷包依次沿着 CCD 串行传输, 每驱动一个周期, 各信号电荷包向输出端方向转移一位, 第一个驱动周期输出的为第一个光敏元信号电荷包; 第二个驱动周期输出的为第二个光敏信号电荷包, 依次类推, 第 N 个驱动周期传输出来的为第 N 个光敏元的信号电荷包。当一行的 N 个信号全部读完, 产生一个触发信号, 使转移栅变为高电平, 将新一行的 N 个光信号电荷包并行转移到 CCD 中, 开始新一行信号传输和读出。

2. 面阵 CCD

面阵 CCD 摄像器件可分为行间转移结构与帧转移结构两种结构。

图 12-38 所示为行间转移结构, 排列方式采用了光敏区与转移区相间的结构, 相当于将若干个单沟道传输的线阵 CCD 图像传感器按垂直方向并排, 再在垂直阵列的尽头

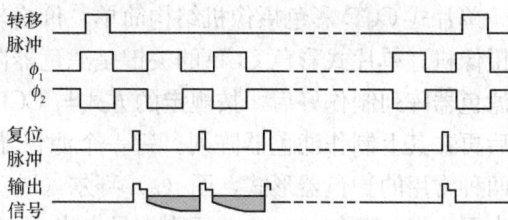

图 12-37　两相线阵 CCPD 器件工作波形图

设置一条水平 CCD, 水平 CCD 的每一位与垂直列 CCD 一一对应, 相互衔接。在工作时, 水平 CCD 每驱动一行信息读完, 就进行消隐。在消隐期间, 垂直 CCD 向上传输一次, 即向水平 CCD 转移一行信号电荷, 然后, 水平 CCD 又开始新的一行信号读出。依次循环, 直至将整个一场信号读完, 进入消隐。在场消隐期间, 右将新的一场光信号电荷从光敏区转移到各自对应的垂直 CCD 中。然后, 再开始新一场信号的逐行读出。

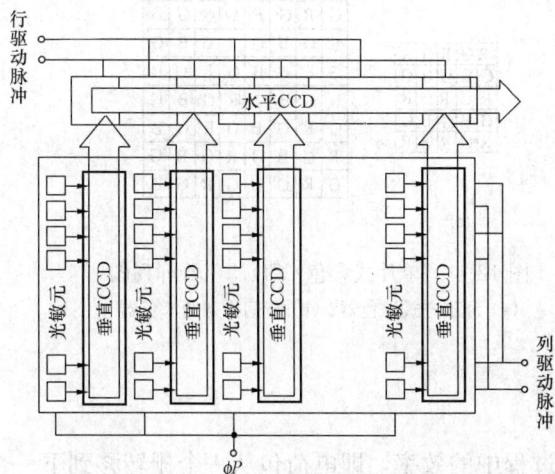

图 12-38　面阵 CCD 行间转移结构图

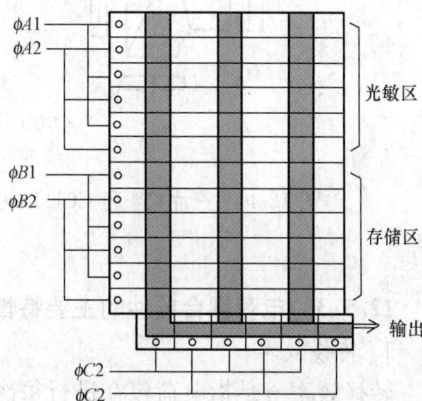

图 12-39　帧转移结构

帧转移结构如图 12-39 所示，它由光敏区、存储区和水平读出区三部分组成。这三部分都是 CCD 结构，在存储区及水平读出区上面均由铝层覆盖，以实现光屏蔽。光敏区与存储区 CCD 的列数及位数均相同，而且每一列是相互衔接的。不同之处是光敏区面积略大于存储区，当光积分时间到后，时钟 A 与 B 均以同一速度快速驱动，将光敏区的一场信息转移到存储区。然后，光敏区重新开始另一场的积分；时钟 A 停止驱动，一相停在高电平，另一相停在低电平。同时，转移到存储区的光信号逐次向水平 CCD 转移，再由水平 CCD 快速读出。光信号存储到水平 CCD 的转移过程与行间转移面阵 CCD 相同。

两种面阵结构各有优点：行间转移比帧转移的次数少，帧转移的光敏区占空因子比行间转移高。

3. 彩色 CCD

为了形成彩色信号，彩色 CCD 摄像机目前主要有三片式和单片式两种。

三片式 CCD 是传统的摄像方式，该方式用分色棱镜将入射光分成红（R）、绿（G）、蓝（B）三原色。然后由配制在后面的 CCD 器件转移为电信号。三片式 CCD 成像质量好，主要用于电视台等高质量的摄像机，如图 12-40 所示。

单片式 CCD 彩色摄像机结构简单、价格较低，是目前工业、家用摄像机中占主导的彩色摄像机。单片式彩色 CCD 的关键是滤色器阵列。滤色器阵列的制作方法有两种：一种是将滤色器阵列制作好后，按规定的方式与 CCD 器件组合在一起；另一种则是在 CCD 制作完毕后再在其上制作滤色器阵列。每一个滤色器单元对应一个 CCD 光敏单元。图 12-41 所示是两种常用的滤色器形式，图（a）拜尔（Bayer）方式滤色器中，从色单元的数量看绿色信号占了一半，而红、蓝色单元则占另一半，在这种方式中的亮度信号从绿色单元取出。这种排列方式在行间转移 CCD 期间和隔行读出的其他器件中，由于奇数场只能取出 R、G 信号，而偶数场只能取出 G、B 信号，因此重现的彩色图像会引起黄、蓝闪烁。图（b）行间排列的滤色器方式中，绿色单元的位置和数量均不变化，而使红、蓝色在各行都有，显然这种方式可以克服拜尔方式滤色器的缺陷。

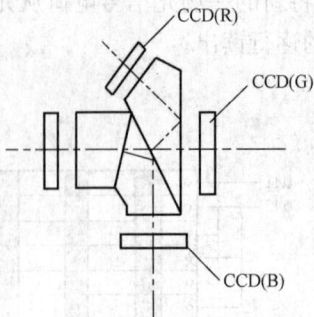

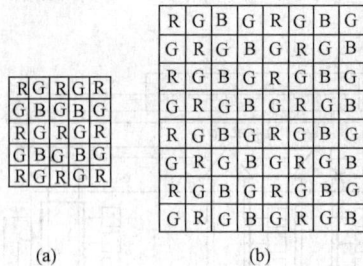

图 12-40　三片式彩色 CCD 结构图　　图 12-41　单片式彩色 CCD 滤色器阵列图
（a）拜尔方式滤色器；（b）行间排列的滤色器

12.5.3　电荷耦合器件的主要特性参数

1. 转移效率

转移效率 η 是指电荷包在进行每次转移过程中的效率，即电荷包从一个栅转移到下一个栅时，有 η 部分的电荷转移过去，余下 ε 部分没有被转移，ε 称转移损失率，根据电荷守恒原

理

$$\eta = 1 - \varepsilon \tag{12-48}$$

由定义可知一个电荷为 Q_0 的电荷包，经过 n 次转移后的输出电荷量为

$$Q_n = Q_0 \eta^n \tag{12-49}$$

即总效率为

$$\frac{Q_n}{Q_0} = \eta^n \tag{12-50}$$

由于 CCD 中的信号电荷包大都要经过多次的转移，即使 η 值几乎接近 1，但其总的效率往往仍然很低。如二相 1024 位器件，当 $\eta = 0.999$ 时，总效率不到 0.13。因此，器件的位数不能太长。

2. 暗电流和噪声

CCD 成像器件在既无光注入又无电注入的情况下输出信号称暗信号，即暗电流，主要由输入电路、寄存器、输出电路引起。实际使用时，光敏区不均匀的暗电流引起的噪声往往会成为器件的噪声，环境温度高时更为严重。CCD 中暗电流密度的分布是不均匀的。所以，我们通常以平均暗电流密度来表征暗电流的大小。暗电流的危害主要是限制了 CCD 驱动频率的低频限和引起固定图像噪声。

3. 灵敏度

对于一定的辐射来说，单位光量所对应的输出信号电压称为灵敏度（或响应度），它等于输出电压与光量之比，单位为 V/W（A/W）。目前线阵 CCD 摄像器件大多采用 PN 结光敏二极管作光敏元，一般灵敏度为 $2 \sim 4\text{V}/(\mu\text{J}/\text{cm}^2)$。

4. 光谱特性

CCD 的光谱响应是指等能量相对光谱响应，最大响应指归一化为 100% 所对应的波长，称峰值波长 λ_{max}，通常将 10%（或更低）的响应点所对应的波长称截止波长。有长波端的截止波长与短波端的截止波长，两种截止波长之间所包括的波长范围称光谱响应范围。本征硅的光谱响应范围一般为 $0.4 \sim 1.1 \mu\text{m}$。光谱响应曲线的形状还受光敏面的结构、介质的折射率、厚度、光的入射角、消光系数等因素影响。

5. 分辨率

分辨率是摄像器件最重要的参数之一，是指摄像器件中明暗细节的分辨能力。CCD 摄像器件的成像，实质上是由空间上分立的光敏元对入射光学图像进行离散采样的结果。而光敏元一般呈周期性排列，其采样频率可用每毫米中的单元数（空间采样频率）来表示。根据奈奎斯特定理，摄像器件能分辨的最高频率（分辨率）等于其空间采样频率的一半。

6. 动态范围与线性度

CCD 成像器件动态范围的上限决定于光敏元势阱信号容量，下限决定于摄像器件能分辨的最小信号，即等效噪声信号，故 CCD 摄像器件的动态范围定义为

$$动态范围 = \frac{光敏元满阱信号}{等效噪声信号} \tag{12-51}$$

等效噪声信号指 CCD 正常工作条件下，无光信号时的总噪声，等效噪声信号可用峰峰值，也可用均方根值表示。通常噪声峰峰值为均方根值的 δ 倍，因此由两种值算得的动态范围也相差 δ 倍。

通常 CCD 摄像器件光敏元的满阱容量为 $10^6 \sim 10^7$ 电子，均方根总噪声约 10^3 电子数量级，动态范围在 $10^3 \sim 10^4$ 数量级。

线性度是指在动态范围内，输出信号与曝光量的关系是否成直线关系。

通常在弱信号及接近满阱信号时，线性度比较差。在弱信号时器件噪声影响大，信噪比低，引起一定的离散性；在接近满阱时，由于光敏元下耗尽区变窄，使量子效率下降，灵敏度降低，因此会使线性度变差。在动态范围的中间区域，线性度较好。

12.6　机 器 人 传 感 器

机器人是计算机控制的能模拟人的感觉、手工操纵，具有自动行走能力、能够有效工作的装置。按照功能，机器人已经发展到了第三代，而传感器在机器人的发展过程中起着举足轻重的作用。

第一代机器人是一种进行重复操作的机械，即通常所说的机械手。它虽配有电子存储装置，能记忆重复动作，然而，因没有采用传感器，所以没有适应外界环境变化的能力。第二代机器人已初步具有感觉和反馈控制的能力，能进行识别、选取和判断，这是由于采用了传感器，使机器人具有了初步的智能，因而传感器的采用与否已成为衡量第二代机器人的重要特征。第三代机器人为高一级的智能机器人，具有自我学习、自我补偿、自我诊断能力，具备神经网络。"电脑化"是这一代机器人的重要标志。

机器人的应用范围日益广泛，要求它能从事更加复杂的工作，对变化的环境能有更强的适应能力，能进行更精确的定位和控制，这就对传感器的应用提出了更高的要求。机器人需要更多的、性能更好的、功能更强的、集成度更高的传感器，这是当前一个非常重要的研究课题。

12.6.1　机器人传感器的结构与分类

机器人传感器可以定义为一种能将机器人目标物特性（或参量）变换为电量输出的装置。机器人通过传感器实现类似于人的知觉作用，被称为机器人的电五官。

机器人传感器可分为内部检测传感器和外部检测传感器两大类。

内部检测传感器是以机器人本身的坐标轴来确定其位置的，安装在机器人自身中用来感知机器人自己的状态，以调整和控制机器人的行动，通常由位置、加速度、速度及压力传感器组成。

外界检测传感器用于机器人对周围环境、目标物的状态特征获取信息，使机器人和环境能发生交互作用，从而使机器人对环境有自校正和自适应能力。外界检测传感器通常包括触觉、接近觉、视觉、听觉、嗅觉等传感器。

各种传感器的结构各有不同，现仅以触觉传感器为例说明。

人的皮肤内分布着多种感受器，能产生多种感觉。一般认为皮肤感觉主要有四种：触觉、冷觉、温觉和痛觉。不同感觉的感受区在皮肤表面呈互相独立的点状分布，如用纤细的毛轻触皮肤表面时，只有当某些特殊的点被触及时才能引起触觉。

机器人的触觉是对人的触觉的某些模仿，是机器人和对象物之间直接接触的感觉，包括以下几种。

（1）触觉：手指与被测物是否接触，接触图形的检测。

（2）压觉：垂直于机器人和对象接触面上的力传感器。

（3）力觉：机器人动作时各自由度的力感觉。

（4）滑觉：物体向着垂直于手指把握面的方向移动或变形。

机器人的触觉功能主要有以下两方面。

（1）检测功能：对操作物进行物理性质检测，如表面光洁度、硬度等，目的主要是为了感知危险状态，实施自我保护；灵活地控制手爪及关节的操作；使操作具有适应性和顺从性。

（2）识别功能：识别对象物的形状，如识别接触到的表面形状。

近年来，为得到更完善、更拟人的触觉传感器，人们进行了所谓"人工皮肤"的研究，这种"皮肤"实际上也是一种由单个触觉传感器按一定形状（如矩阵）组合在一起的阵列式触觉传感器。这种传感器的密度较大、体积较小、精度较高，特别是接触材料本身就是敏感材料，这些都是其他结构的触觉传感器很难达到的。"人工皮肤"传感器可用于表面形状和表面特性的检测。目前的"皮肤"触觉传感器的研究主要在两个方面：一是选择更为合适的敏感材料，现有的材料主要有导电橡胶、压电材料、光纤等；二是将集成电路工艺应用到传感器的设计和制造中，使传感器

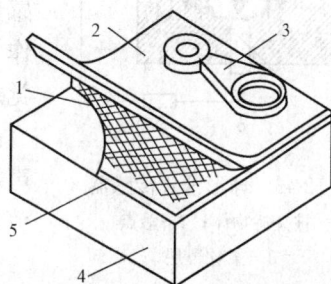

图 12-42 PVF2 阵列式触觉传感器
1—电气接线；2—PVF2膜；3—识别对象；4—底座盒；5—印刷电路板

和处理电路一体化，得到大规模或超大规模阵列式触觉传感器。图 12-42 所示为 PVF2 阵列式触觉传感器。

触觉信息的处理一般分为两个阶段：第一个阶段是预处理，主要是对原始信号进行"加工"；第二阶段则是在预处理的基础上，对已经"加工"过的信号作进一步的"加工"，以得到所需形式的信号。经这两步处理后，信号就可用于机器人的控制。

压觉指的是对手指给予被测物的力，或者加在手指上的外力的感觉。压觉用于握力控制与手的支撑力检测，基本要求是小型轻便、响应快、阵列密度高、复现性好、可靠性高。目前，压觉传感器主要是分布型压觉传感器，通过把分散敏感元件阵列排列成矩阵式格子而得到的。导电橡胶、感应高分子、应变计、光电器件和霍尔元件常被用作敏感元件单元，这些传感器本身相对于力的变化基本上不发生位置变化。

力觉传感器的作用主要是：感知是否夹起了工件或是否夹持在正确位置；控制装配、打磨，研磨的质量；装配中提供信息，以产生后续的修正补偿运动来保证装配的质量和速度；防止碰撞、卡死和损坏机件。

压觉是一维力的感觉，而力觉则为多维力的感觉。因此，用于力觉的触觉传感器，为了检测多维力的成分，要把多个检测元件立体地安装在不同的位置上。力觉传感器主要有应变式、压电式、电容式、光电式等。由于应变式的价格便宜、可靠性好、易于制造，故被广泛采用。

另外，机器人要抓住属性未知的物体时，必须确定自己最适当的握力目标值，因此需检测出握力不够时所产生的物体滑动。利用这一信号，在不损坏物体的情况下，牢牢抓住物体，为此设计的滑动检测器，叫滑觉传感器。如图 12-43 所示为一种球形滑觉传感器。该传感器的主要部件是一个如同棋盘一样、相间地用绝缘材料盖住的小导体球。球表面的任意两个地方安上接触器。接触器触点接触面积小于球面上露出的导体面积。球与被握物体相接

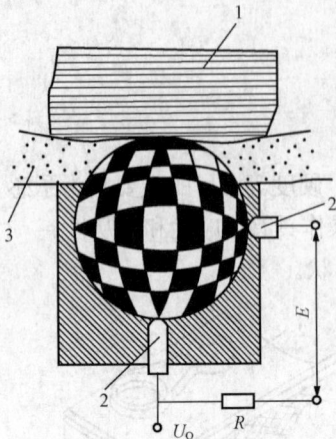

图 12-43 球形滑觉传感器

1—被夹持物体；2—触点；

3—柔软覆层

触，无论滑动方向如何，只要球转动，传感器就会产生脉冲输出。应用适当的技术，球的尺寸可以变得很小，减小球的尺寸和传导面积可以提高检测灵敏度。

12.6.2 机器人传感器的应用

1. 接近觉传感器

接近觉传感器是机器人能感知相距几毫米至几十厘米内对象物或障碍物的距离、对象物的表面性质等指标所用的传感器，其目的是在接触对象前得到必要的信息，以便后续动作，这种感觉是非接触的，实质上可以认为是介于触觉和视觉之间的感觉。

接近觉传感器有电磁式、光电式、电容式、气动式、超声波式和红外式等类型。相关传感器的具体原理已在前面章节详细讲解，在此仅做简单介绍。

(1) 电磁式：利用涡流效应产生接近觉。如图 12-44 所示，加有高频信号 I_s 的励磁线圈 L 产生的高频电磁场作用于金属板，在其中产生涡流，该涡流反作用于线圈，通过检测线圈的输出可以反映出传感器与被接近金属间的距离，这种接近传感器精度高、响应快、可在高温环境下使用，但检测对象必须是金属。

(2) 电容式：利用电容量的变化产生接近觉。当忽略边缘效应时，平板电容器的电容量为

$$C = \frac{\varepsilon A}{d} = \frac{\varepsilon_r \varepsilon_0 A}{d} \tag{12-52}$$

式中　A——极板正对面积；

　　　d——极板间距；

　　　ε——极板间介质的介电常数；

　　　ε_r——相对介电常数；

　　　ε_0——真空介电常数。

电容接近觉传感器如图 12-45 所示，传感器本体由两个极板组成，极板 1 由一个固定频率的正弦波电压激励，极板 2 外接电荷放大器，0 为被接近对象，在传感器两极板和被接近

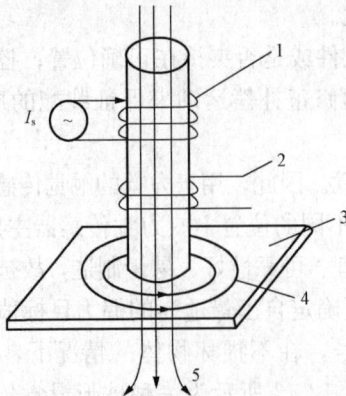

图 12-44 电磁式接近传感器

1—励磁线圈；2—检测线圈；3—金属面；4—涡流；5—磁束

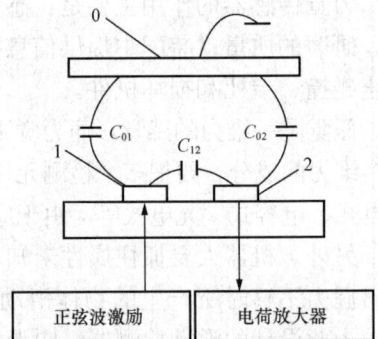

图 12-45 电容接近觉传感器

0—被接近对象；1，2—极板

物三者之间形成了一个交变电场。当靠近被测对象时，极板 1、2 之间的电场受到了影响，电场变化引起了极板 1、2 间电容 C_{12} 的变化。由于电压幅值恒定，所以电容变化又反映为极板 2 上电荷的变化。因此只需在实际测量时，将电容的变化转换成电压的变化，从而导出电压与距离的对应关系，就可由检测出的电压值确定与被接近对象的距离。

（3）其他类型：其他类型的接近觉传感器也得到了广泛的使用，如超声波式接近传感器适于较长距离和较大物体的探测，如对建筑物等进行探测。因此，一般把它用于机器人的路径探测和躲避障碍物。

红外线式接近传感器可以探测到机器人是否靠近人或其他热源，这对安全保护和改变机器人行走路径有实际意义。

光电式接近传感器的应答性好，维修方便，目前应用很广，但是其使用环境受到一定的限制，如对象物体颜色、粗糙度和环境亮度等。

2. 视觉传感器

人的眼睛是由含有感光细胞的视网膜和附属的折光系统等部分组成。人眼的适宜刺激波长为 $370\sim740\text{nm}$ 的电磁波，在这个光谱内，人眼通过接收来自视网膜的传入信息，可以分辨出视网膜像的不同亮度和色泽，因而可以看清视野内发光物体或反光物体的轮廓、形状、颜色等情况，使自然界形形色色的物体在人脑中得到反映。视网膜上有两种感光细胞，视锥细胞主要感受白天的景象，视杆细胞感受夜间景象。人的视锥细胞大约有 700 多万个，是听觉细胞的 3000 多倍，因此在各感官获取的信息中，视觉约占 80%。对机器人来说，视觉传感器同样也是最重要的。机器人视觉系统通常是利用光电传感器构成的，其作用的过程如图 12-46 所示。

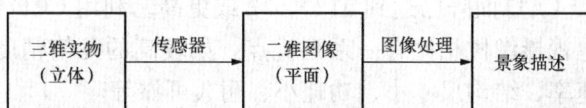

图 12-46　机器人视觉作用过程

客观世界中三维实物经传感器（如摄像机）成为平面的二维图像，再经处理部件给出景象的描述，由于实际的三维实物形态和特征相当复杂，特别是识别的背景千差万别，而机器人视觉传感器的视角又在时刻变化，引起图像时刻发生变化，所以机器人视觉在技术上的处理难度是很大的。

机器人视觉系统要能达到实用，至少要满足以下几方面的要求。首先是实时性，随着视觉传感器分辨率的提高，每帧图像所要处理的信息量大增，识别一帧图像往往需要十几秒，无法进入实用；随着硬件技术的发展和快速算法的讲究，识别一帧图像的时间可在 1s 左右，这可以满足大部分作业的要求。其次是可靠性，因为视觉系统若做出误识别，轻则损坏工件或机器人，重则可能危及操作人员的生命，所以必须要求视觉系统工作可靠。再次是要有柔性，即系统能适应物体的变化和环境的变化，工作对象多种多样，要能从事各种不同的作业。最后是价格适中，一般视觉系统占整个机器人价格的 10%～20% 比较合适。

在空间中判断物体的位置和形状一般需要两类信息：距离信息和明暗信息。视觉系统主要解决这两方面的问题，当然作为物体视觉信息来说还有色彩信息，但它对物体的识别不如前两类信息重要，所以在视觉系统中用得不多。获得距离信息的方法可以有超声波、激光反射法、立体摄像法等；而明暗信息主要靠电视摄像机、CCD 固态摄像机来获得。

机器人可应用以下方式构建自己的视觉系统：

（1）人工视网膜：用光电管阵列代替视网膜感受光信号，光电管的电阻随所受光照度而变化。最简单的形式是 3×3 的光电管矩阵，多的可达 256×256 个像素的阵列甚至更高。

以 3×3 阵列为例进行字符识别。像分为正像和负像两种：对于正像，物体存在的部分用"1"表示，否则以"0"表示；将正像各点数字减 1 即得负像。以数字 1 为例，由 3×3 阵列得到的正、负像如图 12-47 所示；若输入字符 I，所得正、负像如图 12-48 所示，上述正、负像可作为标准图像存储起来。如果工作时得到数字字符 1 的输入，其正、负像与已存的像进行比较，把正像和负像相关值的和作为衡量图像信息相关性的尺度，在两者比较中，是 1 的可能性远比是 I 的可能性大，前者总相关值是 9，等于阵列中光电管的总数，这表示所输入的图像信息与预先存储的图像 1 的信息是完全一致的，由此可判断输入的数字字符是 1 不是 I 或其他。

```
     0 1 0           -1 0 -1              1 1 1          0 0 0
正   0 1 0       负  -1 0 -1          正  0 1 0      负  -1 0 -1
像   0 1 0       像  -1 0 -1          像  1 1 1      像  0 0 0
```

图 12-47　字符 1 的正、负像　　　　　　　　　图 12-48　字符 I 的正、负像

（2）固态探测器件：用于非接触式测量的固态阵列有自扫描光敏二极管（SSPD）、电荷耦合器件（CCD）、电荷耦合光敏二极管（CCPD）和电荷注入器件（CID），其区别在于电荷的形成方式和读出方式不同。目前在机器人视觉系统中多数采用 CCD 器件，其单个线性阵列已达到 4096 单元，CCD 面阵已达到 512×512 或更高。利用 CCD 器件制成的固态摄像机和光导摄像管式的电视摄像机相比有一系列优点，如较高的几何精度、更大的光谱范围、更高的灵敏度和扫描速率、结构尺寸小、功耗小、耐久可靠等。

固态探测器件可以排列成线性阵列和矩阵阵列，使之具有直接测量或摄像的功能，例如，要测量的特征或物体以影像或反射光的形式在阵列上形成图像，可以通过计算机快速扫描各个单元，把被遮暗或照亮的单元数目记录下来。

固态摄像器件是做在硅片上的集成电路，硅片上有一个极小的光敏单元阵列，在入射光的作用下产生电子电荷包。硅片上还包含一个积累和存储电子电荷的存储单元阵列、一个能按顺序读出存储电荷的扫描电路。

与其他传感器工作情况不同，视觉系统对光线的依赖性很大，往往需要好的照明条件，以便使物体形成的图像最为清晰，处理复杂程度最低，使检测所需的信息增强，消除不必要的阴影、低反差、镜面反射等问题的影响。

带有视觉系统的机器人还能完成许多作业，如识别机械零件并组装泵体、小型电机电刷的安装作业、晶体管自动焊接作业、集成电路板的装配等，对特征机器人来说，视觉系统使机器人在危险环境中自主规划以及完成复杂的作业成为可能。

机器人视觉技术虽然只有十几年的发展时间，但其发展十分迅猛，软硬件两方面都取得了很大的成就，已成为一门专门的学科。视觉技术由一维信息发展到二维、三维图像的处理，从一维光电管线阵传感器发展到固态面阵 CCD 摄像机，目前这方面仍然是研究的热点，吸引了大批科研人员，未来的应用前景十分广阔。

3. 听觉传感器

人类听觉的外感受器是耳，耳负责接收由声源振动引起的一定频率范围内的声波振动，并将振动传入，引起耳蜗中淋巴液和基底膜的振动，促使毛细胞产生兴奋。听神经纤维分布在毛细胞下方的基底膜中，振动波的机械能在这里转变为听神经纤维中的神经冲动，并以神经冲动的不同频率和组合形式对声音信息进行编码，传送到大脑皮层的听觉中枢，产生听觉。

机器人听觉传感器的基本结构与传声器相同，其工作原理多为利用压电效应、磁电效应等。由于计算机技术及语音学的发展，现在已经实现用机器听觉传感器代替人耳，通过语音处理及识别技术识别讲话人，并能正确理解一些简单的语句。然而，由于人类的语言是非常复杂的，无论哪种语言，其词汇量都非常大，即使是同一个人，发音也随着环境及身体状况的不同而有所变化。因此，机器人的听觉系统虽然已经在语音识别上得到了应用，但距离人耳的功能还相差甚远。

识别声音的系统按照应用的角度可以划分为两大类。

（1）发音人识别系统。发音人识别系统的任务，是判断接收到的声音是否是事先指定的某个人的声音，也可以判断是否是事先指定的一批人中的某个人的声音。

（2）语义识别系统。语义识别系统可以判别语音是什么字、什么短语或什么句子，而不管说话人是谁。

要实现语音识别，需要提取语音的特征。为了提取语音的特征，必须把一句话或一个短语分成若干个音或音节，一个音再分为若干个小段，再从每一个小段中提取语音的特征。语音的特征很多，每一个字音都可以用这些特征组成一个特征矩阵。

识别语音的方法是将事先指定的人的声音的每一个字音的特征矩阵存储起来，形成一个标准模式。系统将接收到的语音信号用同样的方法求出它们的特征矩阵，再与标准模式相比较，看它与哪个模式相同或相近，从而识别该语音信号的含义，这也是模式识别的基本原理。

4. 嗅觉传感器

人的嗅觉感受器是位于上鼻道及鼻中隔后上部的嗅上皮，两侧总面积约 $5cm^2$。嗅上皮包括三种细胞：主细胞、支持细胞和基底细胞。主细胞呈圆瓶状，细胞顶端有 5～6 条短的纤毛，细胞底端有长突，它们组成嗅丝，接入嗅球。嗅细胞的纤毛受到悬浮于空气中的物质分子或溶于水及脂类物质的刺激时，有神经冲动传向嗅球，进而传向更高级的嗅觉中枢，引起嗅觉。

通过对 600 种气味物质和它们的化学结构的分析，人们提出樟脑味、麝香味、花卉味、薄荷味、乙醚味、辛辣味和腐腥味七种基本气味；其他众多气味则可能是这些基本气味的组合所引起的。具有同样气味的物质，多数具有共同的分子结构。实验发现，每个嗅细胞只对一种或两种特殊气味有反应；嗅球中不同部位的细胞只对某种特殊的气味有反应。不同性质的气味刺激有其相对专用的感受位点和传输线路；非基本的气味则由不同线路上引起不同数量冲动的组合，在中枢引起特有的主观嗅觉感受。

机器人嗅觉传感器就是通过对鼻子的仿生学研究，把一个气敏传感器看作一个嗅细胞，构建出一个"电子鼻"来。1964 年，Wilkens 和 Hatman 利用气味在电极上的氧化—还原反应研制出世界上第一个"电子鼻"。1965 年，Buck 等人利用气味调制电导、Dravieks 等人利用气味调制接触电位也相继研制出"电子鼻"。作为气味分类用的智能化学传感器阵列的概念，直到近 20 年后才被真正提出。

电子鼻模拟人嗅觉器官的工作原理包括三个过程：

（1）气味分子被电子鼻中的传感器阵列吸附产生信号；

（2）生成的信号经加工、处理与传输；

（3）将处理后的信号交由模式识别系统做出判断。

根据以上分析，人们设计的电子鼻由三部分组成，即气敏传感器阵列、信号预处理系统和模式识别系统，如图 12-49 所示。气敏传感器阵列得到气味的初步信息，信号处理系统完成对信号的处理，模式识别系统将处理过程的待识别气味信息和已知气味信息的数据库进行对比，从而识别出不同的气味。

气味分子 → 气敏传感器阵列 → 信号预处理 → 模式识别 → 确认气味

图 12-49　电子鼻系统组成框图

（1）气敏传感器阵列：气敏传感器阵列是电子鼻的心脏，其功能是把不同气味分子在其表面的作用下转化为可测的物理信号。传感器的材料必须具备两个基本条件：

1）对不同的气味均有响应，即通用性要强，要求对成千上万种不同的气味在分子水平上作出鉴别；

2）与气味分子的相互作用或反应必须快速、可传递、不产生任何"记忆效应"。

传感器阵列可以采用数个分立的气敏传感器组合而成，也可以采用集成工艺制作气敏传感器阵列，这种阵列体积小、功耗低、便于信号的集中采集与处理。单个气敏传感器的检测与传感器阵列的识别方式有本质区别，单个气敏传感器对气味、气体的响应用一个参数来表示，而气敏传感器阵列除了各个传感器的独立响应外，还在由全部传感器组成的多维空间中形成响应模式，这正是电子鼻能够对多种气味、气体进行辨识的关键所在。

（2）信号处理系统：由运算放大器等电子线路组成，相当于二级嗅觉神经元，对传感器阵列的响应模式进行预加工处理，完成特征信号的提取。传感器产生的电信号经电子线路放大及 A/D 转换成为数字信号输入计算机，被测嗅觉的强度既可用每个传感器输出的绝对电压、电阻或电导来表示，也可用相对信号电阻或电导的变化率来比较嗅味的性质。

（3）模式识别系统：相当于人类的大脑，运用一定的算法（对嗅觉信号进行处理判断的分析软件）完成对气味、气体的定性或定量辨识。传感器阵列输出的信号经专用软件采集、加工、处理后，与经过学习、训练所采集的已知信息进行比较、识别，最后得出定量的质量因子，确定被测样品的真伪、优劣等质量指标。模式识别系统关键在于模式识别软件所用的数学方法，即主成分分析法（PCA）、偏最小二乘法（PLS）、欧几里得聚类分析法（ECA）、模糊推理法（FI）和人工神经网络法（ANN）等在电子鼻领域都有应用潜力。人工神经网络能够处理非线性数据，抑制传感器的漂移和误差，并具有较高的预测精度，近年来受到人工嗅觉研究者们的普遍重视。

电子鼻得到的信息代表了样品中全部挥发物的总体分布，而不是常规仪器所测得的某种或某几种具体成分的含量。因此这些信息可作为样品的特征"指纹"，用于鉴别产品的真伪、原料质量是否合格、生产工艺流程运行是否正常等，已广泛用于工业生产的各个部门。

（1）烟草业：香烟、雪茄制造厂对烟草原料、香精及其他辅料的选择与控制都十分严格，通常这些工作均由人工鉴别，不但劳动强度大，而且有相当的主观因素。应用电子鼻可鉴别烟叶和其他原材料的产地、加工方式、烟草配方，还可对生产过程中每道工序进行监控，充分保证产品质量。

（2）化妆品：原料质量的控制，如香精、表面活性剂、硅油等；产品质量的鉴别，如除臭剂及空气清新剂的效率；新产品的设计与研制，如新型香水配方等。

（3）食品工业：食品储存过程中质量的变化与控制，如橄榄油及其他食用油是否变质、水果及蔬菜的新鲜程度、鱼肉罐头食品储存的保质期、发酵制品的质量控制等。

（4）环保监测：不同生产车间及加工场所的特征气味判别，室内及特定环境中空气质量的控制，空气质量改善效果的鉴别等。

（5）临床诊断：不同疾病的患者通常具有特定的气味，国外已有电子鼻被成功用于诊断其他方法所不能诊断的某些疾病。

随着传感器技术的进展和人们对嗅觉过程的深入了解，电子鼻的功能必将日益增强，越来越多地取代人鼻在生产和生活过程中的作用，取得更加广泛的应用。

5. 味觉传感器

人的味觉感受器是味蕾，主要分布在舌背部表面和舌缘、口腔和咽部黏膜表面。每一味蕾由味觉细胞和支持细胞组成，味觉细胞顶端有味毛，由味蕾表面的孔伸出，是味觉感受器的关键部位。

众多味道是由基本味觉组合而成，即甜、酸、苦、咸、鲜等。不同物质的味道与它们的分子结构的形式有关：通常 NaCl 能引起典型的咸味；无机酸中的 H^+ 是引起酸感的关键因素，有机酸的味道也与它们带负电的酸根有关；甜味与葡萄糖的主体结构有关；生物碱的结构引起典型的苦味。一条神经纤维不只对一种基本味觉刺激有反应，每个味细胞几乎对几种基本味刺激都有反应，但在同样浓度下，只有一种刺激能引起最大的感受器电位。无论基本味觉刺激的浓度怎样改变，每一种刺激在敏感性各不相同的传入纤维上，引起传入冲动数量的组合形式，是有特异性的。

机器人的味觉传感器，是在使用离子传感器与生物传感器的基础上，配合计算机进行信息的组合来识别各种味道。通常味觉是指对液体进行化学成分的分析。实用的味觉方法有pH 计、化学分析器等。一般味觉可探测溶于水中的物质，嗅觉可探测气体状的物质，而一般情况下，当探测化学物质时嗅觉比味觉更敏感。

12.7 智 能 传 感 器

近年来，计算机技术得到了飞速发展，它在传感器技术中的应用，使得传感器和微处理器（或微计算机）越来越多地结合在了一起，智能传感器的出现就是这两者结合的产物。智能传感器能充分利用计算机的计算和存储能力，对传感器的数据进行处理，并能对其内部工作状况进行调节，使采集的数据最佳，并具有自补偿、自校准、自诊断等功能，实现数值处理、双向通信、信息存储和记忆以及数字量输出等功能。

随着科学技术的发展，智能传感器的功能将进一步增强。将利用人工神经网络、人工智能、信息处理技术（如传感器信息融合技术、模糊理论等），使传感器具有更高级的智能，即具有分析、判断、自适应、自学习等功能，还可以实现图像识别、特征检测和多维检测等功能。

12.7.1　智能传感器的结构

智能传感器是带微处理器、兼有信息检测和信息处理功能的传感器。其主要特征是将传感器的检测信息功能与微处理器的信息处理功能有机地融合在一起，具有一定的人工智能作用。英国人称其为"Intelligent Sensor"，美国人称其为"Smart Sensor"，即"灵巧的、聪明的传感器"。其中与微处理器的结合有两种情况，一种是将传感器与微处理器集成在一个芯片上构成"单片智能传感器"，另一种是指传感器能够配微处理器。

从结构上讲，智能传感器是由经典传感器和微处理器两个中心部分构成。图 12-50 所示为一个典型的智能传感器的结构框图。其中有：信号预处理和 A/D 转换输入接口，包括MP、ROM、RAM 信息处理；校正软件的微处理器，它可以是单片机、单板机，也可以是微型计算机系统；D/A 转换及驱动电路的输出接口。

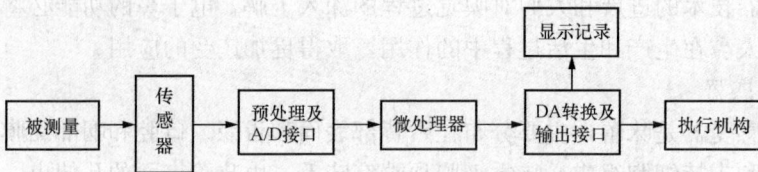

图 12-50　智能传感器的结构框图

智能传感器的主要功能是：
（1）具有自校零、自标定、自校正功能；
（2）具有自动补偿功能；
（3）能够自动采集数据，并对数据进行预处理；
（4）能够自动进行检验、自选量程、自寻故障；
（5）具有数据存储、记忆与信息处理功能；
（6）具有双向通信、标准化数字输出或者符号输出功能；
（7）具有判断、决策处理功能。

与传统传感器相比，智能传感器有如下特点：

（1）精度高。智能传感器有多项功能来保证它的高精度。例如：通过自动校零去除零点；与标准参考基准实时对比，以自动进行整体系统标定；自动进行整体系统的非线性等系统误差的校正；通过对采集的大量数据的统计处理，以消除偶然误差的影响，保证了智能传感器有很高的精度。

（2）可靠性与稳定性高。智能传感器能自动补偿因工作条件与环境参数发生变化后引起系统特性的漂移。例如：温度变化而产生的零点和灵敏度的漂移，当被测参数变化后能自动改换量程；能实时自动进行系统的自我检验，分析、判断所采集到的数据的合理性，并给出异常情况的应急处理（报警或故障提示）。因此，有多项功能保证了智能传感器的高可靠性与高稳定性。

（3）信噪比与高分辨率。由于智能传感器具有数据存储、记忆与信息处理功能，通过软件进行数字滤波、相关分析等处理，可以去除输入数据中的噪声，将有用信号提取出来；通过数据融合、神经网络技术，可以消除多参数状态下交叉灵敏度的影响，从而保证在多参数状态下对特定参数测量的分辨能力，故智能传感器具有高信噪比与高分辨。

（4）自适应性强。由于智能传感器具有判断、分析与处理功能，它能根据系统工作情况，决策各部分的供电情况以及上位计算机的数据传送速率，使系统工作在最优状态。

（5）性能价格比高。智能传感器所具有的上述高性能，不是像传统传感器技术那样追求传感器本身的完善，对传感器的各个环节进行精心设计与调试，进行"手工艺品"式的精雕细琢来获得，而是通过与微处理器或微计算机相结合，采用廉价的集成电路工艺和芯片以及强大的软件来实现的，所以具有很高的性能价格比。

由此可见，智能传感器是传感器传统设计中的一次革命，是世界传感器的发展趋势。世界各国正在利用计算机和智能技术研究、开发各种类型的智能传感/变送器，目前已有不少成熟的产品，如美国霍尼韦尔公司的压阻式 ST-3000 型压力（差）智能变送器、美国 SMAR 公司生产的 LD302 系列电容式智能压力（差）变送器、美国罗斯蒙特公司生产的电容式智能压力（差）变送器系列、日本横河电气株式会社生产的谐振式 EJA 型智能压力（差）变送器等。

12.7.2 智能传感器的应用

近几年智能传感器的种类越来越多，功能也日趋完善，已经被广泛应用于工业自动化、航空航天等领域，越来越被重视。

1. 美国霍尼韦尔公司 ST-3000 系列智能变送器

美国霍尼韦尔公司于 1983 年率先推出了 ST-3000 系列智能化的压力变送器，可以同时测量静压、差压和温度三个参数。ST-3000 系列智能压力变送器（以下称 ST-3000）是世界上第一台智能变送器，对传统的现场仪表而言，是一次深刻的变革，它开创了现场仪表的新纪元，为工业自动化及其系统应用向更高层次的发展奠定了基础。

ST-3000 的敏感元件是在同一块硅片上（130×175 平方密耳），用离子注入等 IC 技术，配置差压、静压和温度三种传感元件，有效地解决了静压、差压以及温度之间交叉灵敏度对测量的影响问题，使之具有高精度、高稳定性等特点，ST-3000 变送器的内部除传感器调理电路外，还带有微处理器、存储器以及 I/O 接口等，具有双向通信能力和完善的自诊断功能。变送器的输出有两种形式：一种为标准的 4～20mA 的模拟信号输出，一种为数字信号输出。

ST-3000 的测量原理如图 12-51 所示，可分为检测部分和变送部分，被测的力或压力通过隔离的膜片作用于扩散电阻上，引起阻值的变化。扩散电阻接在电桥中，电桥的输出代表被测压力的大小。在硅片上制成两个辅助传感器，分别测量静压和温度，检测出的静压、差压以及温度三个信号经多路开关分时送到 A/D 转换器中，变成数字信号后送到变送部分。

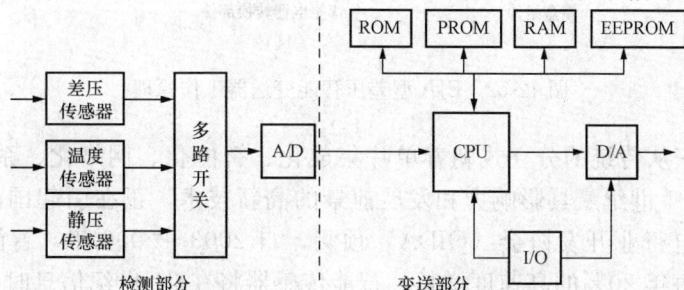

图 12-51　ST-3000 的测量原理

CPU 负责处理这些数字，存储在 ROM 中的主程序控制传感器的工作过程。PROM 负责进行温度补偿和静压校准。ROM 中存储设定的数据，EEPROM 作为 ROM 的后备。

ST-3000 的操作工具是智能现场通信器（SFC），其发出的通信脉冲可以叠加在传感器输出的电流信号上，I/O 一方面将来自现场通信器的脉冲从信号中分离出来，送到 CPU 中；另一方面将设定的传感器数据、自诊断结果、测量结果送到现场通信器中显示。

通过将手持 SFC 与变送器连接进行通信，用户可以方便地调节变送器的有关参数，诊断变送器潜在的问题。由于这种通信方式可以远距离进行，大大缩短了变送器的维护时间，降低了维修成本，并且可使操作人员不必进入危险场合就可完成对变送器的有关操作。

2. EJA 型差压智能变送器

EJA 型差压智能变送器是由日本横河电机株式会社于 1994 年开发的智能式差压、压力变送器，采用了先进的单晶硅谐振式传感器和微电子机械加工技术，精度高达 0.075%，具有高稳定性和可靠性，自投放市场以来，以其优良的性能受到广泛的好评。

EJA 型差压智能变送器工作原理如图 12-52 所示，其核心部分是单晶硅谐振式传感器，在一个单晶硅片表面的中心和边缘上用微电子机械加工技术，制作两个形状大小完全相同的 H 状谐振梁，谐振梁处于永久磁铁提供的磁场中，与变压器和放大器构成一个正反馈回路而产生振荡。当单晶硅片上下表面受压产生形变时，中心谐振梁受到压缩，频率减小，而边缘谐振梁受到拉伸，频率增加，两个 H 形振动梁分别将差压、压力信号转换成频率信号，送到脉冲计数器。再将两频率之差直接传送到微处理器进行数据处理，经 D/A 转换器转换为与输入信号相一致的 4~20mA 直流输出信号，并在 4~20mA 模拟信号上叠加一个符合 HART 协议的数字信号进行通信。

图 12-52 中所示的膜盒组件由谐振式传感器和特性修正存储器两部分组成。特性修正存储器中存储有传感器的环境温度、静压及输入—输出特性等修正数据，经微处理器（CPU）运算，可使变送器获得优良的温度特性、静压特性及输入—输出特性。手持式终端 BT200 或 BT275 可以预定、修改、显示变送器的参数，监控输入—输出值和自诊断结果，对其采用 BRAIN 协议，在数字通信时，频率信号不会对 4~20mA 直流信号产生任何扰动影响。

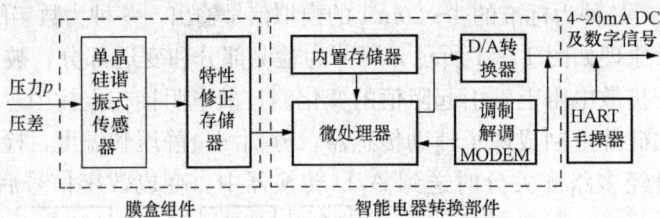

图 12-52　EJA 型差压智能变送器工作原理

传感器目前正从传统的分立式朝着单片集成化、智能化、网络化、系统化方向发展。智能传感器作为 21 世纪最具影响力和发展前景的高新技术，正在引起国内外电子信息界的高度重视。光电行业开发协会（OIDA）预测，自 2003~2006 年，智能传感器的国际市场销售量将以每年 20% 的高速度增长，智能传感器将在 21 世纪信息时代扮演更加重要的角色。

思考题与习题

12-1 什么叫生物传感器？它有哪几种类型？

12-2 微生物电极与普通电极相比有何特点？

12-3 为什么采用超声波传感器测量各种状态下的物理量时应采用纵波？说明原因。

12-4 超声波传感器常用的材料是什么？超声波传感器的工作原理是什么？

12-5 超声波物位测量有几种方式？各有什么特点？

12-6 接近觉传感器是如何工作的？举例说明其应用。

12-7 智能传感器具有哪些特点？

第13章 现代检测系统

人类对客观世界的认识和改造活动,是以测试工作为基础不断完善的过程。工程测试技术利用现代检测手段对工程中的各种信号,特别是随时间变化的动态物理信号进行检测、试验、分析,并从中提取有用信息,其测量和分析的结果客观地描述了研究对象的状态、变化和特征,并为进一步改造和控制研究对象提供了可靠的依据。随着社会的进步和科学研究对象的日益丰富,各相关学科尤其是传感器、大规模集成电路技术、计算机技术、软件工程、工业控制技术的不断发展,客观上要求检测系统向自动化、智能化和柔性化等方向发展,检测系统及理论也不断地被研究、完善和创新,人们对现代检测系统的需求越来越强烈。

13.1 现代检测系统的基本组成

13.1.1 结构框图

现代信息技术的基础是信息的获取、传输和处理技术。现代检测系统的基本结构如图13-1所示。根据信息的流向,现代检测系统可划分为信息的获取(传感器)、信息的转换、信息的传输(通信)、信息的处理和输出等主要部分。

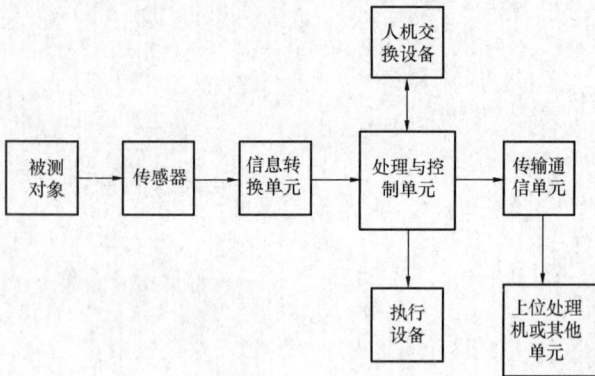

图 13-1　现代检测系统结构框图

检测系统中,传感器或敏感元件是用来获取信息的第一个环节,它将检测系统中一个待测量变换成某种电信号量,在检测系统中占有重要的位置,它能否获得信息和获得的信息正确与否,关系到整个测量或控制系统的精度与成败。如果传感器的误差很大,其后的测量电路、放大器、指示仪和执行器等的精度再高、可靠性再好,也将难以提高测量系统的精度或失去意义。随着科学技术的发展和工农业生产、航空航天、医疗、军事等需要的增长,对传感器技术提出了愈来愈高的要求。

信息转换单元将传感器输出的信号作进一步的转换,即变换成更适合于处理的变量,并且要求它应当保存原始信号中包含的全部信息。信息转换单元把从传感器来的信号滤波、放大、电平调节和量化,从传感器来的信号往往很微弱并常常混有噪声,如果要使这些噪声处于有用信号之外,则可以用模拟滤波器予以清除,从而提高信噪比。当噪声是与信号频谱交叠的弱信号时,可以考虑用相干检测或取样积分的办法等提取、放大、滤波,信息转换单元在很大程度上决定了检测系统的性能。

信息处理与控制单元是检测系统的核心。现代检测的标志是自动化和智能化,利用计算机完成数据处理,可以实现误差分析以提高系统的性能,进行自动补偿、自动校准和自诊断，并通过信号处理实现快速变换算法、数字滤波、信号卷积、相关分析、频谱分析、传递函数计算、图像处理或进一步的分析、推理、判断等。这样，不仅大大减少了测量过程中各种误差的影响，提高了精度，而且信号处理功能的实现也扩展了测量系统的功能和测量范围，其进一步发展可能达到具有自学习、理解、分析推理、判断和决策的能力。随着微电子技术的发展，将传感器与信号处理电路集成为一体化的芯片已经出现，甚至将传感器、信号处理电路、数据采集以及微机或微处理器全部系统集成在一块芯片的产品也已问世，因此传感器与仪器的界线正在消失。

13.1.2 输入通道的基本形式

当检测参数为多个时，输入通道常采用图 13-2 所示的基本形式。

通信单元在当检测的信号量多或检测的范围大时，需要将多组由信息获取单元（传感器）、信号处理与 A/D 转换单元、信息处理单元（计算机）实现的基本形式连接起来，实现信息的传输、集中和共享。

通信部分完成检测装置间或检测装置与其他环节间的信息传输。当然，任何一个检测仪表或检测系统的

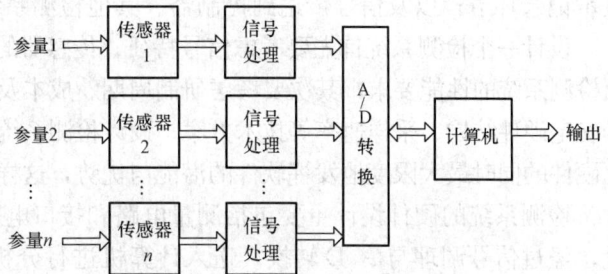

图 13-2 输入通道的基本形式

内部也存在信息的传输，但此处仅指物理上分隔较明显的装置与装置之间的信息传输，信息传输追求快速性和有效性。

13.1.3 通信接口

检测和控制系统中的通信接口往往多种多样。有串行接口与并行接口，也有同步接口和异步接口。要根据待传输的信息要求和装置间的具体条件选用不同的接口和通信协议。往往一个检测系统甚至一个智能仪器同时具有几种通信接口。现代检测系统的各个相对独立的部分通过各种接口连接成系统。接口可分为专门接口和标准通用接口。

专门接口是将一些具有一定功能的模块相互连接而成。由于各模块千差万别，组成系统时相互间接口十分麻烦，而且模块是系统不可分割的一部分，不能单独使用，缺乏灵活性。

标准通用接口也是由模块（如台式仪器或插件板）组合而成，所有模块的对外接口都按规定的标准设计。组成系统时，若模块是台式仪器，用标准的无源电缆将各模块接插连接起来构成系统；若模块为插件板，只要将各插件板插入标准机箱即可。组建这类系统非常方便，如 GPIB 系统、VXI 系统就属这一类。

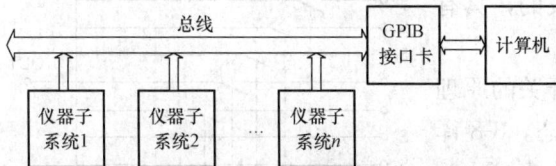

图 13-3 GPIB 组成的自动检测系统

GPIB（General Purpose Interface Bus）是一种通用接口总线，利用它可组成自动检测系统，如图 13-3 所示。它由一台 PC 机、一块 GPIB 接口卡和若干台 GPIB 仪器子系统构成。每个仪器子系统是一台带 GPIB 接口的单台仪器。该接口在功能上、电气上和机械接插上都按国际标准设计，内含 16 条信号线，每条线都有特定的用途，相互兼容，互换性强，组建系统时非常方便，拆散后各仪器子系统又可作单台仪表

独立使用，一块 GPIB 接口卡可带多达 14 台仪器。

13.2 现代检测系统的设计

13.2.1 系统的硬件设计

由于检测对象的不同，对检测系统的设计规模有不同的要求。通常，检测系统规模的大小及其复杂程度与被测量的多少、被测量的性质以及具体的被测对象密切相关，它包含将被测量转换成电量的检测环节，进行阻抗匹配、信号变换和放大等处理的变换环节；对变换得到的数字信号进行去伪存真和特征提取的分析处理环节；表达检测结果和对结果进行存储的显示记录环节，以及信号传送到控制器、其他检测系统或上位机系统的通信接口环节。

设计一个检测系统首先要考虑信号特征、传感器的选择、信号的调理、数据的分析与处理及检测系统的性能要求，其次要考虑研制周期、成本及安装条件、应用环境，然后根据被测信号确定硬件结构、采样速率等技术方案。设计检测系统必须考虑软件和硬件的相互配合，在优化硬件的同时最大限度地发挥软件的潜能与优势，这样可增加系统的灵活性和可靠性。

检测系统的硬件设计主要包括测量电路和接口电路设计。测量电路将传感器输出的模拟量，经过信号调理与 A/D 转换，送入计算机进行分析、处理；接口电路使系统各部分与总线连接，实现数据的传递与通信，便于实际测量与控制。

（1）测量电路。测量电路包括多路模拟开关、采样/保持、模/数转换器、放大器和模拟滤波器等，它们对检测系统性能有很大的影响，许多信号调理模块可与传感器直接相连，大大简化了硬件设计。

多路模拟开关：实际的检测系统通常需要进行多参量的测量，即采集来自多个传感器的输出信号，如果每一路信号都采用独立的输入回路（信号调理采样保持 A/D），则系统成本将比单路成倍增加，而且系统体积庞大。同时，由于模拟器件和组合元件的参数特性不一致，对系统的校准带来很大困难。因此，通常采用多路模拟开关来实现信号测量通道的切换，将多路输入信号分时输入公用的测量回路进行测量。

目前应用较多的是 CMOS 场效应模拟开关，与传统机械触点开关相比，其功耗低、体积小、速度快、易集成且无机械开关的抖动现象。CMOS 场效应模拟电子开关的导通电阻一般在 200 Q 以下，关断时漏电流一般可达纳安级甚至皮安级，开关时间通常为数百纳秒。

多路模拟开关有双向和单向两种形式，它在实际的数据采集系统中，把多个模拟信号逐个、分时的送入 A/D 转换器，实现对多路模拟信号多对一的转换. 或者把 D/A 转换器生成的模拟信号按顺序输出到控制回路中去完成一到多的转换。集成的多路模拟开关是由多路模拟开关、译码器、计数器和控制电路等集成的，具有切换速度快、灵活等优点。

图 13-4 给出了 8 选 1CMOS 多路模拟开关的原理框图，它根据控制信号 A_0、A_1 和 A_2 的状态，3-8 译码器同一时刻选中 $S_0 \sim S_7$ 的一个开关，另外 CMOS 多路模拟开关也可扩展为 16 选 1。

模/数转换器：将模拟量转换成与其对应的数字量的过程称为模/数（A/D）转换，反之，则称为数/

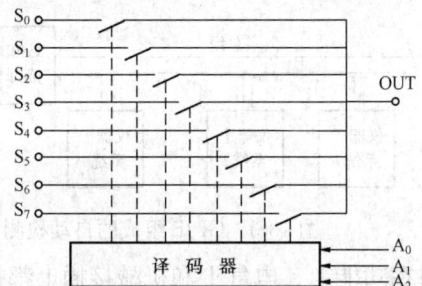

图 13-4 CMOS 多路模拟开关

模（D/A）转换。实现上述过程的装置分别称为 A/D 转换器和 D/A 转换器，A/D 和 D/A 转换是数字信号处理的必要程序。

    A/D 转换过程包括取样、量化和编码三个步骤，其转换原理如图 13-5 所示。由图可见，取样即是将连续时间信号离散化。取样后，信号在幅值上仍然是连续取值的，必须进一步通过值量化转换为幅值离散的信号。若信号 $x(t)$ 可能出现的最大值为 A，令其分为 d 个间隔，则每个间隔大小为 $q = A/d$，q 称为量化当量或量化步长。量化的结果即是将连续信号幅值通过舍或截尾的方法表示为量化当量的整数倍。量化后的离散幅值需通过编码表示为二进制数字以适应数字计算机处理的需要，即 $A = qD$，其中 D 为编码后的二进制数。

    A/D 转换器通常利用测量信号与标准参考信号进行比较获得转换后的数字信号，根据比较的方式可将其分为直接比较型和间接比较型两大类。

    直接比较型 A/D 转换器将输入模拟电压信号直接与作为标准的参考电压信号相比较，得到相应的数字编码，如逐次逼近式 A/D 转换器通过将待转换的模拟输入量 U_i 与一个推测信号 U_{REF} 相比较，根据比较结果调节 U_{REF} 向 U_i 逼近。该推测信号由 D/A 转换器的输出获得，当 U_{REF} 与 U_i 相等时，D/A 转换器的输入数字量即为 A/D 转换的结果。具体实现框图如图 13-5 所示。直接型 A/D 转换器属于瞬时比较，比较速度快，常作为数字信号处理系统的前端，缺点是抗干扰能力差。

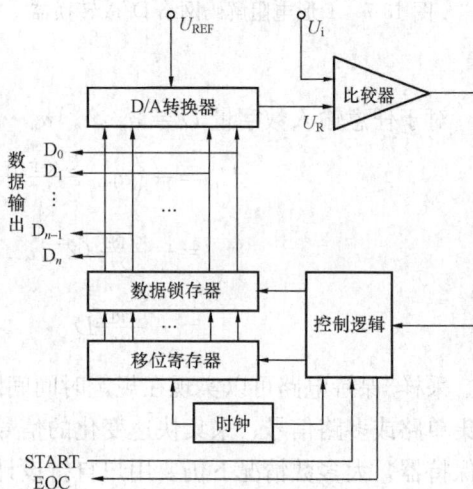

图 13-5　逐次逼近式 A/D 转换原理图

    间接比较型 A/D 转换器首先将输入的模拟信号与参考信号转换为某种中间变量（如时间频率脉冲宽度等），然后再对其比较得到相应的数字量输出。如双积分式 A/D 转换器通过时间作为中间变量实现转换。其原理是：先对图 13-5 逐次逼近式 A/D 转换原理框图输入模拟电压 U_i，进行固定时间的积分，然后通过控制逻辑转为对标准电压 U_{REF} 进行反向积分，直至积分输出返回起始值，这样对标准电压积分的时间 T 正比于 U_i；如图 13-6 所示。

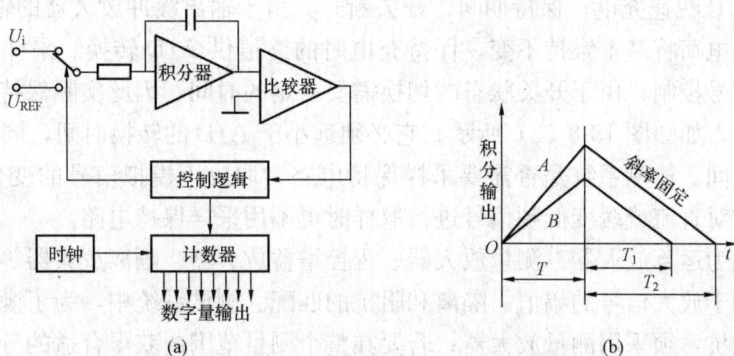

图 13-6　双积分式 A/D 转换

(a) 原理图；(b) 输出特性

D/A 转换将每一位代码按其权值大小转换成相应的模拟量，然后根据叠加定理将各位代码对应的模拟分量相加。常用的 D/A 转换器为如图 13-7 所示 T 形电阻解码网络 D/A 转换器。

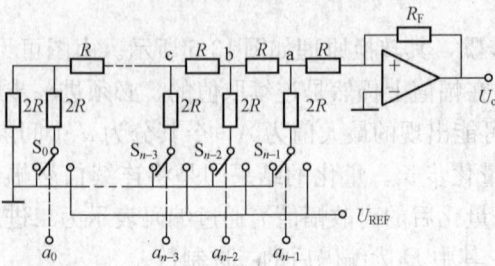

当输入量 a_i（$i=0,1,\cdots,n-1$）中仅有 $i=1$ 时，a 点处的电压为

$$U_o = \frac{U_{REF}}{3 \times 2^{n-i-1}}$$

取　$R_F = 3R$，

$$U_o = -\frac{R_F}{2R}U_a = -\frac{U_{REF}}{2^{n-i}}$$

图 13-7　T 形电阻解码网络 D/A 转换器

对于任意输入数字量 $D = a_{n-2}a_{n-1}a_n\cdots a_2a_1a_0$，根据叠加定理，

$$U_o = -\left(a_{n-1}\frac{U_{REF}}{2} + a_{n-2}\frac{U_{REF}}{2^2} + \cdots + a_0\frac{U_{REF}}{2^n}\right)$$

$$= -\frac{U_{REF}}{2^n}(2^{n-1}a_{n-1} + 2^{n-2}a_{n-2} + \cdots + 2^0a_0)$$

$$= -\frac{U_{REF}}{2^n}D$$

采样/保持电路可以实现在规定时间间隔内快速获取一个连续的瞬时值，需要指出的是采集单路或多路信号、采集快速变化的信号必须用采样保持器。某些 ADC 芯片本身含有采样保持器，大多数情况下仍要用户自行设计或选用采样保持器，对直流或低频信号可以不用采样保持器。

在对模拟信号进行 A/D 转换时，从启动转换到转换结束需要的时间是 A/D 转换器的孔径时间。在输入信号频率较高时，它会造成较大的孔径误差。要防止这种误差的产生，必须在 A/D 转换开始时将信号电平保持不变，而在 A/D 转换结束后又能跟踪输入信号的变化，即输入信号处于采样状态，采样保持电路在保持阶段相当于一个"模拟信号存储器"，对保证 A/D 转换的精确度具有重要作用。

采样保持电路的基本原理如图 13-8（a）所示。主要由保持电容 C、输入、输出缓冲放大器以及控制开关 S 组成。两个放大器均接成跟随形式，取样期间，开关闭合，输入跟随器的输出给电容器 C 快速充电；保持期间，开关断开，由于输出缓冲放大器的输入阻抗极高，电容器上存储的电荷将基本维持不变，保持充电时的终值供 A/D 转换。采样保持器工作状态由外部控制信号控制，由于开关状态的切换需要一定的时间，因此实际保持的信号电压会存在一定的误差，如图图 13-8（b）所示。它必须远小于 A/D 的转换时间，同时也必须远小于信号的变化时间。检测系统是否需要采样保持电路，取决于模拟信号的变化频率和 A/D 转换时间，通常对直流或缓变低频信号进行取样时可不用采样保持电路。

放大器可分为运算放大器、测量放大器、程控增益放大器、隔离放大器等。放大器在测量电路中广泛用于放大信号的幅值、隔离和阻抗的匹配。测试系统中，为了满足高增益、低噪声、高输入阻抗，须采用测量放大器；若要在整个测量范围内获得合适的分辨率和准确度可采用程控增益放大器，它可实现量程（增益）自动切换。

模拟滤波器可分为低通、高通、带阻、带通和全通五种。模拟滤波器能使信号中的某些

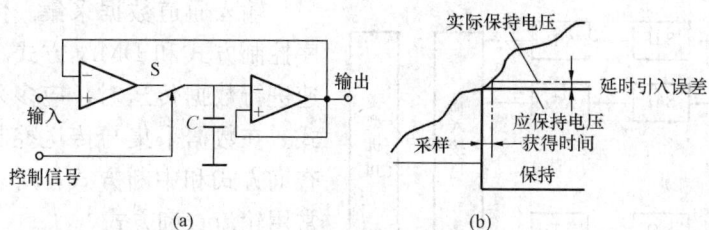

图 13-8 采样保持原理

(a) 采样保持电路；(b) 采样保持工作状态

频率成分以固定的增益通过，而对此频率外的成分进行最大幅度的衰减，以实现有用信号和噪声的分离，所以模拟滤波器芯片得到了广泛的应用。

（2）多通道检测系统接口电路设计。按对资源要求的不同，多通道检测系统接口电路设计可分为单 ADC 型和多 ADC 型两种类型。

单 ADC 型又可分两类，一类为多通道共享 ADC 型数据采集系统，如图 13-9 所示。另一类为分时共享 ADC 数据采集系统，如图 13-10 所示。多通道共享 ADC 型数据采集系统每个通道有自己的 S/H 电路，用多路开关轮流对各通道信号进行采样，分时进行 A/D 转换，该系统易于对各通道信号波形进行相关分析。分时共享 ADC 数据采集系统，虽节省硬件资源，但实时性差，适用于慢速检测采集系统。

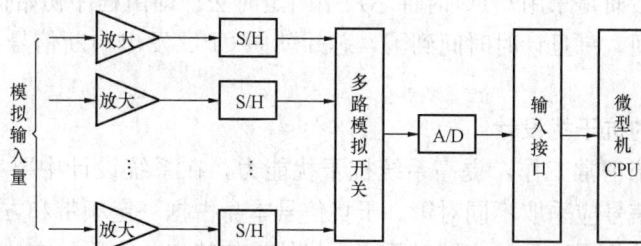

图 13-9 多通道共享 ADC 型数据采集系统

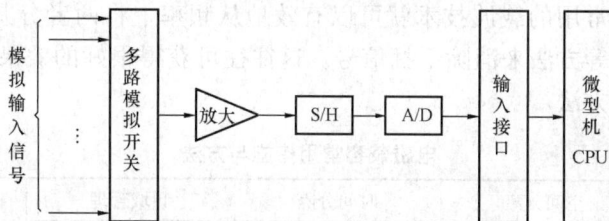

图 13-10 分时共享 ADC 数据采集系统

多 ADC 型的特点是每个通道都有自己的采样保持电路和 ADC，允许各通道同时 A/D 转换。多 ADC 型数据采集系统主要用于高速数据采集，有灵活性强、精度高等优点。多 ADC 型数据采集系统如图 13-11 所示。

13.2.2 系统的软件设计

计算机检测系统的软件应具有两项基本功能：对输入、输出通道的控制管理功能和对数据的分析、处理功能。对高级系统而言，还应具有对系统进行自检和故障自诊断的功能及软件开发、调试功能等。

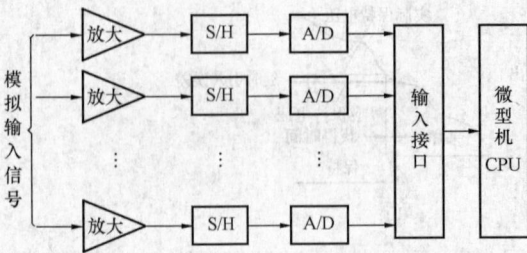

图 13-11　多 ADC 型数据采集系统

输入通道数据采集、传送的方式有程序控制方式和 DMA 方式。当不需要以高速进行数据传送时，应多采用程序控制方式。在数据采集与传送控制中最常用的是查询方式和中断方式，对多路数据采集则常用轮流查询方式。

检测系统的采样工作模式主要有两种：

（1）先采样、后处理，即在一个工作周期内先对各采样点顺序快速采样、余下的时间作数据分析、处理或其他工作；

（2）边采样边处理，即将一个工作周期按采样点数等分，在每个等分的时间内完成对一个采样点的采样及数据处理工作。

若在测试中既有要求采样快的参数，也有要求采样慢的参数，则可以采用长、短采样周期相结合的混合工作模式。采样周期由被测参数变化的快慢程度和测量准确度要求确定。采样周期若用程序定时，一种是程序执行时间定时；另一种是 CTC 中断定时。由于程序指令执行时间是固定不变的，因此，可以将程序中的全部指令执行时间加起来作为计时手段。这种方法简单易行，通常用于采样周期比较短的情况。如果采样周期比程序指令执行时间稍长，则可在程序中增加若干条"空操作"指令，达到延时目的。当采样周期比较长，则不宜采用上述定时方法，而是采用 CTC 时钟芯片中断定时法。即由程序初始化确定 CTC 的定时状态和所需计时时间，一旦计时时间到了，芯片就向 CPU 发出中断信号，中断响应后就可进入采样周期。

13.2.3　系统的抗干扰设计

为保持检测系统正常工作，提高系统抗干扰能力，在系统设计中要考虑抗干扰设计问题。对不同的干扰信号应采取不同对策。干扰信号本身占据一定频带和方向，有的出现于一定时间段，有不同的传播途径。应针对不同干扰信号的特点，常用的方法一种是采用电磁屏蔽技术，阻隔干扰信号的传播通道，或设法在时域、频域及方位上使干扰信号与电子设备本身的工作信号分开。常用的载波技术就可以有效地从频率上将两者分开。另一种办法是疏导，采用旁路，吸收等方法来消除干扰信号。这往往可获得很好的效果。表 13-1 列出了电磁兼容的常用措施与方法。

表 13-1　　　　　　　　　　　　　　　电磁兼容常用措施与方法

传输通道抑制	空间分离	时间分隔	频域管理	电气隔离
滤　波			频谱管制	变压器隔离
屏　蔽	地点位置控制	时间共用准则	滤　波	光电隔离
搭　接	自然地形隔离	雷达脉冲同步	频率调制	继电器隔离
接　地	方位角控制	主动时间分隔	数字传输	DC/DC 变换
布　线	电磁场矢量方向控制	被动时间分隔	光电转换	电动—发电机组

以下是检测系统实现过程中，常见的抗干扰设计措施：

（1）滤波技术。

我们知道，共模干扰不会直接影响电路，但它会因输入信号的不平衡转变为串模干扰影响电路，抑制串模干扰的方法就是滤波，一般串模干扰比实际信号的频率高，可采用无源低通滤波将其滤掉。

（2）屏蔽技术。

利用金属材料对电磁波良好的吸收和反射能力来实现抗干扰，一般可分为静电屏蔽、磁场屏蔽、电场屏蔽。静电屏蔽是将导线做的屏蔽外壳接大地，抑制外电场的干扰；磁场屏蔽是将铁磁材料做外壳，抑制外磁场的干扰；电磁屏蔽是用一定厚度的导体做外壳，抑制外电磁场的干扰。特别要指出的是，信号传输线最好选用双绞屏蔽线，长距离传输高频信号时要选用同轴电缆，如图 13-12 所示。其中：图（a）为双绞线的信号源不接地负载接地，即将屏蔽层与负载在同一点接地；图（b）为双绞线的信号源接地负载不接地，即将屏蔽层与信号源在同一点接地；图（c）为同轴电缆的信号源不接地负载接地，即将屏蔽层与负载在同一点接地；图（d）为同轴电缆的信号源接地负载不接地，即将屏蔽层与信号源在同一点接地。

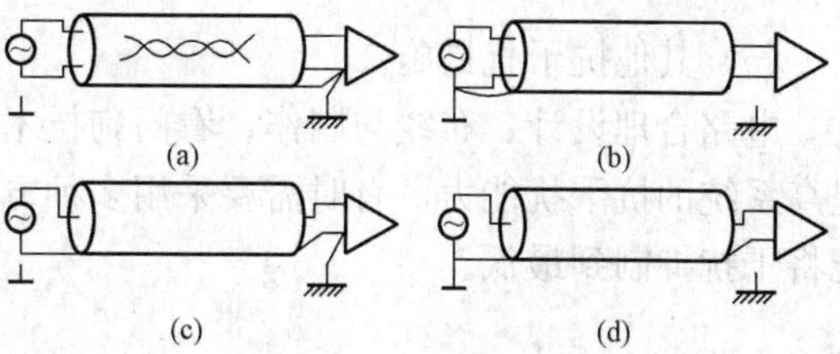

图 13-12 双绞线与同轴电缆信号传输线路的接地方法

（a）双绞线负载接地；（b）双绞线信号源接地；

（c）同轴电缆负载接地；（d）同轴电缆信号源接地

（3）接地技术。

接地通过消除各电流流经一个公共地线阻抗产生的噪声，避免形成回路，它是屏蔽的重要保证。常用的方法是保护接地、屏蔽接地、信号接地等。常用接地方式如图 13-13 所示。图 13-13(a) 中单点接地适用于低频电路，对于工作频率大于 10MHz 的电路应采用多点接地方式。串联式单点接地因公共部分跨越的电路部分多，各部分电路工作信号通过公共地线的引线电阻形成相互耦合。如果各部分电路呈由小信号至大信号逐级级联的形式，最好采用各部分电路分别并联接地〔见图 13-13(b)〕。

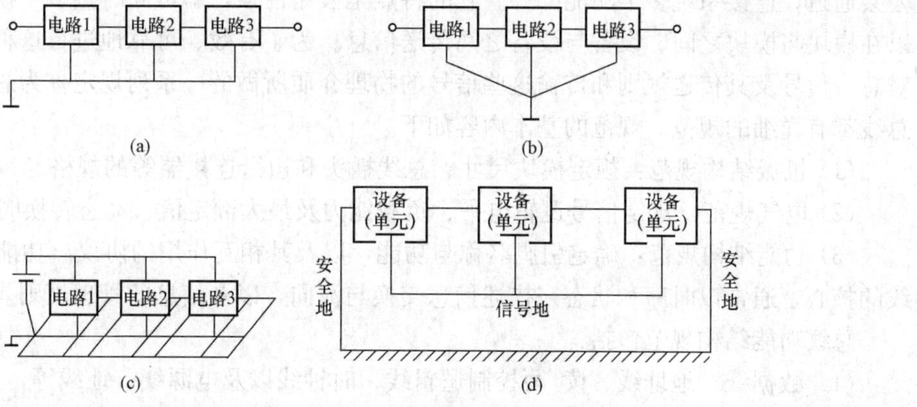

图 13-13 各种接地方式

（a）串联单点接地；（b）并联单点接地；（c）多点接地；（d）悬浮地

（4）隔离技术。

隔离技术是抑制干扰的有效措施之一，可分为空间隔离和器件隔离。空间隔离的手段包括隔离干扰源、优化电路、合理布局，减少相互干扰（把数字与模拟电路、高频与微弱电路、智能单元与负载回路等隔开）、信号之间隔离（光电隔离、隔离放大器和信号隔离变压器等）图 13-14 和图 13-15 分别为变压器和光电隔离的示意图。

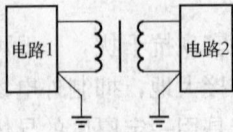

图 13-14　变压器隔离　　　　图 13-15　光电隔离

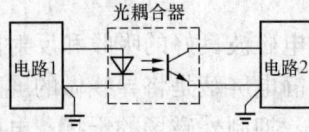

（5）其他抗干扰措施。

电路合理设计、布线与制作、看门狗技术、软件陷阱技术、数字滤波技术等都可用来可提高系统的抗干扰能力，有时需要采用多种方法才能有效地抗干扰，通过软件、硬件的结合能将干扰抑制到最低。

13.3　总　线　技　术

13.3.1　总线基本概念及其规范标准

随着微处理器与计算机功能的增强、价格的降低以及技术的进步，计算机网络技术得到高速发展，而生产过程仍采用传统的利用电压、电流的模拟信号进行单个对象的测量和控制，这无法实现设备与设备之间以及系统与外界之间的信息交换，极大降低了整个企业的信息集成和生产自动化，因而必须设计一种能在工业现场环境运行的、性能可靠的、造价低廉的通信系统，完成现场自动化设备之间的多点数字通信。现场总线就是在这种实际需要的驱动下产生的。

总线是一组信号线的集合，是指从任意一个源点到任意一个终点的一组传送数字信号的公共通道，连接系统多个功能部件。它的特点是公用性强，即可同时接多个模块或设备，可以在模块与模块之间、设备与设备之间传送信息。为了有效、可靠地进行这种信息交换，而对总线信号及其传送规则和传输这些信号的物理介质所做的一系列规定称为总线规范。每种总线都有详细的规范。规范的基本内容如下。

（1）机械结构规范：规定模块尺寸、总线插头和边沿连接器等的规格。

（2）电气规范：规定信号逻辑电平、负载能力及最大额定值、动态转换时间等。

（3）功能结构规范：确定引脚名称与功能，以及其相互作用的协议。功能结构规范是总线的核心，通常以时序和状态来描述信息交换与流向，以及信息的管理规则。

总线功能结构规范包括：

（1）数据线、地址线、读/写控制逻辑线、时钟线以及电源线、地线等；

（2）中断机制；

（3）总线主控仲裁；

（4）应用逻辑，如握手联络线、复位、自启动和休眠维护等。

总线标准是被某标准化组织批准或推荐的总线规范。由于总线在系统中的重要地位，微机系统的设计和开发人员，先后推出许多总线标准。总线标准一般以两种方式推出：一种是某公司在开发自己的微机系统时所采用的一种总线，而其他兼容机厂商都按其公布的总线规范开发相配套的产品并进入市场。这种总线被国际工业界广泛支持，有的还被国际标准化组织加以承认并授予标准代号。另一种是由国际权威机构或多家大公司联合制订的总线标准。前一种先有产品后有标准，后一种先有标准后有产品。

13.3.2 现场总线通信模型与协议

现场总线通信协议目前尚无最终完整的国际标准，参照国际标准化组织（ISO）制订的开放系统互联参考模型（OSI/RM），根据现场总线的通信对通信媒体多样性、实时性、快速性、信息完整性、精确性、可靠性、互操作性和开放性的要求，考虑现场设备种类多、分布广、信息量少等特点，对 OSI 的七层参考模型进行了优化，除去中间三～六层，增加了总线接口子层，这样构成现场总线通信系统模型。考虑到现场装置的控制功能和具体运用，又在特殊应用中增加了用户层。典型的现场总线协议模型如图 13-16 所示，它具有结构简单、价格低廉、执行协议直观等特点，兼具开放性系统的要求和测控系统的特点。其各层功能定义如下：

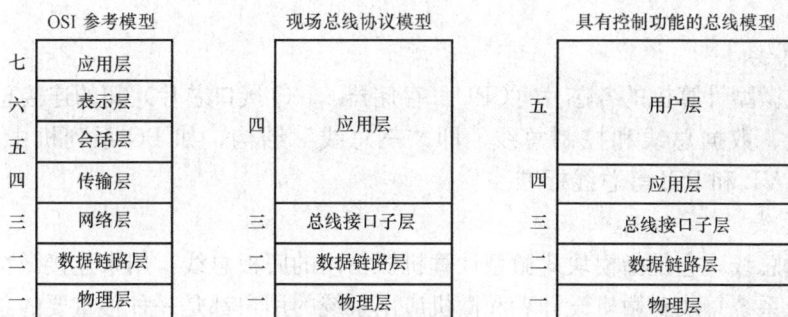

图 13-16　现场总线协议模型

（1）物理层。它定义了网络信道上的信号与连接方式、传输媒体、最大传输距离、供电方式、连接仪表的数量、电源等。

（2）数据链路层。它定义了一系列服务于应用层的功能和向下与物理层的接口，使用物理层的服务，提供了媒体存取控制功能、信息传输的差错检验。数据链路层提供原语服务和相关事件、与之相关的参数格式，以及这些服务及相关事件之间的相互关系。数据链路层是现场总线的核心。所有连接到同一物理通道上的应用进程实际上都是通过数据链路层的实时管理来协调的。现场总线采用了集中式管理方式，有效地利用物理通道，减少或避免通信的延时。

（3）总线接口子层。根据现场总线通信的特点，对 OSI 参考模型中第三～六层简化，就是说，根据测控系统的特点，提供各种应用进程数据链路层的接入接口可保证系统的开放性。

（4）应用层。它为用户提供一系列的服务，简化或实现分布式控制系统中应用进程之间的通信，同时为分布式现场总线控制系统提供了应用接口的操作标准，实现了系统的开放性。应用层与其他层的网络管理机构一起对网络数据流动、网络设备和网络服务进行管理。

（5）用户层。它是专门针对工业自动化领域现场装置的控制和具体应用而设计的，它定义了现场设备数据库之间互相存取的统一规则。用户根据标准功能块可组态成系统，实现用户的应用程序。这是使现场总线标准超越通信标准而成为一项系统标准的关键，也是使现场总线控制系统开放与可互操作性的关键。

现场总线模型可以分为：Profibus 现场总线模型；CAN 现场总线模型；LonWorks 现场总线模型；基金会现场总线模型。

13.3.3　总线的分类

微型计算机问世以来，已提出多种总线标准。从系统结构的层次可分片内总线、片间总线、(系统)内总线、(系统)外总线；按其使用的范围来分，可分为计算机(包括外设)总线、测控总线(包括现场总线和仪器总线)和网络通信总线；按其数据传送方式来分，有位并行传送总线和位串行传送总线。并行传送总线中：按其传送的数据总线宽度，又可分为 8 位、16 位和 32 位总线等；按其规模、用途及应用的场合可分为以下四类：

1. 片内总线

它是在集成电路芯片内部，用来连接各功能单元的信息通路，如 CPU 芯片中的内部总线。

2. 片间总线

它是组成微型计算机的各芯片(CPU、存储器、I/O 接口芯片)间的连接总线。它通常包括地址总线、数据总线和控制总线，即"三总线"结构，如 PC 系列机中的 IBM PC、ISA、EISA、VL 和 PCI 等总线标准。

3. 系统总线

它又称内总线，它是指模块式微型计算机机箱内的底板总线，用来连接微型计算机系统内各插件板。系统总线对微机设计者和微机应用系统的用户都是一种很重要的总线。选择具有标准化和开放性的总线，通过选择适当的模块构成符合要求的计算机系统，是当前选择微机应用系统的趋势。

4. 通信总线

它是用于微机系统与系统、微机系统与外部设备(如打印机、键盘设备)或微机系统与仪器仪表之间的通信通道。这种总线的数据传输方式可以是并行方式(如打印机)，也可以是串行方式，数据传输速率比内总线低。不同的应用场合有不同的总线标准，如用于串行通信的 RS-232C 总线，用于连接仪器仪表的 GPIB、VXI 总线等。

不管属于哪一类总线，它们都有一个共同的作用，即通过公用的信号线可把计算机或测控系统中的模板或各种设备连成一个整体，以便进行彼此间的信息交换。

总线技术之所以能得到迅速的发展，是由于计算机、测控系统等采用总线结构设计以后，系统设计、生产、使用和维护上具有很多优越性，概括起来有以下几点：

(1) 便于组织生产，便于维修，经济性好；

(2) 简化系统设计，简化系统结构，提高系统可靠性；

(3) 便于系统的扩充和更新，能得到多家厂商的支持等。

13.3.4　VXI 总线系统的组建

组建自动测试系统，可增加测试系统的功能，提高测试效率，改善系统性能和测量准确度，获得明显的经济效益。正如组建其他测试系统一样，组建总线系统也要根据测试任务和要求。以组建 VXI 总线系统为例，首先确定测试方案和测试系统组成，然后进一步确定所需仪器、设备和对它们的性能要求。

对工作速度要求较高的场合采用 VXI 总线系统，并行数据传输总线的数据传输速度上限是 40Mbit/s，本地总线的数据传输速度上限是 1Gbit/s，虽然实用中也很难达到上限指标，但若系统中采用多微机分布式处理，可取得明显高于 GPIB 系统的速度。

VXI 总线系统有很多优点和很强的适应性，一般针对要求小型便携或器件数目要求较多的系统。应用广泛的 GPIB 系统在一般情况下最多有 15 个器件；采用 CAMAC 系统虽然可容纳的器件较多，但组建和编程都比较复杂；采用 VXI 总线系统器件数目则可多至 256 个且系统也较紧凑。

适应性、灵活性要求高的场合可选用 VXI 总线，其插入式结构，使它容易适应条件恶劣、需要高速更换仪器、部件的场合，例如，比较适应战争环境、设备经常需要车船装载及野外操作的条件。由于结构紧凑等原因，设备的平均无故障时间通常也明显高于分立台式仪。

组建 VXI 总线系统除了根据系统的任务、要求进行全面研究外，还需要考虑以下问题：

首先是主机箱尺寸的选择，考虑成本、性能、屏蔽要求和组建方便等因素。然后是选择主控计算机，可选用兼容性强的主控计算机，特别是在使用 IEEE 488.2 和可程控仪器的标准命令（SCPI）后，更换设备可以基本不改变或很少改变程序。编程人员对这种程控方式较熟悉。内主控计算机用于系统比较简单、对兼容性要求不高、工作速度要求较高和对便携性要求特别强的场合。由于内插式主控计算机做成插件，使系统的结构紧凑，便携性更强，目前有些厂家提供了性能优良的内插式主控计算机，使内主控计算机的性能与主控计算机类似。最后是资源管理者的选择，它是系统中最重要的模块，它的质量、性能的优劣对整个系统的应用关系重大，除了执行基本功能外，往往还有多种任选功能，所以在组建系统时要认真选择。

13.4 虚 拟 仪 器

13.4.1 虚拟仪器概述

测试仪器作为科学技术发展中必不可少的组成部分，极大地推动了科技水平的提高和发展，人们正是通过测试获得了客观事物的概念，掌握了其运动规律。随着科技的发展，特别是电子技术水平的提高，极大地推动了测试技术的进步。随着信息科学的不断发展，对信号采集、数据处理、控制操作等的技术要求越来越高，传统的测试仪器已越来越不能满足时代的要求，特别是在较为复杂、测试参数较多的场所，其多方面的局限性也就更为突出。电子技术的迅速发展从客观上要求测试仪器向自动化、智能化和柔性化方向发展，同时也为测试仪器的发展提供了技术支持。

虚拟技术的出现，改变了过去测试仪器必须由厂家制造、用户必须按规定程序操作而不能改变其功能的模式，用户可以充分发挥自己的才能、想象力，按自己的意愿随心所欲地设计自己的仪器系统，满足用户各种不同的应用需求，整个检测过程，不会产生对物理设备的损伤及耗费。

由此，测试仪器大体可分为四个阶段：模拟仪器、数字化仪器、智能仪器和虚拟仪器。

（1）模拟仪器。它基本结构是电磁机械式的，借助指针来显示最终结果，如指针式万用表、晶体管电压表等。

（2）数字化仪器。这类仪器将模拟信号的测量转化为数字信号测量，并以数字方式输出最终结果，适用于快速响应和较高准确度的测量，如数字电压表、数字频率计等。

（3）智能仪器。它内置微处理器，既能进行自动测试，又具有一定的数据处理功能，其功能块全部都是以硬件或固化的软件的形式存在，无论在开发还是应用上，都缺乏灵活性。

（4）虚拟仪器。它是现代计算机软、硬件技术和测量技术相结合的产物，是传统仪器观念的一次巨大变革，是未来仪器发展的一个重要方向。

虚拟仪器 VI（Virtual Instrumentation）技术是由美国国家仪器公司 NI（National Instruments）1986 年提出的一种构成仪器系统的新概念，是指通过应用程序将通用计算机与功能化硬件结合起来，用户可通过友好的图形界面来操作这台计算机，就像在操作自己定义、自己设计的一台单个仪器一样，从而完成对被测试量的采集、分析、判断、显示、数据存储等。与传统仪器一样，虚拟仪器同样划分为数据采集、数据分析处理、显示结果三大功能模块。虚拟仪器以透明方式把计算机资源和仪器硬件的测试能力结合，实现仪器的功能运作。在虚拟仪器系统中，硬件仅仅是为了解决信号的输入、输出，软件才是整个仪器系统的关键。当用户的测试要求发生变化或需增加减少测试项目时，用户只需适当地更改软件程序，即可生成满足测试要求全新的测试仪器系统。如表 13-2 所示为传统仪器与虚拟仪器的综合比较。

表 13-2　　　　　　　　　　　　　传统仪器与虚拟仪器综合比较

比 较 类 别	传 统 仪 器	虚 拟 仪 器
基本功能定义	由生产者定义	用户可灵活的定义扩展
图形界面	小且项目有限	界面友好
数据读取、处理	可读取但无法编辑	直接读取且可编辑、存储、输出、打印
与其他设备连接	有限	方便且可扩展
开发与维护价格	相对昂贵	相对低廉
技术重心	硬件	软件
开放性及更新	功能固定、封闭、更新慢	开放性强且更新快捷

13.4.2　虚拟仪器的构成

虚拟仪器由硬件和软件两部分组成，虚拟仪器的构成如图 13-17 所示。虚拟仪器以透明的方式把计算机资源（如处理器、存储器及显示等）和仪器硬件的测量、控制能力结合在一起，通过软件实现对数据的分析处理、通信以及图形化用户接口。

1. 硬件

虚拟仪器的硬件指计算机以及为其配置的必要的仪器硬件模块（如各种传感器、信号调理器、数字输入/输出、ADC 和 DAC 等）。

计算机硬件平台可以采用各种类型的计算机，如普通台式、便携式、工作站、嵌入式计算机等。计算机管理着虚拟仪器的软、硬件资源，是虚拟仪器的硬件基础，计算机技术在处理性能、存储能力、显示、网络和总线标准等方面的发展，促进了虚拟仪器系统的快速发展。

在虚拟仪器中突破了"仪器是由制造商制作定型的，功能是由制造商定义的"这一格局，仪器硬件只是作为一个组成部分，它将与计算机软、硬件一起工作，用来采集数据，提供源信号和控制信号。除了万用表、示波器和计数器等一些基本仪器外，仪器硬件还包括通用接口总线（General Purpose Interface Bus，GPIB）和 RS-232 等。

插入式数据采集（简称 DAQ）卡和 VXI 总线是随着测量技术的不断革新而发展起来的两种仪器硬件。DAQ 卡指的是基于计算机标准总线（如 ISA、PCI 等）的内置功能插卡。它更加充分地利用计算机的资源，大大增加了测试系统的灵活性和扩展性。利用 DAQ 可方便、快速地组建基于计

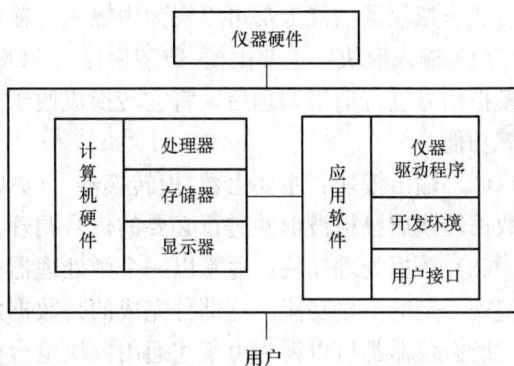

图 13-17 虚拟仪器的构成框图

算机的仪器，实现"一机多型"和"一机多用"；目前，DAQ 卡的采样频率高达兆赫（兹）级，甚至可达 1GHz，精度高达 24 位，通道数高达 64 个，并能任意结合数字 IO，模拟 IO、计数器/定时器等通道。这种基于计算机的仪器，品质好，又能满足测量需求的多样性。对大多数用户来说，这种方案经济实用，具有很高的性价比，是一种特别适合于我国国情的虚拟仪器方案。VXI 总线是结合 GPIB 仪器和 DAQ 卡的最先进技术而发展起来的高速、多厂商、开放式的工业标准。VXI 总线技术结合并优化了诸如高速 A/D 转换器、标准化触发协议以及共享内存和局部总线等先进技术和性能。

2. 软件

在计算机硬件和必要的仪器硬件确定之后，制作和使用虚拟仪器的关键就是开发应用软件。应用软件主要有三个作用：提供集成的开发环境、仪器硬件的高级接口（仪器驱动程序）以及虚拟仪器的用户接口。应用软件直接面对操作用户，通过提供直观、友好的测控操作界面、丰富的数据分析与处理功能，来完成自动测试任务。

基于开发环境的应用软件为用户提供了一个彼此相容的集成的框架，它使自上而下的设计直观而容易。利用开发环境先设计虚拟仪器框架，把一台虚拟仪器所需的仪器硬件和软件结合在一起组成一个统一体，如采集和控制（RS-232、GPIB、VXI 和 DAQ 卡）、数据分析、数据表达（文件管理、数据显示和硬拷贝输出）以及用户接口等。开发环境必须是灵活的，这样用户才能容易地组建虚拟仪器。

世界各国的虚拟仪器公司开发了不少虚拟仪器开发平台软件，以便使用者组建自己的虚拟仪器系统并编制测试软件，如美国国家仪器公司 NI 的 LabVIEW、美国 Tektronix 公司的 Ez-Test 和 Tek-TNS 软件，以及美国 HEM Data 公司的 Snap-Marter 平台软件、美国 HP 公司的 HP-VEE 和 HPTIG 平台软件等都是国际上公认的优秀虚拟仪器开发平台软件。

以 LabVIEW 和 LabWindows 为例，它们的仪器驱动程序是用 LabVIEW 和 LabWindows 环境开发的，所以用户可以容易地编写自己的新的仪器驱动程序。LabVIEW 和 LabWindows 仪器驱动程序库中包括各制造厂商的数百种 DAQ、GPIB、VXI、CAMAC 和 RS-232 仪器的驱动程序。在 LabVIEW 中，用户可以用图形程序设计的方法来编写用户接口，这比较适合于编程经验较少者；而在 LabWindows 中，可用 C 编写用户接口，这比较适合有 C 编程经验者。VB 和 VC++也可用于编写用户接口。

从虚拟仪器功能上都可以视为由输入、输出和数据处理这三个基本模块所构成。

（1）输入模块：主要由模/数转换器（ADC）与信号输入处理单元组成。其作用是对输入模拟信号进行适当调理后，将它转换成便于分析和处理的数字信号。这部分实现的是数据采集功能。

（2）输出模块：主要由数/模转换器（DAC）与信号驱动器组成。其作用是将量化的输出数据转换成模拟波形并进行必要的信号调理。这部分实现的是数据输出功能。

（3）数据处理模块：通常以一个微处理器或一台数字信号处理器为核心构成，用来按要求实现一定的测量功能。这部分完成的是数据的生成、运算、管理和分析。

所有仪器都可以视为由某些通用模块组合而成。例如，信号源都含有一个数据处理模块和一个输出模块，而信号分析仪（如示波器、电压表和频谱仪等）都包含有一个输入模块和一个数据处理模块。虚拟仪器正是基于这个观点，利用软件对若干功能模块进行组态，以模拟一个或多个传统仪器及其功能。

13.4.3　LabVIEW 技术及其特点

软件是虚拟仪器系统的关键。在图形软件的研究方面，近年来国际上许多公司都做了大量的工作，如 HP 公司、NI 公司、美国吉时利公司及艾欧泰克等都研制出许多相应的图形软件，其中具有代表性的是 NI 公司推出的 NI LabVIEW。

NI LabVIEW 是美国 NI 公司推出的一个图形化软件开发环境，LabVIEW8.20 是较高版本的软件开发平台，NI LabVIEW 带有大量的内置功能，能够完成仿真、数据采集、仪器控制、测量分析和数据显示等任务。使用 LabVIEW 可让用户享受到强大的图形化编程语言所带来的灵活性，从而无需再忍受传统开发环境的复杂编程工作，它直观的图形化环境使开发效率更高，能集成上千种仪器和驱动，通过编译使系统性能达到最优化，并可与其他应用程序方便地连接。

许多工程师、科学家和技术人员使用 LabVIEW 来创建应用程序需要的解决方案。Lab-VIEW 是一个革命性的图形编程开发环境，它以 G 编程语言为基础，用于进行数据采集、控制、数据分析和数据表示。

LabVIEW 是一种多用于科学计算、过程控制、测试及度量领域的图形编程环境，Lab-VIEW 的以下特点使得它广泛地应用于仪表测试领域。

1. 功能强大的函数库

LabVIEW 提供了大量现成的函数供用户直接调用，囊括了从数据采集 VXI、GPIB 及串行仪器控制子程序到大量的仪器驱动程序，从基本的功能函数到高级分析库，涵盖了仪器设计中几乎所需要的所有函数。

LabVIEW 包括了 200 多种（如信号发生、信号处理、数组和矩阵运算、线性估计、复数算法、数字滤波和曲线拟合等）功能模块，可以满足用户从统计过程控制到数据信号处理等各项工作，从而最大限度地减少了软件开发工作量。另外为了便于开发，LabVIEW 还提供世界 50 多家知名厂商的 600 多种串行口仪器、GPIB 仪器、VXI 仪器以及数据采集卡的驱动程序，用户可以随意调用这些驱动程序。

2. 图形化的编程环境

LabVIEW 采用了工程人员所熟悉的术语、图标等图形化符号来代替常规的文字编程，用图标表示功能模块，使用图标间的连线表示在各功能模块间传递的数据，使用大多数工程师和科学家熟悉的数据流程图式的语言书写程序源代码。

　　针对测试测量和过程控制领域，NI 公司在 LabVIEW 中提供了大量的仪器面板中的控制对象，如指针、表头、旋钮和图表等。用户可以通过控制编程器将现有的控制对象修改成适合自己工作领域的控制对象。

　　因此利用 LabVIEW 图形化的编程环境可设计出美观的控制、显示画面，图13-18 是虚拟温度测量仪的模拟画面。

　　3. 开放式开发平台、内置的程序编译器

　　LabVIEW 提供的调用库函数及代码接口结点等功能，方便了用户直接调用由其他语言编成的可执行程序，使得 Lab-VIEW 编程环境具有一定的开放性。

　　4. 灵活的程序调试手段

　　LabVIEW 除了提供常规的程序调试

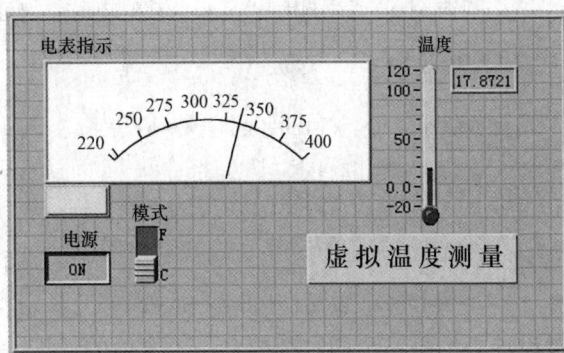

图 13-18　虚拟温度测量仪

功能，比如单步执行、设置断点以外，还提供了能够更直观、更清晰地观察程序执行流程的调试方法。用户可以在源代码中的数据流线上设置探针，在程序运行过程中观察数据流的变化；在数据流程图中以较慢的速度运行程序，根据连线上显示的数据值检查程序运行的逻辑状态。

　　5. 支持多种系统平台

　　LabVIEW 支持多种系统平台，在 Windows NT/XP/2000、Power Macintosh、HP、SUN SPARC 等系统平台上，NI 公司都提供了相应版本的软件，并且平台之间开发的应用程序可直接进行移植，LabVIEW 支持 TCP/IP、DDE 等功能。

　　LabVIEW 是一个完全的仪器开发系统应用软件，利用它组建的仪器自动测试系统和数据采集系统可省时、省力、高效地进行程序设计。

　　符合模块化程序设计 LabVIEW 生成的 VI 一般只能完成一些简单的任务，因此，对于一个复杂的检测系统，其复杂功能的实现需要逐步划分为一系列简单的子任务，为每个子任务创建一个 VI，再把它们装配到另一个图标代码中完成一个复杂的任务。最终，顶层的 VI 包含着许多 VIs，它们分别代表着应用程序的功能。为了弥补这种不足，NI 开发了 Lab-Windows/CVI，它在 C 语言的基础上综合了标准化软件开发平台和图形化软件开发平台的优点，为熟悉 C 语言的开发人员提供了一个功能强大的软件开发环境，多用于组建大型测试系统或复杂的虚拟仪器的文本式编程环境。

13.4.4　LabVIEW 实例的实现

　　运用 LabVIEW 进行虚拟仪器创建可分为三个基本步骤：

　　(1) 创建前面板。它是虚拟仪器的交互式用户接口，包含旋钮、按钮、图形工具和其他控制对象，通过前面板的鼠标、键盘的输入数据、控制按钮，可在计算机上看到结果。

　　(2) 创建流程图。通过连线将输出、接收数据的对象连接起来，从流程图中接收命令，流程图就是虚拟仪器的源代码。

　　(3) 创建图标和连接。当一个图标放在流程图中，它就是 LabVIEW 的一个子程序或子仪器，连接是子仪器控制和显示的一系列连接端子，每个端子都有一个控制和显示对象，且

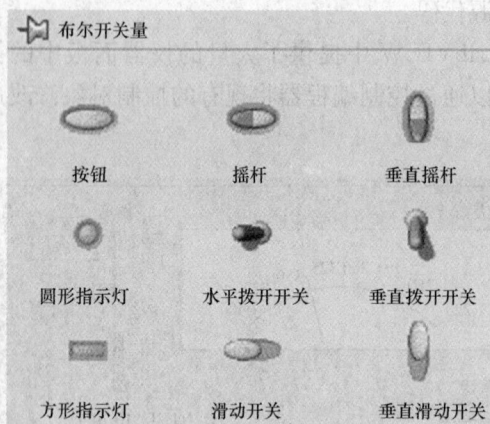

图 13-19　设置前板的各种按钮

每个虚拟仪器都有一个连接，图标包含了虚拟仪器的图形化的描述及文字说明。图 13-19 所示为设置前板的各种按钮。

下面举例说明完成某随机虚拟温度测量的 LabVIEW 实现。

首先要对虚拟温度的测量的基本原理有深入把握，将温度传感获取的温度信号转化为电信号，将该电信号经模/数转换变为数字信号，再将电信号显示并计算显示出温度数据即可。

设计中需要的随机温度用一个随机数发生结点（Random Number）实现，其中的华氏与摄氏温度用它们之间的数量关系转化实现，对设计中的每一个函数都要有一个全面的认识，并知道这些函数在系统中是如何使用的，只有正确使用高级和低级函数，才能实现对温度的完美测量。

创建前面板需要的控件有电源开关、指示灯、华氏与摄氏温度转换模式开关、电流指示仪表、温度计及其他标签，面板中的电流指示仪表与温度计需要详细说明电流及温度指示范围等信息。

在流程图编辑中，除了运用系统自动产生的控件外，还要增加随机数发生结点（Random Number）、输出器及为了完成华氏与摄氏温度转换而必需的加法器、减法器、乘法器、除法器和常数控件，并按内在的函数关系进行设置，然后把它们按设计原理连接，即可完成数据流的编程。图 13-20 所示为虚拟温度测量流程图。

从虚拟仪器的发展趋势表明，信息处理在现代检测中的作用越来越重要。检测系统的硬件加上基本系统的软件就成为一个检测平台。在检测平台上，调用不同的检测软件构成不同功能的检测系统。在大规模集成电路迅速发展的今天，系统的硬件越来越简化，软件越来越复杂；集成电路器件的价格逐年大幅度下降，而软件成本费用则大幅度上升。检测软件无论对大的检测系统还是对单台仪器子系统都是十分重要的，而且是未来发展和竞争的焦点。

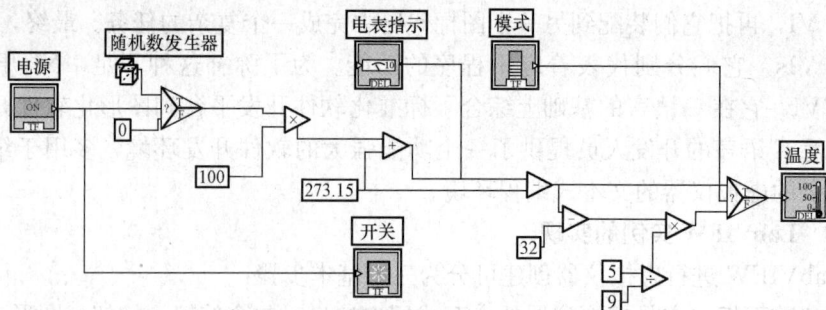

图 13-20　虚拟温度测量流程图

13.5　计算机检测系统设计实例

随着大规模集成电路的飞速发展，计算机性能不断提高。在计算机扩展槽中嵌入以高性能微处理器为核心的智能型功能卡，可以组成综合性能极佳的分布式控制系统。这种结构方式可充分利用微处理器的控制功能、计算机的快速数据处理能力，以及多任务工作方式等特点。对于这种分布式控制系统，主机要频繁地接收来自扩展卡从机所采集的数据、工作状态等信息，向从机发送控制命令或处理数据等。这种主、从机之间的通信，根据应用条件的不同有多种方式。但在数据传输速度较高、数据量较大且需经常交换信息的场合，相比其他方式，采用双口共享 RAM 缓冲区方式是最合适的。

本实例运用单片机实现对微秒级甚至纳秒级高速瞬变信号进行采样，使用一种基于 ISA 总线、GPS 同步时钟，以硬件电路实现高速数据采集、高速寻址以及存储的技术，保证了高速瞬态信号的按时采集。对于变化速度极快、过程极短的高速瞬态信号的采集，需要高速 A/D 转换单元、大量数据存储单元、高速寻址和快速存储等。

由于所采集的信号是高频信号，用常规方法受到了单片机本身运行速度的限制，不仅成本提高，而且对高频、远距离多路信号的处理增加了困难，有时无法区别所采集信号的真伪。若对 8051 单片机的外围进行有效扩展，采取在数据采集时由硬件实现采集和存储，采集完毕后由 8051 系列单片机进行数据处理和通信，就可以较好地解决二者的矛盾。

本系统的高速数据采集板采样速率为每 20ms 采样一次；A/D 转换字长为 8 位，并且采样速率可变；存储容量为 512KB，符合 ISA 总线标准。可广泛用于电力测量、继电保护和故障定位等。硬件系统电路框图如图 13-21 所示，它是由 CPU1 及 CPU2 基本系统、视频闪烁 ADC 转换器、高速缓存 RAM、双口 RAM、地址计数器、采样频率控制、时序控制及译码电路等部分组成。

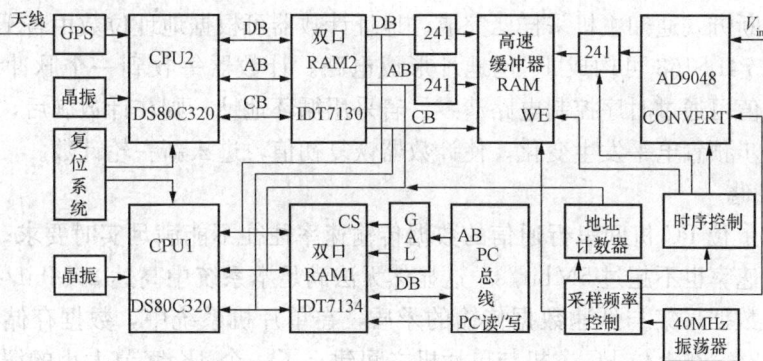

图 13-21　基于 ISA 总线的调整同步数据采集硬件系统电路框图

根据需要，CPU 采用 DS80C320 单片机。在时钟频率为 33MHz 条件下，单周期指令执行时间是 110ns，充分发挥高速 A/D 转换芯片的性能。DS80C320 内部有三个 16 位定时器/计数器、两个全双工串行口、十三个中断源（六个外部中断源）、两个数据指针（DPTR0 和 DPTR1）。在 33MHz 晶振时，ALE 的输出信号频率是 8.25MHz。CPU1 主要用于数据采集与 PC 机通信；CPU2 用于接收 GPS 时间报文，GPS 时间报文可在任何时刻由 CPU1 从与之相接的双口 RAM2 中读取。高速双端口 RAM IDT7130（2K×8Byte）、IDT7134（4K×8Byte），内部具有判别电路，以防止因对某一单元同时操作而产生冲突。

双口 RAM1 IDT7134 主要用于 CPU1 存放采集的数据、同步时间信息及工作状态，供 PC 机定时取用，同时也接收来自 PC 机的命令。双口 RAM2 IDT7130 的容量为 2K 字节，主要用于 CPU1 与 CPU2 交换 GPS 的同步时钟信息。

对于高速数据采集技术而言，最为重要的是系统的分辨率、精度与通过速率，特别是系统通过速率。它是区别高速数据采集与一般数据采集最为关键的一项技术指标。

在硬件的具体实现过程中，则需要考虑两个方面：A/D 转换器的转换时间和转换后的数据存储时间。

1. 高速 A/D 转换

A/D 转换采用闪烁 ADC 器件 AD9048，转换速度最高可达 35MSPS（每秒 35 兆次），即每 35ms 采样一次，分辨率为 8 位。利用高速双极工艺制造，采样速度快，频带宽，无代码遗失，输入电容小（仅为 16pF），功耗低（为 500mW）。AD9048 内部时钟锁定比较器可使编码逻辑电路和输出缓冲寄存器工作在每 35ms 采样一次的高速，并避免了多数系统对采样保持电路（S/H）和跟踪保持电路（T/H）的需要。数字输入、输出及控制电平与 TTL 兼容。AD589 和 AD741、2N3906 等构成稳压可调电路，提供给 9048 的 RB、RT 接地。AD9618 作为输入缓冲放大器。由于 AD9048 的数据输出没有三态门控制，故在输出加上 74LS241 作为三态门控制。AD9048 是否工作取决于输入转换脉冲信号，在脉冲信号上升沿采样。转换脉冲来自采样频率控制电路中的 8254 分频器的输出。

2. 高速寻址

对于高速数据采集系统，A/D 转换不受 CPU 控制。每当 ADC 转换一次后，由控制电路发出相应的信号，将 ADC 转换结果写入高速缓存 RAM 某单元中，再使地址计数器加 1，直到地址计数器记满后产生采样结束信号，封锁 RAM 写信号，利用二进制地址发生器的最高位，通过中断方式通知主机采样已完成。地址计数器可根据地址位数由若干同步计数器级联而成，五片 74LS163 可构成 19 位地址形成电路。计数器每收到一个脉冲即产生一个地址。地址的初值可通过时序控制电路清零。若采用循环地址，则在计数满后，用进位信号迫使计数器的同步预置电平发生变化，使计数器恢复初值，进入新一轮计数。

3. 快速存储

单片机与上位 PC 机间串行通信的数据传输速率往往不能满足实时要求；DMA 通道的最大数据传输速率也不超过 5Mbit/s，这显然无法满足本系统中高达 20Mbit/s 的采样速度。为了解决高速数据采集与低速数据传输的矛盾，在单片机系统中，数据存储器选用双端口 RAM1 IDT7134。在上位 PC 主机与单片机之间建立了一个 4K 字节大小的缓冲区，单片机只需将经过预处理的采样值通过一个端口存入缓冲区，上位 PC 主机通过另一端口从缓冲区取数据。这样就解决了高速采样与低速数据传输的矛盾，可满足实时采集和控制的要求。

4. 总线控制

单片机系统总线上挂有若干 RAM 或 I/O 口，寻址和数据传输均由 CPU 发出指令，通过系统总线实现。对于高速数据采集，为了提高寻址和数据传输速度，避免总线冲突或堵塞，必须建立局部总线。系统总线与局部总线应该既有区别，又有统一，既隔离，又结合，彼此通过合理的控制逻辑联系起来。总线仲裁的基本原则，实际上就是在不同的总线请求时采用不同长度的读写周期，以使各个使用者对总线的占用时间互相交错，而感觉不到仲裁的存在。在内存映射的传输方式中，A/D 不断地将转换的数据写入高速缓存 RAM，CPU 根据数据处理的需要从高速缓存 RAM 读取数据至双口 RAM1，双口 RAM1 还需要将所有单元刷新一遍。这三种操作都要占用卡上的数据、地址总线。但它们发生的时间是随机的，因此对总线的占用必然会产生冲突，总线仲裁电路的功能就是对这三种操作进行协调。这里，通过五片 74LS241 二选一开关协调地址计数器与 CPU1 对高速缓存 RAM 读地址的冲突、两片 74LS241 协调高速缓存 RAM 与 AD9048 和双口 RAM 之间的数据传输的冲突。

5. PC 总线接口技术

PC 系统总线对 4kbit/s 的双口 RAM 寻址是一个难点。本数据采集卡采用 PC 总线，又称 8 位 ISA 总线。它使用灵活，便于同 8 位单片机构成接口电路；有 62 条引线，分五类，即地址线、数据线、控制线、辅助线与电源线。本数据采集卡只用了其中一部分引线：8 条数据线、10 条地址线、$\overline{IOR}$ 和 $\overline{IOW}$ 控制线、电源线。本数据采集卡使用 308H、309H、30AH 三个口地址，实现在板缓存 4KB 的寻址。这里的译码电路使用了 GAL20V8 和两片 74HC574，如图 13-22 所示。当 PC 机要访问某一地址时，首先写入双口 RAM 的低 8 位地址。此时 GAL20V8 的输出信号选中 74HC574（右），将 PC-DB 上的数据锁存，形成双口 RAM 的低 8 位地址 Addrl；然后写入双口 RAM 的高 8 位地址。GAL20V8 的输出信号选中 74HC574（左），将 PC-DB 上的数据锁存，形成双口 RAM 的高 8 位地址 Addrh。最后通过选中双口 RAM 的片选端 CS，完成一次数据的读/写过程。

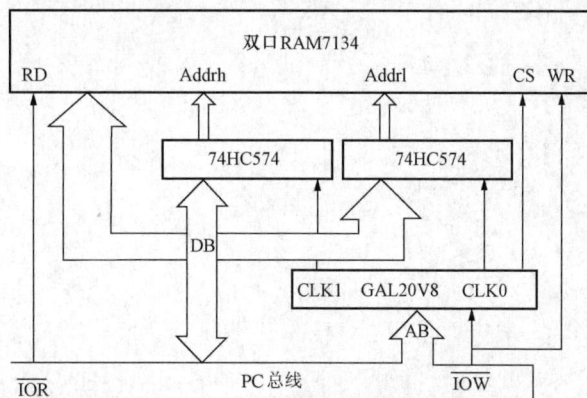

图 13-22 译码电路

6. 采样频率控制电路

采样频率控制电路是由晶振、可编程分频器 8254 及一些控制电路组成。8254 是可编程分频器，工作频率在 8~20MHz。通过不同的分频数，可以输出不同频率，分频数的值为 2~65535。它的输出由触发控制电路控制。其输出时钟分别送往地址计数器、高速缓存 RAM 的写信号控制电路及 AD9048 的转换脉冲输入端。

本实例描述的测控系统是一种基于 ISA 总线的分布式测控系统，它能完成多任务的并行，提高测控效率。

思考题与习题

13-1 检测系统的硬件设计主要包括哪些基本电路？

13-2 为保持检测系统正常工作，如何提高系统抗干扰的能力？

13-3 检测系统静态特性的主要参数有哪些？

13-4　检测系统的可靠性是什么？衡量检测系统可靠性的指标有哪些？

13-5　动态特性的数学模型主要有哪三种形式？

13-6　在检测系统中信息转换单元的基本功能是什么？

13-7　简述 GPIB 测试系统组成及其特点。

13-8　总线基本定义及其规范标准是什么？

13-9　现场总线模型可以分为哪几种？

13-10　虚拟仪器与传统仪器综合比较有何优点？

13-11　虚拟仪器功能上都可以视为由输入、输出和数据处理这三个基本模块所构成，它们有什么样的功能？

13-12　从虚拟仪器的发展趋势来看，未来检测系统的发展方向是什么？

13-13　LabVIEW 有什么特点使得它广泛地应用于仪表测试领域？

13-14　进行 LabVIEW 虚拟仪器创建可分为哪些步骤？

附　　　录

附录 1　常用热电阻分度表

附表 1-1　　　　　　　　　　　　Pt100 铂热电阻分度表

分度号：Pt100　　　　　　　　　　　　　　　　　　　　　　　　R（0℃）＝100.00Ω

温度（℃）	0	1	2	3	4	5	6	7	8	9
	电阻值（Ω）									
−40	84.27	83.87	83.48	83.08	82.69	82.29	81.89	81.50	81.10	80.70
−30	88.22	87.83	87.43	87.04	86.64	86.25	85.85	85.46	85.06	84.67
−20	92.16	91.77	91.37	90.98	90.59	90.19	89.80	89.40	89.01	88.62
−10	96.09	95.69	95.30	94.91	94.52	94.12	93.73	93.34	92.95	92.55
0	100.00	99.61	99.22	98.83	98.44	98.04	97.65	97.26	96.87	96.48
0	100.00	100.39	100.78	101.17	101.56	101.95	102.34	102.73	103.12	103.51
10	103.90	104.29	104.68	105.07	105.46	105.85	106.24	106.63	107.02	107.40
20	107.79	108.18	108.57	108.96	109.35	109.73	110.12	110.51	110.90	111.29
30	111.67	112.06	112.45	112.83	113.22	113.61	114.00	114.38	114.77	115.15
40	115.54	115.93	116.31	116.70	117.08	117.47	117.86	118.24	118.63	119.01
50	119.40	119.78	120.17	120.55	120.94	121.32	121.71	122.09	122.47	122.86
60	123.24	123.63	124.01	124.39	124.78	125.16	125.54	125.93	126.31	126.69
70	127.08	127.46	127.84	128.22	128.61	128.99	129.37	129.75	130.13	130.52
80	130.90	131.28	131.66	132.04	132.42	132.80	133.18	133.57	133.95	134.33
90	134.71	135.09	135.47	135.85	136.23	136.61	136.99	137.37	137.75	138.13
100	138.51	138.88	139.26	139.64	140.02	140.40	140.78	141.16	141.54	141.91
110	142.29	142.67	143.05	143.43	143.80	144.18	144.56	144.94	145.31	145.69
120	146.07	146.44	146.82	147.20	147.57	147.95	148.33	148.70	149.08	149.46
130	149.83	150.21	150.58	150.96	151.33	151.71	152.08	152.46	152.83	153.21
140	153.58	153.96	154.33	154.71	155.08	155.46	155.83	156.20	156.58	156.95
150	157.33	157.70	158.07	158.45	158.82	159.19	159.56	159.94	160.31	160.68
160	161.05	161.43	161.80	162.17	162.54	162.91	163.29	163.66	164.03	164.40
170	164.77	165.14	165.51	165.89	166.26	166.63	167.00	167.37	167.74	168.11
180	168.48	168.85	169.22	169.59	169.96	170.33	170.70	171.07	171.43	171.80

附表 1-2　　　　　　　　　　　　Pt10 铂热电阻分度表

分度号：Pt10　　　　　　　　　　　　　　　　　　　　　　　　R（0℃）＝10.00Ω

温度（℃）	0	10	20	30	40	50	60	70	80	90
0	10.000	10.390	10.779	11.167	11.554	11.940	12.324	12.708	13.090	13.471
100	13.851	14.229	14.607	14.983	15.358	15.733	16.105	16.477	16.848	17.217
200	17.586	17.953	18.319	18.684	19.047	19.410	19.771	20.131	20.490	20.448
300	21.205	21.561	21.915	22.268	22.621	22.972	23.321	23.670	24.018	24.364

续表

温度(℃)	0	10	20	30	40	50	60	70	80	90
400	24.709	25.053	25.396	25.738	26.078	26.418	26.756	27.093	27.429	27.764
500	28.098	28.430	28.7620	29.092	29.421	29.749	30.075	30.401	30.725	31.049
600	31.371	31.692	32.012	32.33	32.648	32.964	33.279	33.593	33.906	34.218
700	34.528	34.838	35.146	35.453	35.759	36.064	36.367	36.670	36.971	37.271
800	37.570	37.868	38.165	38.460	38.755	39.048				

附表 1-3　　Cu100 铜热电阻分度表

分度号：Cu100　　　　　　　　　　　　　　　　　　　　$R(0℃)=100.00Ω$

温度(℃)	0	10	20	30	40	50	60	70	80	90
	电 阻 值 (Ω)									
−0	100.00	95.70	91.40	87.10	82.80	78.49	—	—	—	—
0	100.00	104.28	108.56	112.84	117.12	121.40	129.96	129.96	134.24	138.52
100	142.80	147.08	151.36	155.66	159.96	164.27	—			

附表 1-4　　Cu50 铜热电阻分度表

分度号：Cu50　　　　　　　　　　　　　　　　　　　　　$R(0℃)=50.00Ω$

温度(℃)	0	−1	−2	−3	−4	−5	−6	−7	−8	−9
0	50	49.786	49.571	49.356	49.142	48.927	48.713	48.498	48.284	48.069
−10	47.854	47.639	47.425	47.21	46.995	46.78	46.566	46.351	46.136	45.921
−20	45.706	45.491	45.276	45.061	44.846	44.631	44.416	44.2	43.985	43.77
−30	43.555	43.349	43.124	42.909	42.693	42.478	42.262	42.047	41.831	41.616
−40	41.4	41.184	40.969	40.753	40.537	40.322	40.106	39.89	39.674	39.458
−50	39.242									
0	50	50.214	50.429	50.643	50.858	51.072	51.286	51.501	51.715	51.929
10	52.144	52.358	52.572	52.786	53	53.215	53.429	53.643	53.857	54.071
20	54.285	54.5	54.714	54.928	55.142	55.356	55.57	55.784	55.998	56.212
30	56.426	56.64	56.854	57.068	57.282	57.496	57.71	57.924	58.137	58.351
40	58.565	58.779	58.993	59.207	59.421	59.635	59.848	60.062	60.276	60.49
50	60.704	60.918	61.132	61.345	61.559	61.773	61.987	62.201	62.415	62.628
60	62.842	63.056	63.27	63.484	63.698	63.911	64.125	64.339	64.553	64.767
70	64.981	65.194	65.408	65.622	65.836	66.05	66.264	66.478	66.692	66.906
80	67.12	67.333	67.547	67.761	67.975	68.189	68.403	68.617	68.831	69.045
90	69.259	69.473	69.687	69.901	70.115	70.329	70.544	70.762	70.972	71.186
100	71.4	71.614	71.828	72.042	72.257	72.471	72.685	72.899	73.114	73.328
110	73.542	73.751	73.971	74.185	74.4	74.614	74.828	75.043	75.258	75.477
120	75.686	75.901	76.115	76.33	76.545	76.759	76.974	77.189	77.404	77.618
130	77.833	78.048	78.263	78.477	78.692	78.907	79.122	79.337	79.552	79.767
140	79.982	80.197	80.412	80.627	80.843	81.058	81.272	81.488	81.704	81.919
150	82.134									

附录 2　常用热电偶分度表

附表 2-1　　　　　　　　铂铑 30-铂铑 6 热电偶分度表（B 型）

温 度 (℃)	0	10	20	30	40	50	60	70	80	90
	热 电 动 势（mV）									
0	−0.000	−0.002	−0.003	0.002	0.000	0.002	0.006	0.11	0.017	0.025
100	0.033	0.043	0.053	0.065	0.078	0.092	0.107	0.123	0.140	0.159
200	0.178	0.199	0.220	0.243	0.266	0.291	0.317	0.344	0.372	0.401
300	0.431	0.462	0.494	0.527	0.516	0.596	0.632	0.669	0.707	0.746
400	0.786	0.827	0.870	0.913	0.957	1.002	1.048	1.095	1.143	1.192
500	1.241	1.292	1.344	1.397	1.450	1.505	1.560	1.617	1.674	1.732
600	1.791	1.851	1.912	1.974	2.036	2.100	2.164	2.230	2.296	2.363
700	2.430	2.499	2.569	2.639	2.710	2.782	2.855	2.928	3.003	3.078
800	3.154	3.231	3.308	3.387	3.466	3.546	2.626	3.708	3.790	3.873
900	3.957	4.041	4.126	4.212	4.298	4.386	4.474	4.562	4.652	4.742
1000	4.833	4.924	5.016	5.109	5.202	5.2997	5.391	5.487	5.583	5.680
1100	5.777	5.875	5.973	6.073	6.172	6.273	6.374	6.475	6.577	6.680
1200	6.783	6.887	6.991	7.096	7.202	7.038	7.414	7.521	7.628	7.736
1300	7.845	7.953	8.063	8.172	8.283	8.393	8.504	8.616	8.727	8.839
1400	8.952	9.065	9.178	9.291	9.405	9.519	9.634	9.748	9.863	9.979
1500	10.094	10.210	10.325	10.441	10.588	10.674	10.790	10.907	11.024	11.141
1600	11.257	11.374	11.491	11.608	11.725	11.842	11.959	12.076	12.193	12.310
1700	12.426	12.543	12.659	12.776	12.892	13.008	13.124	13.239	13.354	13.470
1800	13.585	13.699	13.814	—	—	—	—	—	—	—

（参考端温度为 0℃）分度号 B

附表 2-2　　　　　　　　铂铑 10-铂热电偶分度表（S 型）

温 度 (℃)	0	10	20	30	40	50	60	70	80	90
	热 电 动 势（mV）									
0	0.000	0.055	0.113	0.173	0.235	0.299	0.365	0.432	0.502	0.573
100	0.645	0.719	0.795	0.872	0.950	1.029	1.109	1.190	1.273	1.356
200	1.440	1.525	1.611	1.698	1.785	1.873	1.962	2.051	2.141	2.232
300	2.323	2.414	2.506	2.599	2.692	2.786	2.880	2.974	3.069	3.164
400	3.260	3.356	3.452	3.549	3.645	3.743	3.840	3.938	4.036	4.135
500	4.234	4.333	4.432	4.532	4.632	4.732	4.832	4.933	5.034	5.136
600	5.237	5.339	5.442	5.544	5.648	5.751	5.855	5.960	6.065	6.169
700	6.274	6.380	6.486	6.592	6.699	6.805	6.913	7.020	7.128	7.236
800	7.345	7.454	7.563	7.672	7.782	7.892	8.003	8.114	8.255	8.336

温 度 (℃)	0	10	20	30	40	50	60	70	80	90
	热 电 动 势 (mV)									
900	8.448	8.560	8.673	8.786	8.899	9.012	9.126	9.240	9.355	9.470
1000	9.585	9.700	9.816	9.932	10.048	10.165	10.282	10.400	10.517	10.635
1100	10.754	10.872	10.991	11.110	11.229	11.348	11.467	11.587	11.707	11.827
1200	11.947	12.067	12.188	12.308	12.429	12.550	12.671	12.792	12.912	13.034
1300	13.155	13.397	13.397	13.519	13.640	13.761	13.883	14.004	14.125	14.247
1400	14.368	14.610	14.610	14.731	14.852	14.973	15.094	15.215	15.336	15.456
1500	15.576	15.697	15.817	15.937	16.057	16.176	16.296	16.415	16.534	16.653
1600	16.771	16.890	17.008	17.125	17.243	17.360	17.477	17.594	17.711	17.826
1700	17.942	18.056	18.170	18.282	18.394	18.504	18.612	—	—	—

（参考端温度为 0℃）分度号 S

附表 2-3　　　　铁-铜镍（康铜）热电偶分度表（J 型）

温 度 (℃)	0	10	20	30	40	50	60	70	80	90
	热 电 动 势 (mV)									
0	0.000	0.507	1.019	1.536	2.058	2.585	3.115	3.649	4.186	4.725
100	5.268	5.812	6.359	6.907	7.457	8.008	8.560	9.113	9667	10.222
200	10.777	11.332	11.887	12.442	12.998	13.553	14.108	14.663	15.217	15.771
300	16.325	16.879	17.432	17.984	18.537	19.089	19.640	20.192	20.743	21.295
400	21.846	22.397	22.949	23.501	24.054	24.607	25.161	25.716	26.272	26.829
500	27.388	27.949	28.511	29.075	29.642	30.210	30.782	31.356	31.933	32.513
600	33.096	33.683	34.273	34.867	35.464	36.066	36.671	37.280	37.893	38.510
700	39.130	39.754	40.382	41.013	41.647	42.288	42.922	43.563	44.207	44.852
800	45.498	46.144	46.790	47.434	48.076	48.716	49.354	49.989	50.621	51.249
900	51.875	52.496	53.115	53.729	54.341	54.948	55.553	56.155	56.753	57.349
1000	57.942	58.533	59.121	59.708	60.293	60.876	61.459	62.039	62.619	63.199
1100	63.777	64.355	64.933	65.510	66.087	66.664	67.240	67.815	68.390	68.964
1200	69.536	—	—	—	—	—	—	—	—	—

（参考端温度为 0℃）分度号 J

附表 2-4　　　　镍铬-镍硅热电偶分度表（K 型）

温 度 (℃)	0	1	2	3	4	5	6	7	8	9
	热 电 动 势 (mV)									
0	0	0.039	0.079	0.119	0.158	0.198	0.238	0.277	0.317	0.357
10	0.397	0.437	0.477	0.517	0.557	0.597	0.637	0.677	0.718	0.758
20	0.798	0.838	0.879	0.919	0.960	1.000	1.041	1.081	1.122	1.162
30	1.203	1.244	1.285	1.325	1.366	1.407	1.448	1.489	1.529	1.570

温度 (℃)	0	1	2	3	4	5	6	7	8	9
	热 电 动 势 (mV)									
40	1.611	1.652	1.693	1.734	1.776	1.817	1.858	1.899	1.940	1.981
50	2.022	2.064	2.105	2.146	2.188	2.229	2.270	2.312	2.353	2.394
60	2.436	2.477	2.519	2.560	2.601	2.643	2.684	2.726	2.767	2.809
70	2.850	2.892	2.933	2.875	3.016	3.058	3.100	3.141	3.183	3.224
80	3.266	3.307	3.349	3.390	3.432	3.473	3.515	3.556	3.598	3.639
90	3.681	3.722	3.764	3.805	3.847	3.888	3.930	3.971	4.012	4.054
100	4.095	4.137	4.178	4.219	4.261	4.302	4.343	4.384	4.426	4.467
110	4.508	4.549	4.590	4.632	4.673	4.714	4.755	4.796	4.837	4.878
120	4.919	4.960	5.001	5.042	5.083	5.124	5.164	5.205	5.246	5.287
130	5.327	5.368	5.409	5.450	5.490	5.531	5.571	5.612	5.652	5.693
140	5.733	5.774	5.814	5.855	5.895	5.936	5.976	6.016	6.057	6.097
150	6.137	6.177	6.218	6.258	6.298	6.338	6.378	6.419	6.459	6.499
160	6.539	6.579	6.619	6.659	6.699	6.739	6.779	6.819	6.859	6.899
170	6.939	6.979	7.019	7.059	7.099	7.139	7.179	7.219	7.259	7.299
180	7.338	7.378	7.418	7.458	7.498	7.538	7.578	7.618	7.658	7.697
190	7.737	7.777	7.817	7.857	7.897	7.937	7.977	8.017	8.057	8.097
200	8.137	8.177	8.216	8.256	8.296	8.336	8.376	8.416	8.456	8.497
210	8.537	8.577	8.617	8.657	8.697	8.737	8.777	8.817	8.857	8.898
220	8.938	8.978	9.018	9.058	9.099	9.139	9.179	9.220	9.260	9.300
230	9.341	9.381	9.421	9.462	9.502	9.543	9.583	9.624	9.664	9.705
240	9.745	9.786	9.826	9.867	9.907	9.948	9.989	10.029	10.070	10.111
250	10.151	10.192	10.233	10.274	10.315	10.355	10.396	10.437	10.478	10.519
260	10.560	10.600	10.641	10.682	10.723	10.764	10.805	10.848	10.887	10.928
270	10.969	11.010	11.051	11.093	11.134	11.175	11.216	11.257	11.298	11.339
280	11.381	11.422	11.463	11.504	11.545	11.587	11.628	11.669	11.711	11.752
290	11.793	11.835	11.876	11.918	11.959	12.000	12.042	12.083	12.125	12.166
300	12.207	12.249	12.290	12.332	12.373	12.415	12.456	12.498	12.539	12.581
310	12.623	12.664	12.706	12.747	12.789	12.831	12.872	12.914	12.955	12.997
320	13.039	13.080	13.122	13.164	13.205	13.247	13.289	13.331	13.372	13.414
330	13.456	13.497	13.539	13.581	13.623	13.665	13.706	13.748	13.790	13.832
340	13.874	13.915	13.957	13.999	14.041	14.083	14.125	14.167	14.208	14.250
350	14.292	14.334	14.376	14.418	14.460	14.502	14.544	14.586	14.628	14.670
360	14.712	14.754	14.796	14.838	14.880	14.922	14.964	15.006	15.048	15.090
370	15.132	15.174	15.216	15.258	15.300	15.342	15.394	15.426	15.468	15.510
380	15.552	15.594	15.636	15.679	15.721	15.763	15.805	15.847	15.889	15.931

温　度 （℃）	0	1	2	3	4	5	6	7	8	9
	热 电 动 势（mV）									
390	15.974	16.016	16.058	16.100	16.142	16.184	16.227	16.269	16.311	16.353
400	16.395	16.438	16.480	16.522	16.564	16.607	16.649	16.691	16.733	16.776
410	16.818	16.860	16.902	16.945	16.987	17.029	17.072	17.114	17.156	17.199
420	17.241	17.283	17.326	17.368	17.410	17.453	17.495	17.537	17.580	17.622
430	17.664	17.707	17.749	17.792	17.834	17.876	17.919	17.961	18.004	18.046
440	18.088	18.131	18.173	18.216	18.258	18.301	18.343	18.385	18.428	18.470
450	18.513	18.555	18.598	18.640	18.683	18.725	18.768	18.810	18.853	18.896
460	18.938	18.980	19.023	19.065	19.108	19.150	19.193	19.235	19.278	19.320
470	19.363	19.405	19.448	19.490	19.533	19.576	19.618	19.661	19.703	19.746
480	19.788	19.831	19.873	19.916	19.959	20.001	20.044	20.086	20.129	20.172
490	20.214	20.257	20.299	20.342	20.385	20.427	20.470	20.512	20.555	20.598
500	20.640	20.683	20.725	20.768	20.811	20.853	20.896	20.938	20.981	21.024
510	21.066	21.109	21.152	21.194	21.237	21.280	21.322	21.365	21.407	21.450
520	21.493	21.535	21.578	21.621	21.663	21.706	21.749	21.791	21.834	21.876
530	21.919	21.962	22.004	22.047	22.090	22.132	22.175	22.218	22.260	22.303
540	22.346	22.388	22.431	22.473	22.516	22.559	22.601	22.644	22.687	22.729
550	22.772	22.815	22.857	22.900	22.942	22.985	23.028	23.070	23.113	23.156
560	23.198	23.241	23.284	23.326	23.369	23.411	23.454	23.497	23.539	23.582

（参考端温度为0℃）分度号 K

附表 2-5　　　　　　　　**镍铬-铜镍（康铜）热电偶分度表（E 型）**

温　度 （℃）	0	1	2	3	4	5	6	7	8	9
	热 电 动 势（mV）									
0	0	0.059	0.118	0.176	0.235	0.294	0.354	0.413	0.472	0.532
10	0.591	0.651	0.711	0.77	0.83	0.89	0.95	1.01	1.071	1.131
20	1.192	1.252	1.313	1.373	1.434	1.495	1.556	1.617	1.678	1.74
30	1.801	1.862	1.924	1.986	2.047	2.109	2.171	2.233	2.295	2.357
40	2.42	2.482	2.545	2.607	2.67	2.733	2.795	2.858	2.921	2.984
50	3.048	3.111	3.174	3.238	3.301	3.365	3.429	3.492	3.556	3.62
60	3.685	3.749	3.813	3.877	3.942	4.006	4.071	4.136	4.2	4.265
70	4.33	4.395	4.46	4.526	4.591	4.656	4.722	4.788	4.853	4.919
80	4.985	5.051	5.117	5.183	5.249	5.315	5.382	5.448	5.514	5.581
90	5.648	5.714	5.781	5.848	5.915	5.982	6.049	6.117	6.184	6.251
100	6.319	36.386	6.454	6.522	6.59	6.658	6.725	6.794	6.862	6.93
110	6.998	7.066	7.135	7.203	7.272	7.341	7.409	7.478	7.547	7.616
120	7.685	7.754	7.823	7.892	7.962	8.031	8.101	8.17	8.24	8.309

温度 （℃）	0	1	2	3	4	5	6	7	8	9
	热 电 动 势（mV）									
130	8.379	8.449	8.519	8.589	8.659	8.729	8.799	8.869	8.94	9.01
140	9.081	9.151	9.222	9.292	9.363	9.434	9.505	9.576	9.647	9.718
150	9.789	9.86	9.931	10.003	10.074	10.145	10.217	10.288	10.36	10.432
160	10.503	10.575	10.647	10.719	10.791	10.863	10.935	11.007	11.08	11.152
170	11.224	11.297	11.369	11.442	11.514	11.587	11.66	11.733	11.805	11.878
180	11.951	12.024	12.097	12.17	12.243	12.317	12.39	12.463	12.537	12.61
190	12.684	12.757	12.831	12.904	12.978	13.052	13.126	13.199	13.273	13.347
200	13.421	13.495	13.569	13.644	13.718	13.792	13.866	13.941	14.015	14.09
210	14.164	14.239	14.313	14.388	14.463	14.537	14.612	14.687	14.762	14.837
220	14.912	14.987	15.062	15.137	15.212	15.287	15.362	15.438	15.513	15.588
230	15.664	15.739	15.815	15.89	15.966	16.041	16.117	16.193	16.269	16.344
240	16.42	16.496	16.572	16.648	16.724	16.8	16.876	16.952	17.028	17.104
250	17.181	17.257	17.333	17.409	17.486	17.562	17.639	17.715	17.792	17.868
260	17.945	18.021	18.098	18.175	18.252	18.328	18.405	18.482	18.559	18.636
270	18.713	18.79	18.867	18.944	19.021	19.098	19.175	19.252	19.33	19.407
280	19.484	19.561	19.639	19.716	19.794	19.871	19.948	20.026	20.103	20.181
290	20.259	20.336	20.414	20.492	20.569	20.647	20.725	20.803	20.88	20.958
300	21.036	21.114	21.192	21.27	21.348	21.426	21.504	21.582	21.66	21.739
310	21.817	21.895	21.973	22.051	55.13	22.208	22.286	22.365	22.443	22.522
320	22.6	22.678	22.757	22.835	22.914	22.993	23.071	23.15	23.228	23.307
330	23.386	23.464	23.543	23.622	23.701	23.78	23.858	23.937	24.016	24.095
340	24.174	24.253	24.332	24.411	24.49	24.569	24.648	24.727	24.806	24.885
350	24.964	25.044	25.123	25.202	25.281	25.36	25.44	25.519	25.598	25.678
360	25.757	25.836	25.916	25.995	26.075	26.154	26.233	26.313	26.392	26.472
370	26.552	26.631	26.711	26.79	26.87	26.95	27.029	27.109	27.189	27.268
380	27.348	27.428	27.507	27.587	27.667	27.747	27.827	27.907	27.986	28.066
390	28.146	28.226	28.306	28.386	28.466	28.546	28.626	28.706	28.786	28.866
400	28.946	29.026	29.106	29.186	29.266	29.346	29.427	29.507	29.587	29.667

（参考端温度为0℃）分度号 E

附表 2-6　　　　　　　铜-铜镍（康铜）热电偶分度表（T 型）

温度 （℃）	0	10	20	30	40	50	60	70	80	90
	热 电 动 势（mV）									
−200	−5.603	—	—	—	—	—	—	—	—	—
−100	−3.378	−3.378	−3.923	−4.177	−4.419	−4.648	−4.865	−5.069	−5.261	−5.439
0	0.000	0.383	−0.757	−1.121	−1.475	−1.819	−2.152	−2.475	−2.788	−3.089

续表

温 度 (℃)	0	10	20	30	40	50	60	70	80	90
	热 电 动 势 (mV)									
0	0.000	0.391	0.789	1.196	1.611	2.035	2.467	2.980	3.357	3.813
100	4.277	4.749	5.227	5.712	6.204	6.702	7.207	7.718	8.235	8.757
200	9.268	9.820	10.360	10.905	11.456	12.011	12.572	13.137	13.707	14.281
300	14.860	15.443	16.030	16.621	17.217	17.816	18.420	19.027	19.638	20.252
400	20.869	—	—	—	—	—	—	—	—	—

（参考端温度为0℃）分度号 T

附表 2-7 **铂铑 13-铂热电偶分度表 （R 型）**

温 度 (℃)	0	10	20	30	40	50	60	70	80	90
	热 电 动 势 (mV)									
0	0	0.0543	0.1112	0.1706	0.2324	0.2965	0.3627	0.4311	0.5013	0.5735
100	0.6474	0.723	0.8003	0.8791	0.9593	1.041	1.1241	1.2084	1.294	1.3807
200	1.4686	1.5576	1.6476	1.7386	1.8305	1.9234	2.0172	2.1118	2.2073	2.3035
300	2.4006	2.4983	2.5968	2.6959	2.7957	2.8962	2.9973	3.099	3.2013	3.3042
400	3.4077	3.5117	3.6163	3.7214	3.827	3.9331	4.0397	4.1469	4.2545	4.3626
500	4.4713	4.5804	4.6899	4.8	4.9105	5.0215	5.1329	5.2449	5.3573	5.4701
600	5.5835	5.6973	5.8115	5.9263	6.0415	6.1572	6.2733	6.39	6.5071	6.6247
700	6.7427	6.8613	6.9803	7.0998	7.2198	7.3403	7.4612	7.5826	7.7046	7.827
800	7.9498	8.0732	8.197	8.3214	8.4462	8.5714	8.6972	8.8234	8.9501	9.0772
900	9.2049	9.3329	9.4615	9.5905	9.7199	9.8498	9.9802	10.111	10.2422	10.3739
1000	10.506	10.6385	10.7714	10.9048	11.0386	11.1728	11.3074	11.4424	11.5778	11.7135
1100	11.8496	11.9861	12.1229	12.2601	12.3975	12.5352	12.6733	12.8116	12.9501	13.0889
1200	13.228	13.3672	13.5067	13.6464	13.7862	13.9263	14.0665	14.2068	14.3473	14.488
1300	14.6287	14.7696	14.9105	15.0515	15.1926	15.3338	15.475	15.6162	15.7575	15.8988
1400	16.0401	16.1814	16.3226	16.4639	16.6051	16.7462	16.8873	17.0282	17.1692	17.31
1500	17.4507	17.5912	17.7317	17.872	18.0121	18.1521	18.2918	18.4314	18.5708	18.71
1600	18.8489	18.9876	19.1261	19.2643	19.4022	19.5398	19.6771	19.8141	19.9507	20.0866
1700	20.2217	20.3557	20.4885	20.6197	20.7493	20.877	21.0026			

（参考端温度为0℃）分度号 R

附表 2-8 **钨铼 3-钨铼 25 热电偶分度表**

温 度 (℃)	0	10	20	30	40	50	60	70	80	90
	热 电 动 势 (mV)									
0	0.000	0.098	0.199	0.305	0.415	0.528	0.644	0.765	0.888	1.015
100	1.145	1.278	1.414	1.554	1.696	1.840	1.988	2.137	2.290	2.445
200	2.602	2.761	2.923	3.087	3.253	3.420	3.590	3.761	3.935	4.110

温　度 (℃)	0	10	20	30	40	50	60	70	80	90
	热 电 动 势（mV）									
300	4.286	4.464	4.644	4.825	5.008	5.192	5.377	5.563	5.751	5.940
400	6.129	6.320	6.512	6.705	6.898	7.093	7.288	7.484	7.681	7.879
500	8.077	8.275	8.475	8.675	8.875	9.076	9.277	9.479	9.681	9.883
600	10.086	10.289	10.492	10.695	10.899	11.103	11.307	11.511	11.715	11.920
700	12.124	12.329	12.534	12.738	12.943	13.147	13.352	13.557	13.761	13.966
800	14.171	14.376	14.580	14.785	14.989	15.194	15.398	15.601	15.805	16.008
900	16.211	16.414	16.617	16.819	17.021	17.223	17.424	17.625	17.826	18.026
1000	18.226	18.426	18.625	18.824	19.023	19.221	19.419	19.616	19.813	20.009
1100	20.206	20.401	20.597	20.791	20.986	21.180	21.373	21.566	21.759	21.951
1200	22.143	22.334	22.525	22.715	22.905	23.094	23.283	23.471	23.659	23.846
1300	24.033	24.220	24.406	24.591	24.776	24.961	25.145	25.328	25.511	25.693
1400	25.875	26.057	26.238	26.418	26.598	26.777	26.956	27.134	27.312	27.489
1500	27.666	27.842	28.018	28.193	28.368	28.542	28.715	28.888	29.061	29.233
1600	29.404	29.575	29.745	29.914	30.083	30.252	30.419	30.587	30.753	30.919
1700	31.085	31.249	31.413	31.577	31.740	31.902	32.063	32.224	32.384	32.543
1800	32.702	32.860	33.017	33.174	33.330	33.485	33.639	33.792	33.945	34.097
1900	34.248	34.398	34.547	34.695	34.843	34.989	35.135	35.279	35.423	35.566
2000	35.707	35.848	35.987	36.126	36.263	36.399	36.535	36.668	36.801	36.933
2100	37.063	37.192	37.319	37.446	37.571	37.694	37.816	37.937	38.056	38.174
2200	38.290	38.404	38.517	38.628	38.738	38.845	38.951	39.055	39.158	39.258
2300	39.356	39.453	39.547							

附表 2-9　　　　　　　　　　钨铼 5-钨铼 25 热电偶分度表

温　度 (℃)	0	10	20	30	40	50	60	70	80	90
	热 电 动 势（mV）									
0	0.000	0.135	0.272	0.412	0.554	0.698	0.845	0.993	1.144	1.296
100	1.451	1.607	1.765	1.925	2.087	2.250	2.415	2.581	2.749	2.918
200	3.089	3.261	3.434	3.609	3.785	3.962	4.140	4.319	4.500	4.681
300	4.863	5.047	5.231	5.416	5.601	5.788	5.975	6.163	6.352	6.541
400	6.731	6.921	7.112	7.304	7.496	7.688	7.881	8.074	8.267	8.461
500	8.655	8.849	9.044	9.239	9.434	9.629	9.824	10.019	10.215	10.410
600	10.606	10.801	10.997	11.192	11.388	11.583	11.778	11.974	12.169	12.364
700	12.558	12.753	12.947	13.142	13.336	13.529	13.723	13.916	14.109	14.302
800	14.494	14.686	14.877	15.069	15.260	15.450	15.640	15.830	16.020	16.208
900	16.397	16.585	16.773	16.960	17.147	17.333	17.519	17.704	17.889	18.073
1000	18.257	18.440	18.623	18.805	18.987	19.168	19.349	19.529	19.709	19.888
1100	20.066	20.244	20.421	20.598	20.774	20.950	21.125	21.299	21.473	21.647
1200	21.819	21.991	22.163	22.334	22.504	22.674	22.843	23.012	23.180	23.347
1300	23.514	23.680	23.846	24.010	24.175	24.339	24.502	24.664	24.826	24.988
1400	25.148	25.308	25.468	25.627	25.785	25.943	26.100	26.256	26.412	26.568

续表

温度 (℃)	0	10	20	30	40	50	60	70	80	90
	热电动势 (mV)									
1500	26.722	26.876	27.030	27.183	27.335	27.486	27.637	27.788	27.938	28.087
1600	28.236	28.384	28.531	28.678	28.824	28.969	29.114	29.259	29.402	29.546
1700	29.688	29.830	29.971	30.112	30.252	30.391	30.530	30.668	30.805	30.942
1800	31.078	31.214	31.349	13.483	31.617	31.749	31.882	32.013	32.144	32.274
1900	32.404	32.533	32.661	32.788	32.915	33.041	33.166	33.291	33.415	33.538
2000	33.660	33.782	33.902	34.022	34.142	34.260	34.378	34.494	34.610	34.725
2100	34.839	34.953	35.065	35.177	35.288	35.397	35.506	35.614	35.721	35.827
2200	35.932	36.036	36.138	36.240	36.341	36.441	36.539	36.637	36.733	36.828
2300	36.922	37.015	37.107							

参 考 文 献

[1] 张毅，张宝芬，曹丽，等. 自动检测技术及仪表控制系统. 北京：化学工业出版社，2005.

[2] 张朝晖. 检测技术及应用. 北京：中国计量出版社，2005.

[3] 宋启峰. 电子测量技术. 重庆：重庆大学出版社，2000.

[4] 赵新民. 智能仪器设计基础. 哈尔滨：哈尔滨工业大学出版社，1997.

[5] 林锦国. 过程控制系统·仪表·装置. 南京：东南大学出版社，2001.

[6] 常健生. 检测与转换技术. 3 版. 北京：机械工业出版社，2003.

[7] 郝芸. 传感器原理与应用. 北京：电子工业出版社，2003.

[8] 李世平，等. PC 计算机测控技术及应用. 西安：西安电子科技大学出版社. 2003.

[9] 蔡萍，赵辉. 现代检测技术与系统. 北京：高等教育出版社，2002.

[10] 刘存，李晖. 现代测试技术. 北京：机械工业出版社，2005.

[11] 李晓莹. 传感器与测试技术. 北京：高等教育出版社，2005.

[12] 张迎新，雷道振，等. 非电量测量技术基础. 北京：北京航空航天大学出版社，2002.

[13] 宋文绪，杨帆. 传感器与检测技术. 北京：高等教育出版社，2004.

[14] 樊尚春. 传感器技术及应用. 北京：北京航空航天大学出版社，2004.

[15] 蒋敦斌. 非电量测量与传感器应用. 北京：国防工业出版社，2005.

[16] 卢文科. 电子检测技术. 北京：国防工业出版社，2002.

[17] 严钟豪，谭祖根. 非电量电测技术. 北京：机械工业出版社，1999.

[18] 梁森，王侃夫，黄杭美. 自动检测技术. 北京：机械工业出版社，2002.

[19] 黄继昌，等. 传感器工作原理及应用实例. 北京：人民邮电出版社，1998.

[20] 高晓蓉. 传感器技术. 成都：西南交通大学出版社，2003.

[21] 吴道悌. 非电量电测技术. 西安：西安交通大学出版社，2004.

[22] 陈杰，黄鸿. 传感器与检测技术. 北京：高等教育出版社 2005.

[23] 徐科军. 传感器与检测技术. 北京：电子工业出版社，2004.

[24] 孟立凡，郑宾. 传感器原理及技术. 北京：国防工业出版社，2005.

[25] 何希才，薛永毅. 传感器及其应用实例. 北京：机械工业出版社，2004.

[26] 王元庆. 新型传感器原理及应用. 北京：机械工业出版社，2003.

[27] 张佳薇，孙丽萍，宋文龙. 传感器原理与应用. 哈尔滨：东北林业大学出版社，2003.

[28] 刘迎春，叶湘滨. 现代新型传感器原理与应用. 北京：国防工业出版社，1998.

[29] 王跃科，等. 现代动态测试技术. 北京：国防工业出版社，2003.

[30] 司士辉. 生物传感器. 北京：化学工业出版社，2003.

[31] 王博亮，刘迎春，刘安之，等. 医用传感器及其接口技术. 北京：国防工业出版社，1998.

[32] 孙传友，等. 感测技术基础. 北京：电子工业出版社，2001.

[33] 栾桂冬，张金铎. 传感器及其应用. 西安：西安电子科技大学出版社，2002.

[34] 强锡富. 传感器. 北京：机械工业出版社，2000.

[35] 郁有文，常健. 传感器原理及工程应用. 西安：西安电子科技大学出版社，2000.

[36] 王煜东. 传感器及应用. 北京：机械工业出版社，2002.

[37] 彭军. 传感器与检测技术. 西安：西安电子科技大学出版社，2003.

[38] 李新光，张华，孙岩，等. 过程检测技术. 北京：机械工业出版社，2004.

[39] 姚毅军. 自动检测与转换技术. 北京：电子工业出版社，2003.

[40] 郑华耀. 检测技术. 北京：机械工业出版社，2004.

[41] 王俊杰. 检测技术与仪表. 武汉：武汉理工大学出版社，2003.

[42] 张国忠，赵家贵. 检测技术. 北京：中国计量出版社，1998.

[43] 王化祥. 检测技术. 北京：化学工业出版社，2004.

[44] 黄贤武，郑筱霞. 传感器原理与应用. 北京：电子科技大学出版社，1999.

[45] 沙占友. 集成化智能传感器原理与应用. 北京：电子工业出版社，2004.

[46] 唐贤远，刘岐山. 传感器原理及应用. 北京：电子科技大学出版社，2000.

[47] 何道清. 传感器与传感器技术. 北京：科学出版社，2005.

[48] 王昌明，孔德仁，何云峰. 传感与测试技术. 北京：北京航空航天大学出版社，2005.

[49] 张曙光，纪建伟，罗兴吾，等. 检测技术. 北京：中国水利水电出版社，2003.

[50] 沈聿农. 传感器及应用技术. 北京：化学工业出版社，2004.

[51] 赵继文. 传感器与应用电路设计. 北京：科学出版社，2002.

[52] 金发庆. 传感器技术与应用. 北京：机械工业出版社，2002.

[53] 陈术. 传感器与检测技术. 北京：高等教育出版社，2002.

[54] 吴石增. 传感器与测控技术. 北京：中国电力出版社，2003.

[55] 余金中. 半导体光电子技术. 北京：化学工业出版社，2003.

[56] 安毓英. 光电子技术. 北京：电子工业出版社，2002.

[57] 王雨三，张中华，林殿阳，等. 光电子学原理与应用. 哈尔滨：哈尔滨工业大学出版社，2002.

[58] 张永林，狄红卫，等. 光电子技术. 北京：高等教育出版社，2005.

[59] 刘爱华，满宝元. 传感器原理与应用技术. 北京：人民邮电出版社，2006.

[60] 何金田，张全法. 传感检测技术例题习题及试题集. 哈尔滨：哈尔滨工业大学出版社，2008.

[61] 陶红艳，余成波. 传感器与现代检测技术. 北京：清华大学出版社，2009.